经贸类专业实验教程系列丛书

商业技术实验教程

Practice Course of Modern Commercial Technology

宋丕丞　编著

首都经济贸易大学出版社
Capital University of Economics and Business Press
·北京·

图书在版编目(CIP)数据

商业技术实验教程/宋丕丞编著. --北京:首都经济贸易大学出版社,2018.3

ISBN 978-7-5638-2717-6

Ⅰ.①商… Ⅱ.①宋… Ⅲ.①商业技术—实验—高等学校—教材 Ⅳ①F716-33

中国版本图书馆 CIP 数据核字(2017)第 248643 号

商业技术实验教程
宋丕丞 编著
Shangye Jishu Shiyan Jiaocheng

责任编辑 王 猛
封面设计 风得信·阿东 FondesyDesign
出版发行 首都经济贸易大学出版社
地 址 北京市朝阳区红庙(邮编 100026)
电 话 (010)65976483 65065761 65071505(传真)
网 址 http://www.sjmcb.com
E-mail publish@cueb.edu.cn
经 销 全国新华书店
照 排 北京砚祥志远激光照排技术有限公司
印 刷 北京市兴怀印刷厂
开 本 710 毫米×1000 毫米 1/16
字 数 396 千字
印 张 22.5
版 次 2018 年 3 月第 1 版 2018 年 3 月第 1 次印刷
书 号 ISBN 978-7-5638-2717-6/F·1514
定 价 45.00 元

总　序

2002年诺贝尔经济学奖授予实验经济学家弗农·史密斯和丹尼尔·卡尼曼；2017年，实验经济学家理查德·塞勒荣获诺贝尔经济学奖。实验经济学家接连斩获经济学领域最高奖项，这表明经济学已经日益发展成为一门实验学科。实验教学，就是在教师指导下，以实验教材为引导，学生使用一定的实验设备使实验对象发生变化，研究实验中的各种数据以及现象，根据实验记录撰写实验报告，验证已经学过的相关知识并进一步获取新知识。因此，在经济学课堂中引入实验教学有助于培养学生的创新能力。然而，目前我国经济类专业的教学，仍基本沿用理论阐释、演绎和模型推导等传统教学模式，实验教学所占比例非常低。首都经济贸易大学经济学院近年来依托学校国家级经济管理实验中心，在计量经济学、国际贸易、国际商务、经济预测与决策、期货贸易、现代商业技术等课程中大幅提高了实验教学所占的比重，通过直接操作与体验，加深学生对经济学理论的理解，提升学生的学习兴趣，使之更好地掌握经济学的基本理论和分析方法，经过教学实践，取得了良好的教学效果。为抛砖引玉，现将部分课程的实验指导用书以丛书形式系统出版，以期共同推进经济学实验教学的进一步发展。

本套实验教程共5本，包括：《经济预测与决策实验教程》《国际商务实验教程》《期货贸易实验教程》《商业技术实验教程》《计量经济学实验教程》，涉及经济学、商务经济学、贸易经济等多个经济类专业，是一套针对不同经济类学科专业的特点而专门编写的实验实践教材。

本套实验教程的出版得到了首都经济贸易大学教务处、首都经济贸易大学经济学院和首都经济贸易大学出版社的大力支持，特致谢意。

我们希望本套实验教程能够推动实验教学在各专业课程教学中的应用，使读者能够更加深入地掌握各门课程的核心内涵。然而，作为一种尝试，其效果需要在教学实践中不断改进和完善。同时，囿于作者水平所限，丛书难免存在疏漏之处，敬请各位专家、教师及广大读者批评指正。

前　言

现代商业领域的技术发展与革新是促进商业运行效率提升的重要因素，任何从事商业领域工作的人员都需要了解并掌握一定的专业技术知识，诸如基本的商品信息处理、管理信息系统及商业数据分析等。本教材面向贸易经济专业的本科学生，旨在向其提供商业技术的基础理论知识，以及实用领域的实验知识与方法，使其能够理解并掌握商业管理活动中的技术应用。本课程内容的设计以应用为导向，需要读者学习相关先修课程作为基础，包括商业经济学、商品学、计算机应用、数据库技术、数据分析等。

（一）商业技术发展概况

1. 技术进步对经济的影响

技术是生产性知识和信息的集合。从宏观视角看，经济的增长与发展一直受到技术的影响。在技术变迁速度较慢的阶段，理论研究上一般将技术视为外生性变量；随着技术变迁速度的加快，理论研究逐渐将其调整为一种内生性变量，成为同资本与劳动要素同样重要的生产性资源。技术对经济活动的影响主要包括：①在投入要素保持不变的前提下促进经济产出的增加；②促进新产品的出现并影响经济结构的调整与优化；③在过程层面提高经济活动的效率，如降低能耗或增加资源使用效率等。在技术进步对资源配置的影响方面，劳动节约型技术最为常见。劳动节约可以在资本价格相对下降的趋势下减少劳动要素的投入，便于企业控制成本与人员管理的难度，工业及一些服务业领域均存在这种趋势。从微观视角看，各个行业的发展与进步需要相应领域技术的革新，促进新技术使用的往往是一些具有前瞻意识的企业。新技术的使用并非一定能够取得效益，有时需要多次的尝试与改进，一旦获得成功则可以形成新的工艺、产品，或提高效率、降低成本，成功的技术也会在行业内外逐渐扩散。

2. 技术在商业领域的应用

在纵向层面审视商业领域的技术使用，可以将其划分为三个阶段。

（1）农业社会阶段。农业社会时期生产水平较低，社会产品的数量与规模虽有增长，但总体的交换需求不高，以农产品交换为主，伴随一定量的手工业品的交换。商业贸易活动中应用到的技术主要包括计量与运输两大类。在计量方面逐渐形成了以政府颁布统一标准为主的方式，对于商品重量（质量）、长度的标准，以及相应的测量工具趋于规范与稳定；同时对于一些非标准变量，如布匹的颜色、农产品的优劣等，也形成了一定的经验判断标准。在商品运输方面，主要依靠人力、畜力及自然力（如水运）的方式，短距离运输可依靠人力或畜力，长距离运输需要借助畜力与自然力。在技术装备方面，农业社会的运输工具较为简单、粗陋，且运输能力有限，这些随着商品交换需求的增加逐渐得到了改善。从交换规模与技术条件看，农业社会阶段逐渐出现了一些集中化的交易场所，如季节性的集市或常年存在的市场。商业存在方式的改变也在一定程度上影响了人员居住的方式，促进了镇与市的形成。在农业社会后期出现了工业化萌芽，手工业在传统农业基础上获得了快速的发展，直接促进了运输工具的改善与革新，并显著扩大了社会商品的交换需求。

（2）工业社会阶段。工业社会以第一次工业技术革命为开端，蒸汽动力的使用极大地提升了运输能力，其后在第二次技术革命中电力技术的出现则进一步增强了此种能力。工业社会时期运输条件的改变是根本性的，立体、高效的交通运输方式，一方面提高了商品空间转移的便利性，同时也有利于人员的流动。这种变化较好地适应了工业社会商品种类与数量的膨胀式增长，使各类商品在更为广泛的区域内实现流通，并且保证其成本相对低廉。工业社会交通运输的便利也带动了商业存在形式的变化，一些依赖交通工具的商业中心、购物中心得以发展起来，并不断扩大其规模，城市的集聚特征也越发显著。工业社会时期的产业结构在技术影响下出现了变化，第二产业在增加值以及技术创新方面占据领先位置，部分技术出现了向其他产业的扩散效应，使得商业领域受益匪浅。例如，一些中转与库存设施借用了工业流水线的设计方式；一些简单的计算设备便利了商业经营活动的账务管理等。

（3）后工业社会阶段。在后工业社会阶段，电子信息技术与互联网技术的快速发展进一步提高了工商业领域的运行效率。随着消费者偏好的变化，信息技术能够很好地适应居民便利消费、个性消费、时尚消费的需求，并且在保证自身规模的前提下增强了服务的弹性。在此阶段，商业领域吸纳各类技术的能力进一步提升，尤其以信息技术为代表，几乎可以在商业活动的各个环节看到其身影。后工业化时期服务经济占据主导，服务的概念深入生产企业与流通企业，有时顾客购买商品本身已不是唯一追求，如何购买以及购买体验对消费者具有同样重要的影响。因此，商业的存在形式与服务内容出现了分化，各个分支领域更加专业化，如商业中心的郊区化、小型化，各类主题店铺的出现以及虚拟店铺的发展，均出现在这一时期。

技术在商业领域应用的变化可以分为两个大类，一是围绕商品实体运输的服务，二是围绕商品信息交互与传导的服务。第一类在研究角度属于物流领域，第二类在内容上则较为繁杂，包含诸多的领域与专题，现代商业技术涉及的内容主要是第二类。现代商业活动越发依赖信息的传导交互，围绕商品信息的标准化、商品信息搜寻、交易活动的询价议价等，这些内容都可以通过电子化的信息平台实现，其传播的效率呈现几何级数增长。

3. 商业技术的一些分类

晏维龙(2005)对商业技术进行了分类讨论，按照技术的先进性程度将其分为传统技术与现代技术。传统商业技术主要限定在工业革命之前、对商业贡献程度较低的技术。而现代商业技术是指工业革命后出现的，以机械化、自动化为代表的一些技术，其后又逐渐包含了信息化与智能化的内容。从技术发展的角度看，现代商业技术仍然处于快速更新的阶段，尤其体现在信息技术方面，其对于信息的处理速度、存储容量、传播范围都以符合摩尔定律的方式变化。如果按照技术的适用性分类，则可分为通用技术与专用技术，商业领域固然有一些专用技术，如商品管理、销售活动、储运等环节采用的技术，但许多技术是从其他领域借鉴过来的通用技术，包括数据库、管理信息系统、数据分析等，因此对商业技术的学习需要一定的通识性。同时，按照技术应用层面的区别，还可以分为与信息流相关的技术、与物流相关的技术、与资金流相关的技术。本教材内容主要涉及信息流技术的理论与实践。

4. 信息技术的发展与应用

在现代商业技术的范畴中，信息技术的应用最为广泛，其带来的效益也最为明显。一些学者使用20世纪90年代初至2000年阶段的数据，比较了信息技术升级对几类行业的贡献程度，其中位列前三的分别是批发、零售与一般制造业，明显高于采掘业、建筑业、金融服务业等行业。这一结论显示，信息技术不同于传统技术，不仅会对第二产业产生影响，同样可以促进第三产业的发展。从国外数据看，美国在1995年后由于信息与互联网技术的发展，部分服务行业的效率也出现了年均1%～2%的增长。服务业中流通环节应用信息技术最为广泛，以沃尔玛为代表的大型连锁零售企业均处于信息技术应用的前沿。商贸流通领域应用到的信息技术主要包括：自动装卸货控制、自动仓储管理与数据库、运输终端控制(铁路与公路)、JIT供应链管理、GPS定位、自动订货管理、综合管理信息系统等多个领域。

(二)商业技术实验课程的学习目标与要求

1. 学习目标

(1)了解商业领域技术发展与应用的概况以及当前主要使用的信息技术。

(2)掌握商业领域主要信息技术的发展历程、技术种类、应用特征。

(3)在了解主要信息技术工作载体与环境的基础上,能够熟练应用几类技术。

(4)能够以实验项目的方式将几类信息技术综合运用于商业(零售)企业的管理实践中。

(5)通过理论知识学习与实验操作,了解现代商业技术应用的广度与深度,以及商业领域技术应用的发展趋势。

2. 学习要求

(1)以先修课程作为本实验课程的理论基础。

(2)课程理论知识学习与实验操作相结合,并按照1:1比例配置学习时间。

(3)实验环节包括教师演示与学生实际操作两个部分,并在课堂上对学生实验进行指导与讨论。

(4)课后进行实验报告的撰写,及时对实验的目标、过程、重点环节,以及易失误的部分进行总结与分析。

(5)为学生预留一定的自主实验设计空间,使其能够在掌握示例实验内容的基础上对所学知识加以灵活运用。

(三)商业技术实验课程内容

由于篇幅以及课时所限,并考虑课堂实验教学的现实条件,本课程主要精炼了四类在商业领域应用较广泛的技术进行介绍,分别是商业信息的数据化、商业数据库技术、商业管理信息系统,及常用的商业数据分析。商业信息的数据化部分主要涉及了商品编码管理的原则、方法,以及多型条码的设计与使用。商业数据库部分主要涉及了零售数据库的设计、创建、维护,以及安全管理等内容。商业管理信息系统部分主要涉及了相关系统在零售领域的开发过程、功能模块组成,以及具体的操作与维护方法。商业数据分析部分主要涉及了数据分析的一般方法,以及当前在大数据背景下的数据挖掘技术,并结合零售业的应用特点介绍了数据挖掘与分析流程。这些内容整体上覆盖了零售商业领域的大部分管理活动所需,能够适应当前商业发展的趋势。各章在体例上包括基础理论、应用与实验介绍、实验及练习。在应用环节,各部分实验均介绍1~2款常用的应用软件进行实验操作。最后,在附录部分补充了一些相关实验资料,便于读者在实验过程中查询使用。

目 录

第一章　商业信息的数据化

本章提要

◆主要内容

介绍商业活动中信息数据化的发展概况

介绍商品管理活动（包括批发、零售与物流）中需要处理的相关信息

介绍几种常用的商品条码技术及条码编制过程

介绍条码制作的软硬件设备与操作方法

介绍 RFID 技术的概况与应用趋势

◆课程知识点

熟悉现代化商品管理中的编码规则与方法

熟悉我国商品编码体系的工作流程

掌握一维码与二维码的使用规则与制作方法

熟悉射频识别技术的使用方法

◆实验目标

能够制作常用的一维码、二维码

能够应用条码方法对中小型超市的商品进行分类管理

引例

实践表明，采用 GS1 全球统一标识系统可带来三方面协同效益：一是有利于帮助企业构建基于全过程，全国乃至全球的供应链和食品安全可追溯管理；二是有利于国际国内贸易中的信息交换；三是避免信息“孤岛”带来的诸多问题，避免众多互不兼容系统所带来的时间和资源浪费，降低系统运行成本。

条码技术对我国经济发展贡献巨大，按 2010 年社会消费品零售总额 15.7 万亿元计算，使用条码节约的时间成本和人工成本在供应链中占 2% ~3%；应用条码识别技术每年可为社会节约 3 000 亿元。其中，对国内配送中心的效率提升的贡献值为 200 亿元，对加快我国零售业发展的贡献值为 227 亿元，对国内零售

企业健康运营的贡献值为1 040亿元，对我国国内商品流通的总体贡献值为1 467亿元。目前在我国共有5 000多万种商品条码标识，超过75%的出口商品使用了商品条码，进口商品使用商品条码的比例也超过了60%。在快速消费品行业，商品条码使用率高达95%以上，扫描商品条码实现自动零售结算的商店也已达千万家。

对于如此庞大的市场，GS1主席兼CEO米盖尔·罗佩拉表示，随着中国城市人口的增长、零售多元化发展、中产阶层人口数量急剧攀升、外商投资中国零售市场的持续强劲，GS1将非常关注中国逐渐繁荣的零售市场。他认为在未来40年里，GS1的战略重点不仅是将其标准拓展到数字世界，将其现有标准应用到服饰、生鲜食品、食品服务等相关行业，最重要的是加速中国市场的扩张。随着GS1标准在全球不断推广，商品条码技术已被更多的人所熟悉。当前全球150多个国家的200多万家企业通过GS1标准来降低成本、提高效率，实现供应链信息化、可视化管理。GS1是一个全球的平台，是被100多个国家认可的统一的系统和标准，接入这个系统，也就相当于与世界的商品站在同一平台上角逐。早在1992年，光明食品集团下属企业——位于上海南京东路的第一食品商店，就开始应用GS1商品条码标识系统，成为中国首家推广GS1商品条码标识系统的试点企业。20多年来，光明食品集团积极配合国家“条码推进工程”项目实施，目前全部实现了商品条码化管理。在中国物品编码中心的指导和大力支持下，集团也加快了GS1全球统一标识系统的系统性应用和推广。

资料来源：国际商报网（epaper. comnews. cn）。

第一节　商业信息数据化

现代商业活动中需要处理大量的数据，涉及商品的采购、运输、分拣、仓储、配送、货架布置、销售以及售后等全部流程。在这些活动中都需要借助信息处理工具，尤其是以计算机为主体的设备，其处理的信息大多以不同形式的数据格式存在，数据化的信息处理能够极大提升商业活动的效率，本节主要介绍商业信息数据化的模式以及条码技术的发展。

一、商业信息数据化概况

即使简单的商品进销存管理，都要记录商品的基本信息，如厂商名称、商品名称、单品规格型号等，如果通过简单的人工输入方式进行处理，必然耗时较长；而通过商品－机器互动模式则可以极大提升效率。而机器对商品的识别需要在某种规范、标准的平台上进行，即需要把商品的相关信息转化为机器可读取的数据格式，在成功获取信息数据后，才可以进行相关的传输、存储、分析等后续工作。

（一）信息数据化的必要性

信息的数据化在技术层面上主要是指将各类自然界中的信息要素转化为计算机可识别并进行计算处理的过程，这些信息要素一般包括：字符（包括数字与文字）、图像（包括静态与动态）、声音等。商业活动中需要处理的绝大部分信息，约90%以上都可以转化为字符格式，如商品的基本生产与运输信息、商品的使用与维护信息等。其余信息则可借助图像与声音方式存在，如商品的外观、相关演示等。当前，不论在传统的实体渠道，还是在快速发展的网购平台，厂商与商户都在充实商品的图像信息，便于消费者进行选择。

商业信息数据化的必要性包括以下方面：

（1）商业信息的数据化是进行科学管理的重要前提，便于对种类繁多的商品进行分类与梳理。

（2）商业信息的数据化能够使相关管理活动与计算机系统、网络系统实现有效的连接，提升信息处理的速度。

（3）商业信息的数据化能够极大地减少各种标准化活动中的人力投入，显著降低商业活动的成本。

商业信息的数据化过程需要在统一的（或大部分商业活动角色认可的）规则体系下进行，数据化不仅仅要使机器可识别相关信息，还要使企业的供应商、客户、检测机构等部门也能够识别信息。

（二）数据化的前提：信息标准化

信息的数据化是指按照一定的规则将信息进行格式转换，格式转换则需要依据一定的标准进行。

1. 标准

标准（主要指技术标准）的含义是：以某种文件形式发布的规范协议，用来衡量某类活动（如产品或服务）结果的准则。同时，标准的制定与实施有利于在社会范围塑造可重复实现的状态，促进知识创新体系的顺利运行。

2. 标准体系

标准体系是指由一系列相关标准构成的标准组，如商业领域常见的ISO9000

与ISO14000，均属于标准体系。ISO9000是由国际标准化组织推出的关于商品质量管理的标准体系；ISO14000是由国际标准化组织推出的关于环境管理的标准。在某个标准体系下，还存在一系列的标准文件，如ISO9000（2000版）体系下包括了ISO9000（质量管理体系的基础与术语）、ISO9001（质量管理体系要求）、ISO9004（质量管理体系业绩改进指南）等。

又如ISO14000体系下存在ISO14001～14009（EMC：环境管理体系）、ISO14010～14019（EA：环境审核）、ISO14020～14029（EL：环境标志）、ISO14030～14039（EPE：环境行为标准）、ISO14040～14049（LCA：生命周期评估）、ISO14050～14059（T&D：术语及定义）、ISO14060（产品标准中的环境指标）、ISO14061～14100（备用序列）。完善的标准体系一般具备如下特征：目标性、集合性、整体性、相关性、可分解性与环境适应性。一个标准体系不是固定不变的，在制定与使用过程中可以持续改进，不断更新版本，在体系内实现较好的兼容性。

3. 标准化

制定、发布并实施某项标准或标准体系的全过程称为标准化。标准制定过程中涉及行业/标准管理机构、标准化研究机构、专业标准化技术委员会，以及标准出版发行机构等不同的部门。

标准实施一般具备开放性特征，需要多方参与，包括标准的制定方、实施方以及监督方。企业在采用并实施标准时可以有几种方式：①直接使用上层标准，即完全依照现有标准实施；②压缩使用上层标准，即根据本企业的商品与业务范围对标准内容进行一定程度的缩减；③细化标准实施，即将上层标准中概念性描述量化、具体化处理；④配套标准实施，即对本应匹配使用，但现有标准却存在缺失的内容进行补充后使用；⑤企业标准实施，即依据企业优势制定高于上层标准的企业级标准。

4. 标准的分类

标准可按照多种方式进行分类。

（1）按照标准的层次级别可分为：国际标准、国家级标准、行业标准、地方标准（也称为区域级标准）、企业标准。我国现行的标准层级划分主要包括除国际标准外的四个等级。

（2）按照标准的类型可分为：基础标准、原材料标准、产品（及辅助产品）标准、方法标准（工艺标准）等。

（3）按照标准的成熟度可分为：法定标准、推荐标准、试行标准及标准草案。我国法定标准对企业具有强制约束力。

（4）按照内容类别可分为：技术标准、管理标准、服务标准（详细划分见图1－1）。

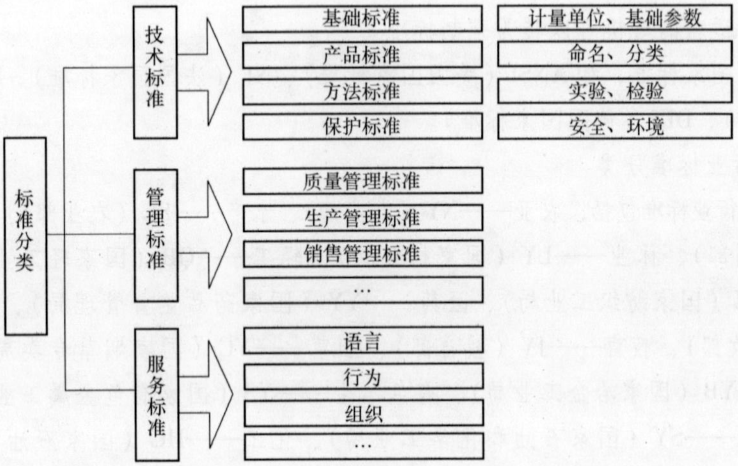

图1－1　基于内容的标准分类

标准分类

1. 国际标准分类

它是由具有一定公信力、影响力的国际组织制定并推出的标准。最常见的是由国际标准化组织制定的ISO系列标准。

各专项领域的国际标准，如CIE——国际照明委员会标准（国际照明委员会）、IAEA——国际原子能机构标准（国际原子能机构）、ATA——国际航空运输协会标准（国际航空运输协会）、ICAO——国际民航组织标准（国际民航组织）、IDF——国际乳制品联合会标准（国际乳制品联合会）、IEC——国际电工委员会标准（国际电工委员会）、IIR——国际制冷学会标准（国际制冷学会）、ILO——国际劳工组织标准（国际劳工组织）、IMO——国际海事组织标准（国际海事组织）、ITU——国际电信联盟标准（国际电信联盟）、OIML——国际法制计量组织标准（国际法制计量组织）、UIC——国际铁路联盟标准（国际铁路联盟）、UNESCO——联合国科教文组织标准（联合国科教文组织）、WHO——世界卫生组织标准（世界卫生组织）、WIPO——世界知识产权组织标准（世界知识产权组织）。

2. 国家标准分类

我国国家标准通常以GB（国标）为前缀，格式如GB**** （规范领域）。*（细目）—2002（年份）。GB/T为国家推荐标准，一般不具有强制约束力，但推荐标准在适当的时机可以转为强制标准。

他国国家标准，如ANSI（美国国家标准）、NF（法国国家标准）、BS（英国国家标准）、DIN（德国国家标准）。

3. 行业标准分类

我国行业标准包括，农业——NY（农业部）、水产——SC（农业部）、水利——SL（水利部）、林业——LY（国家林业局）、轻工——QB（国家轻工业局）、纺织——FZ（国家纺织工业局）、医药——YY（国家药品监督管理局）、民政——MZ（民政部）、教育——JY（教育部）、烟草——YC（国家烟草专卖局）、黑色冶金——YB（国家冶金工业局）、有色冶金——YS（国家有色金属工业局）、石油天然气——SY（国家石油和化学工业局）、化工——HG（国家石油和化学工业局）、石油化工——SH（国家石油和化学工业局）、建材——JC（国家建筑材料工业局）、地质矿产——DZ（国土资源部）、土地管理——TD（国土资源部）、测绘——CH（国家测绘局）、机械——JB（国家机械工业局）、汽车——QC（国家机械工业局）、民用航空——MH（中国民航管理总局）、兵工民品——WJ（国防科工委）、船舶——CB（国防科工委）、航空——HB（国防科工委）、航天——QJ（国防科工委）、核工业——EJ（国防科工委）、铁路运输——TB（铁道部）、交通——JT（交通部）、劳动和劳动安全——LD（人力资源和社会保障部）、电子——SJ（工业和信息化部）、通信——YD（工业和信息化部）、广播电影电视——GY（国家广播电影电视总局）、电力——DL（国家经贸委）、金融——JR（中国人民银行）、海洋——HY（国家海洋局）、档案——DA（国家档案局）、商检——SN（国家出入境检验检疫局）、文化——WH（文化部）、体育——TY（国家体育总局）、商业——SB（国家国内贸易局）、物资管理——WB（国家国内贸易局）、环境保护——HJ（国家环境保护部）、稀土——XB（国家计委稀土办公室）、城镇建设——CJ（建设部）、建筑工业——JG（建设部）、新闻出版——CY（国家新闻出版署）、煤炭——MT（国家煤炭工业局）、卫生——WS（卫生部）、公共安全——GA（公安部）、包装——BB（中国包装工业总公司）、地震——DB（国家地震局）、旅游——LB（国家旅游局）、气象——QX（中国气象局）、外经贸——WM（对外经济贸易合作部）、海关——HS（海关总署）、邮政——YZ

（国家邮政局）。（说明：部分部委机构已经改组、撤销或合并）

他国行业标准，如 JIS（日本工业标准）、JPI（日本石油学会标准）、ASME（美国机械工程师学会标准）、AISI（美国钢铁学会标准）、API（美国石油学会标准）、ASI（美国规格学会标准）、ASTM（美国材料试验协会标准）。

4. 地方标准分类

我国的地方标准以 DB 为前缀，由各省市制定或审批，具有区域约束力的标准。其编号序列为，北京市——110000、天津市——120000、河北省——130000、山西省——140000、内蒙古自治区——150000、辽宁省——210000、吉林省——220000、黑龙江省——230000、上海市——310000、江苏省——320000、浙江省——330000、安徽省——340000、福建省——350000、江西省——360000、山东省——370000、河南省——410000、湖北省——420000、湖南省——430000、广东省——440000、广西壮族自治区——450000、海南省——460000、四川省——510000、贵州省——520000、云南省——530000、西藏自治区——540000、陕西省——610000、甘肃省——620000、青海省——630000、宁夏回族自治区——640000、新疆维吾尔自治区——650000、台湾省——710000。

资料来源：根据标准网（www. standardcn. com）资料整理。

二、商业信息数据化的途径

商业活动需要处理各类信息，仅以商品为例，就包括了商品的名称、规格、型号、等级、产地、生产日期、经销商、进销价格等。在一个标准化的商业管理体系内，应该对各类信息实现统一规格的管理。商业活动中，各类信息的数据化需要经过一定的转换，包括对自然/基础信息的编码，并将其附着在适宜的载体上。

（一）数据化的编码规则

对信息进行编码是数据化的首要步骤，编码需要依据一定的规则，优质的编码规则可以达到简化信息、方便管理的效果。从编码的使用来看，需要赋予相关信息（如商品）唯一的代号，并且该代号的格式便于人工与机器系统查询。

1. 编码的基本原则

（1）唯一性原则：编码与所要表示的实体信息能够实现一对一映射，避免重复或二义性的出现。

（2）简单化原则：编码要在能够满足信息表示需求的前提下，尽量地简洁，便于节省信息存储空间，且有较好的可识别与可读性。

（3）系统性原则：某一项商业活动的编码空间要有一定的合理系统结构，如不同层级间的隶属关系，以及不同数位表示何种层次的信息。

（4）稳定性原则：有些信息在其生命周期内可能经常变化，信息变化后对编码进行修改十分麻烦，对于此类信息可以通过单独的栏目进行编制。

（5）标准化原则：编码中如存在可参考的国际标准或国家标准，则应尽量采用；如作为企业内部使用，也应有一套完善的标准指引。

（6）可拓展性原则：编码除考虑满足当前信息量使用外，还应为今后信息增加预留一定的空间，避免因某项信息的增加导致对整个编码规则的重置。

2. *编码的常用方法*

（1）顺序编码法：指按照某项信息进行数值累进方式进行顺序编码，如不同规格/型号的商品分别赋予001、002、003……编号的方式。顺序编码法的优点是使用简单，能够充分利用各数位；缺点是编码的逻辑性较低，仅实现了一对一映射关系，包含信息量较少。

（2）分层编码法：指对数位进行分段设置，不同区段表示不同的信息，如商品编码中前几位表示厂商编号，后几位表示商品编号；或仓储编码中前置位表示仓库所在区域，后面的几段分别表示仓库号、货架号等。分层编码法的优点是编码的层次性与逻辑性较好；缺点是编制规则一旦确定后不易改变，总体数位较长，且各数位如果分配不佳容易造成浪费。

（3）数字法/字母法：指编码中使用数字字符或是字母字符，早期计算机运算能力较低时处理数字字符较为方便，现在这种差别可忽略不计，因此许多编码规则中采用了混合的方式。字母字符的优点是能够表达一定的可读信息，对零售商品的品类可按照英文或汉语拼音的缩写编码，如食品（SP）、家居（JJ）、电器（DQ）等；而具体商品品种按照顺序方式编码。

如某生产性企业的物资管理编码，整个编码分为四个区段，格式如下：

（00 | 00 | 0000 | －AA）

其中前两位为物资类别编号，随后两位为工艺编号，其后是四位的流水编号，最后是一位的英文字母备注信息，其前置连接符为“－”。详情如表1－1所示。

表 1－1　物品编码示例

类别编号		工艺编号		流水编号		备注信息	
占位	说明	占位	说明	占位	说明	占位	说明
01	独立组件	01	组装	0001－9999	顺序流水	A	标准品
02	非独立组件	02	电镀	—	—	B	特型品
03－99	扩展位	03	焊接	—	—	C	…
—	—	04	注塑	—	—	D	…
—	—	05	喷涂	—	—	E－Z	扩展位
—	—	06	…	—	—	—	—
—	—	07－99	扩展位	—	—	—	—

对编码规则的设计首先应考虑到所要包含信息的总量，尽量为今后的扩展使用留有一定的余地。然后确定具体的编码方式，如是否使用分段方式；各区段分配多少数位；不同区段代表何种含义；预留多少空间。编码规则的设计一定要考虑周全，尽可能详细分析各种使用中会遇到的情况，以便完善编码规则。

供应链管理中的编码

供应链管理中经常需要用到 ERP 系统，该系统日常要处理大量的商品或材料信息，对相关物资的编码是系统实现高效运行的前提。物资编码后，系统可以对供应链各环节中的生产与资源配送情况进行跟踪，可以自动地对物资进行分类、查询、汇总以及分析，实时调整供应链的管理活动。一般来说，在供应链活动中，只要物资的物理或化学性质有变化，且物资要在仓库中存储，就必须为其指定一个单独的编码。如生产过程中零部件的编码，初级部件（**** 001）、部件淬火（**** 002）、部件抛光（**** 003）、部件上漆（**** 004），要分别编号以便于系统对不同环节的部件进行识别。这种编码可以通过附加码形式出现，如初级部件（**** －01）、部件淬火（**** －02）部件抛光（**** －03）、部件上漆（**** －04）。又如零售活动中的商品管理，同样商品的独立包装、两件装、成箱包装有时也需要分别编码。

（二）数据化的载体

编码数据的载体是指能够将编码信息存储并通过一定方式读取出来的媒介，

媒介的选择要与信息表示形式相匹配。文本格式（如数字或字符串）便是一种最简单的信息表示形式，可以依托各类实体介质存在。但是文本格式的存在方式不便于机器自动识别，因此需要将编码信息转化为其他形式。常见的编码信息表示形式包括图案及磁信号。各型条码均是基于图案形式存储编码信息，而各类磁卡、磁条则是基于磁信号形式存储编码信息。图案形式可以依托各种平面载体，磁信号可以依托各种电磁载体。数据存储载体的选择影响着编码信息的使用，包括：①不同载体类型的制作与使用方式不同，具体选择哪种载体需要结合实际的应用需求而定；②不同载体在信息存储中的容量与读取速度不一，因此在使用中的效率方面有较大差异；③不同载体的材料与制作工艺存在差别，影响着其使用的成本，如磁性载体使用便捷但成本相对较高，因此难以在某些领域大规模使用。数据载体是随着科技的进步不断发展的，如光电技术、纳米技术、生物技术等，这些领域的技术更新都有可能促进新的载体形式的出现。

三、商业条码技术

商业条码（barcode）是将宽度不等的多个黑条和空白条，按照一定的编码规则排列，用以表达一组信息的图形标识符。常见的条形码包括一维码（又称“一维条码”“一维条形码”）与二维码（又称“二维条码”“二维条形码”），是由反射率相差很大的图案区（如黑色条/块）和空白区（如白色条/块）排成的图案（一维码为平行线，二维码为错落的方格）。条形码可以表示商品的生产国、制造厂家、商品名称、生产日期，以及图书分类号、邮件地址、类别、网址等许多信息，因而在商品管理、物流管理、图书管理、邮政与银行系统等许多领域得到广泛的应用。

（一）条码的发展过程

条码（一维码）技术出现于 20 世纪 20 年代，由威斯汀豪斯实验室（Westinghouse）的约翰·科芒德（John Kermode）在邮政单据的自动分拣中使用。最早应用条码技术的商品是箭牌口香糖。早期条码的设计方案比较简单，利用简单的模块差别比较进行制作与识别，即一个“条线”表示数字“1”、两个“条线”表示数字“2”。读取装置利用发射光与反射光辨别信号差异，将条码的信息进行解码。

20 世纪 40 年代，美国工程师诺姆·伍德兰德（Norm Woodland）和伯纳德·西尔沃（Bernard Silver）完善了条码技术并申请了专利。他们在条码的设计方案中采用了类似“箭靶”的形状，也称为“公牛眼”，如图 1－2 所示。环形设计的优势是，在扫描过程中不用刻意关注扫描的方向，只要对准“靶心”即可。需要说明，早期条码的设计理念已逐渐成熟，但由于材料、印刷工艺等方面的限制，难以实现大规模、低成本的使用。

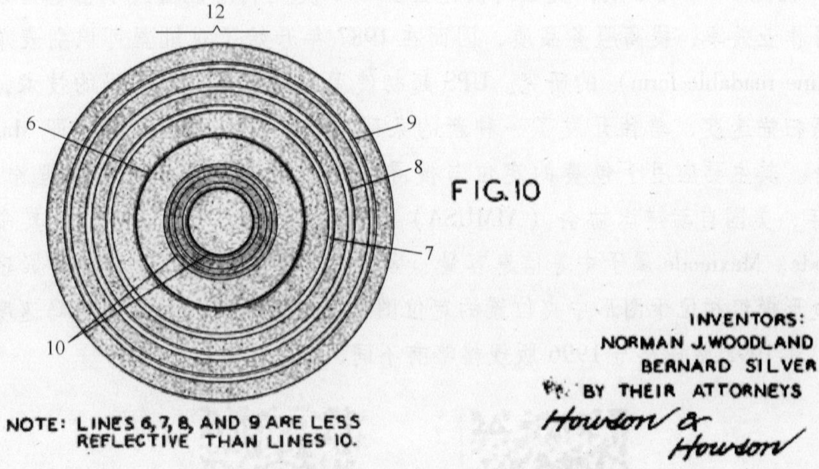

图 1－2　早期条码的设计方案

20 世纪 70 年代是条码技术应用范围快速拓展的时期，此时许多国家和地区（包括美国、日本和欧洲）成立了编码与条码的管理机构或协会，为条码制定了相关的标准，确定了一些常用的码制，并在批发与零售等领域广泛使用。

80 年代末至 90 年代中期，二维码（2－dimensional barcode）技术逐渐成熟，据可查资料，美国的 Maxicode 二维码于 80 年代后期应用于快递业务，其后日本将二维码的应用范围逐渐拓展。二维码是用特定的几何图形按一定规律在平面（二维方向）上分布的黑白相间的图形，用以传递信息数据的格式。早期的二维码印刷在纸质介质上，用光感信号读取，如基于 CCD/CMOS 的设备进行扫描。伴随 LED、激光二极管、微处理器等技术的发展，二维码的应用范围逐渐扩大。在现代商业活动中二维码的应用非常广泛，如产品防伪与溯源、广告推送、网站链接、数据下载、商品交易、定位与导航、电子凭证、车辆管理、信息传递、名片交流、WiFi 地址等。

目前，各型条码在商业活动中应用极其广泛。据普华永道研究，全球每天商业及非商业的条码扫描的次数接近百亿次，条形码每年仅在超市等零售领域就能为客户、零售商和制造商节约 300 亿美元的成本。而全球批发零售业、物流业规模的增长则是促进条码技术发展的重要推动力量。

美国 Maxicode 二维码

20 世纪 80 年代后期，美国的快递企业 UPS 发现利用机器读取信息可以有效地改善作业效率，提高服务品质，因而在 1987 年开始了对机器可识别表单格式（machine readable form）的研究。UPS 起初使用的是堆叠二维条码的技术，但为了提高扫描速度，单独开发了一种新的条码技术，称为 UPS code，即 Maxicode 的前身。其主要应用于包裹的定位与搜寻，并逐渐推广至分拣等管理作业中。1996 年，美国自动辨识协会（AIMUSA）制定了统一的符号规格，将其命名为 Maxicode。Maxicode 属于中等信息容量、固定尺寸的矩阵式二维码，由紧密相连的六边形模组和位于图形中央位置的定位图标组成。Maxicode 具有解码速度快的优点，其 1992 版规格与 1996 版规格略有不同，如图 1－3 所示。

1992年

1996年

图 1－3

资料来源：鹭源条码（www. looyet. com）。

（二）条码的技术分类

常用条码主要有一维码、二维码，以下重点介绍目前常用的一维码、二维码种类，以及各自的技术特点。

1. 一维码

一维码是常见的条码形式，其具有制作方便、使用成本低、可读性强等优点，因此应用范围较为广泛。一维码只是在一个方向（一般是水平方向）表达信息，而在垂直方向则不表达任何信息，其一定的高度通常是为了便于阅读器的对准（图 1－4）。一维码的应用可以提高信息录入的速度，减少差错率，对于介质的要求也不高。但是一维码也存在一些不足之处：数据容量较小，仅能够包含几十个字符左右（不同码制存在差别）；一些码制只能包含数字内容，信息形式较为单一；条形码尺寸相对较大，其空间利用率较低；条形码遭到损坏后便不能使用。

0　001234　567895

123456789

图 1－4　EAV－13 示例

一维码的技术指标主要包括密度、宽窄比与对比度。

密度（density）：条码的密度是指单位长度的条码所表示的字符个数。对于一种码制而言，密度主要由模块的尺寸决定，模块尺寸越小则密度越大，所以密度值通常以模块尺寸的值来表示（如 5mil）①。通常 7. 5mil 以下的条码称为高密度条码，15mil 以上的条码称为低密度条码，条码密度越高，要求条码识读设备的性能（如分辨率）也越高。高密度的条码通常用于标识小的物体，如精密电子元件，低密度条码一般应用于远距离阅读的场合，如仓库管理。

宽窄比：对于只有两种宽度单元的码制，宽单元与窄单元的比值称为宽窄比，一般为 2～3 左右（常用的有 2:1，3:1）。宽窄比较大时，阅读设备更容易分辨宽单元和窄单元，因此比较容易阅读。

对比度（PCS）：条码符号的光学指标，PSC 值越大则条码的光学特性越好。对比度的计算公式是：

$$PCS = (RL - RD) / RL \times 100\%$$

其中，RL 表示条线的反射率，RD 表示空白的反射率。

条码扫描原理

条形码的扫描需要用到扫描器，扫描器利用自身光源照射条形码，再利用光电转换器接收反射的光线，将反射光线的明暗转换成数字信号。不论是采取何种规则印制的条形码，都由静区、起始字符、数据字符和终止字符组成。有些条码

① 1mil 为 1/2 000 英寸。

在数据字符与终止字符之间还有校验字符。

（1）静区：静区也叫空白区，分为左空白区和右空白区，左空白区是让扫描设备做好扫描准备，右空白区是保证扫描设备正确识别条码的结束标记。

（2）起始字符：第一位字符，具有特殊结构，当扫描器读取到该字符时，便开始正式读取代码了。

（3）数据字符：条形码的主要内容。

（4）校验字符：检验读取到的数据是否正确。不同编码规则可能会有不同的校验规则。

（5）终止字符：最后一位字符，一样具有特殊结构，用于告知代码扫描完毕，同时还起到只是进行校验计算的作用。为了方便双向扫描，起止字符具有不对称结构。因此扫描器扫描时可以自动对条码信息重新排列。条码扫描器有光笔、CCD、激光、影像四种。

（6）光笔：最原始的扫描方式，需要手动移动光笔，并且还要与条形码接触。

（7）CCD：以 CCD 作为光电转换器，LED 作为发光光源的扫描器。在一定范围内，可以实现自动扫描；并且可以阅读各种材料、不平表面上的条码，成本也较为低廉。但是与激光式相比，扫描距离较短。

（8）激光：以激光作为发光源的扫描器；又可分为线型、全角度等几种。

（9）影像：以光源拍照利用自带硬解码板解码，通常影像扫描可以同时扫描一维码及二维码，如霍尼韦尔（Honeywell）引擎。

（10）线型：多用于手持式扫描器，范围远、准确性高。

（11）全角度：多为工业级固定式扫描，自动化程度高，在各种方向上都可以自动读取条码及输出电平信号，结合传感器使用。

资料来源：百度百科（baike. baidu. com）。

---

2. 二维码

二维码是指在水平和垂直方向的二维空间存储信息的条形码。同一维码相比，二维码的特点有：包含的信息总量较大，远高于一维码；信息格式更为丰富，除数字、字符外还可包括网址、邮箱、通讯录、图像数据等复杂内容；空间利用率较高；容错能力较好，误码率低；对于读取的要求相对较高，需要在两个维度上对正条码。二维码又可分为如下形式：

（1）堆叠式/行排式二维码，又称堆积式二维码或层排式二维码，其编码原理是建立在一维码基础之上，按需要堆积成二行或多行。它在编码设计、校验原理、识读方式等方面继承了一维码的一些特点，识读设备和条码印刷与一维码技术兼容。但由于行数的增加，需要对行进行判定，其译码算法和软件也不完全相同于一维码。有代表性的行排式二维码有：Code 16K、Code 49、PDF417、MicroPDF417（图1－5）等。

12345678

图1－5　**PDF417** 示例

（2）矩阵式二维码，又称棋盘式二维码，它是在一个矩形空间通过黑、白像素在矩阵中的不同分布进行编码。在矩阵相应元素位置上，用点（方点、圆点或其他形状）的出现表示二进制“1”，点的不出现表示二进制的“0”，点的排列组合确定了矩阵式二维码所代表的意义。矩阵式二维码是建立在计算机图像处理技术、组合编码原理等基础上的一种新型图形符号自动识读处理码制。具有代表性的矩阵式二维码有：Code One、MaxiCode、QR Code（图1－6）、Data Matrix、Han Xin Code、Grid Matrix 等。

12345678

图1－6　**QR Code** 示例

此外还有邮政专用码，包括 Postnet（图1－7）、BPO 4－State。其中 Postnet 依据美国邮政署（USPS）相关标准，用于邮件的整理与分拣。同传统的一维码不同，邮件条码利用了条纹的长短差别对数字信息进行 0/1 编码，如“0”表示为“11000”、“1”表示为“00011”、“2”表示为“00101”、“3”表示为

“00110”、“4”表示为“01001”、“5”表示为“01010”、“6”表示为“01100”、“7”表示为“10001”、“8”表示为“10010”、“9”表示为“10100”。从二维码发展趋势看，彩色条码的应用范围也越来越大，主要原因是彩色条码的外观得到了改善，更为符合商业活动的要求，如吸引消费者注意力、增强宣传效果；同时，彩色码在信息容量、可识别性、容错率等方面有较高的提升。

图 1－7　Postnet 示例

从实际商品管理来看，目前一维码应用仍然最为广泛，大部分流通企业的商品进销存管理均使用标准化或自定义的一维码。

（三）条码的标准化组织

美国最早开始对条码进行大规模、系统化的应用，相关编码规则由美国统一编码协会（UCC：Uniform Code Council）制定，在 1973 年推出了 UPC 条码（12 位的数字标识代码）规则系统，并开始在国内及国际商品零售领域大范围使用。继美国之后，欧洲物品编码协会（EAN International：European Article Number）在 1977 年推出了 EAN 编码规则，EAN 是基于比利时法律规定建立的一个非营利性质的国际组织，总部设在比利时首都布鲁塞尔。EAN 主要负责除北美以外的 EAN · UCC 系统的统一管理及推广工作，其会员遍及 99 个国家和地区，全世界有约百万家公司、企业通过各国或地区的编码组织加入到 EAN · UCC 系统中。从 20 世纪 90 年代起，为了使北美的标识系统尽快纳入 EAN · UCC 系统，EAN 加强了与 UCC 的合作，先后两次达成 EAN/UCC 联盟协议，以共同开发、管理 EAN · UCC 系统。2002 年 11 月 26 日，UCC 和加拿大电子商务委员会（ECCC）正式加入国际 EAN，使 EAN · UCC 系统的全球统一性得到进一步的巩固和完善。随着经济全球化对供应链管理的要求不断提高，国际物品编码协会也在不断地完善 EAN · UCC 系统，并相应调整自身的组织架构。2005 年 2 月，该协会正式向全球发布了更名信息，将组织名称由 EAN International 正式变更为 GS1，更名为 GS1 表明了机构的性质、品牌、发展目标，并对宣传方针等内容进行了整合，包含“标准推广”与“服务提供”功能，中国物品编码中心是该组织的正式成员。

以我国为例，条码的标准化需要在相关组织体系内实现。我国的标准化管理组织一般包括：①行业标准管理机构，如国家发改委、中国包装联合会、中国物流与采购联合会等；②标准化研究机构，如各行业的标准化研究所等；③专业标准化技术委员会，如商业、物流、包装等行业的委员会；④各类标准出版与发行机构。条码标准化组织较少，但其管理模式同一般的标准化管理类似，如我国书号条码标准的主管单位是国家标准化管理委员会，标准制定（起草）单位是中国物品编码中心，发布单位是国家质量技术监督局，由中国标准出版社发行。

（四）条码使用的相关标准

不同的条码类型及具体的码制在使用中需要依据具体标准，包括标准体系及具体的标准文件。标准体系一般由级别较高的标准化组织制定，对其基本要求与应用范围进行设定与说明，标准文件则规定了具体的码制说明、编码方式、制作时的技术要求等。

1. 条码的标准体系

GS1（Globe Standard 1）体系为目前全球通用标准体系①。GS1 同时包含五个含义，即全球系统、全球标准、全球解决方案、全球一流的标准化组织，及全球开放标准系统下的统一商务行为。GS1 由标识代码与附加属性代码组成，标识代码主要分为六个部分，分别是全球贸易项目代码、系列货运包装箱代码、供应链参与方位置代码、全球服务关系代码，以及全球可回收资产标识与全球单个资产标识。其中，全球贸易项目代码包括零售商品编码与非零售商品编码；系列货运包装箱代码包含物流单元编码（图 1－8）。

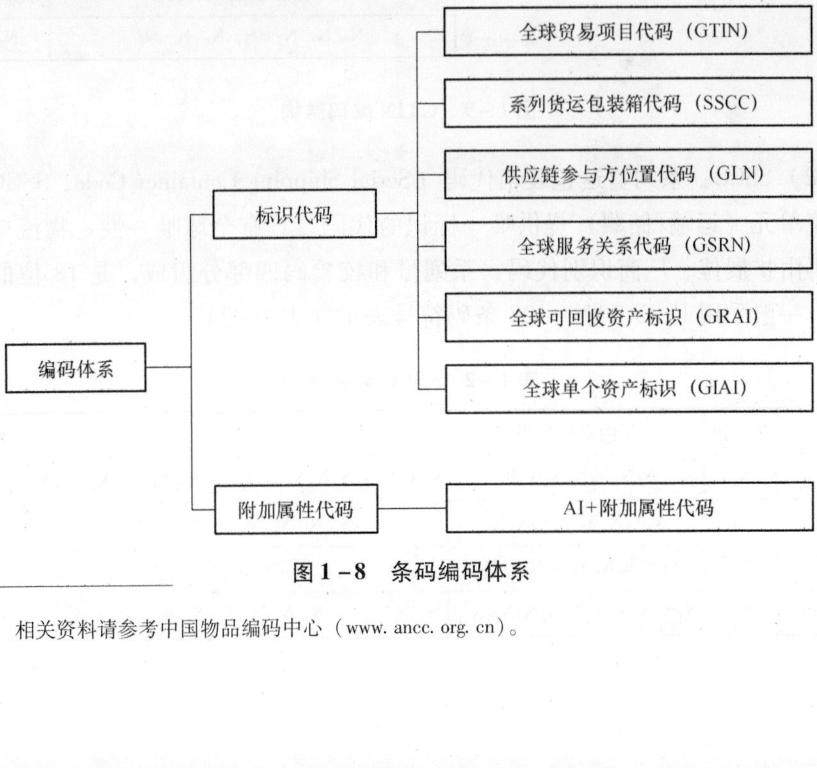

图 1－8　条码编码体系

① 相关资料请参考中国物品编码中心（www. ancc. org. cn）。

（1）GTIN：全球贸易项目代码（Global Trade Item Number，GTIN）是编码系统中应用最广泛的标识代码，对贸易项目进行编码和符号表示，能够实现商品零售（POS）、进货、存补货、销售及其他业务运作的自动化管理。贸易项目代表一项产品或服务，GTIN 是为全球贸易项目提供唯一标识的一种代码结构。GTIN 有四种不同的编码结构：GTIN－8、GTIN－12、GTIN－13、GTIN－14，这四种结构可以对不同包装形态的商品进行唯一编码。标识代码无论应用在哪个领域的贸易项目上，每一个标识代码必须以完整方式使用，完整的标识代码可以保证在相关应用领域内的全球唯一性（图 1－9）。

GTIN-14 代码结构

包装指示符	包装内含项目的 GTIN（不含校验码）	校验码
N_1	N_2 N_3 N_4 N_5 N_6 N_7 N_8 N_9 N_{10} N_{11} N_{12} N_{13}	N_{14}

GTIN-13 代码结构

厂商识别代码	商品项目代码	校验码
N_1 N_2 N_3 N_4 N_5 N_6 N_7	N_8 N_9 N_{10} N_{11} N_{12}	N_{13}

GTIN-12 代码结构

厂商识别代码	商品项目代码	校验码
N_1 N_2 N_3 N_4 N_5 N_6	N_7 N_8 N_9 N_{10} N_{11}	N_{12}

GTIN-8 代码结构

商品项目识别代码	校验码
N_1 N_2 N_3 N_4 N_5 N_6 N_7	N_8

图 1－9　GTIN 编码结构

（2）SSCC：系列货运包装箱代码（Serial Shipping Container Code，SSCC）是为物流单元（运输/储藏）提供唯一标识的代码，具有全球唯一性。物流单元标识代码由扩展位、厂商识别代码、系列号和校验码四部分组成，是 18 位的数字代码，一般采用 UCC/EAN－128 条码符号表示（表 1－2）。

表 1－2　SSCC 编码结构

结构种类	扩展位	厂商识别代码	系列号	校验码
结构一	N_1	$N_2N_3N_4N_5N_6N_7N_8$	$N_2N_3N_4N_5N_6N_7N_8N_9N_{10}N_{11}N_{12}N_{13}N_{14}N_{15}N_{16}N_{17}$	N_{18}
结构二	N_1	$N_2N_3N_4N_5N_6N_7N_8N_9$	$N_{10}N_{11}N_{12}N_{13}N_{14}N_{15}N_{16}N_{17}$	N_{18}
结构三	N_1	$N_2N_3N_4N_5N_6N_7N_8N_9N_{10}$	$N_{11}N_{12}N_{13}N_{14}N_{15}N_{16}N_{17}$	N_{18}
结构四	N_1	$N_2N_3N_4N_5N_6N_7N_8N_9N_{10}N_{11}$	$N_{12}N_{13}N_{14}N_{15}N_{16}N_{17}$	N_{18}

（3）GLN：参与方位置代码（Global Location Number，GLN）是对参与供应链等活动的法律实体、功能实体和物理实体进行唯一标识的代码。其中，法律实体是指合法存在的机构，如：供应商、客户、银行、承运商等。功能实体是指法律实体内的具体的部门，如：某公司的财务部。物理实体是指具体的位置，如：建筑物的某个房间、仓库，或仓库的某个门、交货地点等。参与方位置代码由厂商识别代码、位置参考代码和校验码组成，用13位数字表示（表1－3）。

表1－3　GLN编码结构

结构种类	厂商识别代码	位置参考代码	校验码
结构一	$N_1N_2N_3N_4N_5N_6N_7$	$N_8N_9N_{10}N_{11}N_{12}$	N_{13}
结构二	$N_1N_2N_3N_4N_5N_6N_7N_8$	$N_9N_{10}N_{11}N_{12}$	N_{13}
结构三	$N_1N_2N_3N_4N_5N_6N_7N_8N_9$	$N_{10}N_{11}N_{12}$	N_{13}

其余三种代码为，GSRN：全球服务关系代码（Global Service Relationnumber，GSRN）；GRAI：全球可回收资产标识符（Global Returnable Asset Identifier，GRAI）；GIAI：全球单个资产标识符（Global Individual Asset Identifier，GIAI）。限于篇幅不再赘述。

不同条码的使用

商品条码是ANCC系统的一个重要组成部分，是ANCC系统发展的基础，主要用于对零售商品、非零售商品及物流单元的条码标识。

零售商品是指在零售端通过POS扫描结算的商品，其条码标识由全球贸易项目代码（GTIN）及其对应的条码符号组成。零售商品的条码标识主要采用EAN/UPC条码。如一瓶洗发水和一瓶护肤液的组合包装都可以作为一项零售商品卖给最终消费者。

非零售商品是指不通过POS扫描结算的用于配送、仓储或批发等操作的商品，其标识代码由全球贸易项目代码（GTIN）及其对应的条码符号组成。非零售商品的条码符号主要采用采用ITF－14条码或UCC/EAN－128条码，也可使用EAN/UPC条码。如一个装有24条香烟的纸箱、一个装有40箱香烟的托盘都可以作为一个非零售商品进行批发、配送。

物流单元条码是为了便于运输或仓储而建立的临时性组合包装，在供应链中需要对其进行个体的跟踪与管理。通过扫描每个物流单元上的条码标签，实现物流与相关信息流的链接，可分别追踪每个物流单元的实物移动。物流单元的编码采用系列货运包装箱代码（SSCC－18）进行标识。如一箱有不同颜色和尺寸的裙子与裤子的组合包装，或一个含有40箱饮料的托盘都可以视为一个物流单元。

2. 条码的标准文件

同其他的商品及服务一样，条码的设计与制作需要依据相关的标准文件。各国（地区）会参照国际通行标准，制定出各自的执行标准。以我国为例，目前常用的各类条码标准文件有数十个，一部分直接引用国际标准，大部分为国家标准形式，各类条码标准文件说明参见表1－4。

表1－4　常用条码标准文件

序号	标准编号	标准名称
1	GB/T 21335－2008	RSS 条码
2	EN ISO/IEC 15438－2003	信息技术 自动识别和数据收集技术 条码符号规范 PDF417
3	EN 62090－2003	使用条码和二维符号表示的电子元件的产品包装标签
4	pr EN ISO/IEC 18004－2000	信息技术 自动识别与数据收集技术 条码符号学 QR 码
5	EN 12403－1998	条码 结构化数据文件
6	EN 1572－1996	条码 运输单位的唯一标识符
7	EN 1571－1996	条码 数据标识符
8	pr EN 606－1999	条码 钢制品用运输和处理标签
9	ENV 606－1992	钢制品 条码运输和处理标签
10	EN 1573－1996	条码 多种产业运输标签
11	EN 12323－1998	条码 符号学规范 16K 码
12	EN 1556－1998	条码 术语
13	NF Z63－306－1998	条码 符号规范“CODE 16K”（欧洲标准 EN 12323）
14	NF Z63－310－1998	条码 结构化数据文件（欧洲标准 EN 12403）
15	NF Z63－300－9－1995	条码 码规范 EAN/UPC
16	NF Z63－300－7－1995	条码 码规范 库法巴码
17	WB/T 1029－2006	装载单元和运输包装的条码符号
18	ENV 1649－1995	条码 影响条码系统阅读的操作方面
19	GB/T 15425－2002	EAN·UCC 系统 128 条码

续表

序号	标准编号	标准名称
20	GB/T 17172 – 1997	417 条码
21	GB/T 16829 – 2003	信息技术自动识别与数据采集技术条码码制规范 交插二五条码
22	GB/T 18410 – 2001	车辆识别代号条码标签
23	GB 12904 – 2008	商品条码 零售商品编码与条码表示
24	GB/T 18347 – 2001	128 条码
25	GB/T 14258 – 2003	信息技术自动识别与数据采集技术条码符号印制质量的检验
26	GB/T 18127 – 2009	商品条码 物流单元编码与条码表示
27	GB/T 16986 – 2009	商品条码 应用标识符
28	GB/T 14257 – 2009	商品条码 条码符号放置指南
29	GB/T 19946 – 2005	包装 用于发货、运输和收货标签的一维条码和二维条码
30	GB/T 23704 – 2009	信息技术 自动识别与数据采集技术 二维条码符号印制质量的检验
31	GB/T 23832 – 2009	商品条码 服务关系编码与条码表示
32	GB/T 23833 – 2009	商品条码 资产编码与条码表示
33	GB/T 18283 – 2008	商品条码 店内条码
34	GB/T 18348 – 2008	商品条码 条码符号印制质量的检验
35	GB/T 20232 – 2006	缩微摄影技术条码在开窗卡上的使用规则
36	GB/T 16830 – 2008	商品条码 储运包装商品编码与条码表示
37	GB/T 12906 – 2008	中国标准书号条码
38	GB/T 12907 – 2008	库德巴条码
39	GB/T 26228. 1 – 2010	信息技术 自动识别与数据采集技术 条码检测仪一致性规范 一维条码
40	GB/T 26227 – 2010	信息技术 自动识别与数据采集技术 条码原版胶片测试规范
41	DIN CEN/TS 15525 – 2007	邮电服务 标准接口 机械控制和条码印刷机间接口
42	DIN EN 1556 – 1998	条码 专业术语
43	ISO/IEC 24778 – 2008	信息技术 自动识别和数据采集技术 Aztec 码条码符号技术规范
44	ISO/IEC 16022 Technical Corrigendum 1 – 2008	信息技术 自动识别和数据捕捉技术 数据矩阵式条码符号技术规范 技术勘误表
45	ISO 22742 – 2010	包装 产品包装用线形条码和二维符号
46	ISO/IEC 15438 – 2006	信息技术 自动标识和数据采集技术 PDF417 条码符号学规范

续表

序号	标准编号	标准名称
47	ISO 12656 - 2001	缩微摄影技术 窗孔卡片的条码的应用
48	JIS X0520 - 2001	条码印刷质量试验规范 线性符号
49	JIS X0516 - 2006	包装 产品包装用线形条码和二维符号
50	JIS X0504 - 2003	条码符号 128 码 基本规范
51	JIS X0505 - 2004	条码符号 交插二五条码 基本规范
52	JIS X0508 - 2010	信息技术 自动标识和数据采集技术 PDF417 条码符号学规范
53	GB/T 16828 - 2007	商品条码 参与方位置编码与条码表示
54	GB/T 12905 - 2000	条码术语
55	GB/T 12908 - 2002	信息技术自动识别和数据采集技术条码符号规范三九条码
56	GB/T 16827 - 1997	中国标准刊号（ISSN 部分）条码
57	GB/T 18805 - 2002	商品条码印刷适性试验
58	ANSI/EIA 556 - B - 1999	电子学 外运集装箱外部条码标签标准
59	ANSI INCITS182 - 1990	条码印刷质量指南
60	ANSI MH10. 8. 7 - 2005	材料运输 用线型条码和二维符号进行标签和产品直接标记
61	ANSI/HIBC 4. 0 - 2009	保健产业条码委员会无线射频识别供应商标准
62	ASTM F1851 - 1998（2009）	条码验证标准实施规程
63	BS ISO/IEC 15426 - 1 - 2006	信息技术 自动识别和数据采集技术 条码验证机 一致性规范
64	BS ISO/IEC 15420 - 2009	信息技术 自动识别与数据采集技术 EAN/UPC 条码符号学规范
65	BS ISO 22742 - 2009	包装 产品包装用线形条码和二维符号
66	DD ENV 606 - 1993	钢制品的运输和装卸条码标签
67	BS ISO 28219 - 2009	包装 标记和带二维符号与线形条码的直接产品
68	BS DD CEN/TS 15525 - 2006	邮政服务 标准接口 机械控制和条码打印机间的接口
69	GB/T 27766 - 2011	二维条码 网格矩阵码
70	GB/T 27767 - 2011	二维条码 紧密矩阵码
71	GB/T 29267 - 2012	热敏和热转印条码打印机通用规范

资料来源：标准网（www. standardcn. com）。

每一个条码标准文件一般均包含以下信息：标准编号、标准名称（对应英文名称）、代替号、采用标准、归口单位、起草单位、分类号、国际分类号、发布日期、实施日期、基本内容介绍。某些标准的部分信息（如代替号）可以为空，可参见表1－5、表1－6。

表1－5 条码标准相关信息（A）

标准编号	EN 1556－1998
标准名称	条码 术语
英文名称	Bar coding－Terminology
代替号	
采用标准	DIN EN 1556（1998－09），EQV＊BS EN 1556（1998－12－15/BST），EQV＊BS EN 1556（1998－12－15），TDT＊NF 263－320（1998－06－01/AFNOR），EQV＊NF 263－320（1998－06－1），IDT＊SNV DIN EN 1556（1998－09），EQV＊OENORM EN 1556（1998－06－01），IDT
归口单位	CEN
起草单位	
分类号	
国际分类号	01. 040. 35 35. 040
发布日期	
实施日期	
内容介绍	

表1－6 条码标准相关信息（B）

标准编号	GB/T 18347－2001
标准名称	128 条码
英文名称	Code 128
代替号	
采用标准	ISO/IEC 15417：2000
归口单位	全国物流信息管理标准化技术委员会
起草单位	中国物品编码中心
分类号	A24
国际分类号	35. 040
发布日期	2001－04－09
实施日期	2001－10－01
内容介绍	名称与符号；条形码；代码；条码

资料来源：标准网（www. standardcn. com）。

3. 条码的实施文件

条码的实施通常需要有具体的指导文件，如我国在统一商品条码的标准后，各地方分别制定了相关的管理办法，在行政上包括直辖市、省与市等级别。其中一些文件的名称、颁布与实施时间参见表1－7。

表1－7　我国地方商品条码管理文件（部分）

编号	名称	颁布时间	实施时间
1	无锡市商品条码管理办法	2000－03－29	2006－03－21
2	上海市商品条码管理办法	2003－06－25	2005－03－14
3	黑龙江省信息技术标准化监督管理办法	1996－08－26	2005－03－14
4	安徽省商品条码管理办法	1999－08－25	2005－03－14
5	广东省商品条码管理办法	1998－12－14	2005－03－14
6	河北省商品条码管理办法	2005－01－04	2005－02－17
7	辽宁省信息技术标准化监督管理条例	1997－04－08	2004－06－30
8	沈阳市商品条码管理办法	1997－01－22	2004－11－02
9	宁波市商品条码管理办法	—	2004－05－11
10	深圳经济特区商品条码管理办法	1998－07－29	2004－05－11
11	陕西省关于加快商品条码普及应用的意见的通知	1998－11－19	2004－05－11

资料来源：中国物品编码中心（www. ancc. org. cn）。

第二节　商业信息数据化方法

商业信息的数据化是指依据相关标准规则，通过具体的技术手段，对商品/服务内容在一定的区域范围内加以实现的过程。这个范围可以是全球贸易区域、国家（地区）贸易区域，以及企业或组织内部。目前主要的数据化载体有条码与射频识别，以下分别对其使用方法进行介绍。

一、商业条码的编制

企业在使用商业条码时，需要依据所在区域的法律法规，遵照一定的编制原则与申请及使用流程。

（一）条码编制规则

在GS1体系内从事全球化贸易活动的国家与企业，在条码编制时需要首先参照该体系的码制使用规则，以下以 GTIN 为例具体说明。

1. GTIN 的分配规则

GS1 的官方网站提供了关于 GTIN 的相关分配规则，涉及商品的目标市场、商品外观、商品包装、商品规格、促销行为、生产时间及地点、零售价格，以及供应链管理多个部分，不同部分参照不同的分配规则。

（1）关于目标市场：

新语种：为适应新的目标市场，贸易项目包装改用另一种新语种，应为采用新语种的贸易项目分配新的 GTIN。包装标识语言不同的贸易项目，可以视为不同的贸易项目。高效运输要求对不同的标准组合贸易项目进行区分。需要说明，如果只对标准组合贸易项目等级进行跟踪追溯，那么制造商可以对使用不同语种包装标识的零售贸易项目使用相同的 GTIN。语种变化不适用于商标名称语种变化。如果语种的变化导致商标名称变化，那么商品不论是哪个等级的包装，都应有一个新的 GTIN。某些行业，如服装以及家装行业，人工识读标签是配送过程的一个环节，在这种情况下，可以给人工识读标签添加一个新语种，而没必要另外分配一个新的 GTIN。

增加新语种：给商品包装上增加一个新语种，增加新语种后的贸易项目的 GTIN 应与原贸易项目的 GTIN 相同。在零售商品的包装上添加一个新语种不影响现有市场。例如：如果 A、B、C 三种语言同时出现在一个商品包装上，那么再添加一个 D 语言对现有贸易伙伴不会有影响。

不同区域：在不同地域销售的相同种类贸易项目的 GTIN 相同。全球供应商将提供给不同地方的相同的贸易项目分配不同的 GTIN，可能会给供应商（如库存管理方面）带来不利的影响。

（2）关于外观：

文字描述：当商品的名称、品牌或商品说明的文字描述发生改变，足以影响该商品在供应链中的管理活动时，应为改变后的贸易项目分配新的 GTIN。该变化会导致商品货架标签发生变化；在供应链中品牌或产品名称的变更必须清楚通知贸易伙伴，旧存货被自然替换。如果品牌或产品名称变更不能有效地被入册登记，可能会导致不能向消费者提供正确的零售贸易项目信息。

设计：如果产品外观设计不具有描述/标识产品的作用，外观设计（如颜色、大小、字体等）的变化不会引起商品货架标签的改变，那么外观设计改变后的贸易项目的 GTIN 应与原贸易项目的 GTIN 相同。

增加元素：如果在商品包装上增加了公司品牌、名称、LOGO（标识）等设计元素，那么增加设计元素后的贸易项目的 GTIN 应与原贸易项目的 GTIN 相同。

品牌过渡：当商品名称或品牌发生变更，且该变更需要通过数个阶段完成时，在这种情况下，会出现新旧品牌并存的现象，因此应为新品牌的贸易项目分配新的 GTIN。这种变化将影响该贸易项目在供应链中的应用（如在商品货架标签上的说明）。

艺术性：如果商品包装发生微小的艺术性变更，变更后的贸易项目的 GTIN 应与原贸易项目的 GTIN 相同。微小的艺术外观变更，很可能是针对贸易项目季节性/促销性销售而产生，并不影响其他的 GTIN 规则，不应另外分配新的 GTIN。

（3）关于包装：

重大变化：重大的包装变化是指包装的长、宽、高等任一尺寸变化超过原尺寸的 20%，或整包装毛重超过原毛重的 20%。如果商品包装发生重大的变化，应为变化后的贸易项目分配新的 GTIN。同时货架管理软件和物流系统需要进行更新，以保证货架空间的最优利用。如果在零售贸易项目级别上不分配新的 GTIN，则难以向供应链贸易伙伴传递必要的物流信息。

材料：当零售贸易项目的包装材料发生微小变化（如：由聚酯变为高密度聚乙烯），不影响贸易项目在零售货架上的外观尺寸时，变化后的零售贸易项目的 GTIN 应与原零售贸易项目的 GTIN 相同。当标准组合贸易项目的包装材料发生微小变化（如包装材料升级或改变包装材料的供应商），变化后的标准组合贸易项目的 GTIN 应与原标准组合贸易项目的 GTIN 相同。产品包装材料的微小变更只对生产商有影响，分配新的 GTIN 将产生不必要的成本。

托盘级规格：托盘级贸易项目由多个标准组合贸易项目组成，当标准组合贸易项目数量发生改变，即托盘级贸易项目规格发生改变，应为改变后的托盘级贸易项目分配新的 GTIN。托盘外观/布局不影响所含零售贸易项目或箱体的数量。如果两种不同结构布局的托盘级贸易项目同时向同一市场提供，并且能够被分别订购，那么不同结构布局的托盘级贸易项目就应该使用不同的 GTIN。

监控装置：零售贸易项目增加了商品电子监控（防盗）装置，或由一种方式的监控装置转换为另一种方式的监控装置，变化后的零售贸易项目的 GTIN 与原零售贸易项目的 GTIN 相同。但是，由变化后的零售贸易项目组成的标准组合贸易项目应与原标准组合贸易项目分开订货，应为变化后标准组合贸易项目分配新的 GTIN。

EPC 标签：给商品添加 EPC 标签，添加后的贸易项目的 GTIN 与原贸易项目的 GTIN 相同。相同的贸易项目，不论是否拥有 EPC 标签，必须使用相同的

GTIN，以保证供应链的有效管理。如果对引进 EPC 标签的产品重新分配 GTIN，将增加供应链成本。

认证标识的增加：认证标识是一个符号、标志或是写在产品上表明与统一标准（如，欧洲认证标识是 CE）相一致的文字。当将一个产品（产品本身或包装上以前没有认证标识）变为包含认证标识的产品时，需要分配一个新的 GTIN 来进入市场进行交易，因为在市场内认证标识具有特殊的资料检索能力。

（4）关于产品：

产品规格：标准组合贸易项目包装中的零售贸易项目的品种、数量发生变化时，应为变化后的标准组合贸易项目分配新的 GTIN，包装中的零售贸易项目个体的 GTIN 不变。当贸易项目在净重、数量、体积等方面发生微小的变化（如生产误差造成的微小变化），但不影响商品货架标签时，变化后的贸易项目的 GTIN 应与原贸易项目的 GTIN 相同。当贸易项目在净重、数量、规格等方面发生变化，且影响商品货架标签时，应为变化后的贸易项目分配新的 GTIN。例如：一瓶阿斯匹林中所含药片的数量变化；一盒总净重为 400 克的冲剂由每份 100 克共四小包装变为每份 50 克共八小包装；时装的颜色和尺寸变化等，这些情况都需要修改商品货架标签，应分配新的 GTIN。

产品成分：产品的成分发生微小的替代性变化，且在不触及法律条款的情况下商品货架标签不必因此而改变，变化后的贸易项目的 GTIN 应与原贸易项目的 GTIN 相同。这种情况包括改变时装上的纽扣颜色，以及在贸易项目特征（如口味、粘性、微小的成分等）保持不变的情况下，为降低成本而进行的微小改变。当产品配方发生重大变化，有关法律或其他强制性规定（如医疗卫生行业）要求明示，或涉及消费者的需求时，应为变化后的贸易项目分配新的 GTIN。同时对于一些生鲜商品，GTIN 的分配原则与供应链中的温控条件无关。

产品功能：当产品的功能、特性发生重大的变化（如新版本的软件、增加新功能的电子产品）时，应为变化后的贸易项目分配新的 GTIN。

组合产品：随机组合产品是一种零售贸易项目，在一定贸易项目范围内（如价格不变的前提下），由多个贸易单元随机混合而成，其中的贸易单元不能单独零售，这种情况下不同的随机组合产品采用相同的 GTIN。预先定义比例的组合产品是在贸易项目出厂前就预先定义组合比例的标准组合贸易项目。组合产品的组合比例发生改变，虽然总量不变，但是应为变化后的标准组合贸易项目分配新的 GTIN，而组合包装中同种零售贸易项目的 GTIN 保持不变。例如：一个预先定义的酸奶组合，包含有四种不同口味的 200 杯酸奶，组合比例由 30/50/80/40 变化为40/60/40/60，虽然内含酸奶的总量不变，但比例变化前后的酸奶组合的GTIN不同。

套装产品：套装产品是由两个或两个以上的零售贸易项目组成的零售贸易项目，套装中的零售贸易项目通常能被单独销售。当其中的零售贸易项目发生改变时，应为变化后的套装产品分配新的GTIN；同时应为由变化后的套装产品组成的标准组合贸易项目分配新的GTIN。

组合装：一个组合装可以是按标准分组的贸易项目的任意组合，采用这种分组方法的可以被单独标价、订购或开具发票，由品牌所有者负责分配GTIN。当组合装中的贸易项目是来自多个厂商的商品时，建立包装组合的组织负责分配这个组合装的GTIN。

(5) 关于促销：

试用品：以促销为目的而提供的产品样品或试用品，无须分配GTIN。如果这些产品试用成功，能够进入市场被订购的话，那么就必须给它们分配GTIN。

优惠装：优惠装是一种在价格不变的情况下，通过增加净重、数量或容量以达到促销目的的零售贸易项目，应当为优惠装以及由该优惠装组成的标准组合贸易项目分别编制新的GTIN。

赠品：在出售某零售贸易项目时，赠送其他贸易项目以达到促销的目的，这两种贸易项目未捆绑在一起，有赠品的零售贸易项目的GTIN应与原零售贸易项目的GTIN相同。当以捆绑赠品的方式出售某零售贸易项目，因为捆绑赠品是在零售环节进行的，捆绑了赠品的零售贸易项目的GTIN应与原零售贸易项目的GTIN相同。当在某零售贸易项目的包装内附加免费赠品，含赠品的零售贸易项目的GTIN应与原零售贸易项目的GTIN相同。当消费者购买某零售贸易项目满足了预先限定的优惠条件时，即可获赠同类或相近的贸易项目（如买二赠一），这些零售贸易项目的GTIN应与原零售贸易项目的GTIN相同。

限时性促销：因某事件（促销活动）而以附加赠品的方式出售某零售贸易项目，有赠品的零售贸易项目与原零售贸易项目的GTIN相同。为实现高效的库存管理，应为有赠品的标准组合贸易项目分配新的GTIN。当促销活动不改变库存管理的“先进先出”原则时，无须为有赠品的标准组合贸易项目分配新的GTIN。

纪念装：为纪念某事件而对零售贸易项目采用纪念版包装（如纪念版的箱包、皮具），且价格不变，纪念装的零售贸易项目的GTIN与原零售贸易项目的GTIN相同。

优惠凭证：零售贸易项目附带赠券或其他类型的优惠凭证，消费者可以将赠券通过邮寄等方式返还以获得一定货币、其他商品，或赢得低价购买其他商品的机会，附带优惠凭证的零售贸易项目的 GTIN 与原零售贸易项目的 GTIN 相同。

加量附赠：供应商对购买商品的零售商免费赠送一定数量的同种零售贸易项目，此时箱体（标准组合贸易项目）内的零售贸易项目数量有可能会增加，应为该标准组合贸易项目分配新的 GTIN，而箱体内的零售贸易项目的 GTIN 不变。

（6）关于生产：

生产地点不同：同种贸易项目在不同地点生产，如果制造商同属于一个法人实体，则采用相同的 GTIN。

生产时间不同：对于相同标准的贸易项目，如果生产商分属不同的法人实体，则应由各生产商在其相应的厂商识别代码基础上，为其生产的贸易项目编制各自的 GTIN。如无法跟踪追溯由不同生产商生产的贸易项目，将会给供应链管理造成严重后果。

（7）关于价格：

零售价：零售价格不同的同种零售贸易项目，如果价格未标识在商品包装上，应采用相同的 GTIN。

零售商定价标签：当零售贸易项目应零售商特定要求，加贴了标识零售商定价的标签时，加贴标签的零售贸易项目的 GTIN 与原零售贸易项目的 GTIN 相同。

厂商建议零售价：厂商将建议零售价作为产品包装设计的一部分预先印在包装上，当建议零售价发生变更时，应为变更后的零售贸易项目分配新的 GTIN。

减价赠券：当在零售贸易项目的外包装上印制，或在包装内放置减价赠券时，带赠券的零售贸易项目的 GTIN 与原零售贸易项目的 GTIN 相同。

（8）关于时间：

时节性调整：对零售贸易项目进行时节性重大调整（如假日装或复活节特装）时，应为调整后的零售贸易项目分配新的 GTIN。周期性的季节性促销产品（如只在夏季销售的 T 恤或只在圣诞节销售的蛋糕）应在每个促销周期使用相同的 GTIN。区分调整前后的贸易项目，有利于对标准组合贸易项目定价、计价、重新订货和库存管理。

生产年份：当产品的定价受生产年份影响时，不同生产年份的贸易项目应分配不同的 GTIN，如某些相同品牌的葡萄酒会因酿造年代不同而价格不同。而当产品定价不受生产年份影响时，生产年份不同的同种产品采用相同的 GTIN。

（9）关于供应链：

物流尺寸：以标准物流尺寸计价的贸易项目，即使相同标准物流尺寸的同种贸易项目总重量不同，仍使用相同的 GTIN。如果标准物流尺寸发生改变，应为尺寸改变后的贸易项目分配新的 GTIN。标准包装的贸易项目，当包装任意尺寸的变化超过 20% 时，即使净重不变，应为包装变化后的贸易项目分配新的 GTIN。相同的贸易项目，装卸要求发生变化时仍采用相同的 GTIN。

产品品质：当供应链参与方（供应商）为其提供的贸易项目发布新的标准或操作规程时，应为该贸易项目分配新的 GTIN；而贸易项目等级不同时，也应分配不同的 GTIN。当供应链参与方为其提供的贸易项目的标准或操作规程进行非决定性的改变，但不会影响贸易项目的实质时，则无须分配新的 GTIN。当包装材料本身作为贸易项目时，如果印刷设计发生变化，则应分配新的 GTIN。当供应链参与方根据不同的订单要求，供应不同形式的贸易项目时，应为不同形式的贸易项目分配不同的 GTIN，例如按照订单要求将桶装酒改为罐装酒进行配送。

参与方：对于相同标准的贸易项目，如果生产商分属不同的法人实体，则应由各生产商在其相应的厂商识别代码的基础上，对其生产的贸易项目编制各自的 GTIN。当原料进货渠道发生变化时，供应链参与方贸易项目的 GTIN 不变；当订购客户发生变化时，该贸易项目的 GTIN 同样不变。

此外，GS1 还提供了关于生鲜类商品 GTIN 分配使用的规则。

GS1 的在线培训

GS1 主页提供了在线培训课程（图 1 – 10），用户可详细了解关于编码体系的规则、分类及具体的使用方法，课程的主要内容包括：

（1）GS1 体系的概念介绍；

（2）对于零售与非零售项目的区别方式；

（3）如何在企业产品上使用 GS1 体系的条码；

（4）条码的技术标准与使用要求；

（5）如何在供应链管理中使用 GS1 体系；

（6）GS1 体系在电子商务中的应用；

（7）射频识别与产品电子标签（EPC）。

图 1-10

资料来源：www. GS1. org。

2. 具体码制使用中的规则

在编码过程中需要遵循唯一性、稳定性、无含义三个基本原则：①唯一性原则是商品编码的基本原则，是指同一商品项目应分配相同的标识代码，不同的商品项目必须分配不同的标识代码。不同商品名称、商标、种类、规格、数量、包装类型的商品应视为不同的商品项目，必须编制不同的标识代码，以保证编码的唯一性。②稳定性原则是指商品标识代码一旦分配，只要商品的基本特征没有发生变化，就应保持不变。同一商品项目，无论是长期连续生产还是间断式生产，都必须采用相同的标识代码。即使该商品项目停止生产，其标识代码应至少在四年之内不能用于其他商品项目上。另外，即便商品已不在供应链中流通，由于要保存历史纪录，需要在数据库中较长期地保留它的标识代码，因此，在重新启用商品标识代码时，还需要考虑此因素。③无含义原则是指商品标识代码中的每一位数字不表示任何与商品有关的特定信息。有含义的编码，通常会导致编码容量的损失。厂商在编制商品项目代码时，最好使用无含义的流水号，即连续号。这样能够最大限度利用商品项目代码的编码容量。

EAN/UPC 条码是最为常见的零售端条码标准，其条码类型包括 EAN-13、

EAN－8、UPC－A 和 UPC－E。通过零售渠道销售的贸易项目必须使用 EAN/UPC 条码进行标识，同时这些条码符号也可用于标识非零售的贸易项目。EAN 条码是长度固定的连续型条码，其字符集是数字 0 至 9；EAN 条码有两种类型，即 EAN－13 条码和 EAN－8 条码。UPC 条码是一种长度固定的连续型条码，其字符集为数字 0 至 9；UPC 码起源于美国，有 UPC－A 条码和 UPC－E 条码两种类型。在物流环节主要使用 UCC/EAN－128 条码，该种条码由起始符号、数据字符、校验符、终止符、左/右侧空白区及供人识读的字符组成，用以表示 GS1 系统应用标识符字符串。UCC/EAN－128 条码可表示变长的数据，条码符号的长度依字符的数量、类型和放大系统的不同而变化，并且能将若干信息编码在一个条码符号中。该条码符号可编码的最大数据字数为 48 个，包括空白区在内的物理长度不能超过 165mm。

EAN－13 商品条码又称标准版商品条码，EAN－8 商品条码也称缩短版商品条码，在通常情况下，我国的企业用户应尽量选用 EAN 商品条码，尤其是 EAN－13 条码。但在以下几种情况下可采用 EAN－8 条码，包括：EAN－13 商品条码的印刷面积超过印刷标签最大面面积的 1/4 或全部可印刷面积的 1/8 时；印刷标签的最大面面积小于 $40cm^2$ 或全部可印刷面积小于 $80cm^2$ 时；产品本身是直径小于 3cm 的圆柱体时。

以 EAN－13 码制在我国的使用为例，其前三位为国家（地区）代码，最后一位是校验位，中间部分为生产商与产品代码，并有两种划分方式。当前三位国家代码为 690 或 691 时，4～7 位为厂商代码，8～12 位为商品代码，可参见图 1－11A；当前三位国家代码为 692、693 时，4～8 位为厂商代码，9～12 位为商品代码，可参见图 1－11B。

A. X1 X2 X3 | X4 X5 X6 X7 | X8 X9 X10 X11 X12 | X13
国家代码　厂商代码　商品代码　校验

B. X1 X2 X3 | X4 X5 X6 X7 X8 | X9 X10 X11 X12 | X13
国家代码　厂商代码　商品代码　校验

图 1－11　EAN－13 条码信息

国家（地区）代码在全球范围统一分配（详细分配情况可参见表 1－8），厂商识别代码由中国物品编码中心统一向申请厂商分配，商品代码由各厂商自行安排，校验位依据相关标准（如 GB 12904）计算得出。

表 1–8　EAN–13 前缀码表示的内容

前缀码	国家（地区）/应用领域	前缀码	国家（地区）/应用领域
000～019、030～039、060～139	美国	627	科威特
020～029、040～049、200～299	店内码	628	沙特阿拉伯
050～059	优惠券	629	阿拉伯联合酋长国
300～379	法国	640～649	芬兰
380	保加利亚	690～695	中国内地
383	斯洛文尼亚	700～709	挪威
385	克罗地亚	729	以色列
387	波斯尼亚和黑塞哥维那	730～739	瑞典
389	黑山	740	危地马拉
400～440	德国	741	萨尔瓦多
450～459、490～499	日本	742	洪都拉斯
460～469	俄罗斯	743	尼加拉瓜
470	吉尔吉斯斯坦	744	哥斯达黎加
471	中国台湾	745	巴拿马
474	爱沙尼亚	746	多米尼加
475	拉脱维亚	750	墨西哥
476	阿塞拜疆	754～755	加拿大
477	立陶宛	759	委内瑞拉
478	乌兹别克斯坦	760～769	瑞士
479	斯里兰卡	770～771	哥伦比亚
480	菲律宾	773	乌拉圭
481	白俄罗斯	775	秘鲁
482	乌克兰	777	玻利维亚
484	摩尔多瓦	778～779	阿根廷
485	亚美尼亚	780	智利
486	格鲁吉亚	784	巴拉圭
487	哈萨克斯坦	786	厄瓜多尔
488	塔吉克斯坦	789～790	巴西
489	中国香港	800～839	意大利

续表

前缀码	国家（地区）/应用领域	前缀码	国家（地区）/应用领域
500 ~ 509	英国	840 ~ 849	西班牙
520 ~ 521	希腊	850	古巴
528	黎巴嫩	858	斯洛伐克
529	塞浦路斯	859	捷克
530	阿尔巴尼亚	860	塞尔维亚
531	马其顿	865	蒙古
535	马耳他	867	朝鲜
539	爱尔兰	868 ~ 869	土耳其
540 ~ 549	比利时、卢森堡	870 ~ 879	荷兰
560	葡萄牙	880	韩国
569	冰岛	884	柬埔寨
570 ~ 579	丹麦	885	泰国
590	波兰	888	新加坡
594	罗马尼亚	890	印度
599	匈牙利	893	越南
600 ~ 601	南非	896	巴基斯坦
603	加纳	899	印度尼西亚
604	塞内加尔	900 ~ 919	奥地利
608	巴林	930 ~ 939	澳大利亚
609	毛里求斯	940 ~ 949	新西兰
611	摩洛哥	950	GS1 总部
613	阿尔及利亚	951	GS1 总部（产品电子代码）
615	尼日利亚	955	马来西亚
616	肯尼亚	958	中国澳门
618	科特迪瓦	960 ~ 969	GS1 总部（缩短码）
619	突尼斯	977	连续出版物（ISSN）
621	叙利亚	978 ~ 979	图书（ISBN）
622	埃及	980	应收票据
624	利比亚	981 ~ 983	普通流通券
625	约旦	990 ~ 999	优惠券
626	伊朗	—	—

以下通过某品牌企业的商品编码进行示范。假定该企业生产个人清洁护理产品，旗下有两个子品牌 A 与 B，产品种类有洗发液、护发素、沐浴露、洗面奶等，每类产品各有不同的规格型号。该企业在中国内地申请编码（码制为 EAN－13），区域码为 690，企业代码为 1234，商品编码采用顺序分配方式，为保证商品编码的唯一性，完整编码需要在管理机构备案，详见表 1－9。

表 1－9　企业商品编码示例

<table>
<tr><th rowspan="2">子品牌</th><th rowspan="2">产品种类</th><th colspan="3">产品规格</th><th rowspan="2">编码</th></tr>
<tr><th>类型</th><th>外包装</th><th>容量</th></tr>
<tr><td rowspan="6">A</td><td rowspan="2">洗发液</td><td>普通</td><td>白色</td><td>750ml</td><td>6901234000016</td></tr>
<tr><td>养护</td><td>白色</td><td>700ml</td><td>6901234000023</td></tr>
<tr><td rowspan="2">护发素</td><td>普通</td><td>绿色</td><td>750ml</td><td>6901234000030</td></tr>
<tr><td>养护</td><td>绿色</td><td>700ml</td><td>6901234000047</td></tr>
<tr><td rowspan="2">沐浴露</td><td>—</td><td>天蓝</td><td>800ml</td><td>6901234000054</td></tr>
<tr><td>—</td><td>深蓝</td><td>800ml</td><td>6901234000061</td></tr>
<tr><td rowspan="5">B</td><td>洗发液</td><td>普通</td><td>—</td><td>750ml</td><td>6901234000078</td></tr>
<tr><td rowspan="4">洗面奶</td><td>养护</td><td>—</td><td>700ml</td><td>6901234000085</td></tr>
<tr><td>成人</td><td>—</td><td>550ml</td><td>6901234000092</td></tr>
<tr><td rowspan="2">儿童</td><td>粉色</td><td>300ml</td><td>6901234000108</td></tr>
<tr><td>绿色</td><td>300ml</td><td>6901234000115</td></tr>
</table>

企业在分配完编码的有效信息位后，可通过一定的计算方法获得校验位，校验码的计算步骤如下：

a. 从代码位置（自右向左）序号 2 开始，所有偶数位的数字代码求和；

b. 将步骤 a 的和乘以 3；

c. 从代码位置（自右向左）序号 3 开始，所有奇数位的数字代码求和；

d. 将步骤 b 与步骤 c 的结果相加；

e. 用大于或等于步骤 d 所得结果且为 10 最小整数倍的数减去步骤 d 所得结果，其差即为所求校验码的值。

企业也可以通过编码生成软件自动获取校验位。

（二）条码的申请与使用

我国企业在使用条码前需要到编码中心进行注册与备案（图 1－12）。在注册时，首先需要提交企业法人营业执照等证件，并经分支机构审核，全国各省份都设有初审部门；初审通过后可以将资料录入编码中心进行复审；复审通过后进行缴款等步骤，并获得厂商识别代码的系统成员证书。企业还可以通过中国物品编码中心进行证书的续展与变更等业务。当系统成员企业在获得厂商识别代码并为产品编制商品代码后，应通过中国商品信息服务平台提交商品条码及其对应的商品名称、种类、规格、型号等基本信息，履行产品信息通报义务，并可以享受平台提供的商品信息服务。随着 GS1 体系在我国应用的普及，中国物品编码中心除提供产品代码办理外，还逐步提供全球位置代码、资产标识代码、全球服务关系代码，以及二维码与 EPC 等服务业务。

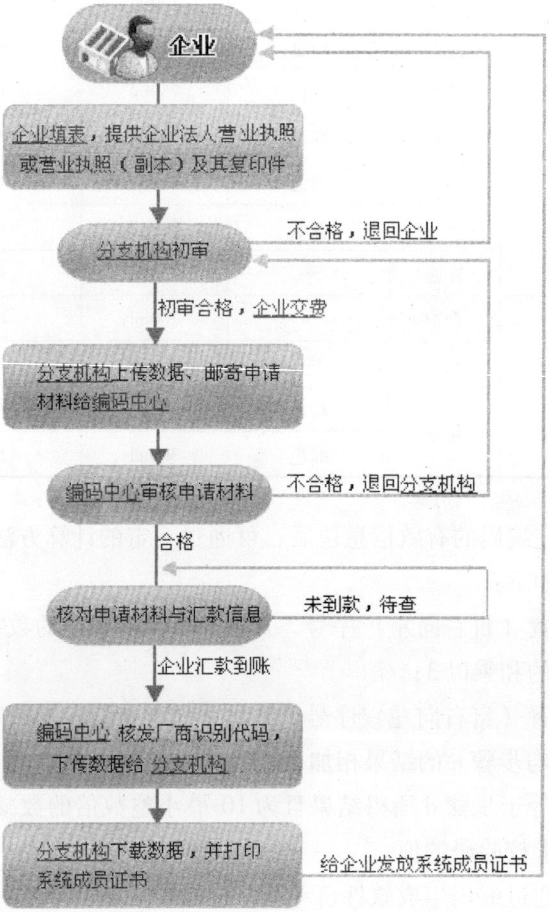

图 1－12　商品条码在线注册流程

我国商品条码使用中出现的问题

我国一些地区在商品条码使用中由于监管缺失，出现了条码滥用问题，主要表现为：

（1）部分商品未经中国物品编码中心批准，在商品包装上伪造商品条码；

（2）部分商品的厂商识别代码和条码由于过期未进行续展已经被注销，但仍在商品上非法使用；

（3）部分商品使用组织机构代码代替商品条码；

（4）部分商品的条码印刷不规范，出现缺位和多位现象。

商品条码是反映商品属性的重要载体，相当于商品的"身份证"。商品条码使用不当，不能客观真实地反映商品信息，将引起商品流通秩序混乱，给假冒伪劣商品流入市场提供可乘之机，严重损害消费者的权益。

企业在将商品编码制作为条码后，可通过相关机构进行条码质量的检验，用计量标准器（实物标板）检查条码检测仪测量反射率、条空宽度的示值误差、重复性、稳定性等计量性能，避免在使用中出现问题。

条码使用成员的权利与义务

自"中国商品条码系统成员证书"（以下简称"系统成员证书"）核发之日起，申请注册的企业即获得中国商品条码系统成员（以下简称"系统成员"）资格。系统成员在"系统成员证书"规定的有效期内，应合法使用其注册的厂商识别代码及相应的商品条码，并享有以下权利和义务。

1. 权利：

（1）对合法拥有的厂商识别代码及相应的商品条码，享有专用权；

（2）享有在厂商识别代码的基础上，自行分配商品项目代码的权利；

（3）享有获得编码中心及其分支机构提供的咨询、培训、检测等技术支持服务的权利；

（4）对编码中心及其分支机构的工作提出建议的权利。

2. 义务：

（1）按照国家标准、技术规范及相关规定，正确使用商品条码相关技术；

（2）遵守《商品条码管理办法》，不得转让或与他人共享厂商识别代码及相应的商品条码；

（3）系统成员资格有效期满后如继续使用商品条码，需按期续展并交纳系统维护费；

（4）企业信息变更时，需及时到所在地编码分支机构办理变更手续；

（5）系统成员停止使用厂商识别代码的，应到所在地的编码分支机构办理注销手续；

（6）按规定进行产品信息备案。

二、商业条码的制作方法

本部分主要介绍商业条码的具体制作方法，以及相关的技术标准。

（一）条码选择与设计

1. 条码类型选择

条码的种类较多，企业需要根据自己的需求及相关规定选择适宜的码制，如应用于商品、物流、其他服务领域，或在不同的国家或地区，则需选择不同的条码格式。对于仅在企业内部使用的条码，则要考虑条码的信息量、延续性、拓展性等问题，企业可自行设计可识别的条码。如在零售环节，企业可以选用EAN/UPC系列的条码，其中UPC码起源于美国，是一种长度固定的连续型条码，其字符集为数字0至9，有UPC－A条码和UPC－E条码两种类型。而在商品的储运环节则使用ITF条码，如常用的ITF－14条码可用于标识非零售商品，ITF－14条码对印刷精度要求不高，比较适合直接印制（热转印或喷墨）在表面不够光滑、受力后尺寸易变形的包装材料上。因为这种条码符号较适合直接印在瓦楞纸包装箱上，所以也称“箱码”。关于ITF－14条码的详细说明可查阅GB/T 16830－2008《商品条码——储运包装商品编码与条码表示》国家标准。此外，在物流单元标识方面可使用UCC/EAN－128条码，该条码技术特点是可表示变长的数据，条码符号的长度依字符的数量、类型和放大系统的不同而变化，并且能将若干信息编码在一个条码符号中。该条码符号可编码的最大数据字数为48个，包括空白区在内的物理长度不能超过165mm。

2. 条码线色彩组合

条空颜色搭配是指条码中条色与衬底空色的组合搭配。商品条码是使用专用识读设备依靠分辨条空的边界和宽窄来实现的，因此要求条与空的颜色反差越大越好。一般来说白色作底，黑色作条是最理想的颜色搭配；也有一些可选的色彩搭配方式，详见表1-10。

表1-10　条码色彩搭配参照表

序号	空色	条色	能否采用	序号	空色	条色	能否采用
1	白色	黑色	√	17	红色	深棕色	√
2	白色	蓝色	√	18	黄色	黑色	√
3	白色	绿色	√	19	黄色	蓝色	√
4	白色	深棕色	√	20	黄色	绿色	√
5	白色	黄色	×	21	黄色	深棕色	√
6	白色	橙色	×	22	亮绿	红色	×
7	白色	红色	×	23	亮绿	黑色	×
8	白色	浅棕色	×	24	暗绿	黑色	×
9	白色	金色	×	25	暗绿	蓝色	×
10	橙色	黑色	√	26	蓝色	红色	×
11	橙色	蓝色	√	27	蓝色	黑色	×
12	橙色	绿色	√	28	金色	黑色	×
13	橙色	深棕色	√	29	金色	橙色	×
14	红色	黑色	√	30	金色	红色	×
15	红色	蓝色	√	31	深棕色	黑色	×
16	红色	绿色	√	32	浅棕色	红色	×

3. *条码印刷的要求*

条形码的制作一般用印刷，或通过条码打印机、激光雕刻机打印条形码。条码打印机和普通打印机的最大区别就是，条码打印机的打印是以热转印为基础，以碳带为打印介质（或直接使用热敏纸）完成打印，配合不同材质的碳带可以实现高质量的打印效果和在无人看管的情况下实现连续高速打印，如要检测条码等级，使用专用的条码检测仪检测，条码等级为从A级到F级（表1-11）。

表1-11　条码等级标准

等级	说　明
A	能够被很好地识读，适合只沿一条线扫描并且只扫描一次的场合
B	适合于只沿一条线扫描但允许重复扫描的场合
C	通常要使用能重复扫描并有多条扫描线的设备才能获得比较好的识读效果
D	可能无法被某些设备识读，要获得好的识读效果，则要使用能重复扫描并具有多条扫描线的设备
F	不合格品，不能使用

资料来源：CPC中文印刷社区（www. cnprint. org）。

（二）条码制作软件

本部分介绍条码制作软件的种类及具体的使用方法。条码制作软件很多，有些属于专业条码软件，有些属于图形处理软件。Bartender、Label view、label matrix、Codesoft 等属于专业条形码生成与打印软件，集条码生成、标签制作、批量打印于一体，可打印固定与可变数据并支持调用数据库（如 . dbf，. xls，. mdb 等）文件直接打印；CorelDRAW、Photoshop、Illustrator 属于专业的画图设计软件。这些软件可配合使用，如 Label mx 可以导出矢量图片条码（. emf 和 . wmf），同 CorelDRAW、Photoshop、Illustrator 等软件交互使用。此外，网络上还有一些在线条码设计软件，占用资源较少，方便小企业使用。以下用 Barcode Generator 进行示范。

图 1－13 显示了 Barcode Generator 软件的操作界面，该软件使用较为简单，菜单栏部分包括文件、设置与帮助标签；工作区域包括码制选择、编辑及输出组件。在设置部分，用户可以对字体、条码及背景颜色等进行调整。

图 1－13　条码制作软件界面

在条码类型（barcode type）选择区域，用户可找到常用的多种条码类型，并可通过文字或示例图的方式进行选择，包括一维码与二维码。如一维码中的

EAN－8/13、EAN－14、ISBN－13、ITF－14 等，以及邮政码，堆叠与矩阵二维码（图 1－14、图 1－15）。

图 1－14　条码类型选项栏

图 1－15　条码类型选项区

在编辑区域部分，分为数据区（A 部分）与参数区（B 部分）。用户可在数据区输入条码信息，包括数字、文字及其他信息格式（如 QR 二维码可包含 URL、手机号、邮件地址、日历、WiFi 地址等多种信息格式）；同时可在参数区调整条码的长宽与边界（图 1－16、图 1－17）。

图 1－16　一维码编辑

图 1－17　二维码编辑

当用户对条码内容编辑完成后，可通过输出区域导出条码。导出文件可以使用 bmp、png、tiff、jpg、xpm、xbm、ppm、ico、eps、svg 等格式（图 1－18）。

图 1－18 条码输出编辑

三、商业条码的粘贴规则

零售商品条码位置的选择应以符号位置相对统一、符号不易变形、便于扫描操作和识读为准则。首选的条码符号位置宜在商品包装背面的右侧下半区域内。对一些无包装的商品，商品条码符号可以印在挂签上，如果商品有较平整的表面且允许粘贴或缝上标签，条码符号可以印在标签上。常见商品条码粘贴位置如图 1－19所示。

四、射频识别（RFID）技术

无线射频识别技术（RFID）是 20 世纪中叶进入实用阶段的一种非接触式自动识别技术。射频识别系统包括射频标签和读写器两部分，射频标签是承载识别信息的载体，读写器是获取信息的装置。射频识别的标签与读写器之间利用感应、

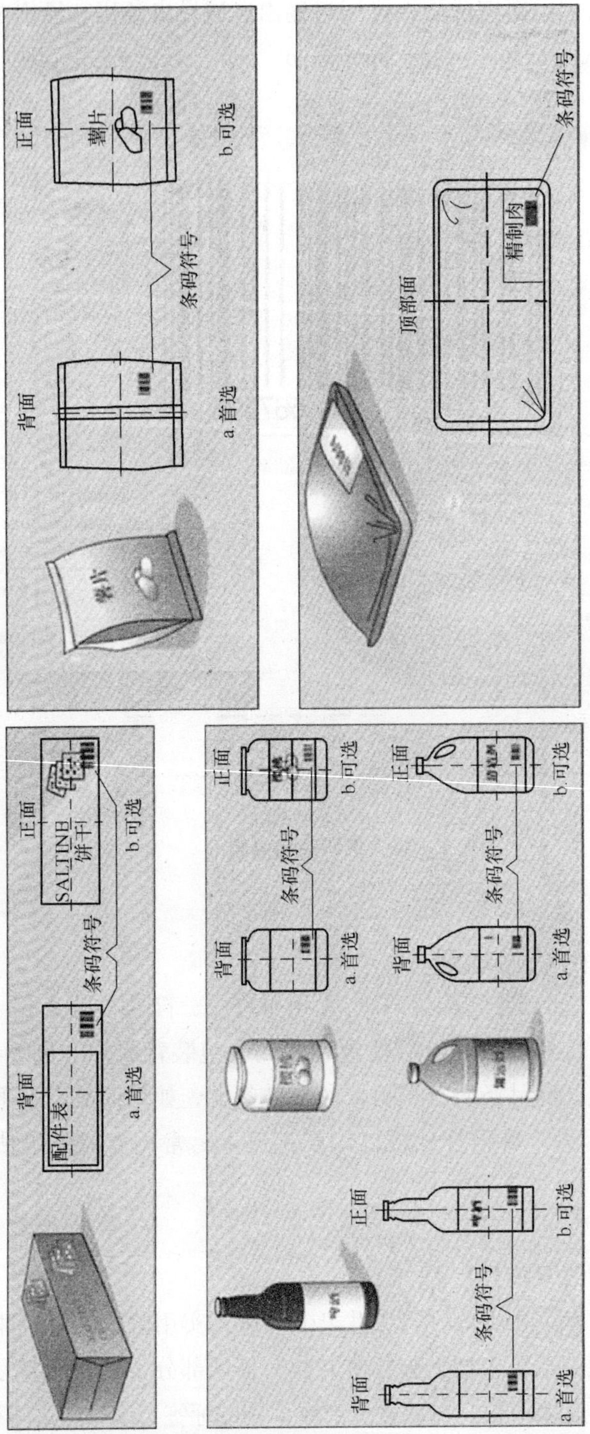

图1－19 条码粘贴示例

资料来源：中国物品编码中心（www. ancc. org. cn）。

无线电波或微波，进行双向通信，实现标签存储信息的识别和数据交换。

射频识别技术的特点包括：①可非接触识读（识读距离可以从 10 厘米至几十米）；②可识别快速运动物体；③抗恶劣环境，防水、防磁、耐高温，使用寿命长；④保密性强；⑤可同时识别多个识别对象，等等。

射频识别技术应用领域广阔。多用于移动车辆的自动收费、资产跟踪、物流、动物跟踪、生产过程控制等。由于射频标签较条码标签成本偏高，目前很少像条码那样用于消费品标识，多用于人员、车辆、物流等管理，如证件、停车场、可回收托盘、包装箱的标识。

EPC 标签是射频识别技术中应用于 GS1 系统 EPC 编码的电子标签，是按照 GS1 系统的 EPC 规则进行编码，并遵循 EPC global 制定的 EPC 标签与读写器的无接触空中通信规则设计的标签。EPC global 是一个中立的、非营利性标准化组织，由 EAN 和 UCC 两大标准化组织联合成立，并继承了 EAN/UCC 与产业界近 30 年的成功合作传统。EPC 标签是产品电子代码的载体，当 EPC 标签贴在物品上或内嵌在物品中时，该物品与 EPC 标签中的编号实现一一对应。

RFID 技术的产品有三大类，即无源 RFID 产品、有源 RFID 产品、半有源 RFID 产品：①无源 RFID 产品：属于发展最早也最为成熟，市场应用最广的产品。比如公交卡、餐卡、银行卡、宾馆门禁卡等，在日常生活中随处可见，属于近距离接触式识别类。其产品的主要工作频率有低频 125KHz、高频 13. 56MHz、超高频 433MHz、超高频 915MHz。②有源 RFID 产品：是最近几年逐渐发展起来的，其远距离自动识别的特性，决定了其巨大的应用空间和市场潜质。在远距离自动识别领域，如智能商场、智能医院、智能停车场、智能交通，以及物联网等领域有重大应用。有源 RFID 在这个领域异军突起，属于远距离自动识别类。产品主要工作频率有超高频 433MHz、微波 2. 45GHz 和 5. 8GHz。有源 RFID 产品和无源 RFID 产品，其不同的特性决定了不同的应用领域和不同的应用模式。③半有源 RFID 产品：结合有源 RFID 产品及无源 RFID 产品的优势，在低频 125KHz 频率的触发下，让微波 2. 45GHz 发挥优势。半有源 RFID 技术，也可以叫作低频激活触发技术，利用低频近距离精确定位，微波远距离识别和上传数据，来解决单纯的有源 RFID 和无源 RFID 没有办法实现的功能。

1. EPC 编码体系

EPC 代码是由标头、厂商识别代码、对象分类代码、序列号等数据字段组成的一组数字。EPC 的主要特征包括：①科学性：结构明确，易于使用、维护；②兼容性：EPC 编码标准与目前广泛应用的 EAN/UCC 编码标准是兼容的，GTIN

是EPC编码结构中的重要组成部分，目前广泛使用的GTIN、SSCC、GLN等都可以顺利转换到EPC中去；③全面性：可在生产、流通、存储、结算、跟踪、召回等供应链的各环节全面应用；④合理性：由EPC global、各国EPC管理机构（中国的管理机构称为EPC global China）、被标识物品的管理者分段管理、共同维护、统一应用，具有合理性；⑤国际性：不以具体国家、企业为核心，编码标准全球协商一致，具有国际性；⑥无歧视性：编码采用全数字形式，不受地方色彩、语言、经济水平、政治观点的限制，是无歧视性的编码。当前参与EPC测试所使用的编码标准采用的是64位数据结构，未来将采用96位的编码结构（表1-12）。

表1-12　EPC编码结构

EPC编码结构				
EPC-96	标头	厂商识别代码	对象分类代码	序列号
	8	28	24	36

EPC标签与读写器

1. 标签

EPC标签是产品电子代码的信息载体，主要由天线和芯片组成。EPC标签中存储的唯一信息是96位或者64位产品电子代码。为了降低成本，EPC标签通常是被动式射频标签。EPC标签根据其功能级别的不同分为五类，目前所开展的EPC测试使用的是Class1/GEN2。

2. 读写器

读写器是用来识别EPC标签的电子装置，与信息系统相连实现数据的交换。读写器使用多种方式与EPC标签交换信息，近距离读取被动标签最常用的方法是电感耦合方式。只要靠近，盘绕读写器的天线与盘绕标签的天线之间就形成了一个磁场。标签就利用这个磁场发送电磁波给读写器，返回的电磁波被转换为数据信息，也就是标签中包含的EPC代码。

读写器的基本任务就是激活标签，与标签建立通信并且在应用软件和标签之间传送数据。EPC读写器和网络之间不需要PC作为过渡，所有的读写器之间的数据交换直接可以通过一个对等的网络服务器进行。读写器的软件提供了网络连接能力，包括Web设置、动态更新、TCP/IP读写器界面、内建兼容SQL的数据库引擎。

资料来源：中国物品编码中心EPC部分。

2. EPC 技术标准

（1）ISO/IEC 24791－1 体系架构：涉及软件体系的总体框架和各部分标准的基本定位，将体系架构分成三大类：数据平面、控制平面和管理平面。数据平面侧重于数据的传输与处理，控制平面侧重于运行过程中对读写器的空中接口协议参数的配置，管理平面侧重于运行状态的监视和设备管理。三个平面的划分可以使得软件架构体系的描述得以简化，每一个平面包含的功能将减少，在复杂协议的描述中经常采用这种方法。每个平面包含数据管理、设备管理、应用接口、设备接口和数据安全五个方面的部分内容。

（2）ISO/IEC 24791－2（数据管理）：主要功能包括读、写、采集、过滤、分组、事件通告、事件订阅等功能。另外支持 ISO/IEC 15962 提供的接口，也支持其他标准的标签数据格式。该标准属于数据平面类别。

（3）ISO/IEC 24791－3（设备管理）：类似于 EPC global 读写器管理协议，能够支持设备的运行参数设置、读写器运行性能监视和故障诊断。性能监视包括历史运行数据收集和统计等功能；故障诊断包括故障的检测和诊断等功能。该标准属于管理平面类别。

（4）ISO/IEC 24791－4（应用接口）：位于最高层，提供读、写功能的调用格式和交互流程，类似于 ISO/IEC 15961 应用接口。该标准属于数据平面类别。

（5）ISO/IEC 24791－5（设备接口）：类似于 EPC global LLRP 低层读写器协议，能够为客户控制和协调读写器的空中接口协议参数提供通用接口规范，并与空中接口协议相关。该标准属于控制平面类别。

（6）ISO/IEC 24791－6（数据安全）：涉及数据传输中的保密性。

3. EPC 的注册

根据 EPC global 的授权，中国物品编码中心是 EPC global 在中华人民共和国境内的唯一代表，负责 EPC 在中国的注册、管理和业务实施。根据目前的情况，EPC 系统成员可以分为两类：终端用户和高级会员。终端用户包括制造厂商、零售商、批发商、承运商和政府部门等；高级会员包括硬件和软件公司、咨询公司、系统集成商、培训公司等。EPC 终端用户申请人直接向中国物品编码中心申请注册 EPC 厂商识别代码。申请人应当填写“EPC global China 终端用户注册登记表”，并提供营业执照及其复印件。中国物品编码中心对初审合格的申请资料应当自收到申请人交纳的有关费用之日起十个工作日内完成审批程序，对符合规定要求的申请成为 EPC 系统终端用户的申请人，中国物品编码中心应立即将申请人的资料上报给 EPC global 请求核准，一旦获得通过即向申请人核准注册 EPC

厂商识别代码；对不符合规定要求的申请，中国物品编码中心将把申请资料退回并说明理由。

五、商业条码的应用案例

商业条码（包括射频识别）技术在商业活动中的应用越发广泛，涉及零售、库存、物流及部分生产环节。下面介绍条码在商品库存管理中的应用，并通过一些企业的实际案例进行说明。

（一）库存管理应用说明

在仓库管理中引入条码技术，对仓库的到货检验、入库、出库、调拨、移库移位、库存盘点等各个作业环节的数据进行自动化的数据采集，可保证仓库管理各个作业环节数据输入的效率和准确性，确保企业及时准确地掌握库存的真实数据，合理保持和控制企业库存。通过科学的编码，还可方便地对物品的批次、保质期等进行管理。条码技术与一些应用软件的结合使用能带来以下便利：

（1）数据采集及时、过程精准管理、全自动化智能导向，提高工作效率；

（2）库位精确定位管理、状态全面监控，充分利用有限仓库空间；

（3）货品上架和下架，全智能按先进先出自动分配上下架库位，优化存储空间；

（4）实时掌控库存情况，合理保持和控制企业库存，并能够适用于JIT等生产模式；

（5）通过对批次信息的自动采集，实现了产品生产或销售过程的可追溯性。

案例1：Woolworths全球位置代码的应用

Woolworths有限公司是澳大利亚超市行业的领袖，它拥有1.28亿澳元的周转资金，有近500家超市，占澳大利亚零售市场32%的份额。作为澳大利亚第一批使用POS系统的连锁超市之一，Woolworths在过去十年里一直处于行业中的领先地位，Woolworths商店里的商品达到24 000种之多。

（一）计划实施

1994年年中，Woolworths引入了EAN号码作为交货位置代码。EAN－13号码在EDI文件（如订购单报文和预先运输通知报文）中对仓库和分销中心进行标识。EAN号码被Woolworths和大约20%的商品供应商（大约有450家公司）在EDI报文中使用。在Woolworths的20个仓库和分销中心里，有大约一半在使用 EDI 信息交互方式，大约 20% 的交易用电子方式来实现。Woolworths 的最终目标是与所有的供应商实现 EDI 信息的交换。

（二）收益评价

“为了实现电子化贸易，我们运用 EAN－13 号码来标识位置信息，其收益与 EAN 系统提供的其他服务所带来的效益是相同的，诸如仓库管理或 POS 扫描等应用。” Woolworths 的经理 Daniel Kochanowicz 说，“这是因为，运用在世界范围内唯一的编号能够避免可能出现的错误和冲突”。

“运用全球位置码而不是内定的编码来标识位置，降低了因在 EDI 文件中出现错误而导致的后勤、管理和财务上出现问题的可能性。这些错误和问题的频发会增加开支，降低供应链上货物流动的效率，以及我们运用电子方式的预期收益。”

“同时，运用全球位置码来进行标识意味着我们的贸易伙伴不再需要用庞大的转换台来将我们的（内部）号码翻译成他们可以识别的格式。”

资料来源：中国物品编码中心（www. ancc. org. cn）。

案例 2：条码在工业品销售中的应用

如果在标签写入数据，便可以使客户方便地读取信息，进而更加详细地了解其产品配送与使用情况。NGF Europe 公司将条码数据写入玻璃纤维线缆附带的标签上，使公司可以追踪其产品，同时也使其汽车行业的用户可以阅读标签上的产品信息。当位于英格兰圣海伦斯的 NGFE 公司在其设备上使用条码近四年之后，该公司已经开始在制造过程中（包括制造工厂及货场）使用符合 ISO15693 规范的 13. 56MHz 主动标签来追踪其线缆。

产品在生产后运到汽车厂，用于制作正时齿带，在这一过程中使用条码可以为供应链管理提供可视性。在汽车生产中合适的玻璃纤维非常重要，通过确切知晓每个卷轴上的那些线缆（甚至在那些线缆被卷起来之后），客户可以使用手持读写器读取贴在线轴上的标签，随时检查是否有错误发生。NGFE 公司将线缆出售给汽车零部件制造商，这些电线直径大小不一、弯曲度不同，且不同型号的产品具有显著不同的性能，能够快速获取产品信息并分类使用非常重要。

当电线都缠绕在卷轴上时很难识别，而一旦当电线组合形成正时齿带，那么错误的排列就会造成次品。在使用条码解决方案之前，NGFE 公司的工作人员一直用条码打印序列号并贴在线轴上，通过扫描该条码可以验证特定线轴上的卷线类型。同时，为防止紫外线和湿度对其造成的损坏，必须用超过15层的黑色塑料进行包装，而包裹在里面的条码无法直接扫描。NGFE的助理产品经理Peter Lai解释说，原先的工作方式是先读条码确认其正确的类型，然后用塑料进行包裹，最后用第二层打印条码贴在塑料包装上表明线轴的类型。然而这样做经常会出现失误，如包装上的条码经常被磨损或丢失；同时由于包装使用黑色塑料，而条码自身也是黑色，因此很难读取信息。唯一的可靠方法是撕掉外包装直接读取里面的条码。

在使用条码标签后，便可以直接读取包装。NGFE公司设计了自己的基于Windows系统的应用程序。公司的工人使用Belgravium手持阅读器读取编码为13.56MHz标签的ID号码。操作员先收到需要进行生产的产品计划单，然后用一个手持式读写器读取自己的ID编码，从而将个人信息连接到系统并开始工作。手持阅读器上的显示要求操作员扫描说明书上的条形码，同时扫描即将要生产的产品条形码，进而验证其是否正在使用正确的产品。如果使用了一个不正确的产品，手持阅读器就会在生产前发出错误警告。一旦工作完成（线缆制成），条码打印机将为产品编写唯一的识别号和产品编号。

使用条码系统后，公司可以建立起产品生产的历史数据信息，员工也可以轻松读取线轴标签，并进行检测与配送。2006年12月投入运行的这套条码系统，不止节约了员工的工作时间，而且提高了生产的精度。该公司可以知晓一个产品从生产到发货的整个流程，包括生产产品、存储、打包和发运。最近，该公司决定使用条码系统向客户提供有关产品质量的信息，公司开始在标签上的1024位存储器上编写额外数据，包括详细规格、重量、所用材料以及测试结果等内容，所有这些信息都向客户开放。

Peter Lai表示，NGFE公司以前向仅客户提供纸质测试认证，现在也将继续提供纸质文件，但同时还在电子标签上提供可供阅读器识别的测试认证信息。同时，NGFE公司正在构建一个在线数据库，客户通过阅读器查询标签后可直接访问NGFE公司的服务器，以便了解某个特定线轴产品的更多细节。

资料来源：迈维公司（www.merway.cn）。

案例3：条码技术在服装零售中的应用

LTC公司条码项目调查组的一个成员Meredith Lamborn说，意大利一家为服装公司履行订单的第三方物流公司LTC－Logistic在佛罗伦萨的仓库和执行中心安排了条码读写器基础设施，这些读写器基础设施于2009年12月底投入运营。LTC公司每年完成1 000万件物品的订单处理工作，当时预计2010年Royal Trading公司（拥有高端男女鞋类品牌Serafini和时装品牌SanGiuliano Ferragamo）需要处理40万件贴标的物品，该公司把EPC Gen2条码标签嵌入到物品里，或在意大利的生产地点将商品贴上条码吊牌标签。

2007年，LTC公司在进行条码技术的初步测试时，Royal Trading公司和LTC公司开始讨论在LTC公司仓库中采用电子条码的方案。那时Royal Trading公司正在开发一套系统，采用了条码技术追踪销售Serafini牌子商品的商店库存。Lamborn解释说，制鞋业公司希望更好地跟踪每家店的库存，也想通过销售验证方式防止商品丢失或被盗。因此，LTC公司的IT部门建立了一个带有八条天线的网关读写器和带有四条天线的通道读写器。Lamborn说，这个网关读写器被金属防护物包围，看起来有点像一个货物集装箱，从而保证了网关只读取经过物品的标签，而不会读取附近的附于其他服装的标签。

在测试阶段，网关读写器的天线进行过调整，测试后LTC公司设备的读取率可以达到99.5%。Lamborn认为，精确的读取率是非常重要的，需要对客户负责任，现在读取率已经接近100%，当货物从LTC公司的生产地点运抵后，那些贴有条码标签的货物被发送到一个特定的卸货地点，然后放在托盘上经过网关读写器，一旦EPC Gen2标签被网关读写器读取，物品就被转移到仓库里某一个指定的位置。而没有贴条码标签的物品则被送到其他地方，那里的工人使用扫描仪读取盒子里物品的条形码标签。

LTC公司发送一个电子货运单据给生产方，并在数据库里存储产品的库存单位（SKU号码），当客户有商品订单进来的时候，LTC公司接下订单，把相关的物品装入纸箱，然后将物品移经运输地点附近的通道读写器。通过阅读每件物品的条码标签，系统对货物进行识别、准确地验货，并打印出装箱清单。同时，LTC公司的信息系统即刻进行更新，标明该物品已被包装并准备发货。Royal Trading公司的人员也会不定期来访，使用移动的条码读写器清点Serafini产品的库存。

制造商这样做是为了确保货物能够及时被运到指定的商店里。Lamborn表示，使用条码之后，LTC公司减少了员工在生产与装箱时所花费的时间，大致减少了30%。接货时则节省了较多的人工成本，该公司现在接货时仅需要雇用一个操作员，而过去需要五个；在进行相同数量的货物接收时，过去需要120分钟，而现在只需3~5分钟。这个项目历时两年时间，其中包括了前期的测试阶段，在此期间，LTC公司曾与时装生产商确定了这些标签的最佳定位效果以达到最高的读取率。LTC公司为其仓库的条码设备共投资了71 000美元，预计在三年内实现投资回报，同时该公司还计划在三到五年内扩大其技术应范围。

资料来源：迈维公司（www. merway. cn）。

案例4：沃尔玛实施RFID计划的困境

距离最后期限不到一个月了，可沃尔玛的这个主要供应商的供应链负责人却希望还有两年。他所在的公司是世界上最大的消费产品制造商之一，按照沃尔玛的要求，在2005年1月1日之前，他需要部署一套处理电子标签的系统，用来把电子标签贴到那些将要送往沃尔玛商店的产品上，但这位IT负责人知道这个任务他肯定是完成不了。

权衡之下，他还是给部分托盘上贴上电子标签，以满足沃尔玛Bentonville、Ark和总部的基本要求。但即使这样，由于技术上的原因他也不敢保证这些电子标签能够正常工作。这就意味着沃尔玛一直希望通过RFID提高供应链效率的目标可能在短时间内根本无法达到。

“我们根本就还没有进行RFID的商业应用，”这位坚持不愿透露姓名的供应链负责人说，“因为标准问题还没有解决，相应的设备也还没有开发出来。正因为缺少基本的设施，所以我们根本不可能达到沃尔玛的要求。”

持类似观点的沃尔玛供应商不在少数，虽然还没有供应商公开表示无法在沃尔玛规定的时间之内满足要求，但私下里一部分人认为满足沃尔玛的要求根本是不可能实现的，尤其是在这个零售巨头规定的如此之短的时间内。

沃尔玛的计划一直处在变化之中。最初，沃尔玛坚持其最大的一批供应商必须为所有送往得克萨斯州物流中心的货物贴上电子标签。现在，沃尔玛则希望它的供应商能够在65%（平均）的商品中贴上电子标签。但是，一些供应商认为这个比率还是太高，最多只能达到10%~15%。

Forrester研究机构的RFID分析师Christine Overby认为，“许多消费品包装公司一直在致力于RFID的商业应用，但这是一个投入非常大的项目，由于沃尔玛计划的不确定性，他们也有些不知所措”。

ODIN技术公司的CEO Patrick Sweeney说，“沃尔玛的供应商可以分为两个类型：30%的供应商积极配合，将RFID集成到它们的基础设施中，剩下的70%供应商采取和前面那位负责人相似的办法，采用拖延战术”。（注：ODIN技术公司主要提供 RFID 基础软件和集成服务，它和沃尔玛的一些主要供应商都有合作。)

在限定日期，这些供应商只能把它们在距沃尔玛得克萨斯配送中心最近的仓库中的部分集装箱和托盘贴上 RFID 标签，因此数据整合将无法实现，零售供应链将无法对多数货物的流动进行跟踪，而只能对送往得克萨斯货物中的一小部分进行跟踪管理。

毫无疑问，这种状况不是沃尔玛所希望的。沃尔玛 RFID 战略经理 Simon Langford 说，“我们甚至是在巴结供应商”。

Langford 不愿意做过多的评论，但是随着限定日期的临近，沃尔玛仍然不能拿出一个公开的、明确的 RFID 计划。这个世界上最大的零售巨头最近麻烦不断，不公平工资待遇、雇用非法移民、对女雇员的歧视等使其声誉受到了很大影响。有业内专家预言，供应商无法达到沃尔玛的要求可能会给沃尔玛带来更多的压力。他们认为，沃尔玛最大的失误在于自始至终一直在强迫，强迫供应商采用在技术层面和需求层面都还没有成熟的 RFID。目前采用了 RFID 的库存管理还无法给供应商、消费者和沃尔玛带来明显的经济效益。

“这些供应商被迫采用了一种它们可能并不适合采用的技术。”AMR 研究机构 RFID 分析师 Kara Romanow 说，“目前这种投入还无法马上看到回报。”

(一) 沃尔玛需要什么?

1999 年，麻省理工学院建立自动身份识别研究中心，专门研究如何利用 RFID 技术帮助跟踪和管理装有传感器的商品。这个中心提出了电子产品编码（EPC）概念，这是最新识别产品的方式。EPC 利用电磁波的频率来识别植入电子标签中的计算机芯片，这种技术最终会取代印刷条码，条码需要扫描仪“看”到 UPC 号码才能读出来，而 RFID 不需要“看”到，几乎不需要人工干预。

如果使用环境合适，RFID 标签和配套的设备能工作得非常好。从本质上说，电子标签系统由两个部分组成。一个是电子标签，它们可能会在大小和形状上有所区别，一些像贴纸和普通标签，也有一些像薄薄的塑料表带。每一个电子标签由一个天线和一个嵌入其中的芯片构成，这个芯片含有的唯一一个数字串可以用来识别商品。标签分为主动和被动两种。主动式标签带有电池，而被动式标签由于可以从带发射天线的设备获得能量，所以更便宜也更易使用。另一个是阅读器，阅读器在电子标签经过时识别它们。当阅读器与标签接近时，阅读器天线发出的电磁波激活标签，电子标签发出电子产品编码形式的数字信息，这些信息经过阅读器被读入计算机系统。这就是让沃尔玛和美国国防部等很多组织相信能给全球供应链带来变革的电子化信息读取。大多数物流方面的专家也预言，RFID

将为产品运输和仓储提供前所未有的精确跟踪，并最终堵住零售供应链管理中的漏洞。

吉列对外关系经理 Paul Fox 说："现今的供应链常常发生物品被误放、误送和丢失的情况。"吉列和宝洁是 RFID 早期的支持者，它们也都是麻省理工学院自动身份识别中心的成员。"由于供应链管理的低效率，大量的资金被库存占用了。"Fox 认为，"RFID 将能告诉吉列某个物品被放在仓库的什么地方，这个物品是什么，我们有多少这样的物品。无需人工的清点，不用到处搬运，不会漏掉一件物品，也不会出现计算错误。一旦你对仓库的位置有了比较清楚的了解，这些信息将会成为无价之宝。"

对沃尔玛而言，RFID 的价值体现在保证零售商品的低价格。"RFID 将能帮助我们在短期内提高满意度，并最终在成本控制和持续保持低价方面发挥重要作用。"沃尔玛执行副总裁兼 CIO Linda Dillman 在 2004 年 4 月 30 日发布的一份声明中如是说。这一天沃尔玛开始了它的 RFID 试验，有八家供应商给沃尔玛送来了嵌入了 RFID 芯片的一小批商品，这八家供应商分别是：吉列、惠普、强生、金佰利、卡夫食品、普瑞纳、宝洁和联合利华。

"你应该称赞沃尔玛的这一尝试，" Simon Ellis，联合利华的供应链负责人说，"如果没有人先走一步，我们都只能停留在原地。"

Langford 说，RFID 带给沃尔玛的回报是双重的：一方面，RFID 将降低沃尔玛的库存；另一方面，因为采用 RFID，沃尔玛可以保证商品不缺货，因此可以提高销售额。

（二）Bentonville 会议

沃尔玛在 2003 年 6 月宣布的 2005 年期限让很多供应商一惊，当时一些供应商甚至不知道 RFID 是何物，但也有一些供应商认为这是沃尔玛在做秀。当沃尔玛于 2003 年 11 月邀请前 100 位供应商到 Bentonville，更仔细地商谈有关 RFID 的计划时，不少供应商和业内记者还以为沃尔玛会推迟这个限期，但是这一切没有发生。

在这个会上，沃尔玛的负责人明确了 EPC 是什么，沃尔玛会接受何种芯片，哪三个物流中心会首先使用 RFID。供应商当时都听懵了，一位参加这个会议的供应商说，那气氛简直就像出席一场有关核物理学的演讲。

毫无疑问，"沃尔玛只是在澄清，"一位参加了当时的会议的供应链负责人说，"它们没有推迟。"沃尔玛再次重申了这个期限，同时声明不会给予任何遵循这个期限的供应商任何价格上的优惠。"会上没有任何人举起手来说，我可不可以例外?”一位供应链的负责人回忆说。

会议已经过去了一年了，他的耳边还能回响起当时那些话语。技术上的不成熟、缺乏统一的标准、日益临近的期限，这一切都让他非常沮丧。一位供应商说，“不能马上看到效益，我正在做一些企业并不真正想做的事情”。

(三)“一标签到底”的计划

从一开始，EPC 标签高昂的价格就是 RFID 进入零售领域最致命的障碍。在进入21世纪之前，每个标签的成本一直在1~2美元。进入21世纪后，终于跌破了一美元的门槛，达到了20~75美分，变化主要取决于采购与使用的规模。

但是，许多供应商认为 RFID 的价格还应该下降。AMR 的 Romanow 说，“出于经济方面的考虑，RFID 还是太昂贵了”。

按照目前的情况，提供一个贴有 RFID 标签的集装箱，供应商大约要为此花去50美分（根据部分供应商提供的资料，其中每个标签的成本为20~30美分，粘贴标签的成本为20~30美分）。Forrester 的 Overby 估计，如果一个供应商每年向沃尔玛供应120亿美元的货物，它在15.6万美元的集装箱和托盘上要额外多支出7.6万美元的标签成本，这里假定每个标签成本为40美分。

一些供应商和分析人士认为，除了成本问题外，沃尔玛的“一标签到底”计划也有困难。在沃尔玛看来，吉列剃须刀、HP 打印机与一箱12听的可乐没有什么区别，每个托盘上的包装箱在运出的时候都必须贴有电子标签。不幸的是，正如沃尔玛货架上陈列的衣服有大大小小不同的型号一样，沃尔玛的供应商中，既有供应低价小商品的中小供应商，也有供应高价值商品的超大供应商。Romanow 称这为“手纸和牙刷”的难题，如果商品是 TV、DVD 和视频游戏机，标签的成本不算什么，但是对于像手纸和牙刷这样的小物件来说，集装箱和托盘上有没有标签，对其最终的销售成本影响却非常大。

(四) 频率是多少?

RFID 还有另外一个难题，就是没有一个统一的技术标准存在。没有什么比在 RFID 这个最基础的设施上缺少全球统一标准更让人沮丧的了。目前，还不能保证所有的标签和阅读器能相互通信。因此，在沃尔玛的仓库中也许需要不止一种阅读器，分别处理来自不同硬件提供商生产的不同标签。

Kevin Ashton，这位麻省理工学院自动身份识别中心的合伙人、阅读器制造商 Thing Magic 的市场部副总裁用电视机来比喻目前的状况。“无论你买的是索尼，还是松下的电视，你都知道电视能工作得很好，因为它们都符合国际电视系统委员会的播放标准。”他说，“但是 RFID 设备目前还没有这样的标准，因此还无法保证各种硬件设备之间能相互通信。”

作为技术基础的无线电波也给那些先行者带来了麻烦。ODIN 的 Sweeney 回忆了一次 RFID 技术提供商所受到的“煎熬”。该企业的 RFID 识别率在供应链领域是最高的，但在一个项目中，这个技术商的 RFID 识别率达不到要求，因此它的工程师不停地加大功率，增加更多的天线和更多的阅读器，但识别率仍然达不到 50%。“人们很容易想到增加更多的天线、提供更大的功率来应对，但这只会使事情更糟。”他说，“很显然这样解决不了问题，一个阅读器会被别的阅读器淹没。”而这还是一家在 RFID 领域很有经验的公司。

无线电的一个重要属性是接近某些东西时候会出现异常，如液体、金属、疏松的物体。一位金佰利 RFID 战略经理在识别婴儿毛巾时就曾经遇到了麻烦。“婴儿毛巾吸收无线电信号。”他说，“我们的包装工程师不得不重新设计天线，寻找在物品上放置电子标签的最佳位置，以保证最好的识别率。”

联合利华的 Ellis 也曾遇到同样的麻烦，“液体和潮湿的东西对我们来说都比较困难，而液流在商品中又是不可避免的”。Ian Robertson，这位惠普 RFID 项目办公室的经理和他的团队为了惠普喷墨打印机的墨盒识别问题做了大量的试验，他们的墨盒里面有金属和墨水，并用金属纸包裹。Robertson 在墨盒上面所做的调整工作可以算作是沃尔玛供应商中的成功例子，但这是由于惠普本身就是一个提供 RFID 解决方案的技术提供商，而且惠普从 2002 年开始就一直在这个领域进行研究。

（五）供应商之痛

对于一位不愿透露姓名的供应链运营负责人来说，试图满足沃尔玛的规定无异于一场噩梦。首先，目前最广泛采用、最便宜的 RFID 无法在他的产品中使用，因为他的一些产品能引起 RFID 的无线电频率畸变，因此他必须使用更昂贵的标签。他指望新一代标签能够尽快上市，但令人头疼的是很难确切预测新一代标签的价格是多少。谈到他正在进行的仓库 RFID 试验时他说，“坦白地讲，我们连仓库的门都还没有打开”。这位供应链负责人认为这项技术现在还不成熟，他认为（对于他们的企业）RFID 技术还需要两年左右的时间才可能真正投入使用。

另外一名同样不希望透露姓名的供应链经理对此表示同意，他所在的公司也是沃尔玛的前 100 位供应商。“我们的试验结果表明，现在还不到大规模应用的时候，标签和阅读器的性能问题还要较长时间才能解决。”

供应商必须考虑一些替代办法，如果它们犹豫不定，想等待 RFID 成熟了再采用这种技术的话，这样可能会惹恼沃尔玛，同时会导致其在竞争中处于不利地位。所以，它们的办法是部分遵循沃尔玛的规定，只有托盘要送到那些当地有沃尔玛的配送中心仓库时，这些托盘才采用电子标签。一旦有这样的货物第二天要送走（这些货物通常已经打包，并已经装上托盘），它们必须连夜把原来的包装打开，从托盘上把货物搬下来，将电子标签写好并贴上，然后重新装到托盘上包装好，最后才能运走。即使这样，供应商还是担心会因为机械故障使得这些RFID无法正常工作。

这些情况反映出的问题是，一个尚不成熟、还处于研究中的技术要投入大规模工业应用总是会存在一定阻力。

另一位供应链管理者对于电子标签表示了担忧。他所在的公司在自己的产品上几乎试遍了各种类型的RFID标签，发现不少的电子标签质量非常差，当它们的产品被送出去的时候，约30%的标签无法正常发挥作用。"我们虽然没有为这部分坏了的电子标签付费，但是处理效率……"，他停下来叹了一口气。他同样对手工给托盘和集装箱贴电子标签的效率和准确性表示了担心。

这些供应商目前还顾不上考虑如何将RFID数据和历史遗留数据进行集成的问题，"RFID需要彻底改变过去那种各自为政的处理方式，" Deloitte全球RFID技术集成集团的总经理John Greaves说，"我们正在告别那些历史遗留的系统。"

Langford表示理解这些供应商的困难，"我们已经意识到，对于某些供应商来说要达到100%电子标签化，目前的技术和电子标签的成本它们很难承受"。他指出沃尔玛将和这些供应商一起努力来解决这个问题。

Langford承认并不是每个供应商都能在限定期之内满足要求。"我们已经开始和那些不能在最后期限之前符合要求的前100位供应商进行合作，以共同寻找一个变通的办法。我们会和每一个供应商进行沟通，仔细分析不能实现目标的原因。"

（六）不可能的计划?

虽然沃尔玛的最终期限从没有更改过，但许多分析人士和供应商认为沃尔玛在标准的执行上态度已经缓和了许多。沃尔玛自己也承认，没有办法保证送到得克萨斯配送中心的商品100%贴上电子标签。Langford说，他希望次年1月份在得克萨斯配送中心平均能有65%的集装箱和托盘贴上电子标签。但供应商们却认为，实际的最终结果要远远低于这个比率。

如果许多供应商连沃尔玛大大降低了的预期也达不到，结果会怎么样？这个计划的流产会给沃尔玛带来更多的负面影响吗？这很大程度上取决于这个零售巨头如何处理同那些未达到规定要求的供应商之间的关系。沃尔玛是否会和那些业内观察家们的预计一样，对那些不能符合要求的供应商进行经济上的惩罚？Langford绝口不提惩罚二字，“我们会根据每个供应商的情况分别考虑，并和它们进行沟通”。

不管沃尔玛最后如何处理这件事情，有一点可以肯定，对于大多数供应商而言最多也只会尽力满足在Bentonville提出的要求，而不会做得更多。“我们也想到采用RFID以后，能大大提高供应链的效率，”一位供应链经理说，“但问题是我们不具备实现RFID系统所需要的能力。”

（七）为什么供应商不敢对沃尔玛说不？

沃尔玛是美国最大的非国营企业雇主，在美国有130万员工。

2003年市值为2 563亿美元，占当年美国国民生产总值（GNP）的2.3%。

其5 139家商店每周接待1.38亿位顾客。

沃尔玛在三个月销售的商品总额，全球第二大零售商家得宝（Home Dept）需要一年时间才能售完。

资料来源：中国物品编码中心（www.ancc.org.cn）。

案例5：RFID计划对供应商的影响

在印度市场的零售商巨头，如沃尔玛、麦德龙、Target、Tesco等已经要求它们的供应商供货时不能再使用条码，必须由RFID标签替代，由于成本问题，印度供应商不得不为此付出代价。零售业巨头的要求无疑使印度供应商头痛不已，因为RFID标签的成本无疑会使它们的利润缩水。

一个服装制造商说，“一个标签的成本为30～40美分，我们可以把标签成本转嫁到服装成本上面去，但这些零售巨头的进货原则是谁便宜就进谁的货。它们坚持要求我们自行消化标签费用，否则就切断关系”。

对于零售业巨头，RFID技术当然是降低费用的好办法，内置的产品标签（即RFID芯片）可以用来跟踪货品，也可以发出需要进货的信号，这自然会提高工作效率。

Orient Craft公司的总经理AK Jain说：“出口商们知道流通领域正在发生变化，RFID正在向我们走来，距离已经不远。但这会增加我们的成本，我们的服装业已经遭受中国同行的激烈竞争，所以利润越来越少，希望继续留在这个领域的公司必须要有新的措施。”

正当大多数印度出口商在等待买家改变主意时，有些出口商则认为只能接受这种不得不接受的要求。Ranbaxy Laboratories 是印度国内一家制药公司，准备在向沃尔玛供货的药品包装上面加装 EPC RFID 标签。沃尔玛坚持在处方药品上面要有智能标签，是因为美国食品与药品管理局建议，使用 RFID 标签有很好的防伪功能。美国的药品流通领域在 2007 年以前有望实现 RFID 跟踪。

正当出口商们担忧 RFID 的成本时，印度国内的 IT 公司纷纷投资智能标签产业。根据 Frost & Sullivan 公司（当时的）推测，2007 年前 RFID 硬件、软件以及服务的产值会达到约 50 亿美元，2012 年前 RFID 标签的需求量会达到 10 000 亿件。

印度国内的 RFID 推广工作也在陆续展开，Wipro 公司在它的电子城设立了一家服装销售商店，是印度国内第一家销售有 RFID 标签服装的商店。几乎所有的印度 IT 巨头，如 Infosys、Wipro、TCS、Satyam 以及 Cognizant 等公司都有大的 RFID 项目在实施，目标都是瞄准印度市场，并迎合国际零售巨头的要求。其中有些公司正在进行公关活动，希望在 RFID 市场获得更多份额。

资料来源：中国物品编码中心（www. ancc. org. cn）。

本章实验：商业信息数据化实验

本章实验主要包括一、二维条码，以及射频识别内容。

一、一维条码实验

（一）实验目标

1. 熟悉常用的一维条码码制特征，及其主要的应用领域；
2. 熟悉我国零售与物流环节常用的一维码制；
3. 熟悉一维条码的编制方法、输出方法，以及印刷与粘贴规范。

（二）实验内容

1. 选择某一种码制的一维条码，如 EAN－13，熟悉其各数位的信息；
2. 自选一系列的商品进行分类编码，并将其条码化；
3. 输出自编条码并尝试用扫描设备测试其可读性。

二、二维条码实验

（一）实验目标

1. 熟悉常用的二维条码码制特征，及其主要的应用领域；
2. 熟悉二维条码内存储信息的不同格式；
3. 熟悉二维条码的编制方法与输出方法。

（二）实验内容

1. 选择 QR 二维条码，熟悉其可存储的多种信息格式；

2. 尝试录入不同的信息，并调整其输出的格式；

3. 输出自编条码并尝试用扫描设备测试其可读性。

三、射频识别实验

（一）实验目标

1. 熟悉 RFID 技术特征及其主要的应用领域；

2. 熟悉各类 RFID 技术设备；

3. 熟悉 RFID 标签的编制与制作方法。

（二）实验内容

1. 自建 RFID 读卡平台，设备包括计算机、读卡器、信号天线及电子标签等；

2. 尝试对无源电子标签进行信息读写操作；

3. 自编信息录入电子标签并测试其可读性。

本章练习

一、思考题

1. 一维条码主要应用在哪些商贸流通领域？使用条码有什么益处？

2. 你在日常生活中能见到的哪些技术属于射频识别，并举例说明。

3. 条码与射频识别技术的使用为什么需要统一标准？目前应用最广泛的标准体系是什么？

4. 常见的一维码有哪些码制？分别用于哪些领域？

5. 条码信息编辑中为什么需要校验位？常见的校验位如何计算？

6. 条形码在印刷与粘贴中有哪些规则？

7. 二维条码有哪些类型？目前主要应用在哪些领域？

8. 尝试比较条码技术与射频识别技术的特点，依据这些特点分析其在应用中的适用领域。

9. 请根据你的理解判断射频识别技术的应用趋势，并分析其推广中可能遇到的阻力。

二、综合练习

假设有一家小型综合超市，经营的主要商品包括日用品（如多种品牌的洗发液、肥皂、塑料用具等）与包装食品（各类碳酸饮料、膨化零食等），目前该超市尚未对经销的商品进行系统化的管理。请根据本章节介绍的知识，对该超市的商品进行分类与编码，在编码中可自行设定商品的种类与具体的数量等信息，也可以到超市实地采集各种商品的信息，并选择适宜的码制对其商品进行标签化管理。

第二章 商业数据库技术

本章提要

◆主要内容

介绍数据库体系与结构的基本知识

介绍数据库在现代商业活动中的应用

介绍 SQL Server 2005 的安装与使用方法

介绍商业数据库的创建与管理方法

介绍商业数据库的安全与维护方法

◆课程知识点

熟悉现代数据库系统的体系结构

熟悉现代数据库的设计原则与流程

掌握 SQL Server 2005 的操作方法

掌握数据库创建与管理的基本方法

◆实验目标

能够对常见的数据库系统进行基本操作

能够依据商业需求设计数据库的逻辑关系

能够建立并维护简单的关系型数据库

引例

上海福满家便利店有限公司是由 CHINA CVS（开曼群岛）控股与中信信托投资有限责任公司合资成立，投资总额 1.75 亿元人民币，注册资本达 7 000 万元人民币，以经营 FAMILYMART（全家）为品牌之便利连锁店为主要经营项目的中外合资企业。截至 2010 年，福满家便利有限公司在以上海市为中心的华东地区开设了 1 000 余家店铺。

软件基础差、缺乏规划、安全保护意识差、数据混乱等因素，一直是连锁商业企业在信息化建设中的通病，福满家便利店也不例外。过去几年中福满家在信息化建设中，管理软件方面投入不足，公司对于门店的数据一直没有很好地管理与利用起来。随着福满家便利店连锁规模的逐渐扩大，每天每个门店都要产生大量的业务数据，几年下来，这些业务数据的维护和管理已经成为信息部门的一个沉重负担。然而对于业务部门来说，这些财务数据、客户资料和业务信息都是非常宝贵的数据财富。如果将所有的数据进行一定的筛选和分析，将能够为企业的发展决策提供有价值的参考。因此，如何对各个便利店每天提交的数据进行存储，并实现销售数据的汇总、形成报表，为将来的业务发展提供可靠的数据保护，就成为了福满家便利店必须面对的问题之一。同时，考虑到数据的安全性，实现对数据文件及业务相关文件的实时远程冗余备份，也是福满家便利店亟需解决的问题。

福满家针对应用中的这些问题，选择了基于Sybase数据库的系统，构建了集内网外网于一体的数据传输渠道，实现了数据远程上传与增量备份的功能，并优化了数据处理的能力。该系统运行后，福满家便利店每天各个门店的数据都得到了及时备份和集中，为数据分析提供了基础。在此之前，尽管每个门店都有销售记录，但公司只能孤立地来使用这些数据，所以觉得用处不大。现在上百家门店当天销售数据能够集中在一起进行分析，这就可从曲线图中看出哪些商品更受欢迎，哪些商品应该放弃或调整，决策部门可以一目了然地掌握整个货品计划，并为其赢得更大的市场份额。

资料来源：联商网（www. linkshop. com. cn）。

第一节　商业数据库基础

现代商业活动的开展已经越来越依赖基础性数据，如商品配送、商品库存、商品销售，以及消费者的类型与规模等。掌握了基础性数据，商业企业可以进一步进行数据的分析与挖掘，为经营策略的制定提供可靠的依据。

一、数据库系统

数据库（Database）是按照数据结构来组织、存储和管理数据的仓库，其技术产生于20世纪50年代。随着信息技术的发展和需求的增长，尤其是20世纪90年代以后，数据管理不再仅仅是简单的存储和读取，而转变成基于用户所需的多种应用的集合。数据库有很多种类型，从最简单的存储有各种数据的表格，到能够进行海量数据存储的大型数据库系统都在各个方面得到了广泛的应用。商业领域受益于数据库的发展，管理与运营效率获得了显著的提升。

（一）数据管理需求

在现代化的商业活动中，对于企业、行业层面均需要充足的数据支持。如企业层面，批发与零售商需要记录商品基本的进销存信息，随时了解商品的供求与价格变化，在行业层面可以了解到不同业态与品类的总体经营状况，这些信息均可以为企业的经营决策与供应链管理等活动的优化提供帮助。数据的信息化为大规模的数据管理与应用提供了基础，早期的商业数据管理相对独立，以数据信息的系统化记录为主，随后逐渐发展出数据的即时更新、查询，以及基于数据的分析等功能。从基于计算机的数据管理发展演变看，可分为三个主要阶段，分别是人工管理阶段、文件系统阶段和数据库系统阶段，其中人工管理阶段的数据管理主要服务于科学计算，而文件系统与数据库系统阶段为广泛的商业应用提供了可能。

1. 人工管理阶段

1950 年之前计算机的软硬件设施尚不完善，硬件存储设备只有磁带、卡片和纸带，软件方面还没有成形的操作系统，当时的计算机主要用于科学计算。这个阶段由于还没有软件系统对数据进行管理，程序员在程序中不仅要规定数据的逻辑结构，还要设计其物理结构，包括存储结构、存取方法、输入输出方式等。当数据的物理组织或存储设备改变时，用户的程序就必须重新编制。由于数据的组织模式面向应用，因此不同的计算程序之间不能共享数据，使得不同的应用之间存在大量的重复数据，很难维护应用程序之间数据的一致性。

2. 文件系统阶段

20 世纪 50 年代中期到 60 年代中期，计算机大容量存储设备的出现推动了软件技术的发展，而操作系统的出现标志着数据管理步入一个新的阶段。在文件系统阶段，数据以文件为单位存储，且由操作系统统一管理，操作系统为用户使用文件提供了友好的界面。文件的逻辑结构与物理结构脱钩，程序和数据的分离使数据有了一定的独立性。用户的程序与数据可分别存放在外存储器上，各个应用程序可以共享一组数据，实现了以文件为单位的数据共享。但是，由于数据的组织仍然是面向程序的，所以存在大量的数据冗余。而且数据的逻辑结构不能方便地修改和扩充，数据逻辑结构的每一点微小改变都会影响到应用程序。由于文件之间互相独立，因而它们不能反映现实世界中事物之间的联系，操作系统也不负责维护文件之间的信息联系。如果文件之间有内容上的关联，那也只能由应用程序去处理。

3. 数据库系统阶段

20世纪60年代中期以后，随着计算机在数据管理领域的普遍应用，人们对数据管理技术提出了更高的要求，如对便利性、安全性以及低成本的期望，数据库技术正是在这样一个应用需求的基础上逐步发展起来的。数据库技术包含如下特点：①面向企业或部门，以数据为中心组织数据，形成综合性的数据库，为各应用共享。②采用一定的数据模型，数据模型不仅要描述数据本身的特点，而且要描述数据之间的联系。③数据冗余小，易修改、易扩充。不同的应用程序根据处理要求，从数据库中获取需要的数据，这样就减少了数据的重复存储，也便于增加新的数据内容，以及维护数据的一致性。④程序和数据有较高的独立性。当数据的逻辑结构改变时，不涉及数据的物理结构，也不影响应用程序，以降低应用程序研制与维护的费用。⑤具有良好的用户接口，用户可方便地开发和使用数据库。⑥对数据进行统一管理和控制，维护了数据的安全性、完整性以及并发控制。

从文件系统发展到数据库系统，这在信息领域中具有里程碑的意义。在文件系统阶段，人们在信息处理中关注的中心问题是系统功能的设计，因此程序设计占主导地位；而在数据库方式下，数据开始占据了中心位置，数据的结构设计成为信息系统首先关心的问题，而应用程序则以既定的数据结构为基础进行设计。

数据库的发展历程

1951年：Univac系统使用磁带和穿孔卡片作为数据存储。

1956年：IBM公司在其Model 305 RAMAC中第一次引入了磁盘驱动器用于数据读取。

1961年：通用电气（GE）公司的Charles Bachman开发了第一个数据库管理系统——IDS

1969年：E. F. Codd发明了关系型数据库。

1973年：由John J. Cullinane领导的Cullinane公司开发了IDMS——一个针对IBM主机的基于网络模型的数据库。

1976年：霍尼韦尔（Honeywell）公司推出了Multics Relational Data Store——第一个商用关系型数据库产品。

1979年：甲骨文（Oracle）公司引入了第一个商用SQL关系数据库管理系统。

1983年：IBM推出了DB2数据库产品。

1985年：为宝洁公司（Procter & Gamble）系统设计的第一个商务智能系统诞生。

1991年：W. H. "Bill" Inmon发表了"构建数据仓库"的研究成果。

20世纪90年代，随着基于PC的客户/服务器计算模式和企业软件包的广泛采用，数据管理的变革基本完成。数据管理不再仅仅是存储和管理数据，而转变成用户所需要的各种数据管理的方式。Internet的异军突起以及XML语言的出现，给数据库系统的发展开辟了新的天地。

资料来源：百度百科（baike. baidu. com）。

（二）数据库的特征

当前在商业领域使用的绝大部分数据库均属于现代数据库，现代数据库主要有五个特征：

（1）实现数据共享：数据共享包含所有用户可同时存取数据库中的数据，也包括用户可以用各种方式通过接口使用数据库，并提供数据共享。

（2）减少数据的冗余度：同传统文件系统相比，由于数据库实现了数据共享，从而避免了用户各自建立应用文件，进而减少了大量重复数据，降低了数据冗余，维护了数据的一致性。

（3）数据的独立性：既包括数据库中数据库的逻辑结构和应用程序相互独立，也包括数据物理结构的变化不影响数据的逻辑结构。

（4）数据实现集中控制：文件管理方式中，数据处于一种分散的状态，不同的用户或同一用户在不同处理中其文件之间毫无关联。利用数据库可对数据进行集中控制和管理，并通过数据模型表示各种数据的组织以及数据间的联系。

（5）数据一致性和可维护性，以确保数据的安全性和可靠性：①安全性控制：以防止数据丢失、错误更新和越权使用；②完整性控制：保证数据的正确性、有效性和相容性；③并发控制：使在同一时间周期内，允许对数据实现多路存取，又能防止用户之间的不正常交互作用；④故障的发现和恢复：由数据库管理系统提供一套方法，可及时发现故障和修复故障，从而防止数据被破坏。

数据库的基础理论与技术仍处于发展过程中，计算机信息处理与存储能力的大幅提升，以及应用层面对于信息处理更高要求的提出，促使数据库技术不断向前发展，相关的数据库专业研究机构始终保持着对该领域前沿的关注与探讨。

数据库研究机构

1. ACM SIGMOD

国际计算机学会数据管理专业委员会（ACM SIGMOD）是数据库领域最高级别的国际会议，主要致力于数据库以及信息技术的研究、开发与应用。SIGMOD 每年召开一次，SIGMOD Record 是其发行的数据库期刊。

2. VLDB

国际超大型数据库会议（International Conference on Very Large Data Bases, VLDB）是一个专门从事超大规模数据库管理理论、方法和应用研究的专业性学术机构，其涉及的内容也很丰富，涉及理论与应用等诸多方面，基本上能够较全面地反映数据库研究的前沿方向、工业界的最新技术以及各国的研发水平。1975 年以美籍华裔科学家肖开美教授为首的一批数据库学者发起组织了第一届 VLDB 会议，此后该会议每年召开一次，已成为数据库领域中最主要、最具规模的国际学术会议。

3. ICDE

数据工程国际学术会议（ICDE）是由 IEEE 计算机数据工程技术学会（TCDE）主办的数据库领域最高级别的国际性会议之一，会议出版季刊数据工程通报（Data Engineering Bulletin）。TCDE 致力于研究数据在信息系统的设计、实现与管理中的应用，面向的主要问题包括数据库设计、数据处理、数据库存储与操纵语言、数据采集的策略与机制、数据库的安全性与完整性控制、数据库的工程应用以及分布式系统等。

4. CCFDBS

中国计算机学会数据库专业委员会（China Computer Federation Data Base Society, CCFDBS）是中国计算机学会领导下的数据库学术组织，于 1999 年 8 月 24 日在兰州大学召开的第 16 届中国数据库学术会议上正式成立。

资料来源：互动百科（www. baike. com）。

二、数据库体系结构

数据库的体系结构主要涉及数据的存储方式，以及（外部）用户对数据访问的操作模式。任何一种类型数据库的设计，首先要明确其基本的数据存储结构以及对应的存储模型。

（一）多层级结构

1. 数据库的基本结构

数据库的基本结构分三个层次，涉及数据信息在系统中存在的实体与逻辑结构。

（1）物理数据层——也称为数据库的内模式（Internal Schema）。

物理数据层是数据库的基本存储层，是物理存储设备上实际存放的数据集合。这些数据是原始数据，也是用户加工的对象，一般由计算机系统内部（即机器语言）可识别的位、字符等格式组成。

（2）概念数据层——也称为数据库的模式（Schema）。

概念数据层是数据库的中间一层，是数据库的整体逻辑表示。概念数据层设定了每个数据的逻辑定义及数据间的逻辑联系，是存储记录的集合。概念数据层所涉及的是数据库所有对象的逻辑关系，而不是它们的物理情况，是数据库管理概念下的数据库。

（3）逻辑数据层——也称为数据库的外模式（External Schema）。

逻辑数据层是用户所看到和使用的数据库，表示了一个或一些特定用户使用的数据集合，即逻辑记录的集合。用户对于数据的操作，以及基于数据的应用活动均在逻辑数据层面进行，同时数据库不同层次之间的联系可以通过映射进行关系的转换（图2-1）。

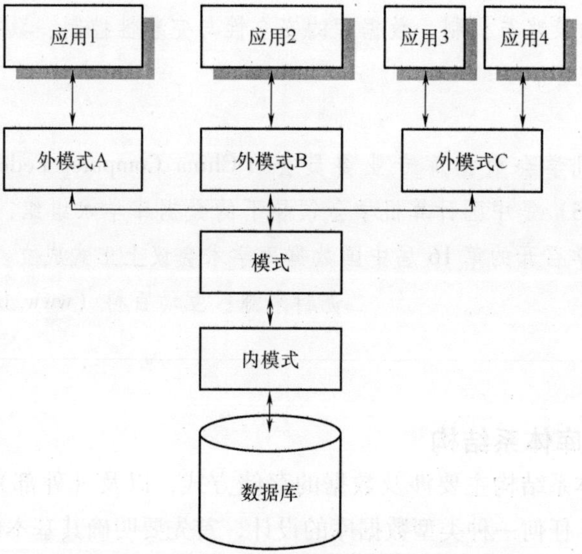

图2-1　数据库系统的三层级结构

2. 不同层级/模式间的映射

数据库三种不同模式之间存在映射关联关系，对于用户来说只需关注与自己相关的应用，而不必关心数据在数据库系统内的表示方式与存储结构，这些工作交由数据库系统（DBMS）管理。外模式直接与应用连接，其间并不存在一对一关系，一种外模式可以对应多个应用。而外模式与模式间存在多对一的关系，如模式发生改变，只需对外模式/模式映射进行调整即可，并不会影响到用户的使用。同样，模式与内模式之间也存在映射关系，数据库一般只有一种内模式，以保证数据与上层应用的独立性，如存储结构等底层设计的变化可以通过调整映射，而不必修改模式层面的内容。层级/模式映射的存在提高了数据库系统的应用效率，诸如硬件设施的更新、应用软件的升级等行为不会导致大量的数据格式调整，减少了相关工作量，并保持了数据信息的完整性。

（二）数据库模型

数据库模型的实现基于数据模型（data model），数据模型是对现实世界信息的抽象描述。数据模型的构建需要能够较为真实地表示实体信息，具有简洁的表示形式，同时能够转化为计算机可存储的格式。

1. 数据库模型的相关概念

数据库模型的使用需要明确相关概念，通过概念模式实现由现实世界信息向数字化信息的转化。数据库模型相关概念常用于基础模型的构建，能够为数据库设计人员提供信息抽象的工具，以及对用户需求的描述。数据库模型的概念化表述具有较强的语义表达能力，且具有简单、清晰、无歧义的特点，利于系统的开发及应用拓展（表 2-1）。

表 2-1　数据库模型的概念

编号	概念	英文	含义
1	实体	Entity	客观存在并且可以相互区别的事物称为实体
2	属性	Attribute	实体所具有的某种特性称为属性
3	码	Key	唯一标识实体的属性集称为码
4	域	Domain	属性的取值范围称为域
5	实体型	Entity type	用实体名及其属性集合对同类实体的描述
6	实体集	Entity set	相同类型实体的集合
7	元	Degree	存在联系的实体集的个数
8	联系	Relationship	实体之间的相互关系

2. 数据库模型的主要种类

区别数据库模型的主要指标是数据存储的结构模式，总体上可以分为两大类，一类是层次模型与网状模型，另一类是关系模型。

（1）层次模型的特征是有且只有一个结点，没有双亲结点（这个结点叫根结点）；除根结点外的其他结点有且只有一个双亲结点。网状模型的特征是允许一个以上的结点没有双亲结点；一个结点可以有多个双亲结点。层次模型与网状模型类似，分别用记录和链接来表示数据和数据间的联系。与网状模型不同的是，层次模型中的记录只能组织成树的集合而不能是任意图的集合。层次模型可以看成是网状模型的特例，都属于格式化模型，在体系结构、数据库语言到数据存储管理均有共同的特征。

（2）关系模型用二维表的集合来表示数据和数据间的联系，每个表有多个列，每列有唯一的列名。在关系模型中，无论是从客观事物中抽象出来的实体，还是实体之间的联系，都用单一的结构类型，即关系来表示。同时，在对关系进行各种运算处理之后得到的还是关系。关系模型是当前主流数据库的模型，随后部分将详细讨论。

从发展趋势看，面向对象模型（object oriented database）是一种新兴的数据模型，采用面向对象的方法来设计数据库。面向对象的数据库存储以对象为单位，每个对象包含对象的属性和方法，具有类与继承的特征。

（三）关系型数据库

关系型数据库（relational database）是创建在关系模型基础上的数据库，借助于集合、代数等数学概念和方法来处理数据库中的数据结构，对现实世界中的各种实体以及实体之间的各种联系均用关系模型来表示。关系模型是由埃德加·科德于 1970 年首先提出的，并配合“科德十二定律”，现今该模型一直是数据存储的经典标准，也在应用领域保持了主流的地位。根据关系数据库的定义，元数据存储在一张表格或系列表格中，表格的行列等信息间存在一定的约束。目前主流的关系型数据库有 Oracle、DB2、SQL server、Sybase、Mysql 等。

关系型数据库的基础是关系模型，关系模型由关系数据结构、关系操作集合、关系完整性约束三部分组成。

（1）关系数据结构。关系模型使用单一的数据结构，对于现实世界的实体以及实体间的各种联系均用关系形式来表示。同时，在数据的逻辑结构方面以二维表格形式呈现，从用户角度看关系模型中数据的逻辑结构是一张二维表。关系模型的这种简单的数据结构能够表达丰富的语义，描述出现实世界的实体以及实体间的各种关系。

（2）关系操作集合。关系操作是指对数据关系实施的各种操作，包括选择、投影、连接、并、交、差、增、删、改等，这些关系操作可以用代数运算的方式表示，其特点是集合化操作，而非关系型数据模型的操作方式则为记录形式。

（3）关系完整性约束。关系模型允许定义三类完整性约束，即实体完整性、参照完整性与用户自定义完整性。实体完整性与参照完整性是关系模型构建必须满足的完整性约束条件，由关系系统自动支持，一般大型数据库系统对其支持较好。用户自定义完整性体现了用户数据管理的具体要求，可在系统内设置后实现。

1. 标准化查询语言

关系型数据库的操作使用标准化查询语言，SQL 就是一种基于关系型数据库的语言，这种语言能够执行对关系数据库中数据的检索与存储等操作（表 2－2）。

表 2－2　关系数据语言的分类

<table>
<tr><th colspan="3">语言类型</th><th colspan="2">实例</th></tr>
<tr><td rowspan="4">关系数据语言</td><td colspan="2">关系代数语言</td><td colspan="2">ISBL</td></tr>
<tr><td rowspan="2">关系演算语言</td><td>元组关系演算语言</td><td>APLHA</td><td>QUEL</td></tr>
<tr><td>域关系演算语言</td><td colspan="2">QBE</td></tr>
<tr><td colspan="2">兼具关系代数与关系演算的语言</td><td colspan="2">SQL</td></tr>
</table>

2. SQL 常用数据类型

大部分基于 SQL 语言的关系型数据库所支持的数据类型一致，常用的数据类型如表 2－3 所示。

表 2－3　SQL 常用数据类型

数据类型	描　述	存储
Text	用于文本或文本与数字的组合；最多存储 255 个字符	
Memo	Memo 用于更大数量的文本；最多存储 65 536 个字符 （注释：无法对 Memo 字段进行排序）	
Byte	允许 0 到 255 的数字	1 字节
Integer	允许介于 －32 768 到 32 767 之间的数字	2 字节
Long	允许介于 －2 147 483 648 与 2 147 483 647 之间的全部数字	4 字节
Single	单精度浮点；处理大多数小数	4 字节

续表

数据类型	描　述	存储
Double	双精度浮点；处理大多数小数	8 字节
Currency	用于货币，支持15位的元，外加4位小数 （提示：可以自行选择使用哪个国家的货币）	8 字节
AutoNumber	AutoNumber 字段自动为每条记录分配数字，通常从1开始	4 字节
Date/Time	用于日期和时间	8 字节
Yes/No	逻辑字段，可以显示为 Yes/No、True/False 或 On/Off； 在代码中使用常量 True 和 False（等价于1和0） （注释：Yes/No 字段中不允许有 Null 值）	1 比特
Ole Object	可以存储图片、音频、视频或其他 BLOBs（Binary Large Objects）	最多1GB
Hyperlink	包含指向其他文件的链接，包括网页	
Lookup Wizard	允许创建一个可从下拉列表中进行选择的选项列表	4 字节

SQL 语言概况

SQL（Structured Query Language）语言是1974年由Boyce和Chamberlin提出的一种介于关系代数与关系演算之间的结构化查询语言，是一个通用的、功能极强的关系性数据库语言。70年代中期，IBM公司在研制SYSTEM－R关系型数据库管理系统中使用了SQL语言，最早的SQL语言（SEQUEL2）是在1976年11月的IBM Journal of R&D上公布的。1979年Oracle公司首先提供商用的SQL语言，IBM公司在DB2和SQL/DS数据库系统中也实现了SQL。1986年10月，美国ANSI采用SQL作为关系型数据库管理系统的标准语言（ANSI X3. 135－1986），后为国际标准化组织（ISO）采纳为国际标准。1989年，美国ANSI采纳在ANSI X3. 135－1989报告中定义的关系型数据库管理系统的SQL标准语言，命名为ANSI SQL 89，该标准替代ANSI X3. 135－1986版本。

1. SQL语言组成

SQL语言一般包含四个部分：

（1）数据查询语言DQL－Data Query Language，例如SELECT；

（2）数据操纵语言DQL－Data ManipulationLanguage，例如INSERT、UPDATE、DELETE；

（3）数据定义语言DQL－Data Definition Language，例如CREATE、ALTER、

DROP；

（4）数据控制语言 DQL – Data Control Language，例如 COMMIT WORK、ROLLBACK WORK。

2. SQL 语言特点

SQL 语言被应用程序员、DBA 管理员以及终端用户广泛使用，其特点包括：

（1）SQL 语言是一个非过程化的语言，它一次处理一个记录，对数据提供自动导航。SQL 允许用户在高层的数据结构上工作，而不对单个记录进行操作，可以操作记录集。所有 SQL 语句接受集合作为输入，返回集合作为输出。SQL 的集合特性允许一条 SQL 语句的结果作为另一条 SQL 语句的输入，同时 SQL 不要求用户指定对数据的存放方法，可专注于需求的实现。

（2）SQL 语言具有较强的统一性，可用于所有用户的 DB 活动模型，包括系统管理员、数据库管理员、应用程序员、决策支持系统人员等。

（3）SQL 语言是所有关系型数据库（RDBMS）的公共语言。由于所有主要的关系数据库管理系统都支持 SQL 语言，因此用户可将使用 SQL 语句从一个 RDBMS 转到另一个，所有用 SQL 编写的程序都是可以移植的。

资料来源：互动百科（www. baike. com）。

---

3. SQL 基本语句与运算符

一个数据库通常包含一个或多个表，每个表由一个名字标识（例如“订单”或者“存货”）。表包含带有数据的记录（行）。SQL 语句格式上以分号结束，有些高级的数据库系统编辑环境下能够帮助用户自动结束语句。以下介绍几个常用的 SQL 命令。

（1）SELECT：

用于从表中选取数据，结果被存储在一个结果表中，称为结果集。

SQL SELECT 语法：

{SELECT 列名称 FROM 表名称}

{SELECT * FROM 表名称}

注释：SQL 语句对大小写不敏感，因此 SELECT 等效于 select。

同时，SELECT INTO 语句可以从一个表中选取数据，然后把数据插入另一个表中；SELECT INTO 语句常用于创建表的备份复件或者用于对记录进行存档。

SELECT INTO 语法：

可以把所有的列插入新表:

{SELECT *

INTO new_ table_ name [IN external_ database]

FROM old_ table_ name }

或者仅把需要的列插入新表:

{SELECT column_ name (s)

INTO new_ table_ name [IN external_ database]

FROM old_ table_ name }

(2) INSERT:

INSERT INTO 语句用于向表格中插入新的行。

INSERT INTO 语法:

{INSERT INTO 表名称 VALUES (值 1, 值 2, ...)}

{ INSERT INTO 表名称 (列 1, 列 2, ...) VALUES (值 1, 值 2, ...)}

(3) CREAT:

CREATE TABLE 语句用于创建数据库中的表。

CREATE TABLE 语法:

{CREATE TABLE 表名称

(

列名称 1 数据类型,

列名称 2 数据类型,

列名称 3 数据类型,

....

)}

CREATE DATABASE 可用于创建数据库。

CREATE DATABASE 语法:

{CREATE DATABASE database_ name }

可以在表中创建索引,以便更加快速高效地查询数据;用户无法看到索引,索引只能被用来加速查询。更新一个包含索引的表需要比更新一个没有索引的表花费更多的时间,这是由于索引本身也需要更新,因此理想的做法是仅仅在常常被搜索的列(以及表)上面创建索引。

CREATE INDEX 语法:

在表上创建一个简单的索引,允许使用重复的值。

{CREATE INDEX index_ name

ON table_ name (column_ name)}

CREATE UNIQUE INDEX 语法：

在表上创建一个唯一的索引，唯一的索引意味着两个行不能拥有相同的索引值。

{CREATE UNIQUE INDEX index_ name

ON table_ name (column_ name)}

(4) UPDATE：

UPDATE 语句用于修改表中的数据。

UPDATE 语法：

{UPDATE 表名称 SET 列名称 = 新值 WHERE 列名称 = 某值}

(5) DELETE：

DELETE 语句用于删除表中的行。

DELETE 语法：

{DELETE FROM 表名称 WHERE 列名称 = 值}

(6) ORDER BY 子句：

ORDER BY 语句用于根据指定的列对结果集进行排序。ORDER BY 语句默认按照升序对记录进行排序，如果希望按照降序对记录进行排序，可以使用 DESC 关键字。

ORDER BY 语法：

{ SELECT * FROM table_ name ORDER BY 列名称 }

(7) WHERE 子句：

如需有条件地从表中选取数据，可将 WHERE 子句添加到 SELECT 语句。

WHERE 语法：

{SELECT 列名称 FROM 表名称 WHERE 列 运算符 值}

SQL 基本运算符如表 2－4 所示：

表 2－4 SQL 基本运算符

操作符	描述	操作符	描述
=	等于	> =	大于等于
< > (! =)	不等于	< =	小于等于
>	大于	BETWEEN	在某个范围内
<	小于	LIKE	搜索某种模式

（8）AND/OR 运算符：

AND 和 OR 可在 WHERE 子语句中把两个或多个条件结合起来。其运算规则是，如果第一个条件和第二个条件都成立，则 AND 运算符显示一条记录；如果第一个条件和第二个条件中只要有一个成立，则 OR 运算符显示一条记录。

AND/OR 使用语法：

{SELECT * FROM table_ name WHERE Col_ 1 = 'A' AND Col_ 2 = 'B'}

{SELECT * FROM table_ name WHERE Col_ 1 = 'A' OR Col_ 2 = 'B'}

（9）LIKE 运算符：

LIKE 运算符用于在 WHERE 子句中搜索列中的指定模式。

LIKE 运算符语法：

{SELECT column_ name（s）

FROM table_ name

WHERE column_ name LIKE pattern}

其中 pattern 可以使用通配符（表 2-5），如"%A%"表示含有字母"A"的字符串。也可使用否定逻辑形式，即 NOT LIKE。

表 2-5 SQL 通配符

通配符	描述
%	替代一个或多个字符
_	仅替代一个字符
[charlist]	字符列中的任何单一字符
[^charlist] 或者 [! charlist]	不在字符列中的任何单一字符

（10）TOP 子句：

TOP 子句对于搜索拥有数千条记录的大型表是非常有用的。需要注意，并非所有的数据库系统都支持 TOP 子句。

TOP 子句语法：

{SELECT TOP number | percent column_ name（s）

FROM table_ name}

（11）IN/BETWEEN 运算符：

IN 操作符允许在 WHERE 子句中规定多个值。

IN 语法：

{SELECT column_ name（s）

FROM table_ name

WHERE column_ name IN (value1, value2, ...)}

运算符 BETWEEN...AND 能够选取介于两个值之间的数据范围，这些值可以是数值、文本或者日期。

BETWEEN 语法：

{SELECT column_ name (s)

FROM table_ name

WHERE column_ name

BETWEEN value1 AND value2}

(12) GROUP BY 语句：

GROUP BY 语句用于结合函数运算，根据一个或多个列对结果集进行分组。

GROUP BY 语法：

{SELECT column_ name, aggregate_ function (column_ name)

FROM table_ name

WHERE column_ name operator value

GROUP BY column_ name}

关于 SQL 的语句及运算符可结合使用情况查询专业书籍或帮助文档。此外在查询等运算中 SQL 还支持多种函数的使用。函数的目标是返回一个值，大多数函数都返回一个标量值（scalar value），标量值代表一个数据单元或一个简单值。实际上，函数可以返回任何数据类型，包括表、游标等可返回完整的多行结果集的类型。SQL 函数的主要分类及说明可参见附件。

三、商业数据库的实现

商业数据库的实现一般包括六个步骤：①需求分析阶段：对需求内容进行收集分析，主要围绕用户进行。②概念结构设计阶段：通过对用户需求进行综合、归纳与抽象，形成一个独立于具体 DBMS 的概念模型，可以用 E－R 图表示。③逻辑结构设计阶段：将概念结构转换为某个 DBMS 所支持的数据模型并对其进行优化。④数据库物理设计阶段：为逻辑数据模型选取一个最适合应用环境的物理结构，包括存储结构和存取方法。⑤数据库实施阶段：运用 DBMS 提供的数据语言及应用程序语言，根据逻辑设计和物理设计的结果建立数据库，编制与调试应用程序并试运行。⑥数据库运行和维护阶段：在数据库系统运行过程中必须不断地对其进行评价、调整与修改。以下主要讨论应用需求分析、概念与逻辑设计以及具体运行维护中涉及的问题。

（一）应用需求分析

在软设计中，需求分析是指在建立一个新的或改变一个现存的电脑系统时，描写新系统（或应用）的目的、范围、定义和功能所要做的前期工作。需求分析是软件设计中的一个关键过程，在这个过程中系统分析员和软件工程师确定顾客的实际需要，并且只有在确定了这些需要后，他们才能够分析和寻求新系统的解决方案。对于商业企业来说，数据库的设计通常与企业内的多个部门形成关联，因此需求分析任务完成的质量将会直接影响后续系统的开发及功能的实现。

数据库的需求分析一般涉及调查和分析用户的业务活动和数据的使用情况，弄清所用数据的种类、范围、数量以及它们在业务活动中交流的情况，确定用户对数据库系统的使用要求和各种约束条件等，并形成用户需求规约。

如何调查获取客户需求

第一，了解组织机构的情况，调查这个组织由哪些部门组成，各部门的职责是什么，为分析信息流程做准备。

第二，了解各部门的业务活动情况，调查各部门输入和使用什么数据，如何加工处理这些数据，输出什么信息，输出到什么部门，输出的格式等。在调查活动的同时，要注意对各种资料的收集，如票证、单据、报表、档案、计划、合同等，要特别注意了解这些报表之间的关系，各数据项的含义等。

第三，确定系统的边界，即确定哪些功能由计算机完成或将来准备让计算机完成，哪些活动由人工完成。由计算机完成的功能就是应用系统应该实现的功能。

在调查过程中，根据不同的问题和条件，可采用的调查方法很多，如跟班作业、咨询业务权威、设计调查问卷、查阅历史记录等。无论采用哪种方法，都必须有用户的积极参与和配合。强调用户的参与是数据库设计的一大特点。

收集用户需求的过程实质上是数据库设计者对各类管理活动进行调查研究的过程。设计人员与各类管理人员通过相互交流，逐步取得对系统功能的一致的认识。但是，由于用户还缺少软件设计方面的专业知识，而设计人员往往又不熟悉业务知识，要准确地确定需求很困难，特别是某些很难表达和描述的具体处理过程。针对这种情况，设计人员在熟悉自身业务知识的同时，应该帮助用户了解数据库设计的基本概念。对于那些因缺少现成的模式、很难设想新的系统、不知应有哪些需求的用户，还可应用原型化方法来帮助用户确定他们的需求。先给用户一个比较简单的、易调整的真实系统，让用户在熟悉使用它的过程中不断发现自己的需求，而设计人员则根据用户的反馈调整原型，反复验证最终协助用户发现和确定他们的真实需求。

资料来源：UML软件技术网站（www. uml. org. cn）。

---

1. 需求分析的特性

一份好的需求分析应具备如下特性：

（1）完整性：需求分析应考虑到单元信息、模块、功能、接口、权限等实际需要处理的内容；同时要通过严谨的术语进行客观描述，并且辅以插图、表格等加以说明。

（2）无歧义性：各种概念、标记、图示等信息应在需求文档中说明，并且保证在全文中按照统一的模式使用，避免串用、混用。

（3）一致性：文档中的各种需求描述（包括功能与模块）不应存在矛盾之处，否则系统在逻辑上将无法实现。

（4）可验证性：关于需求的各种描述可以通过软件方式在有限处理过程中进行验证。

（5）可追溯与修改：各种需求内容需要标记其来源，如企业中的某个部门。当需求发生变化时可以快速地溯源并与修改提出者进行核对。

2. 需求分析的主要内容

（1）需求描述：

需求描述是数据库设计的基础，开发人员需要根据用户的应用需求对系统的功能、架构及相关细节进行设计与实施。需求描述任务要求开发人员与用户进行详细、深入的沟通，记录需求信息，并整理成数据库开发的标准化描述形式。例如零售企业数据库的建设，从用户角度看需要具备存储商品进销总量、进销价格、出入库时间、销售时间、经手人、是否存在退换货等信息，这些信息对于用户来说一般是简单的并列关系，而对于开发人员而言则具有某种逻辑关系。开发人员在与用户对接后需要将各类需求信息加以分类整理，并将基础数据梳理成具有一定关联性与逻辑性的结构，为随后的功能描述以及数据库的设计做好准备。同时，需求描述一般使用用户易理解的词汇，便于对各类需求进行确认以及修改，因此开发人员在本阶段要注意同用户的沟通，使需求内容尽早明确。

（2）功能描述：

功能描述是指在需求描述基础上，开发人员对数据库系统所要达到的具体目标的描述。功能描述一般分为两个层次，一个是业务层面，一个是模块层面。以零售应用为例，业务层面主要指具体的操作需求，诸如进货、销售、结算、折扣、开具发票、录入会员等，均属于此类操作。模块层面在级别上一般高于业务层面，如商品库存模块、前台销售模块、会员管理模块等，每一个模块可包含多种业务操作。对于开发人员，其任务主要是根据用户的基础需求描述进行逻辑上的整理，综合为不同类型与级别的操作，为数据库的概念与逻辑设计做好准备。

（3）基于数据流的分析：

数据流是一种易于理解的图形化表示方式，用来描述数据及应用的流动与处理过程。当开发人员对用户的需求有了详细了解，且进行了深入分析后，可以通过数据流方式对数据库及应用系统进行描绘。数据流图示一般可包括几个部分，如涉及数据的来源、数据的存取、数据的处理，以及数据的输出等。对于某一项具体的业务操作来说，数据流还应包括处理方式的描述，例如一次补货操作应涉及仓储管理数据的调整、销售网点数据的调整、日期与时间点的同步，以及对下次补货时间的预测等。

需求分析——沟通的20条法则

1. 分析人员要使用符合客户语言习惯的表达方式

需求讨论集中于业务需求和任务，因此要使用术语。客户应将有关术语（例如：单品、存货等应用语言）教给分析人员，而客户不一定要懂得计算机行业的术语。

2. 分析人员要了解客户的业务及目标

分析人员只有更好地了解客户的业务，才能使产品更好地满足需要。这将有助于开发人员设计出真正满足客户需要并达到期望的优秀软件。为帮助开发和分析人员，客户可以考虑邀请他们观察自己的工作流程。如果是更换新系统，那么开发和分析人员应使用一下旧系统，有利于他们明白系统是怎样工作的，其流程情况以及可供改进之处。

3. 分析人员必须编写软件需求报告

分析人员应将从客户那里获得的所有信息进行整理，以区分业务需求及规范、功能需求、质量目标、解决方法和其他信息。通过相关分析，客户能得到一份“需求分析报告”，此份报告使开发人员和客户之间针对要开发的产品内容达成协议。报告应以一种客户认为易于翻阅和理解的方式组织编写。客户要评审此报告，以确保报告内容准确完整地表达其需求。一份高质量的“需求分析报告”有助于开发人员开发出真正需要的产品。

4. 要求得到需求工作结果的解释说明

分析人员可能采用多种图表作为文字性“需求分析报告”的补充说明，因为工作图表能很清晰地描述出系统行为的某些方面，所以报告中各种图表有着极高的价值；虽然它们不太难于理解，但是客户可能对此并不熟悉，因此客户可以要求分析人员解释说明每个图表的作用、符号的意义和需求开发工作的结果，以及怎样检查图表有无错误及不一致等。

5. 开发人员要尊重客户的意见

如果用户与开发人员之间不能相互理解，那关于需求的讨论将会有障碍。共同合作能使大家“兼听则明”。参与需求开发过程的客户有权要求开发人员尊重他们并珍惜他们为项目成功所付出的时间，同样客户也应对开发人员为项目成功这一共同目标所做出的努力表示尊重。

6. 开发人员要对需求及产品实施提出建议和解决方案

通常客户所说的“需求”已经是一种实际可行的实施方案，分析人员应尽力从这些解决方法中了解真正的业务需求，同时还应找出已有系统与当前业务不符之处，以确保产品不会无效或低效；在彻底弄清业务领域内的事情后，分析人员就能提出相当好的改进方法，有经验且有创造力的分析人员还能提出增加一些用户没有发现的很有价值的系统特性。

7. 描述产品使用特性

客户可以要求分析人员在实现功能需求的同时注意软件的易用性，因为这些易用特性或质量属性能使客户更准确、高效地完成任务。例如：客户有时要求产品要“界面友好”“运行稳定”或“高效率”，但对于开发人员来讲这些描述太主观，并无实用价值。正确的做法是，分析人员通过询问和调查了解客户所要的具体特性，在性能代价和所提出解决方案的预期利益之间做出权衡，以确保做出合理的取舍。

8. 允许重用已有的软件组件

需求通常有一定灵活性，分析人员可能发现已有的某个软件组件与客户描述的需求很相符，在这种情况下，分析人员应提供一些修改需求的选择以便开发人员能够降低新系统的开发成本，并节省时间，而不必严格按原有的需求说明开发。所以，如果想在产品中使用一些已有的商业组件，而它们并不完全适合用户所需的特性，这时一定程度上的权衡就显得极为重要了。

9. 要求对变更的代价提供真实可靠的评估

当存在不同选择时，对需求变更的影响进行评估从而对业务决策提供帮助是十分必要的。客户有权利要求开发人员通过分析给出一个真实可信的评估，包括影响、成本和得失等。开发人员不能由于不想实施变更而随意夸大评估成本。

10. 获得满足客户功能和质量要求的系统

每个人都希望项目成功，但这不仅要求客户要清晰地告知开发人员关于系统"做什么"所需的所有信息，而且还要求开发人员能通过交流了解清楚取舍与限制，一定要明确了解客户的假设和潜在的期望，否则开发出的产品很可能无法让客户满意。

11. 与分析人员沟通业务内容

分析人员要依靠客户讲解业务概念及术语，但客户不能指望分析人员会成为该领域的专家，而只能让他们明白问题和目标；不要期望分析人员能把握客户业务的细微潜在之处，他们可能不知道那些对于客户来说理所当然的"常识"。

12. 抽出时间清楚地说明并完善需求

虽然客户很忙，但无论如何客户有必要抽出时间参与需求分析会议的讨论，接受采访或参与其他获取需求信息的活动。有些分析人员可能先明白了客户的某些观点，而过后发现还需要详细的讲解，这时需要耐心对待一些工作过程中的反复，这对于产品的成功极为重要。

13. 准确而详细地说明需求

编写一份清晰、准确的需求文档是很困难的。由于处理细节问题不但繁琐而且耗时，因此很容易留下模糊不清的需求。但是在开发过程中，必须解决这种模糊性和不确定性，而客户恰恰是解决这些问题的最佳人选，否则就只能靠开发人员去猜测了。

14. 及时做出决定

分析人员会要求客户做出一些选择和决定，这些决定包括来自多个用户提出的处理方法，或在某些方面进行权衡的折衷方案等。有权做出决定的客户必须积极地对待这一切，尽快做出处理，因为开发人员通常只有等客户做出决定才能行动，而这种等待会延误项目的进展。

15. 尊重开发人员的需求可行性报告及成本评估

所有的软件开发都有其成本。客户所希望的某些产品特性可能在技术上行不通，或者实现它要付出极高的代价；某些需求试图达到在操作环境中不可能达到的性能，或试图得到一些根本得不到的数据。开发人员会对此做出负面的评价，客户应该尊重他们的意见。

16. 划分需求的优先级

绝大多数项目没有足够的时间或资源实现功能性的每个细节。决定哪些特性是必要的以及哪些是重要的，是需求开发的主要部分。只能由客户负责设定需求优先级，因为开发者不可能按照客户的观点决定需求优先级；开发人员将为客户确定优先级提供有关每个需求的成本和风险的信息。

17. 评审需求文档和原型

客户评审需求文档是向分析人员反馈信息的一个渠道。如果客户认为编写的需求分析报告不够准确，则有必要尽早告知分析人员并为改进提供建议。更好的办法是先为产品开发一个原型，这样客户就能提供更有价值的反馈信息给开发人员，使他们更好地理解需求；原型并非是一个实际应用产品，但开发人员能将其转化、扩充成功能齐全的系统。

18. 需求变更要立即联系

不断的变更需求，会给在预定计划时间内完成产品带来严重的影响。变更是不可避免的，但在开发周期中，变更越在晚期出现其影响越大；变更不仅会导致代价极高的返工，而且工期将被延误，特别是在大体结构已完成后又需要增加新特性时。所以，一旦客户发现需要变更需求，要立即通知分析人员。

19. 遵照相关流程处理需求变更的过程

为将变更带来的负面影响减少到最低限度，所有参与者必须遵照项目变更控制过程。这要求不放弃所有提出的变更，对每项要求的变更进行分析、综合考虑，最后做出合适的决策，以确定应将哪些变更引入项目中。

20. 尊重开发人员采用的需求分析过程

软件开发中最具挑战性的莫过于收集需求并确定其正确性，分析人员采用的方法有其合理性。也许客户认为收集需求的过程不太划算，但用在需求分析上的时间是非常有价值的；如果客户理解并支持分析人员为收集、编写需求文档和确保其质量所采用的技术，那么整个过程将会非常顺利。

资料来源：互动百科（www. baike. com）。

（二）概念与逻辑结构设计

概念与逻辑结构设计是数据库设计的关键部分，是开发人员将用户需求转化为数据库系统的纽带。基于良好的逻辑结构设计，可以方便地将各种数据关系表录入数据库系统，并且使其具有较好的可维护性。

1. E－R 关系图

E－R 图也称实体－联系图（Entity Relationship Diagram），提供了表示实体类型、属性和联系的方法，用来描述现实世界的概念模型。在 E－R 图中，一般用矩形表示实体型，矩形框内写明实体名；用椭圆表示实体的属性，并用无向边将其与相应的实体型连接起来；用菱形表示实体型之间的联系，在菱形框内写明联系名，并用无向边分别与有关实体型连接起来，同时在无向边旁标上联系的类型。

E－R 图的联系方式有三种：

1:1 联系：一种实体只与另一实体联系，如一个门店只有一位总经理。

1:n 联系：一种实体可与多个实体联系，如一个门店可以有多位副总经理及员工。

m:n 联系：实体间存在多种联系，如商品与门店，某种商品可以在多个门店销售，而每个门店可以销售多种商品。

构建 E－R 图的一般步骤是：①确定所有的实体集合；② 确定实体集包含的各种属性；③确定实体集之间的联系；④确定实体集的关键字；⑤确定联系的类型。

以下通过两个实例说明：

（1）门店－部门－员工：

门店属性包括门店的编号、位置与电话；部门的属性包括部门编号、名称、功能与联系方式；员工属性包括员工的编号、姓名、性别、年龄与职务。一个门店可以包含多个部门，诸如采购、库房、销售、门店财务等。一个部门内有多名员工，如部门经理、店员等（图 2－2）。

（2）门店－商品：

商品属性包括商品编号、名称、库存量与零售价格。一家门店可销售多种商品，如生鲜类、包装类食品，日用清洁、厨具、小电器等（图 2－3）。

2. 由关系图向表的转化

在确定了数据管理的需求关系后，可依照相关图示转换为表的格式，表是关系型数据库构成的基本要素。我们在建立数据库的时候，需要为每张表指定一个主键，所谓主键就是能够唯一标识表中某一行的属性或属性组，一个表只能有一个主键，但可以有多个候选索引。因为主键可以唯一标识某一行记录，所以可以确保执行数据更新、删除的时候不会出现混乱。当然，其他字段也可以辅助我们

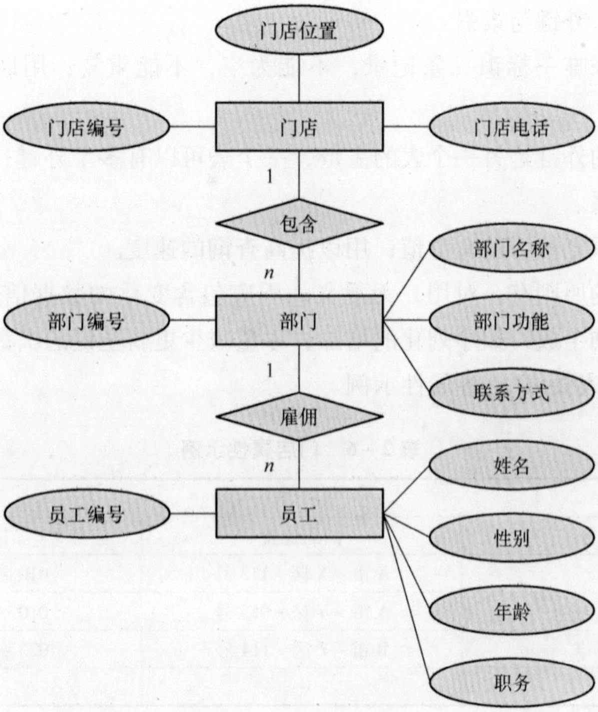

图 2－2　E－R 图示例一

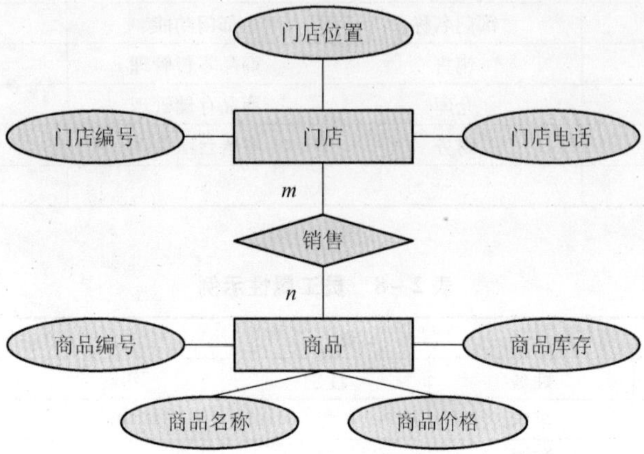

图 2－3　E－R 图示例二

在执行这些操作时消除共享冲突。主键常常与外键构成参照完整性约束，防止出现数据不一致，所以数据库在设计时主键起到了很重要的作用。

关于主键、外键与索引：

主键：用来唯一标识一条记录，不能为空，不能重复；用以保证数据的完整性。

外键：表的外键是另一个表的主键，一个表可以有多个外键；用以建立和其他表之间的联系。

索引：无重复但可以有空值；用以提高查询的速度。

主键使用的原则有：对用户无意义；不应包含变化的数据信息，如时间等；一般由系统自动生成，如序列化的增加；尽量减少更新主键的次数。

表 2－6 至表 2－9 是各属性示例。

表 2－6　门店属性示例

门　店		
门店编号	门店位置	门店电话
001	A 市－X 区－113 号	010－62340001
002	A 市－Y 区－015 号	010－62341039
003	B 市－Z 区－114 号	023－51970027
…	…	…

表 2－7　部门属性示例

部　门			
部门编号	部门名称	部门功能	联系方式
01	销售	商品零售管理	000－001
02	仓库	商品存储管理	000－002
03	财务	零售台账管理	000－003
…	…	…	…

表 2－8　员工属性示例

员　工				
员工编号	姓名	性别	年龄	职务
01001	李东	男	46	部门经理
02001	刘南	男	35	经理助理
03001	张小西	女	27	业务员
03002	周北	女	24	业务员
03003	杜大中	男	25	业务员
…	…	…	…	…

表 2－9 商品属性示例

商品			
商品编号	商品名称	商品价格	商品库存
10001	A－洗发液	38.80	200
10002	B－洗发液	42.50	180
…	…	…	…
20001	C－香皂	4.20	500
20002	D－香皂	3.00	550
…	…	…	…

此外，也可以通过某些软件直接生成实体（表）间的关系，如使用 Visio 生成的与商品相关的实体关系图示。使用设计软件的优势是，设计过程中可以直接定义主键与外键，当进行设计调整时（如属性的删减或修改），相关表格能够自动实现调整（图 2－4）。

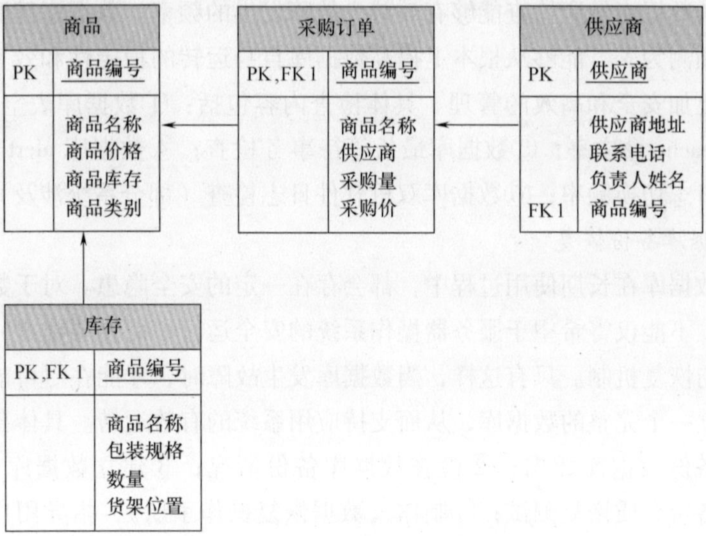

图 2－4 与商品相关的实体关系设计图

数据库逻辑结构设计完成后，可以在数据库系统中实现，具体操作方法在应用部分结合 SQL Server 2005 加以介绍。

（二）数据库的运行维护

当数据库系统实现后，需要对其运行进行管理与维护。后期工作的质量将直接影响一个数据库系统功效的发挥。数据库的运行维护可以包括两个部分，一是业务层面的维护，二是系统层面的维护。

业务层面的维护工作主要由用户完成，如企业内的数据库管理员，具体维护内容如下：

1. 数据库环境检查

数据是商业企业的核心资源，数据库作为对数据进行管理的主体，具有极高的重要性。对数据库系统的梳理和摸底是安全、高效管理数据的前提和基础，这其中的具体工作包括：清晰完整地统计出数据库的具体型号版本，以及划分的表空间等信息，准确全面地记录下资源使用情况等。这一环节的工作直接影响到存储整体维护的效率和效果。具体梳理内容包括：①数据库版本；②数据库补丁情况；③数据库双机软件版本（部分系统涉及）；④数据库表空间使用情况；⑤数据库网络配置情况。

2. 数据库健康检查

定期的数据库健康检查能够有效减少故障发生的频率。数据库健康检查以预防为主、预测为先，能够从根本上提高数据库自身运转的稳定性和效率，从而让数据得到更加安全和高效的管理。具体检查内容包括：①数据库表空间使用率；②数据库 cache 命中率；③数据库最长等待事务检查；④数据库 alert 日志检查；⑤数据库日志切换频率；⑥数据库双机软件日志检查（部分系统涉及）。

3. 数据库备份恢复

任何数据库在长期使用过程中，都会存在一定的安全隐患。对于数据库的管理者来说，不能仅寄希望于服务器操作系统的安全运行，而是要建立一整套的数据库备份与恢复机制。只有这样，当数据库发生故障时，才能在尽可能短的时间内重新建立一个完整的数据库，从而支持应用系统的有效运转。具体备份恢复内容有：①备份数据库数据；②检查数据库备份情况；③建立数据库备份日志；④数据库备份介质恢复测试；⑤制作《数据恢复操作手册》，指导用户快速恢复备份数据。

4. 数据库故障处理

数据库只要运行就难免发生故障，较早定位故障，从而尽快解决故障，并减少故障的影响程度十分关键。处理时应就故障原因进行深入分析，必要时还要对数据库的参数配置进行调整，避免类似故障再次发生。常见的数据库故障包括：

①无法启动；②数据库数据文件无法识别；③控制文件丢失；④数据库异常停机；⑤数据库无法访问。

随着企业应用的变化，以及应用环境的调整，数据库系统需要随时调整与升级。系统层面的维护工作一般需要专业的技术人员实现，如商业企业可以请开发企业参与具体的调整、升级工作。

5. 数据库调整与升级

在日常运转过程中，由于应用系统的变化（如升级或更新），有时需要对数据库的参数配置进行变更，以此来持续支持应用系统的发展。因此，需要对数据库完成相应的配置变更，充分保障数据的安全和数据库运转的稳定。具体调整内容有：①根据需求对数据库用户增加、删除权限；②根据需求对数据库日志文件进行调整；③根据需求对数据库数据文件进行调整；④增加、删除数据库用户；⑤维护数据库表空间，保持表空间使用率不超过规定阈值；⑥调整数据库用户权限；⑦数据库补丁安装；⑧数据库版本升级。

第二节　商业数据库的应用

本部分将对商业数据库的具体实现过程进行详细讨论，并介绍在 SQL Server 2005 环境下的具体操作方法。

一、数据库系统的安装

Microsoft SQL Server 2005 是一个全面的数据库平台，使用集成的商业智能（BI）工具，并提供企业级的数据管理。Microsoft SQL Server 2005 数据库引擎为关系型数据和结构化数据提供了更安全可靠的存储功能，可以构建和管理基于业务的高可用性和高性能的数据应用程序。SQL Server 2005 数据引擎是企业数据管理解决方案的核心，同时 SQL Server 2005 还结合了分析、报表、集成和通知等功能，这使得企业可以构建和部署经济有效的 BI 解决方案，并将数据应用推向业务的各个领域。

（一）SQL Server 2005 安装与启动

1. SQL Server 2005 的安装

安装 Microsoft SQL Server 2005 可以使用光盘或通过虚拟光驱实现，其安装界面如图 2－6 所示。在开始界面处需要注意选择操作系统的类型，即 32 位或 64

位，本书安装截图为 Win7 64 位系统。

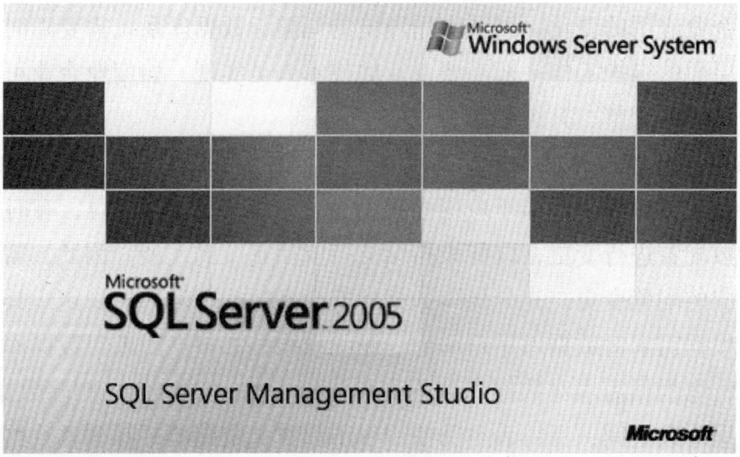

图 2－5　SQL Server 2005 开始界面

图 2－6　SQL Server 2005 安装－1

安装过程共分为两大部分，即检测准备阶段与安装阶段。安装开始后依据其提示步骤进行即可。说明：如需安装完整内容应选择“服务器组件、工具、联机丛书和示例”项，如仅安装客户端版本可选择“运行 SQL Native Client 安装向导”项（图2-7）。

图2-7　SQL Server 2005 安装-2

之后选择接受用户许可协议，并依据下一步提示进行（图2-8、图2-9）。

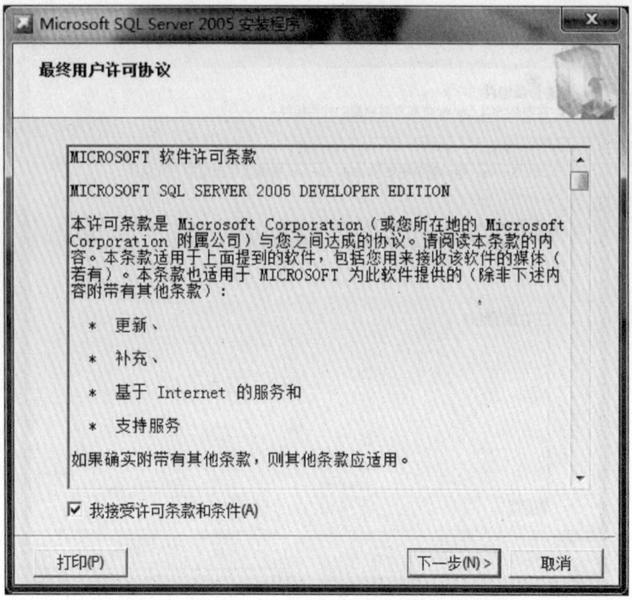

图2-8　SQL Server 2005 安装-3

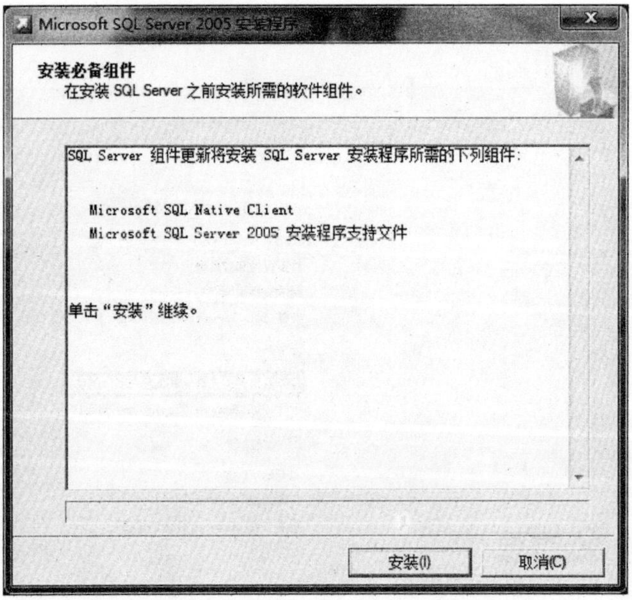

图 2-9　SQL Server 2005 安装-4

在安装正式文件前，会进行必要组件的安装（图 2-10、图 2-11）。

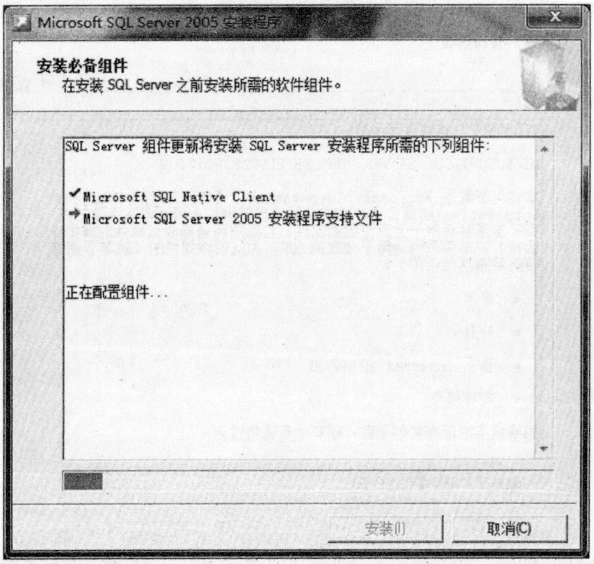

图 2-10　SQL Server 2005 安装-5

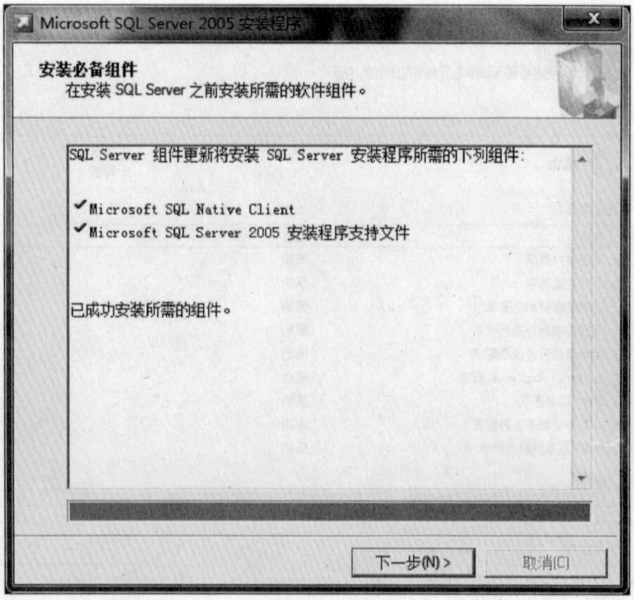

图 2-11　SQL Server 2005 安装-6

安装完必要组件后，安装程序将进行计算机系统配置的检测，包括硬件、IIS、浏览器等。如各项检测无问题，则分别显示“成功”标记（图 2-12、图 2-13）。

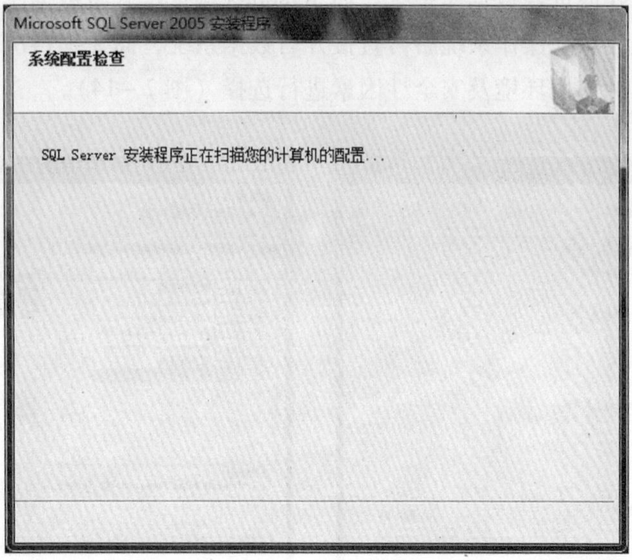

图 2-12　SQL Server 2005 安装-7

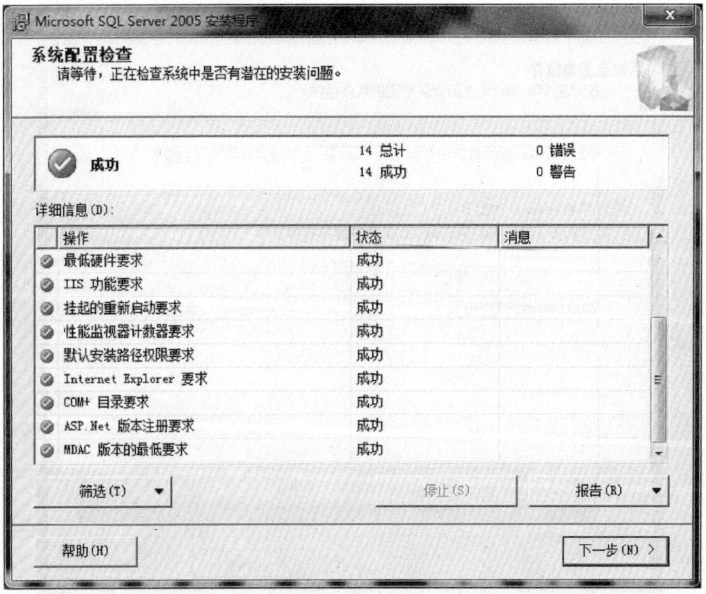

图 2－13　SQL Server 2005 安装－8

检测通过后数据库可进入正常的安装模式，并向用户显示将要安装的各项内容。在建立账户时有两种可选的身份验证模式，一是混合模式，二是 Windows 验证模式。混合模式的特点是数据库系统与操作系统分离，用户进入操作系统后需要再输入口令才能进入数据库系统。而 Windows 验证模式将数据库系统与操作系统捆绑在一起，进入操作系统后可直接开启数据系统，而无须再次输入口令。用户可根据自己的使用环境及安全性因素进行选择（图 2－14）。

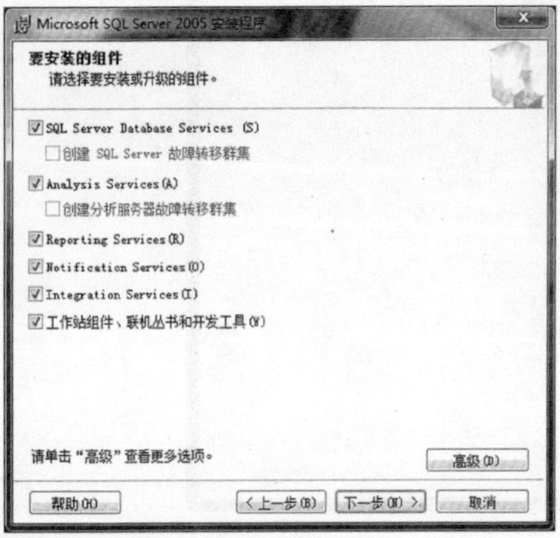

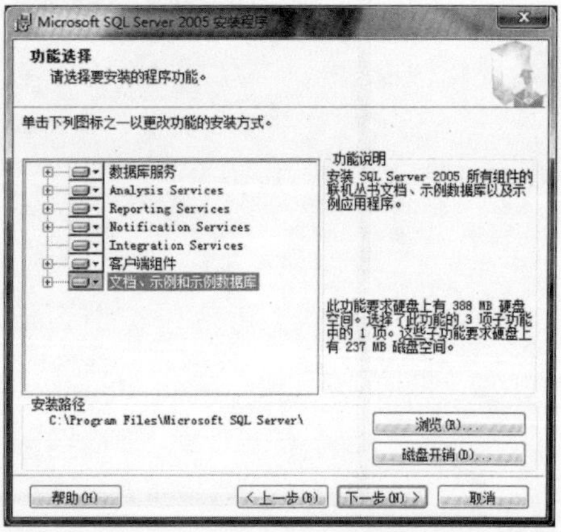

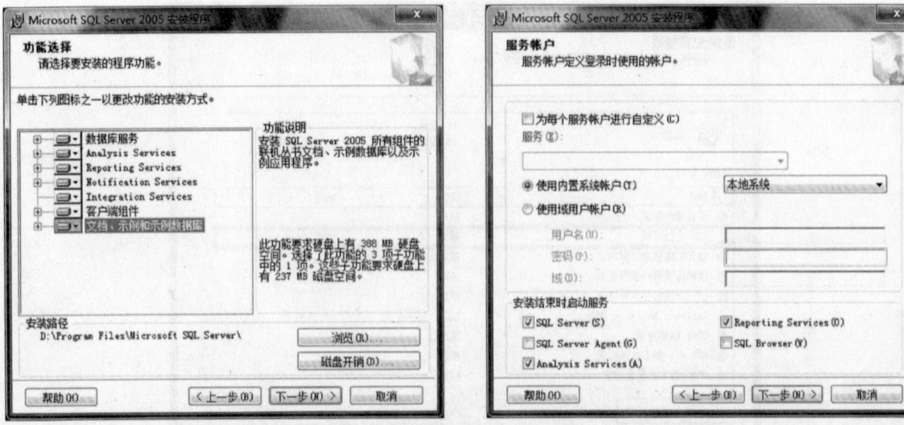

图 2-14 SQL Server 2005 安装-9

相关设置完成后数据库将安装应用组件，并显示安装进度（图2-15）。

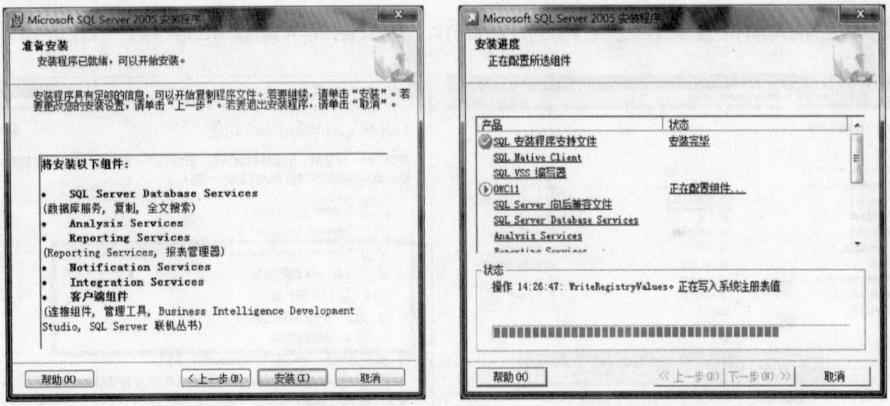

图 2-15 SQL Server 2005 安装-10

2. 系统配置检查时的错误提示与修正

需要注意，SQL Server 2005 在进行配置检测时，如系统相关设置不当将会提示错误，用户需要根据错误提示进行调整，并重新进行检测。其中，IIS 警告最为常见，主要原因是部分网络功能未打开。修复的方法是（以 Win7 为例），打开控制面板中的“程序和功能”项，选择“打开或关闭 Windows 功能”，将“Internet Information Services 可承载的 Web 核心”、“Web 管理工具”和“万维网服务”项分别勾选，保存后退出并重新安装（图2-16）。

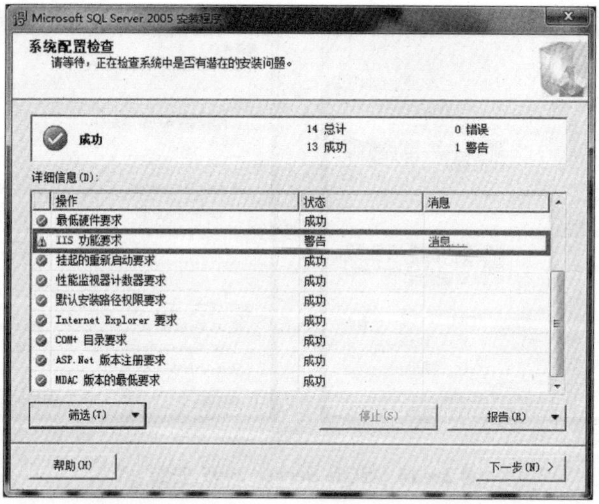

图 2－16　SQL Server 2005 安装问题提示

一般在进行了前述配置更改后可以修正相关问题（以 Win7 系统进行实测），如问题未能解决请检查安装过程中的相关提示，并根据要求调整系统参数（图 2－17）。

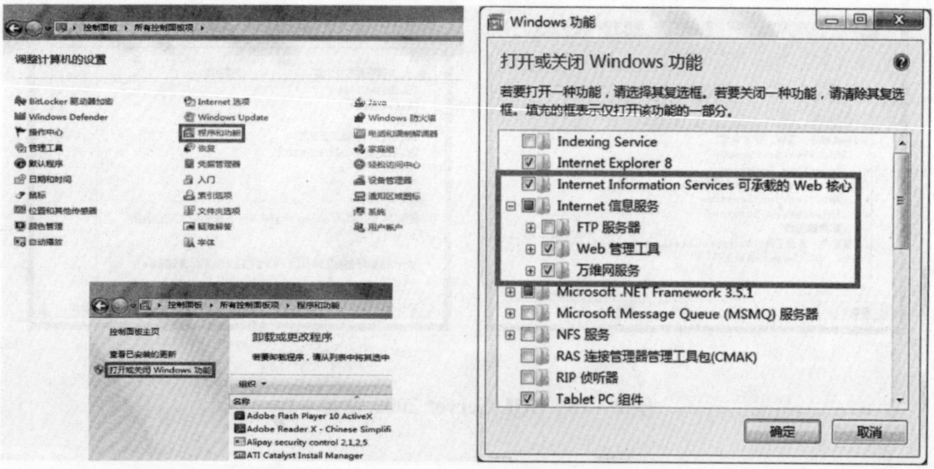

图 2－17　SQL Server 2005 安装问题修正

在 SQL Server 2005 安装程序列表中选择 SQL Server management studio 启动数据库。如存在多个数据库用户，需要进行手动选择。在启动界面用户需选择服务器类型、服务器名称、身份验证方式，并输入登录名以及密码。在登录界面中需要选择身份验证方式，包括 Windows 方式与 sa 方式，从数据库使用的方便性角度考虑建议使用 sa 方式，并设置与 Windows 不同的登录密码（图 2－18）。

图 2-18 SQL Server 2005 系统登录界面

修改登录方式可在第一次进入系统后进行，操作方式是右键点击对象资源管理器的名称选择属性项，进入后点击安全性，并进行相关内容的修改（图 2-19）。

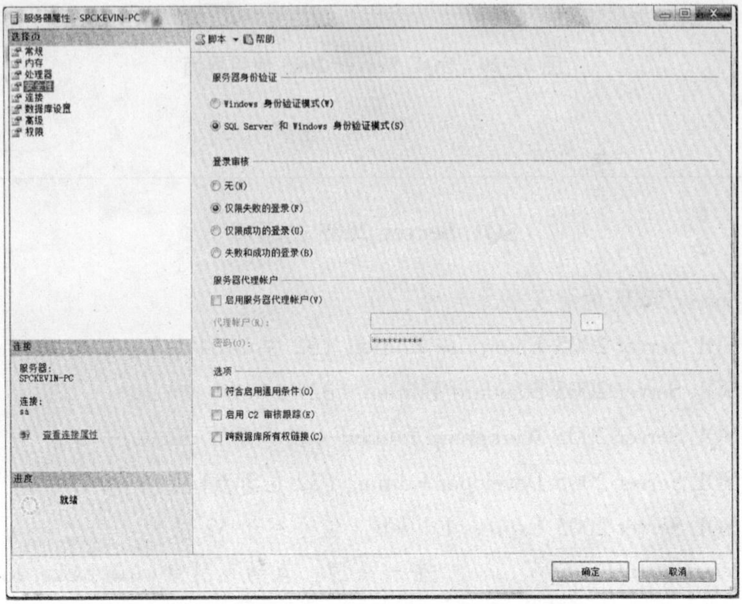

图 2-19 SQL Server 2005 系统登录界面

进入 SQL Server 2005 后可看到其使用界面，包括菜单栏、工具栏、对象资源管理器、对象资源管理器信息栏，以及系统信息提示栏等。关于数据库的主要操作内容将在该程序组件下实现，包括数据库的创建、表的创建与操作，构建关系图以及相关的查询操作等（图 2 - 20）。

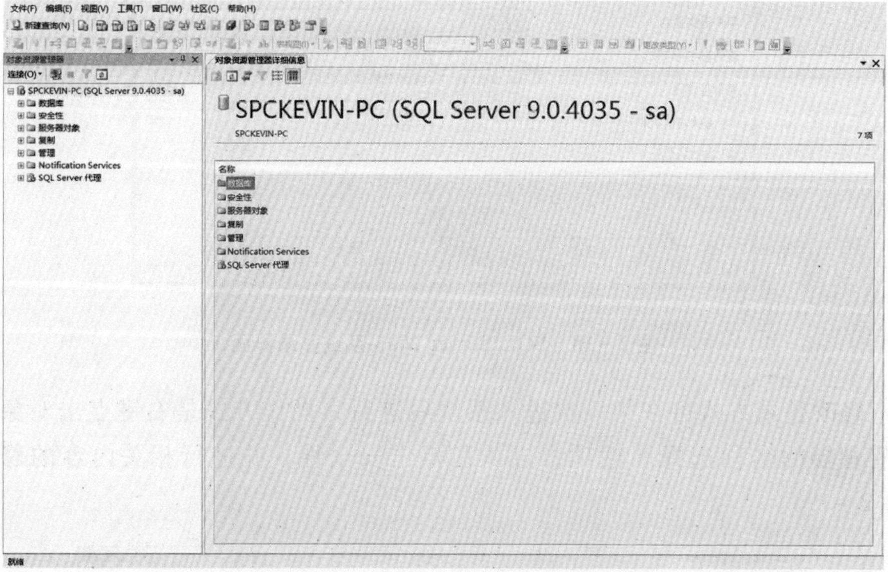

图 2 - 20 SQL Server 2005 使用界面

SQL Server 2005 的版本

SQL Server 2005 的常见版本包括：

（1）SQL Server 2005 Enterprise Edition（32 位和 64 位）；

（2）SQL Server 2005 Standard Edition（32 位和 64 位）；

（3）SQL Server 2005 Workgroup Edition（仅适用于 32 位）；

（4）SQL Server 2005 Developer Edition（32 位和 64 位）；

（5）SQL Server 2005 Express Edition（仅适用于 32 位）。

资料来源：互动百科（www. baike. com）。

（二）SQL Server 服务设置

数据库安装成功后，为保证其能够正常使用，还需对 SQL Server 的相关服务进行设置。选择 SQL Server 2005→配置工具 SQL Server 配置管理器，内容涉及服务配置与网络配置（图 2－21）。

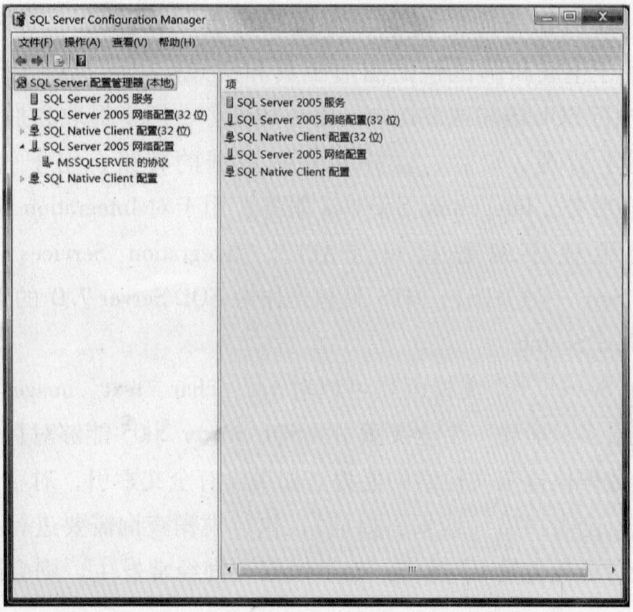

图 2－21　SQL Server 2005 配置管理器界面

选择服务选项卡查看相关服务项目是否处于开启状态，某些项目的停止可能导致本地或网络连接下服务的不可用。可通过右键进行调整（包括启动、暂停、停止、恢复与重新启动等操作），并可选择启动或关闭部分当前无须使用的服务项目（图 2－22）。

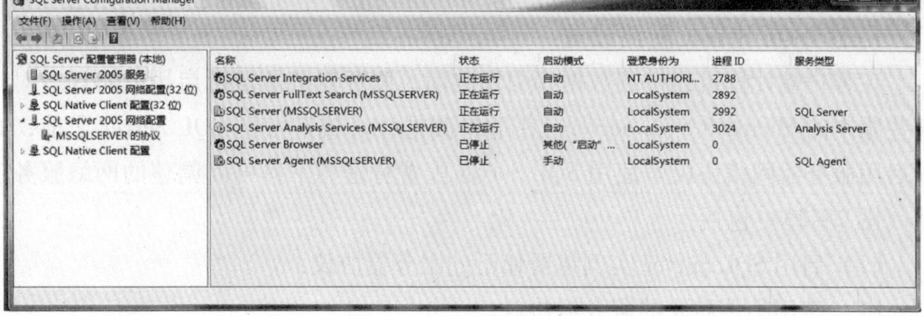

图 2－22　SQL Server 2005 服务配置

关于 SQL Server 2005 几个服务项目的说明。

1. Integration Services

Microsoft SQL Server 2005 Integration Services（SSIS）是生成高性能数据集成解决方案（包括数据仓库的提取、转换和加载 ETL 包）的平台。Integration Services 包括用于生成和调试包的图形工具和向导；用于执行工作流函数（如 FTP 操作）、执行 SQL 语句或发送电子邮件的任务；用于提取和加载数据的数据源和目标；用于清理、聚合、合并和复制数据的转换；用于管理 Integration Services 的管理服务、Integration Services 服务；用于对 Integration Services 对象模型编程的应用程序编程接口（API）。Integration Services 代替了 Data Transformation Services（DTS），DTS 最初是作为 SQL Server 7.0 的组件引入的。

2. Full－Text Search

Full－Text Search（全文检索）可以对 var－char、text、image 型字段进行检索，但一个表最多只能建一个全文索引。SQL Server 2005 能够对存储在数据列中的这些类型的数据执行全文检索的能力。如果没有全文索引，对字符的模糊查询只能对基表进行全表扫描（或索引扫描），执行模糊查询需要进行全表扫描或索引扫描，意味着消耗大量 IO 操作。如果模糊查询经常发生，则会降低数据库的性能。

3. Analysis Services

Microsoft SQL Server 2005 Analysis Services（SSAS）为商业智能应用程序提供联机分析处理（OLAP）和数据挖掘功能。Analysis Services 是一个允许用户设计、创建和管理包含从其他数据源（如关系数据库）聚合的数据的多维结构，以实现对 OLAP 的支持。对于数据挖掘应用程序，Analysis Services 允许用户设计、创建和可视化处理那些通过使用各种行业标准数据挖掘算法，并根据其他数据源构造出来的数据挖掘模型。

（三）SQL Server 网络设置

在客户端计算机连接到数据库引擎之前，服务器必须侦听启用的协议。对于某些版本的 Microsoft SQL Server，在通过其他计算机连接到 SQL Server 之前，必须启用服务器网络协议。使用 SQL Server 配置管理器工具可以调整的网络服务项目（图 2－23）包括：

（1）启用 SQL Server 实例将要侦听的服务器协议；

（2）禁用不再需要的服务器协议；

（3）指定或更改每个数据库引擎都将侦听的 IP 地址、TCP/IP 端口和命名

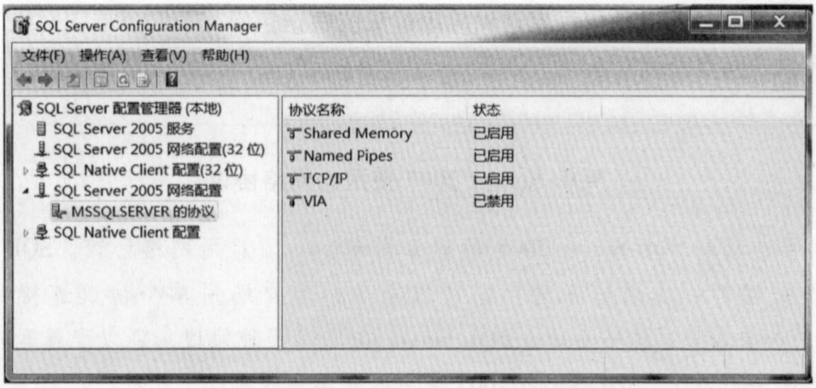

图 2－23 SQL Server 2005 配置管理器界面

管道；

（4）为所有已启用的服务器协议启用安全套接字层（SSL）加密，可对整个已启用的服务器协议打开或关闭加密功能，但不能针对特定的协议指定加密功能。

1. 关于安全套接字层（SSL）：

Microsoft SQL Server 可以使用安全套接字层（SSL）对通过网络在 SQL Server 实例与客户端应用程序之间传输的数据进行加密。SSL 加密在协议层执行，并可用于除 DB Library 和 MDAC 2.53 客户端以外的所有 SQL Server 客户端。

客户端连接请求加密时，SSL 可用于服务器验证。如果 SQL Server 实例在分配有公共证书颁发机构颁发证书的计算机上运行，则计算机的标识和 SQL Server 实例的标识由受信任根颁发机构的证书链担保。这种服务器验证要求将运行客户端应用程序的计算机配置为信任服务器所用的证书的根颁发机构。也可以使用带有自签名的证书进行加密，如下一部分所述，但是自签名证书只能提供有限的保护。SSL 使用的加密级别是 40 位还是 128 位，取决于应用程序和数据库计算机上运行的 Microsoft Windows 操作系统版本。启用 SSL 加密将增强在 SQL Server 实例与应用程序之间通过网络传输数据的安全性。但是，启用加密的确会降低性能。SQL Server 与客户端应用程序之间的所有通信流量都使用 SSL 加密时，还需要进行以下额外处理：

（1）连接时需要进行额外的网络往返；

（2）从应用程序发送到 SQL Server 实例的数据包必须由客户端网络库加密并由服务器端网络库解密；

（3）从SQL Server实例发送到应用程序的数据包必须由服务器端网络库加密并由客户端网络库解密。

SQL Server 2005 使用的网络协议

若要连接到SQL Server 2005数据库引擎，必须启用网络协议。SQL Server 2005数据库可一次通过多种协议请求服务；客户端用单个协议连接到SQL Server。如果客户端程序不知道SQL Server在使用哪种协议，可以配置客户端按顺序尝试多个协议。SQL Server 2005使用的网络协议有以下几种：

1. Shared Memory 协议

Shared Memory是可供使用的最简单协议，没有可配置的设置。由于使用Shared Memory协议的客户端仅可以连接到同一台计算机上运行的SQL Server实例，因此它对于大多数数据库活动而言是没用的。如果怀疑其他协议配置有误，可以使用Shared Memory协议进行故障排除。

2. TCP/IP 协议

TCP/IP是Internet上广泛使用的通用协议，它能够与互联网络中硬件结构和操作系统各异的计算机进行通信，包括路由网络流量的标准，并能提供高级安全功能。TCP/IP协议是目前在商业中最常用的协议。

3. Named Pipes 协议

Named Pipes是为局域网而开发的协议，它的运行模式是内存的一部分被某个进程用来向另一个进程传递信息。因此，一个进程的输出就是另一个进程的输入。第二个进程可以是本地的，也可以是远程的。

4. VIA 协议

虚拟接口适配器（VIA）协议和VIA硬件一同使用，需要了解硬件信息使用VIA协议。

5. Named Pipes 与 TCP/IP 套接字协议

在快速局域网环境中，传输控制协议或Internet协议（TCP/IP）套接字客户端和Named Pipes客户端在性能方面相近。但是，网络速度越慢TCP/IP套接字客户端与Named Pipes客户端的性能差异越明显，这是因为进程间通信（IPC）的机制在对等项间的通信方式存在差异。

资料来源：互动百科（www. baike. com）。

为了增强安全性，SQL Server 将对某些新的安装禁用网络连接。如果用户使用的是 Enterprise Edition、Standard Edition 或 Workgroup Edition，或者存在以前安装的 SQL Server，则不禁用 TCP/IP 网络连接。对于所有的安装，将启用 shared memory 协议以允许本地到服务器的连接。常见系统默认网络配置如表 2－10 所示。

表 2－10　SQL Server 安装默认网络配置

版本类别	现有新安装与以前的安装	Shared Memory	TCP/IP	Named pipes	VIA
Datacenter	全新安装	启用	启用	对于网络连接为禁用	禁用
企业版	全新安装	启用	启用	对于网络连接为禁用	禁用
标准版	全新安装	启用	启用	对于网络连接为禁用	禁用
工作组版	全新安装	启用	启用	对于网络连接为禁用	禁用
开发人员版	全新安装	启用	禁用	对于网络连接为禁用	禁用
评估版	全新安装	启用	禁用	对于网络连接为禁用	禁用
SQL Server Express	全新安装	启用	禁用	对于网络连接为禁用	禁用
所有版本	存在以前的安装但未升级	与全新安装相同	与全新安装相同	与全新安装相同	与全新安装相同
所有版本	升级	启用	保留以前安装中的设置	保留以前安装中的设置	禁用

资料来源：微软技术论坛。

2. 配置客户端网络协议

客户端应用程序可以使用 TCP/IP、命名管道、VIA 或共享内存协议连接到 Microsoft SQL Server。可以通过使用 SQL Server Native Client dll 中包含的客户端网络库来实现这些协议。若要配置 SQL Server 客户端，应使用 SQL Server 配置管理器，它是新的 Microsoft 管理控制台（MMC）管理单元，可从“开始”菜单或从计算机管理实用工具中找到。SQL Server 配置管理器提供了有关客户端网络协议的信息，并可以供用户配置某些协议选项。使用 SQL Server 配置管理器还可以更改默认的网络协议，定义连接到特定服务器的方法。

（1）启动与配置协议：

SQL Server 配置管理器合并了 SQL Server 早期版本中客户端网络实用工具的多种功能，并为与 SQL Server 兼容的任何 SQL Server 版本提供了客户端配置功能。

若要启动 SQL Server 配置管理器，应单击“开始”，依次指向“程序文件”、Microsoft SQL Server 和“配置工具”，然后单击 SQL Server 配置管理器。若要访问客户端配置部分，应单击控制台窗格中的“SQL Server Native Client 配置”。

（2）使用 SQL Server 配置管理器可以执行下列操作：

- 更改客户端在尝试连接到服务器时使用的默认协议。
- 更改客户端在连接到服务器时尝试使用所有启用协议的顺序。
- 创建客户端与指定服务器的连接，并将其保存为配置条目。配置条目包含服务器别名、客户端协议和所有相关的连接参数（如管道名称或端口号）。
- 显示有关系统上当前安装的 SQL Server 客户端协议的信息。

需要注意，SQL Server 配置管理器可以为服务器别名配置和默认客户端网络库创建注册表项。但是，该应用程序并不安装 SQL Server 客户端网络库或网络协议。SQL Server 客户端网络库是在 SQL Server 安装期间安装的；网络协议则是在安装 Microsoft Windows 的过程中进行安装，或者通过“控制面板”中的“网络”进行安装。在安装 Windows 的过程中可能不会安装特定的网络协议。

客户端的连接包括本地连接与网络连接。从本地客户端（客户端应用程序和 SQL Server 位于同一台计算机上）连接到数据库引擎时，该连接将默认使用 Shared Memory 协议。SQL Server Native Client 接受下列任一格式来使用共享内存协议进行本地连接：

- “<computer_ name>”
- “<computer_ name>\ <instance_ name>”（对于命名实例）
- “(local)”
- “(local) \ <instance_ name>”（对于命名实例）
- “Localhost”
- “localhost \ <instance_ name>”（对于命名实例）
- “. \ <instance_ name>”（对于命名实例）

若要使用其他协议进行本地连接（用于故障排除），可启用相关协议并执行下列操作之一：

- 连接到指定协议的客户端别名。
- 使用协议作为计算机名称的前缀。
- 连接到将建立 TCP/IP 连接的 IP 地址。

• 连接到将建立 TCP/IP 连接的完全限定域名（FQDN）。

当通过网络进行连接时，一般情况下 SQL Server 客户端的默认协议为 TCP/IP。如果无法使用 TCP/IP 建立连接，则可以尝试使用其他已启用的协议。使用 SQL Server 配置管理器可以启用或禁用客户端协议，也可以更改连接尝试的顺序。

二、数据库的创建与使用

当安装完 SQL Server 2005 并配置好相关服务后，可以通过单机或联机方式进行数据的各种操作，本部分以单机方式进行说明。

(一) 数据库的建立与配置

通过 Windows 程序列表选择 SQL Server management studio，进入并登录本地数据库。当已连接本地数据库后，可以在对象资源管理器中的数据库分支下以右键方式选择新建数据库，新建的数据库将与系统数据库并列存在（图 2－24）。

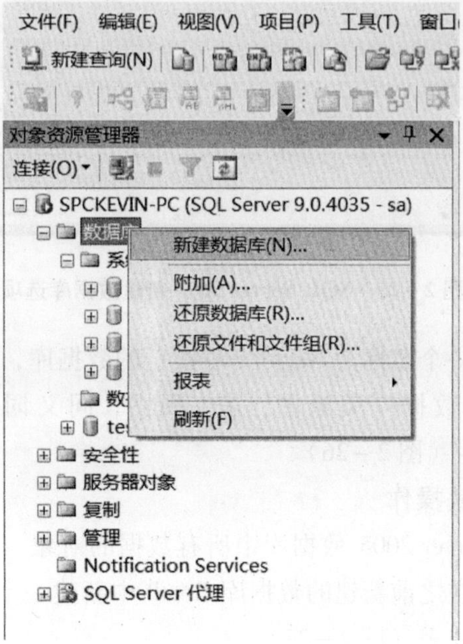

图 2－24 SQL Server 2005 新建数据库

当新建数据库选项卡出现后，用户可以键入数据库名称，并调整数据库文件的存储路径。新建的数据库一般包括两个文件，一个是主数据文件，为

*. mdf，初始默认值为3M，另一个是日志文件 *. ldf，初始默认值为1M。如用户数据文件较大，可选择适宜的存储路径，并使主数据文件与日志文件在同一路径下（图2-25）。

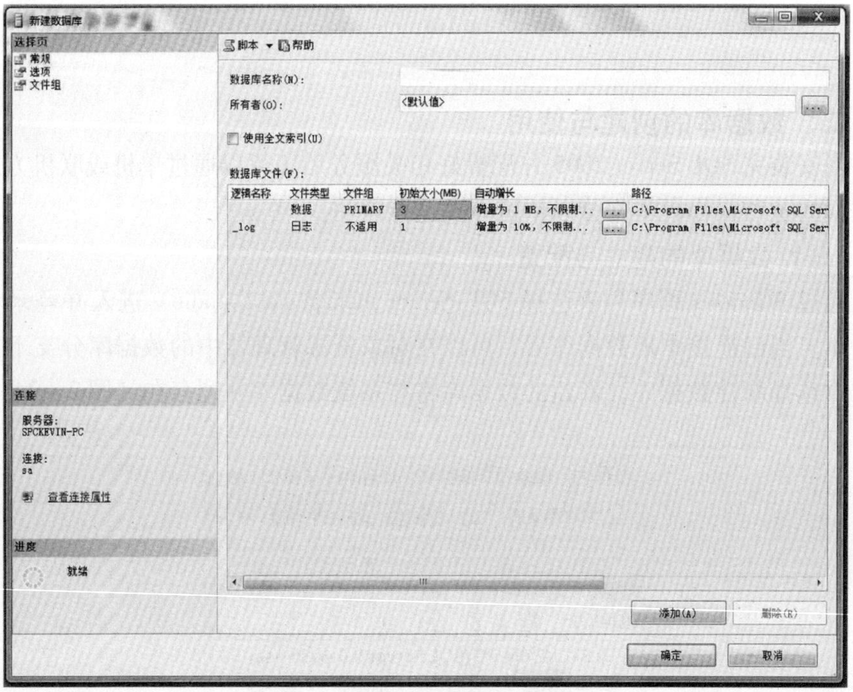

图2-25 SQL Server 2005 新建数据库选项

例如，在此新建一个名称为Retail（零售）的数据库，将出现在数据库项目下，并包含子项目：数据库关系图、表、视图、同义词、可编程性、Service Broker、存储、安全性（图2-26）。

(二) 数据库的表操作

表是包含 SQL Server 2005 数据库中所有数据的对象。每个表代表一类对其用户有意义的对象。在之前新建的数据库 Retail 中新建一个表。选择 Retail 项目下的表，通过右键新建表（图2-27）。

新建表后将在编辑区域出现列属性窗口，可以在此添加并调整各属性列的名称、类型与约束。系统支持的数据类型可以通过下拉列表方式进行选择。编辑完成后存储并命名表的名称，在此选择默认的 Table_ 1（图2-28）。

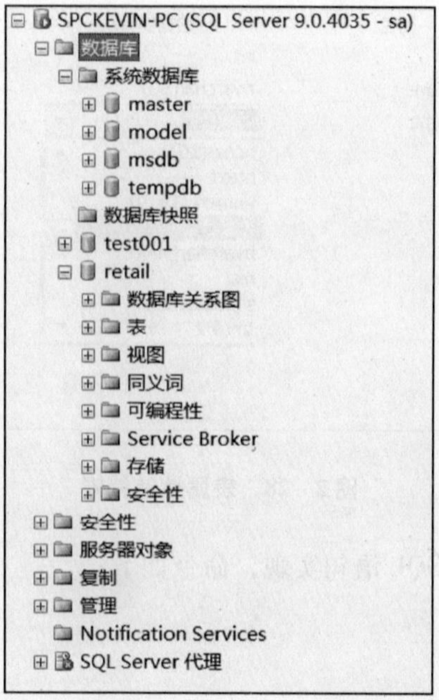

图 2－26 SQL Server 2005 新建数据库视图

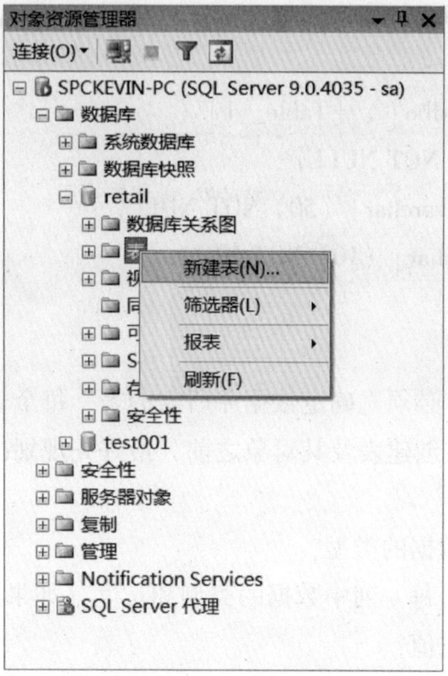

图 2－27 SQL Server 2005 新建表

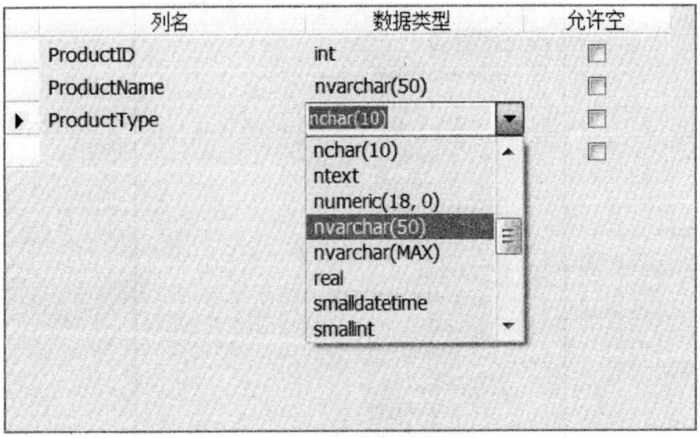

图 2-28 表属性值编辑

前述操作也可通过 SQL 语句实现，命令如下：

```
USE [retail]
GO
SET ANSI_ NULLS ON
GO
SET QUOTED_ IDENTIFIER ON
GO
CREATE TABLE [dbo] . [Table_ 1] (
[ProductID] [int] NOT NULL,
[ProductName] [nvarchar] (50) NOT NULL,
[ProductType] [nchar] (10) NOT NULL
) ON [PRIMARY]
```

1. 关于表的设计

在设计数据库时，必须先确定数据库所需的表、每个表中数据的类型以及可以访问该表的用户。在创建表及其对象之前，最好先规划出用户的计划并确定表的下列特征：

（1）表要包含的数据的类型？

（2）表中的列数，每一列中数据的类型和长度（如果必要）？

（3）哪些列允许空值？

（4）是否要使用以及何处使用约束、默认设置和规则？

（5）所需索引的类型，哪里需要索引，哪些列是主键，哪些是外键？

创建表的最有效的方法是同时定义表中所需的所有内容，这些内容包括表的数据限制和其他组件。在创建和操作表后，将对表进行更为细致的设计。创建表的常见途径是：创建一个基表，向其中添加一些数据，并使用这个基表一段时间。这种方法使用户可以在添加各种约束、索引、默认设置、规则和其他对象形成最终设计之前，发现哪些事务最常用，哪些数据经常输入。

设计表时同时要执行的操作之一是为每个列指定数据类型，数据类型定义了各列允许使用的数据值。通过下列方法之一可以为列指定数据类型：

（1）使用 SQL Server 2005 系统数据类型。

（2）创建基于系统数据类型的别名数据类型。

（3）从在 Microsoft . NET Framework 公共语言运行时中创建的类型中创建用户定义类型。

对于每个表，均可创建一个包含系统生成的序号值的标识符列，该序号值以唯一方式标识表中的每一行。例如，当在表中插入行时，标识符列可自动为应用程序生成唯一的客户回执编号。标识符列在其所定义的表中包含的值通常是唯一的，这意味着包含标识符列的其他表可包含与另一个表所用的标识值相同的标识值。但是，由于标识符值通常是在单个表的上下文中使用，并且标识符列与其他表中的标识符列不相关，因此通常不会出现问题。

2. 通过示例数据库学习表的构建

微软的 SQL Server 数据库系统配有示例商业数据库，可从微软数据库支持网站下载 AdventureWorksDB. msi 文件安装，安装完成后需要通过数据库操作界面进行添加，直接选择 . mdb 文件即可。该数据库包含企业产品、销售、人力资源以及客户关系等多种实用数据表，并有相互关联特性，适宜了解数据表的设计以及进行查询、更改等操作练习。

如 Production. Product 表的设计如表 2 - 11 所示，包括列（属性）名称、列数据类型、是否为空，以及备注说明。

表 2 - 11　示例数据库产品信息表属性值

列	数据类型	为空性	说明
ProductID	int	非空	Product 行的主键
Name	Name（用户定义类型） nvarchar（50）	非空	产品的名称
ProductNumber	nvarchar（25）	非空	唯一的产品标识号

续表

列	数据类型	为空性	说明
MakeFlag	Flag（用户定义类型）	非空	0 = 产品是购买的
	bit		1 = 产品是内部生产的
FinishcdCoodsFlag	Flag（用户定义类型）	非空	0 = 产品不可销售
	bit		1 = 产品可销售
Color	nvarchar（15）	空	产品的颜色
SafetyStockLevel	smallint	非空	最小库存量
ReorderPoint	smallint	非空	触发采购订单或工作订单的库存水平
StandardCost	money	非空	产品的标准成本
ListPrice	money	非空	销售价格
Size	nvarchar（5）	空	产品的规格
SizeUnitMeasureCode	nchar（3）	空	Size 列的测量单位
WeightUnitMeasureCode	nchar（3）	空	Weight 列的测量单位
Weight	decimal（8，2）	空	产品的重量
DaysToManufacture	int	非空	生产产品所需的天数
ProductLine	nchar（2）	空	R = 平地
			M = 山地
			T = 旅行
			S = 标准
Class	nchar（2）	空	H = 高
			M = 中
			L = 低
Style	nchar（2）	空	W = 女式
			M = 男式
			U = 通用
ProductSubcategoryID	smallint	空	产品所属的产品子类别指向 ProductCategory. ProductCategoryID 的外键
ProductModelID	int	空	产品所属的产品型号指向 ProductModel. ProductModelID 的外键
SellStartDate	datetime	非空	产品开始销售的日期

续表

列	数据类型	为空性	说明
SellEndDate	datetime	空	产品停止销售的日期
DiscontinuedDate	datetime	空	产品停产的日期
rowguid	Unique identifier ROWGUIDCOL	非空	唯一标识行的 ROWGUIDCOL 号，用于支持合并复制示例
ModifiedDate	datetime	非空	行的上次更新日期和时间

资料来源：微软技术论坛。

以 Production. Product 表为例，其属性列与表数据内容如图 2－29、图 2－30 所示。

（三）数据库的视图操作

视图可以被看成是虚拟表或存储查询。除非是索引视图，否则视图的数据不会作为非重复对象存储在数据库中。数据库中存储的是 SELECT 语句。SELECT 语句的结果集构成视图所返回的虚拟表。用户可以采用引用表时所使用的方法，在 Transact－SQL 语句中引用视图名称来使用此虚拟表。

同真实的表一样，视图包含一系列带有名称的列和行数据。视图在数据库中并不是以数据值存储集形式存在，除非是索引视图。行和列数据来自由定义视图的查询所引用的表，并且在引用视图时动态生成。对其中所引用的基础表来说，视图的作用类似于筛选。定义视图的筛选可以来自当前或其他数据库的一个或多个表，或者其他视图。分布式查询也可用于定义使用多个异类源数据的视图。例如，如果有多台不同的服务器分别存储用户单位在不同地区的数据，而需要将这些服务器上结构相似的数据组合起来，这种方式就很有用。通过视图进行查询没有任何限制，通过它们进行数据修改时的限制也很少。

在 SQL Server 2005 中可以创建标准视图、索引视图和分区视图。

（1）标准视图：标准视图组合了一个或多个表中的数据，可以获得使用视图的大多数好处，包括将重点放在特定数据上及简化数据操作。

（2）索引视图：索引视图是被具体化了的视图，即它已经过计算并存储。可以为视图创建索引，即对视图创建一个唯一的聚集索引，索引视图可以显著提高某些类型查询的性能。索引视图尤其适于聚合多行的查询，但不太适于经常更新的基本数据集。

（3）分区视图：分区视图在一台或多台服务器间水平连接一组成员表中的分区数据。这样可使数据看上去如同来自于一个表。连接同一个 SQL Server 实例中的

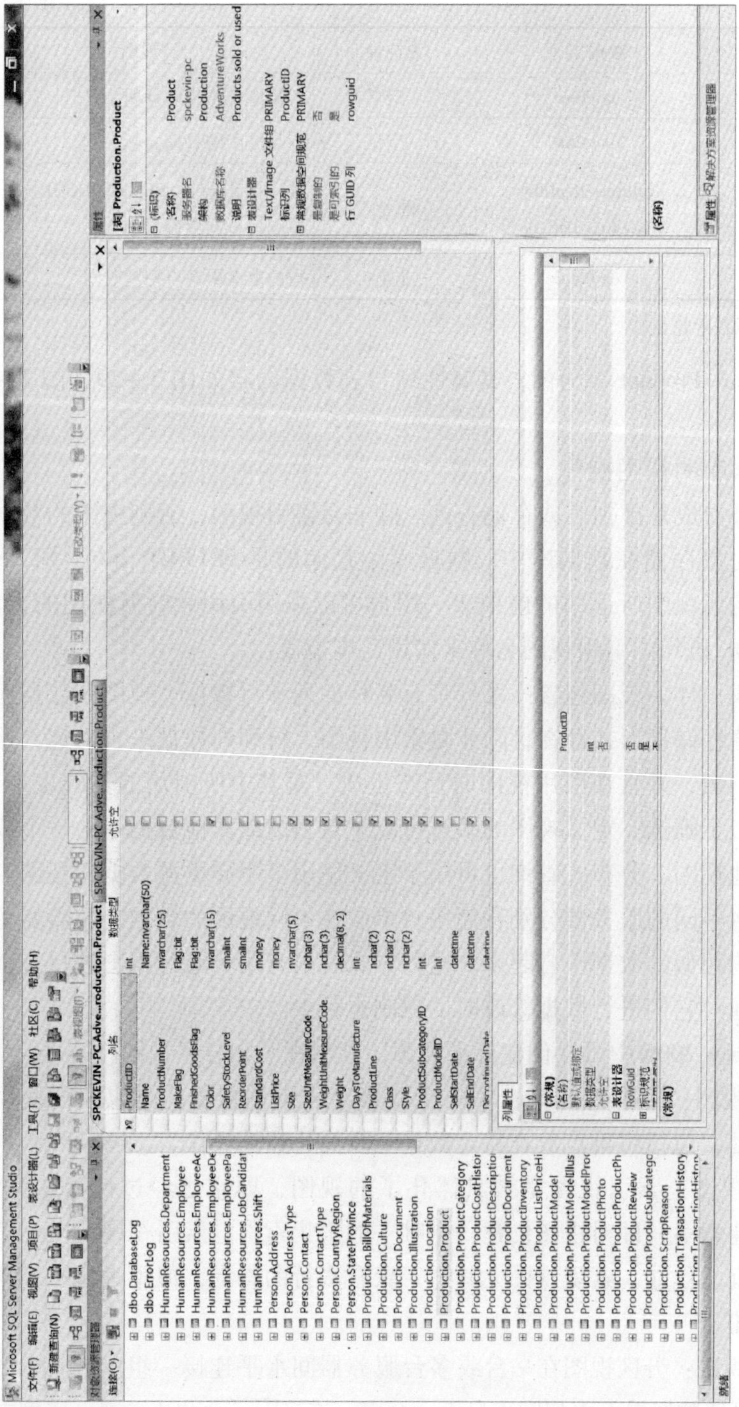

图 2-29 AdventureWorks 示例数据库(1)

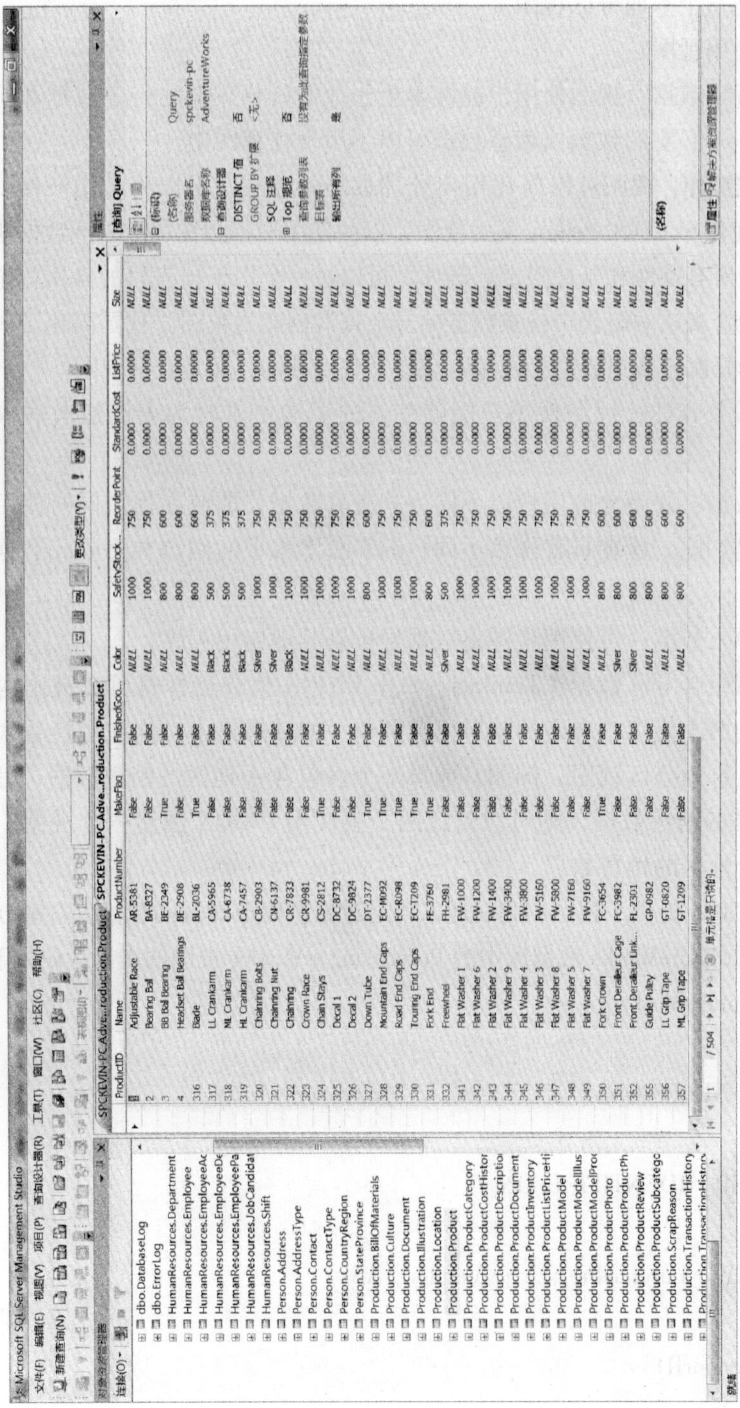

图 2-30 AdventureWorks 示例数据库(2)

成员表的视图是一个本地分区视图。

为什么要使用视图？

• 着重于特定数据：视图使用户能够着重于他们所感兴趣的特定数据和所负责的特定任务，不必要的数据或敏感数据可以不出现在视图中。

• 简化数据操作：视图可以简化用户处理数据的方式。可以将常用联接、投影、UNION 查询和 SELECT 查询定义为视图，以便使用户不必在每次对该数据执行附加操作时指定所有条件和条件限定。例如，可以将一个用于报表目的且执行子查询、外联接和聚合来从一组表中检索数据的复杂查询创建为视图。视图简化了对数据的访问，因为每次生成报表时无须编写或提交基础查询，而是查询视图。

• 提供向后兼容性：视图使用户能够在表的架构更改时为表创建向后兼容接口。

• 自定义数据：视图允许用户以不同方式查看数据，即使在他们同时使用相同的数据时也是如此。这在具有许多不同目的和技术水平的用户共用同一数据库时尤其有用。

• 导出和导入数据：可使用视图将数据导出到其他应用程序。

• 跨服务器组合分区数据：Transact - SQL UNION 集合运算符可在视图内使用，将单独表的两个或多个查询的结果组合到单一的结果集中，这在用户看来是一个单独的表，称为分区视图。例如，如果一个表包含 A 地区的销售数据，另一个表包含 B 地区的销售数据，则可以对这两个表使用 UNION 创建一个视图，该视图代表这两个地区的销售数据。

SQL Server 2005 提供了视图创建功能，可通过数据库下的视图项目以右键方式建立。例如，AdventureWorks 数据库中的 Purchasing. vVendor 视图的查询代码如下：

```
USE [AdventureWorks]
GO
SET ANSI_ NULLS ON
GO
SET QUOTED_ IDENTIFIER ON
GO
ALTER VIEW [Purchasing] . [vVendor] AS
SELECT
    v. [VendorID]
    , v. [Name]
```

```
    , ct. [Name] AS [ContactType]
    , c. [Title]
    , c. [FirstName]
    , c. [MiddleName]
    , c. [LastName]
    , c. [Suffix]
    , c. [Phone]
    , c. [EmailAddress]
    , c. [EmailPromotion]
    , a. [AddressLine1]
    , a. [AddressLine2]
    , a. [City]
    , [StateProvinceName] =sp. [Name]
    , a. [PostalCode]
    , [CountryRegionName] =cr. [Name]
FROM [Purchasing]. [Vendor] v
    INNER JOIN [Purchasing]. [VendorContact] vc
    ON vc. [VendorID] =v. [VendorID]
    INNER JOIN [Person]. [Contact] c
    ON c. [ContactID] =vc. [ContactID]
    INNER JOIN [Person]. [ContactType] ct
    ON vc. [ContactTypeID] =ct. [ContactTypeID]
    INNER JOIN [Purchasing]. [VendorAddress] va
    ON va. [VendorID] =v. [VendorID]
    INNER JOIN [Person]. [Address] a
    ON a. [AddressID] =va. [AddressID]
    INNER JOIN [Person]. [StateProvince] sp
    ON sp. [StateProvinceID] =a. [StateProvinceID]
    INNER JOIN [Person]. [CountryRegion] cr
    ON cr. [CountryRegionCode] =sp. [CountryRegionCode];
```

其对应的视图查询关系如图 2－31 所示。

其对应的查询显示结果如图 2－32 所示。此显示结果与表的显示结果并无明显区别。

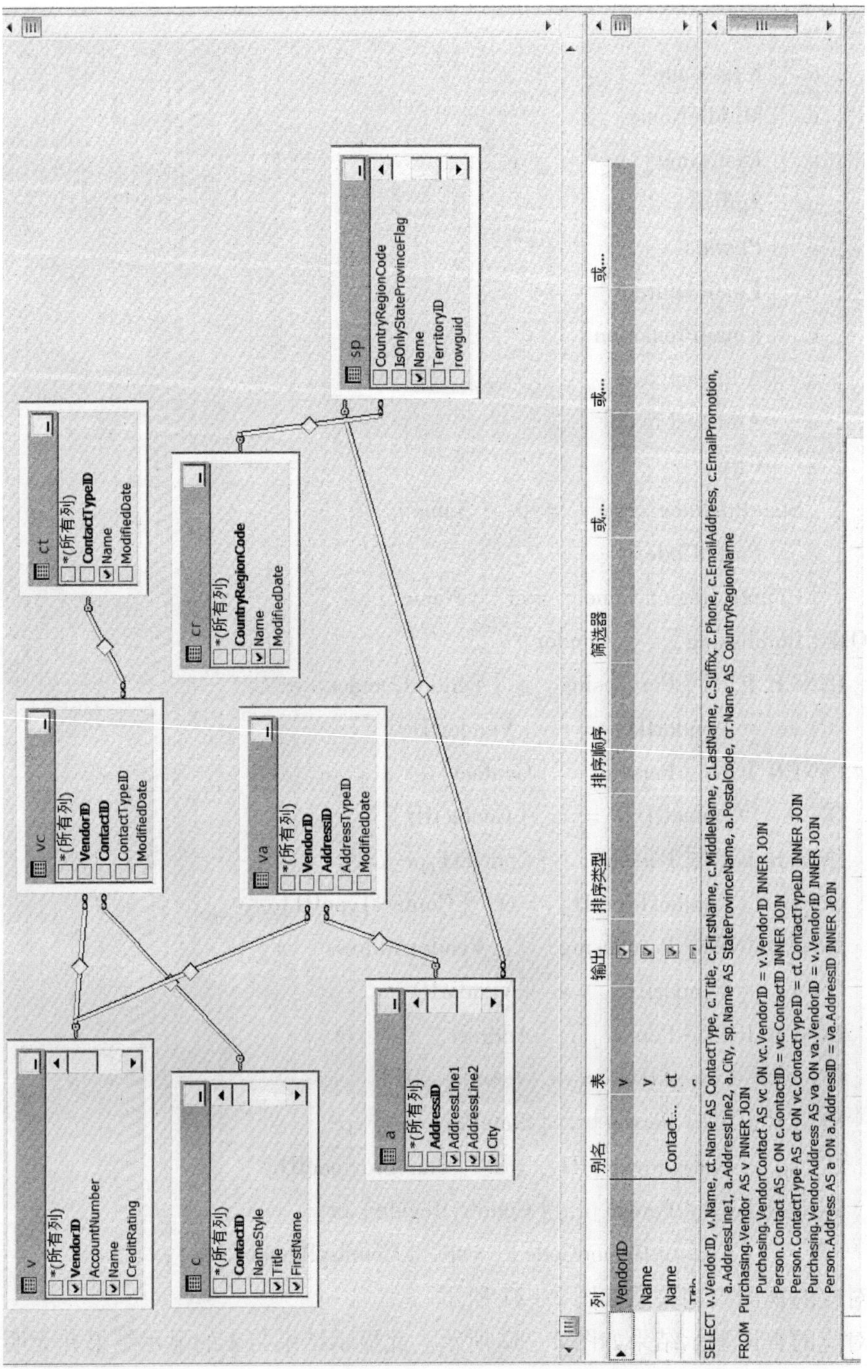

图 2－31　示例查询视图关系

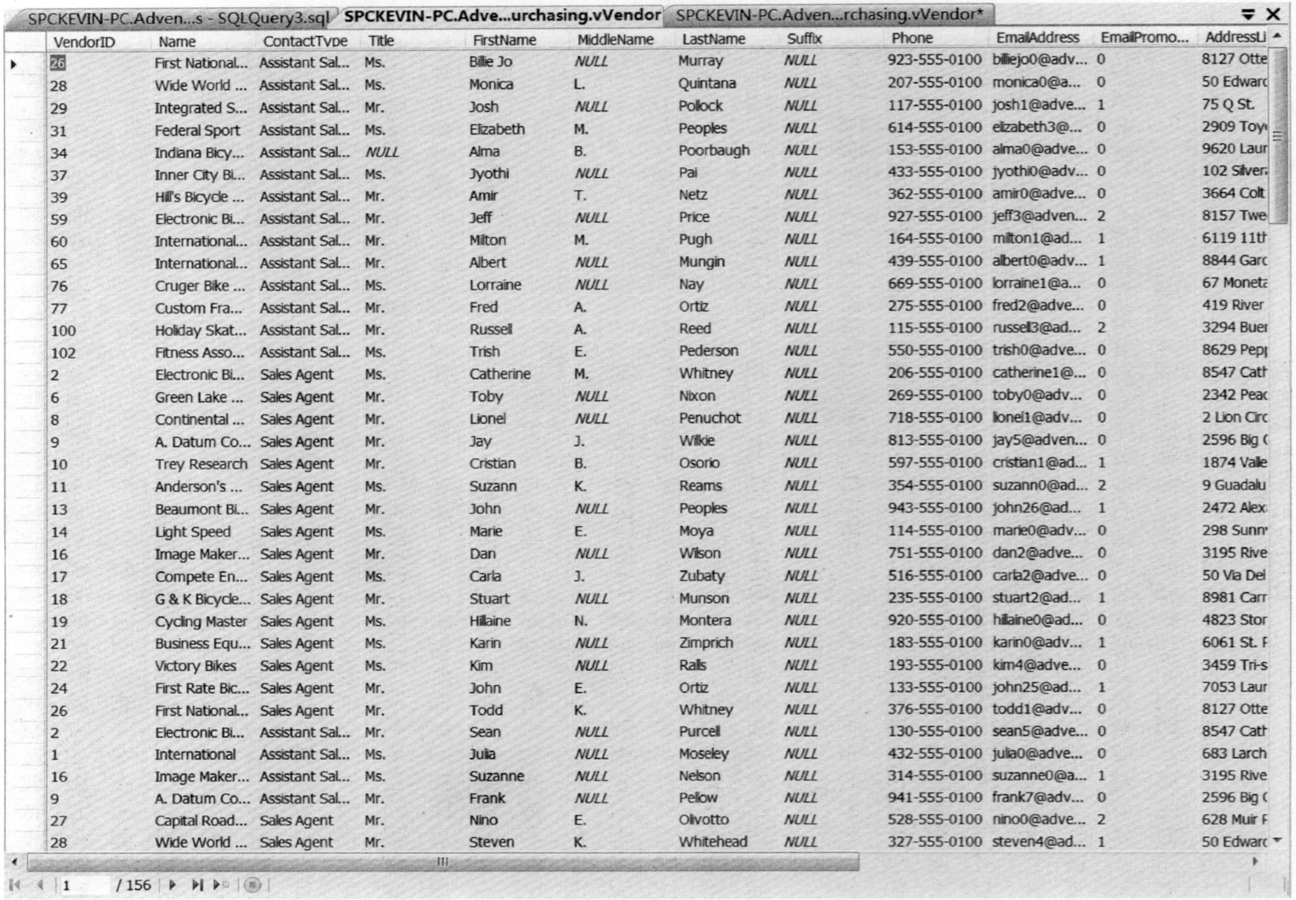

SPCKEVIN-PC.Adven...s - SQLQuery3.sql | SPCKEVIN-PC.Adve...urchasing.vVendor | SPCKEVIN-PC.Adven...rchasing.vVendor*

VendorID	Name	ContactType	Title	FirstName	MiddleName	LastName	Suffix	Phone	EmailAddress	EmailPromo...	AddressLi
26	First National...	Assistant Sal...	Ms.	Billie Jo	NULL	Murray	NULL	923-555-0100	billiejo0@adv...	0	8127 Otte
28	Wide World ...	Assistant Sal...	Ms.	Monica	L.	Quintana	NULL	207-555-0100	monica0@a...	0	50 Edwarc
29	Integrated S...	Assistant Sal...	Mr.	Josh	NULL	Pollock	NULL	117-555-0100	josh1@adve...	1	75 Q St.
31	Federal Sport	Assistant Sal...	Ms.	Elizabeth	M.	Peoples	NULL	614-555-0100	elizabeth3@...	0	2909 Toy
34	Indiana Bicy...	Assistant Sal...	NULL	Alma	B.	Poorbaugh	NULL	153-555-0100	alma0@adve...	0	9620 Laur
37	Inner City Bi...	Assistant Sal...	Ms.	Jyothi	NULL	Pai	NULL	433-555-0100	jyothi0@adv...	0	102 Silver
39	Hill's Bicycle ...	Assistant Sal...	Mr.	Amir	T.	Netz	NULL	362-555-0100	amir0@adve...	0	3664 Colt
59	Electronic Bi...	Assistant Sal...	Mr.	Jeff	NULL	Price	NULL	927-555-0100	jeff3@adven...	2	8157 Twe
60	International...	Assistant Sal...	Mr.	Milton	M.	Pugh	NULL	164-555-0100	milton1@ad...	1	6119 11th
65	International...	Assistant Sal...	Mr.	Albert	NULL	Mungin	NULL	439-555-0100	albert0@adv...	1	8844 Garc
76	Cruger Bike ...	Assistant Sal...	Ms.	Lorraine	NULL	Nay	NULL	669-555-0100	lorraine1@a...	0	67 Moneta
77	Custom Fra...	Assistant Sal...	Mr.	Fred	A.	Ortiz	NULL	275-555-0100	fred2@adve...	0	419 River
100	Holiday Skat...	Assistant Sal...	Mr.	Russell	A.	Reed	NULL	115-555-0100	russell3@ad...	2	3294 Buer
102	Fitness Asso...	Assistant Sal...	Ms.	Trish	E.	Pederson	NULL	550-555-0100	trish0@adve...	0	8629 Pepp
2	Electronic Bi...	Sales Agent	Ms.	Catherine	M.	Whitney	NULL	206-555-0100	catherine1@...	0	8547 Cath
6	Green Lake ...	Sales Agent	Mr.	Toby	NULL	Nixon	NULL	269-555-0100	toby0@adv...	0	2342 Peac
8	Continental ...	Sales Agent	Mr.	Lionel	NULL	Penuchot	NULL	718-555-0100	lionel1@adv...	0	2 Lion Circ
9	A. Datum Co...	Sales Agent	Mr.	Jay	J.	Wilkie	NULL	813-555-0100	jay5@adven...	0	2596 Big (
10	Trey Research	Sales Agent	Mr.	Cristian	B.	Osorio	NULL	597-555-0100	cristian1@ad...	1	1874 Valle
11	Anderson's ...	Sales Agent	Ms.	Suzann	K.	Reams	NULL	354-555-0100	suzann0@ad...	2	9 Guadalu
13	Beaumont Bi...	Sales Agent	Mr.	John	NULL	Peoples	NULL	943-555-0100	john26@ad...	1	2472 Alex
14	Light Speed	Sales Agent	Ms.	Marie	E.	Moya	NULL	114-555-0100	marie0@adv...	0	298 Sunn
16	Image Maker...	Sales Agent	Mr.	Dan	NULL	Wilson	NULL	751-555-0100	dan2@adve...	0	3195 Rive
17	Compete En...	Sales Agent	Ms.	Carla	J.	Zubaty	NULL	516-555-0100	carla2@adve...	0	50 Via Del
18	G & K Bicycle...	Sales Agent	Mr.	Stuart	NULL	Munson	NULL	235-555-0100	stuart2@ad...	1	8981 Carr
19	Cycling Master	Sales Agent	Ms.	Hillaine	N.	Montera	NULL	920-555-0100	hillaine0@ad...	0	4823 Stor
21	Business Equ...	Sales Agent	Ms.	Karin	NULL	Zimprich	NULL	183-555-0100	karin0@adv...	1	6061 St. F
22	Victory Bikes	Sales Agent	Ms.	Kim	NULL	Ralls	NULL	193-555-0100	kim4@adve...	0	3459 Tri-s
24	First Rate Bic...	Sales Agent	Mr.	John	E.	Ortiz	NULL	133-555-0100	john25@ad...	1	7053 Laur
26	First National...	Sales Agent	Mr.	Todd	K.	Whitney	NULL	376-555-0100	todd1@adv...	0	8127 Otte
2	Electronic Bi...	Assistant Sal...	Mr.	Sean	NULL	Purcell	NULL	130-555-0100	sean5@adve...	0	8547 Cath
1	International	Assistant Sal...	Ms.	Julia	NULL	Moseley	NULL	432-555-0100	julia0@adve...	0	683 Larch
16	Image Maker...	Assistant Sal...	Ms.	Suzanne	NULL	Nelson	NULL	314-555-0100	suzanne0@a...	1	3195 Rive
9	A. Datum Co...	Assistant Sal...	Mr.	Frank	NULL	Pellow	NULL	941-555-0100	frank7@adv...	0	2596 Big (
27	Capital Road...	Sales Agent	Mr.	Nino	E.	Olivotto	NULL	528-555-0100	nino0@adve...	2	628 Muir F
28	Wide World ...	Sales Agent	Mr.	Steven	K.	Whitehead	NULL	327-555-0100	steven4@ad...	1	50 Edwarc

1 / 156

图 2－32　查询视图显示结果

视图设计的主要原则

只能在当前数据库中创建视图。但是，如果使用分布式查询定义视图，则新视图所引用的表和视图可以存在于其他数据库甚至其他服务器中。

视图名称必须遵循标识符的规则，且对每个架构都必须唯一，同时该名称不得与该架构包含的任何表的名称相同。

可以对其他视图创建视图。Microsoft SQL Server 2005 允许嵌套视图，但嵌套不得超过32层。根据视图的复杂性及可用内存，视图嵌套的实际限制可能低于该值。

不能将规则或 DEFAULT 定义与视图相关联。

不能将 AFTER 触发器与视图相关联，只有 INSTEAD OF 触发器可以与之相关联。

定义视图的查询不能包含 COMPUTE 子句、COMPUTE BY 子句或 INTO 关键字。

定义视图的查询不能包含 ORDER BY 子句，除非在 SELECT 语句的选择列表中还有一个 TOP 子句。

定义视图的查询不能包含指定查询提示的 OPTION 子句。

定义视图的查询不能包含 TABLESAMPLE 子句。

不能为视图定义全文索引定义。

不能创建临时视图，也不能对临时表创建视图。

不能删除参与到使用 SCHEMABINDING 子句创建的视图中的视图、表或函数，除非该视图已被删除或更改而不再具有架构绑定。另外，如果对参与具有架构绑定的视图的表执行 ALTER TABLE 语句，而这些语句又会影响该视图的定义，则这些语句将会失败。

如果未使用 SCHEMABINDING 子句创建视图，则对视图下影响视图定义的对象进行更改时，应运行 sp_ refreshview。否则，当查询视图时可能会生成意外结果。

尽管查询引用一个已配置全文索引的表时，视图定义可以包含全文查询，但不能对视图执行全文查询。

下列情况下必须指定视图中每列的名称：

视图中的任何列都是从算术表达式、内置函数或常量派生而来。

视图中有两列或多列源具有相同名称（通常由于视图定义包含联接，因此来自两个或多个不同表的列具有相同的名称）。

希望为视图中的列指定一个与其源列不同的名称。无论重命名与否，视图列都会继承其源列的数据类型。

资料来源：微软技术论坛。

(四) 数据库的完整性约束

当存在多个数据表时，表之间可能存在关联，并形成一定的相互约束。因此，在计划和创建表要标识列的有效值，并确定强制列中数据完整性的方式。SQL Server 2005 提供了下列机制来强制列中数据的完整性：

- PRIMARY KEY 约束；
- FOREIGN KEY 约束；
- UNIQUE 约束；
- CHECK 约束；
- DEFAULT 定义；
- 允许空值。

可通过创建数据库关系视图查看或设置表的约束，包括主键与外键。以 AdventureWorks 数据库为例，其单表的主键以及多表间的外键关系如图 2－33、图 2－34所示。

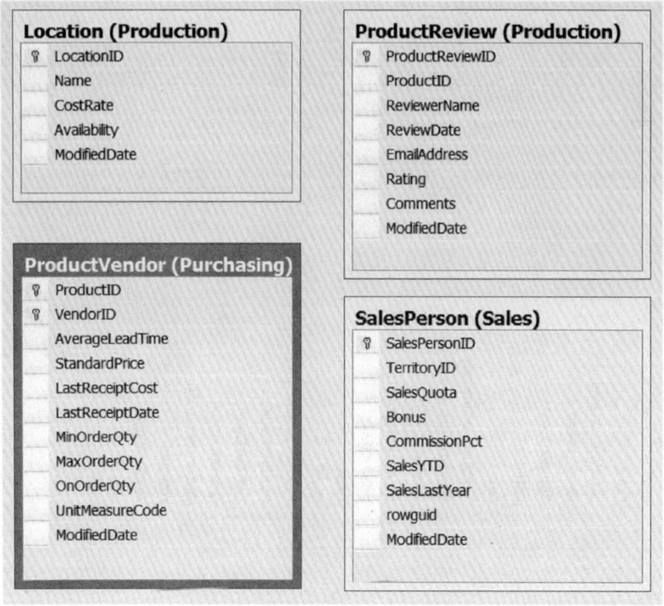

图 2－33　表的主键约束

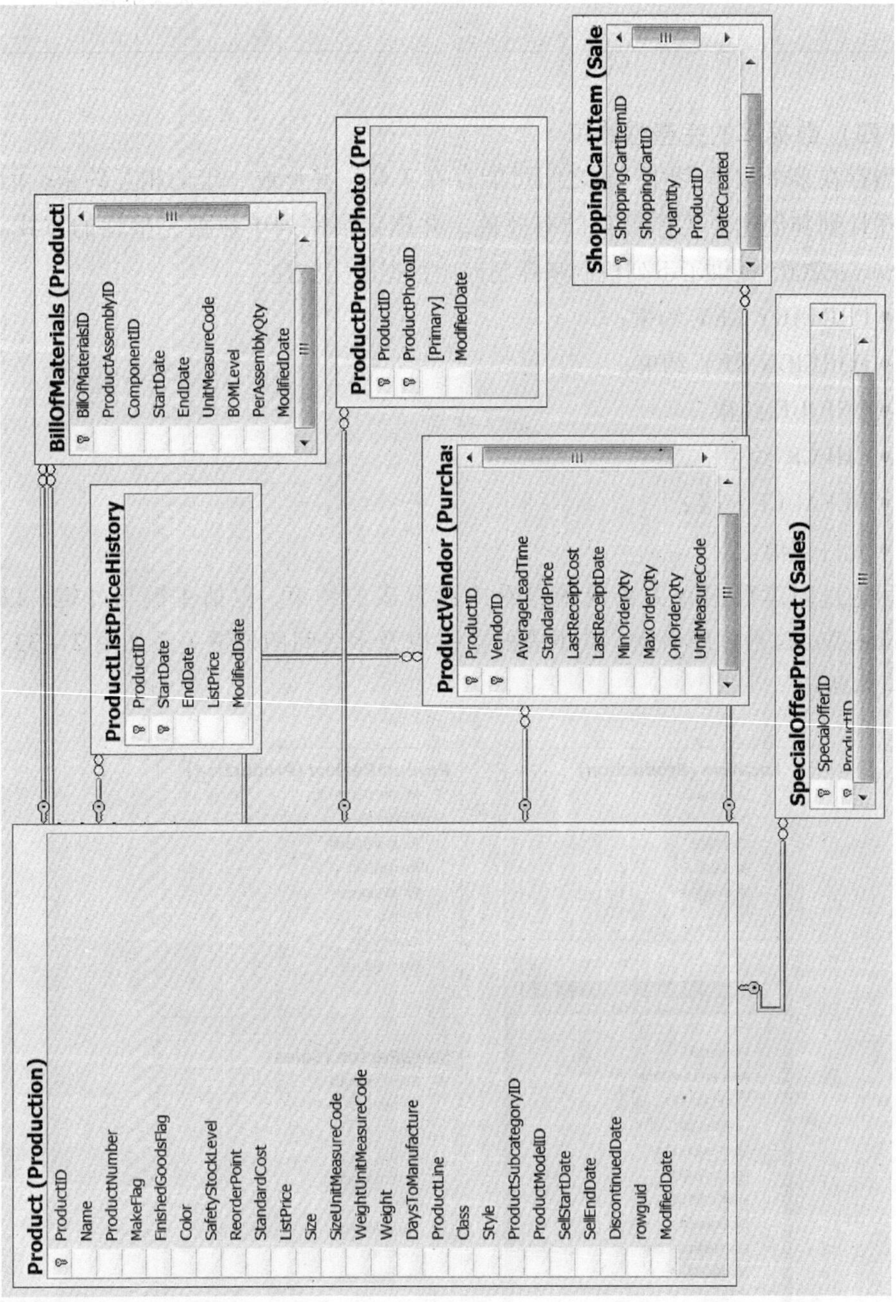

图 2－34　多表间的关系约束图

关于 CHECK 约束，通过限制列可接受的值，CHECK 约束可以强制域的完整性。此类约束类似于 FOREIGN KEY 约束，因为可以控制进入列中的值。但是，在确定有效值的方式上有所不同，FOREIGN KEY 约束从其他表获得有效值列表，而 CHECK 约束通过不基于其他列中的数据的逻辑表达式确定有效值。例如，可以通过创建 CHECK 约束将 salary 列中值的范围限制为从 $ 15 000 到 $ 100 000 之间的数据，这将防止输入的薪金值超出正常的薪金范围。可以通过任何基于逻辑运算符返回 TRUE 或 FALSE 的逻辑（布尔）表达式创建 CHECK 约束。

三、商业数据库的管理

商业数据库在使用过程中需要不断完善与维护，以保证数据库具有稳定的工作性能。常用的数据库维护一般涉及不同数据库之间数据的转换，数据的备份与恢复，以及数据库的安全设置。

（一）数据的转换

用户在设计数据库时有时会使用 Access 或 MySQL 等中小型数据库，当应用成熟后将原数据库移植至 SQL Server 数据库，便会涉及数据转换的问题。

例如，将 Access 数据库转换为 SQL Server 2005 数据库：

1. 配置数据源

（1）在“控制面板→管理工具”里选择“数据源”，在弹出的页面选择“用户 DSN”（默认）。

（2）点击旁边的“添加”按钮，在弹出的页面选择“Driver do Microsoft Access（ *. mdb）”，然后点击“完成”。

（3）在弹出的“ODBC Microsoft Accecc 安装”页面，在“数据源名”文本输入框填写一个名称（自定义），“说明”文本框不用输入。然后点击下面的“选择”按钮，选取 Access 文件所在的路径。

（4）点击旁边的“确定”按钮，这时会在“用户 DSN”选项卡的“用户数据源”下多出你刚才添加的数据源，名称就是刚才填写的“数据源名”。然后点击“取消”退出页面。数据源配置完成。

2. 在数据库原程序引用

（1）在“开始”菜单打开“Microsoft SQL Server 2005→SQL Server Management Studio”。

（2）新建一个数据库（名称自定义），选择新建的数据库点击右键选择“任务→导入数据”。

（3）在弹出的页面点击下一步，“数据源”选择“Microsoft Access”，然后选择Access数据库所在的路径，如果Access数据库有用户名和密码就需要填写，如果没有则不用填写。点击“下一步”。

（4）在弹出的页面，“数据源”可以按默认的不动。“服务器名称”及“身份验证”要和登录时的服务器及身份验证一样（如果不一样，在下面的数据库下拉框里找不到刚才新建的数据库）。在下面的数据库下拉框选择新建的数据库（如果没有新建的数据库，点击后面的刷新按钮。如果还是没有就检查“服务器名称”及“身份验证”是否正确）。可以点击后面的“新建”。点击“下一步”。

（5）在弹出的页面，按照默认选择第一项（复制一个或多个表或视图的数据）。点击“下一步”。

（6）在“选择源表和源视图”页面，选中要导入的表和视图（可以点击“预览”查看表中的数据）。点击“下一步”。

（7）按照默认“立即执行”。点击“下一步”。

（8）点击“完成”。

（二）数据的备份与恢复

管理员对于重要的数据要定期进行备份，以防止遇到数据损坏、丢失时无法找回原始数据。对于数据的备份一般不在同一个存储介质上进行，避免物理损坏导致使用数据与备份数据同时失效。SQL Server 2005的数据备份可以通过手动方式或自动方式实现。

1. 手动备份数据库

在SQL Server 2005中，手动备份数据库的操作是在需要备份的数据项目上右键选取“任务→备份”（图2－35）。

当选择备份指令后，可以在选项卡上对备份操作参数进行调整，包括备份源、备份集、备份目标路径。用户可以选择添加备份目标路径，同时在多个位置对数据进行备份操作（图2－36）。

2. 自动备份数据库

用户也可以通过数据库系统管理项中的“维护计划”设置数据库的自动备份，选项位置如图2－37所示。

运行维护计划向导后，可依据提示设置定期自动数据备份任务（图2－38）。

对于备份内容可以进行选择，一般基于安全角度考虑，应该备份完整的数据库，并存储多个副本（图2－39）。

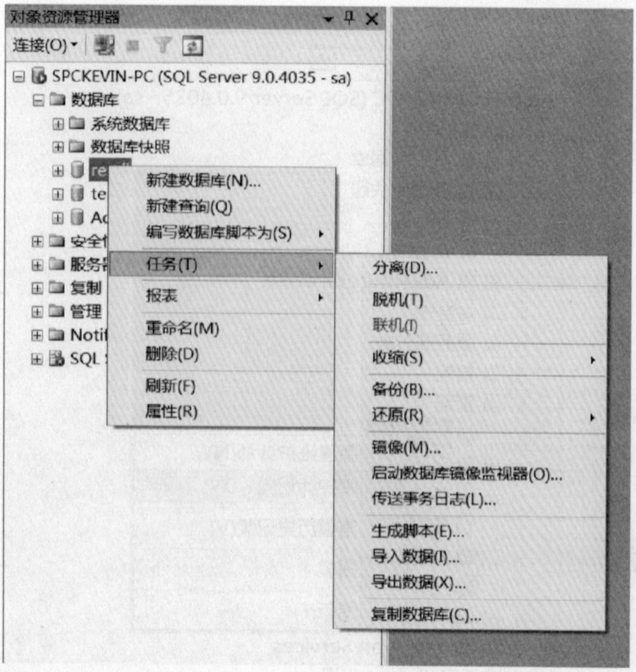

图 2－35　数据库的备份操作

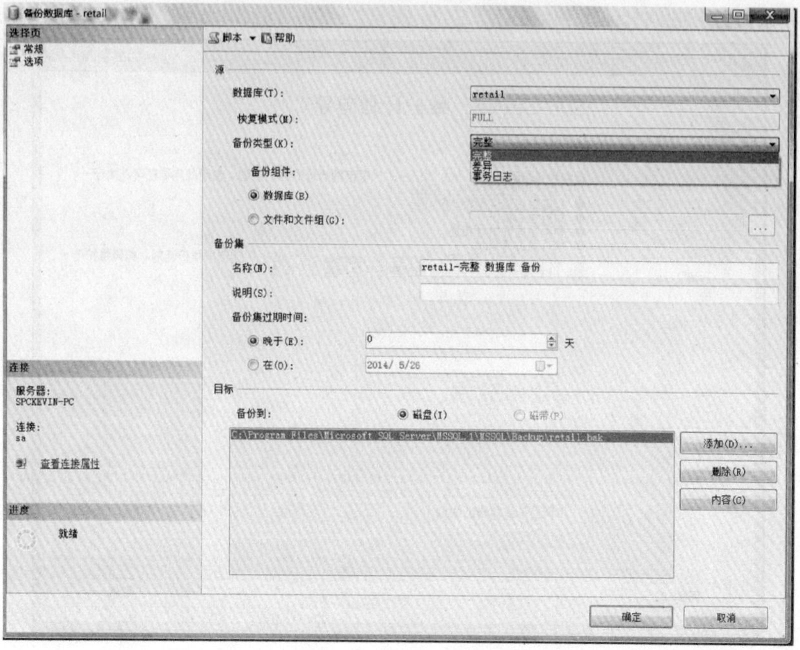

图 2－36　数据库的备份操作选项

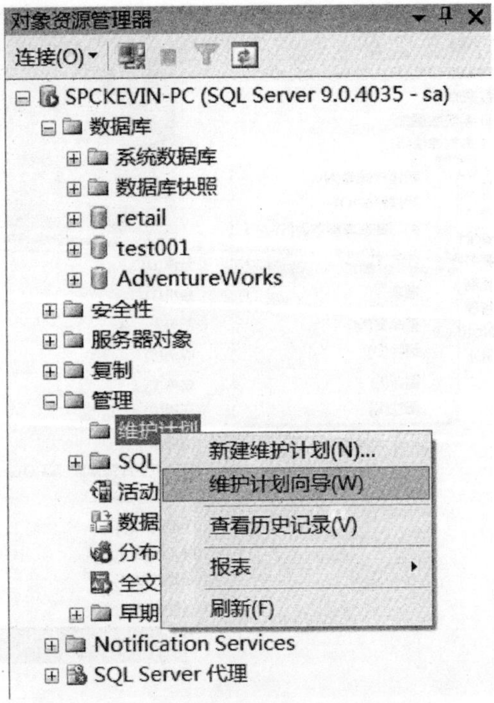

图 2－37　数据库的自动备份操作（1）

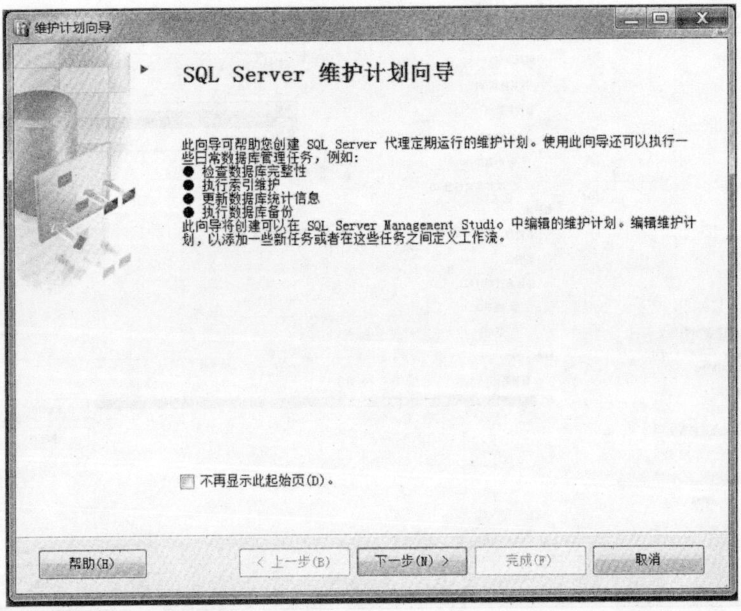

图 2－38　数据库的自动备份操作（2）

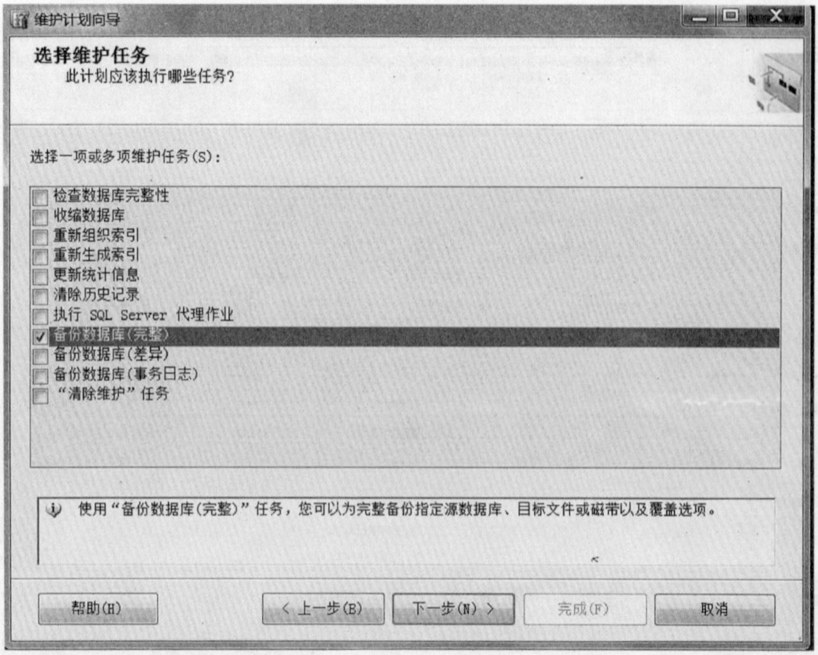

图 2－39 数据库的自动备份任务选择

可以为任务计划设定名称，并选择其执行的频率。对于商业企业，一般本地数据库，或频繁进行 I/O 操作的数据库需要每日备份一次；对于企业内部使用，访问频率较低的数据库则可以每周备份一次（图 2－40）。

3. 数据库的恢复

当数据库在使用中遇到难以修复的问题时，如数据损坏、丢失、无法读写、被篡改等，需要对数据进行恢复操作。数据库的恢复要使用到之前的备份，一般会选择最近日期的备份文件。数据库恢复操作同备份方式类似，在右键栏目里选择数据库“还原”项，并在打开的选项卡里选择备份版本（图 2－41）。

（三）数据库的安全设置

SQL Server 2005 数据库引擎可以帮助用户保护数据免受未经授权的泄露和篡改。SQL Server 数据库引擎安全功能包括高粒度身份验证、授权和验证机制、增强加密、安全上下文切换和模拟，以及集成的密钥管理。SQL Server 2005 常见的安全主题如表 2－12 所示。

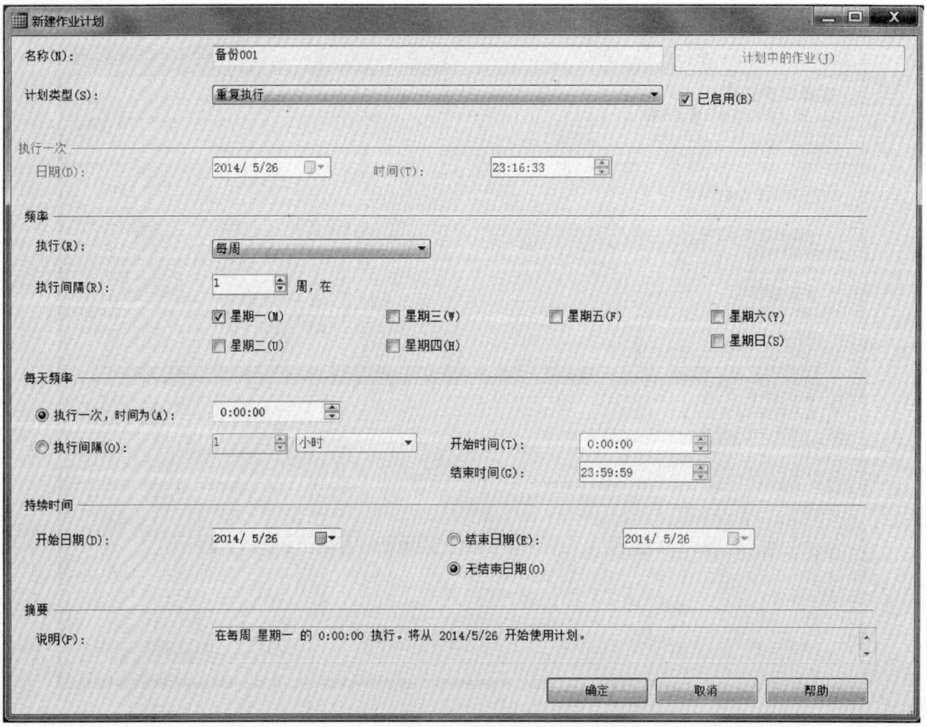

图 2－40　数据库的自动备份周期设置

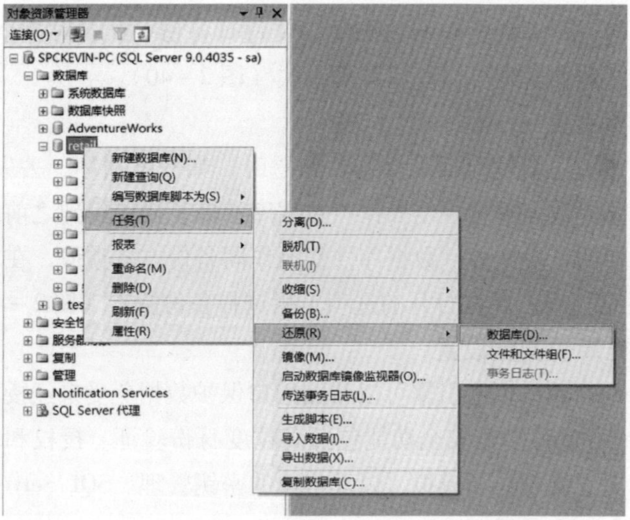

图 2－41　数据库的恢复操作

表 2 - 12　SQL Server 2005 安全主题

主　题	说　明
符合安全标准	介绍 SQL Server 符合通用准则和 FIPS 140 - 2 标准
主体	介绍可以请求 SQL Server 资源的个体、组和过程
安全对象	介绍 SQL Server 数据库引擎授权系统控制访问的资源
权限	介绍可授予主体对安全对象的高度精确的权限
权限层次结构	介绍安全对象实体的层次结构和范围机制
GRANT 系统对象权限（Transact - SQL）	提供授予对系统存储过程、函数、目录视图和其他系统对象的权限的 Transact - SQL 语法
加密层次结构	提供加密和集成密钥管理的概述
用户架构分离	解释在处理实体所有权、架构行为和名称解析方面改进的一致性
上下文切换	介绍在单个连接中更改安全上下文的机制
模块签名	介绍如何使用模块签名限制对基础表或对象的访问
CLR Integration Security	提供了 CLR 集成中安全性相关方面的概述
安全性目录视图（Transact - SQL）	列出了目录视图中可见的、针对性能和可用性进行优化的安全相关元数据
安全函数（Transact - SQL）	列出了返回对管理安全性有用的信息的函数
加密函数（Transact - SQL）	列出了支持加密、解密、数字签名和数字签名验证的函数
密码策略	解释密码复杂性和过期策略
备份和还原的安全注意事项	说明怎样做有助于保证备份的安全

资料来源：微软技术论坛。

SQL Server 数据库管理员可以通过权限授予对访问数据库的不同角色进行控制，以防止对数据库的意外操作发生，常见的授权命名与权限如下：

（1）CONTROL：为被授权者授予类似所有权的功能。被授权者实际上对安全对象具有所定义的所有权限。也可以为已被授予 CONTROL 权限的主体授予对安全对象的权限。因为 SQL Server 安全模型是分层的，所以 CONTROL 权限在特定范围内隐含着对该范围内的所有安全对象的 CONTROL 权限。例如，对数据库的 CONTROL 权限隐含着对数据库的所有权限、对数据库中所有组件的所有权限、对数据库中所有架构的所有权限以及对数据库的所有架构中的所有对象的权限。

(2) ALTER：授予更改特定安全对象的属性（所有权除外）的权限。当授予对某个范围的 ALTER 权限时，也授予更改、创建或删除该范围内包含的任何安全对象的权限。例如，对架构的 ALTER 权限包括在该架构中创建、更改和删除对象的权限。

(3) ALTER ANY <服务器安全对象>：其中的服务器安全对象可以是任何类型的服务器安全对象。授予创建、更改或删除服务器安全对象的各个实例的权限。例如，ALTER ANY LOGIN 将授予创建、更改或删除实例中的任何登录名的权限。同时，ALTER ANY 中的数据库安全对象也可以是数据库级别的任何安全对象。授予创建、更改或删除数据库安全对象的各个实例的权限。例如，ALTER ANY SCHEMA 将授予创建、更改或删除数据库中的任何架构的权限。

(4) TAKE OWNERSHIP：允许被授权者获取所授予的安全对象的所有权。

(5) IMPERSONATE <登录名>：允许被授权者模拟该登录名。

(6) IMPERSONATE <用户>：允许被授权者模拟该用户。

(7) CREATE <服务器安全对象>：授予被授权者创建服务器安全对象的权限。

(8) CREATE <数据库安全对象>：授予被授权者创建数据库安全对象的权限。

(9) CREATE <包含在架构中的安全对象>：授予创建包含在架构中的安全对象的权限。但是，若要在特定架构中创建安全对象，必须对该架构具有 ALTER 权限。

(10) VIEW DEFINITION：允许被授权者访问元数据。

如何完善数据库的安全策略？

随着日益复杂的攻击和不断上升的内部数据盗窃，数据库安全成为企业信息安全团队重点关注的焦点，安全问题已超越了传统的认证、授权和访问控制。一次对私人数据（如信用卡号或财务数据）的入侵，可以给企业造成巨大的损失，更不用说诉讼和违规罚款等可能会带来的持久影响。Forrester 研究公司建议机构重新制定它们的数据库安全策略，在新安全特性的应用和功能上寻找差距，这有助于帮助数据库应对新的威胁。

制定一个成功的数据库安全策略的关键在于了解为什么要保护数据库，保护哪个数据库，以及如何最好地保护数据以应对所有类型的威胁，遵从各种规范

——如 SOX、HIPAA、PCI DSS、GLBA 和欧盟法令。在最新的研究中，Forrester 建议企业按照以下三点来建立完整的数据库安全策略：

1. 建立一个集身份验证、授权、访问控制、发现、分类，以及补丁管理于一体的坚实基础

了解哪些数据库包含敏感数据是数据库安全战略的基本要求。企业应对所有的数据库采取一个全面的库存管理，包括生产和非生产的，并且遵循相同的安全政策给它们划分类别。所有的数据库，尤其是那些存有私人数据的数据库，应该有强的认证、授权和访问控制，即使应用层已经完成了认证和授权。缺乏这些坚实基础会削弱审计、监察和加密等其他安全措施。此外，如果不能每季度给所有的关键数据库打补丁，那么至少要半年一次，以消除已知的漏洞。使用滚动补丁或从数据库管理系统（DBMS）供应商和其他厂商那里收集信息，以尽量减少应用补丁的停机时间。始终在测试环境下测试安全补丁，定期运行测试脚本，以确保修补程序不影响应用程序的功能或性能。

2. 使用具有数据屏蔽、加密和变更管理等功能的预防措施

在建立了一个坚实和基本的数据库安全策略后，就应该开始采取预防措施，以保护重要的数据库，这样就为生产和非生产数据库提供了一个保护层。数据隐私需要扩展到非生产环境，包括测试、开发、质量保证（QA）、不同阶段的训练过程，基本上所有的私有数据都可以驻留。数据库安全专业人士应该评估在测试环境中或外包应用开发中用数据屏蔽和测试数据生成来保护私有数据的效果。使用网络加密以防止数据暴露给在监听网络流量或数据静止加密的窥视者（他们关注存储在数据库中的数据）。当数据面对不同的威胁时，这些加密方法可以实现相互独立，通常情况下，也不会对应用程序的功能有影响。保护关键数据库的结构要按照标准化的变更管理程序来进行。在过去，对生产环境中的计划或其他数据库进行变更时需要关闭数据库，但新版本的数据库管理系统允许在联机时进行这些更改，这就带来了新的安全风险。一个标准化的变更管理程序能确保只有管理员在得到管理部门批准后才能改变生产数据库并且跟踪所有数据库的变更。机构还应该更新自己的备份和可行性计划，以处理数据或元数据因这些变更而发生的改变。

3. 建立具有审计、监测和漏洞评估功能的数据库入侵检测系统

当重要数据发生意外变化或者检测到可疑数据时，有必要进行一个快速的调查来查看发生了什么事情。数据库里的数据和元数据可以被访问、更改甚至是删除，而且这些都可以在几秒钟的时间内完成。通过数据库审计，我们能够发现

“是谁改变了数据”和“这些数据是什么时候被改变的”等问题。为了支持之前提到的管理条例标准，安全和风险管理的专业人士应该追踪私人数据的所有访问途径和变化情况，这些私人数据包括信用卡卡号、社会保障卡卡号以及重要的数据库的名称和地址等信息。如果私人数据在没有授权的情况下被更改或者被访问，机构应该追究负责人的责任。最后，可以使用漏洞评估报告来确定数据库的安全空白地带，诸如弱效度密码、过多的优先访问权、增加数据库管理员以及安全群组监测。

4. 关注安全政策、安全标准、角色分离和可用性

数据库安全策略不仅关注审计和监测，它也是一个端到端的过程，致力于减少风险、达到管理条例的要求以及防御来自内部和外部的各种攻击。数据库安全需要把注意力更多地放在填补安全空白、与其他安全政策协作以及使安全方式正式化上。在草拟你的安全策略时，要使你的数据库安全政策与信息安全政策一致；要注意行业安全标准；要强调角色分离；要清楚描述出数据恢复和数据使用的步骤。

资料来源：联商网（www. linkshop. com. cn）。

四、商业数据库应用案例

当前各行业的企业，从工业生产到金融服务，大都应用了数据库管理技术以提高业务活动的效率。不同类型的企业在应用数据库过程中均会遇到一些问题，企业如何克服这些困难，采取怎样的技术策略，如何选择数据服务合作伙伴，这些都可以从相关案例中借鉴经验。

案例 1：中小连锁型零售企业的数据库应用

某服务咨询企业：随着企业信息化步伐的加快，中小企业的信息化也在紧锣密鼓地进行着。然而在大多数中小企业中，在部署 IT 系统时却遇到种种困惑：或缺少专业的技术人员，或缺乏对企业业务水平和发展潜力的评估能力，或缺少资金，等等。为了帮助中小企业在采购和部署 IT 系统时有一个合理的解决方案，我们推出了中小企业最佳 IT 解决方案推荐平台。平台包罗了我们对典型的各个行业中小企业 IT 系统所有产品线的选型和导购，希望对中小企业在 IT 系统选型上有所帮助。同时，我们希望通过对企业用户以及对厂商的采访，倾听他们的声

音、总结他们的经验，并给您的IT系统选型提供一个好的参考建议。针对我们这次商贸零售行业数据库软件的选型，我们有幸采访了上海爱可生信息技术有限公司市场总监，以下是关于该企业IT系统发展的对话。

问：很多商贸连锁中小企业对于自身的IT需求并不是十分地清楚，这也导致其IT部署上存在各种问题。我们的第一个问题就是：商贸连锁中小企业在进行数据库选型时，应当考虑哪些问题？

答：商贸连锁中小企业本小利薄，需要在短时间内快速做大。在当前大环境下，中小企业资金流转基本"靠自己"，资金面压力较大，很多企业没有专职IT工程师。因此对商贸连锁中小企业来说，IT产品的基本要求是：简单实用、成本低廉、维护简便。数据库作为基础软件，是绝大部分企业应用软件运行所必需的基础平台，它不直接对软件系统的功能产生影响，系统好不好用，还是取决于软件和企业的业务需求是否匹配，和数据库没有直接的关系。目前市场上主流的数据库，从功能、性能、稳定性都能够很好满足商贸连锁中小企业的业务需求，财务管理、进销存管理、客户关系管理、供应链管理等系统，在几百个用户的情况下，尚不足以对数据库的性能、功能、稳定性产生挑战，所以我们认为在数据库选型时，最大的考虑还是成本。主流的产品，谁的购买成本、维护成本低，就用谁的，我们不需要为那些根本用不上的高级功能买单，有钱咱还得用在刀刃上不是？

问：商贸连锁中小企业的一个特点就是起点低、进步快，企业的成长发展很迅速。因此很多中小企业用户担心购买和部署的产品会跟不上企业的成长而被快速淘汰。在这方面您有哪些好的建议和指导提供给我们的中小企业用户？

答：企业发展到一定阶段，业务多了，人多了，企业运营的复杂性逐渐显现出来，对IT系统的需求会变得更加明确甚至迫切，但这对数据库真的有影响吗？我认为未必。如果企业预计在未来12个月，规模会扩大一倍，那么我们认为您还不需要去过多考虑数据库系统的扩展性。前面已经介绍了，关系型数据库经过几十年的发展，性能已经相当强大，从技术层面我们拿CRM（客户关系管理系统）举例吧，如果应用程序没有什么问题，1 000人的企业，一台MySQL数据库服务器已经足够；如果应用程序写得好，MySQL也优化过，两三千人的企业，我认为也没有什么问题。因为，比起MySQL在互联网和电信行业承载的压力来说，您的企业内部应用产生的访问压力，可以说相当地小。有很多跨国连锁超市，目前还在使用十几年前的系统，比如货品管理、收银结算系统等。毕竟，企业应用不是消费电子，只要能够满足业务需求，系统足够稳定，没有特别大的必要去追赶所谓的潮流。当然，增加商务智能/业务分析系统上的IT投入，正逐渐成为行业领先客户的共识。据我们了解，在若干年前，一些世界知名的商贸连锁企业就已经开始使用数据仓库和数据挖掘工具，对消费者的消费行为进行分析，让产品更适合消费者的需求，或对消费者进行购买行为的引导，这些分析的成果可以直接为企业带来效益。在这一领域，因为要对海量的历史数据进行汇总、分析，数据库的性能/功能会受到挑战，各个数据库厂商都提出了自己的解决方案，当然代价则是十分昂贵。如果企业想尝试一下数据仓库，又要控制投资的风险，那我认为使用 MySQL 社区版产品和开源数据仓库组件是一个不错的选择。因为，它们不需要软件费用，性能也足够强大，企业需要的只是投入一些专业的人力，这个成本相比于私有软件的数据仓库方案，可能只是个零头。

问：贵公司哪些产品适用于商贸连锁中小规模企业（500 人以内）？这些产品在设计和功能上，是否做了针对中小企业业务需求和自身特点的一些调整？

答：前面提到的数据仓库产品：MySQL + Infobright 的组合，这个组合我认为很适合国内的商贸连锁中小企业。因为，MySQL 和 Infobright 都是开源软件，遵循 GPL 协议，作为企业 IT 自行建设使用，只要不将开发的平台发布牟利，是不需要支付软件费用的。MySQL + Infobright 的组合功能非常强大，其列式存储的架构决定了它拥有很高的数据压缩比和非常快的数据读取速度，对于 PB 级别以下的企业数据仓库应用非常地适合。1PB 等于 100 万 GB，大致相当于 1 000 块 1TB 的硬盘容量之和，我想绝大部分中小企业涉及的业务，还不至于产生超过 PB 级别的海量数据。爱可生提供建设 MySQL 数据仓库的技术支持和指导，如果您的企业计划建设这样的项目，可以尝试评测一下。

问：2011 年贵公司在数据库领域会推出哪些产品？对 2011 年的中国市场有哪些计划和期望？

答：2011 年我们推出了针对 MySQL 数据库的分布式管理平台，集 MySQL 数据库监控、报警、备份、资产管理等功能于一体，填补了国内 MySQL 通用工具领域的空白。这个产品对 MySQL 数据库服务器比较多的企业来说，应该算一个福音，它能够让 MySQL 数据库始终处于可见、可控的状态下，企业能够时刻清楚地了解自己的数据平台究竟处于什么样的状态。出现故障，也能够很快定位到原因，并进行快速恢复，从而提升数据平台的安全性。说到对 2011 年的期望，就是希望开源软件在国内能够有一个更好的发展环境。爱可生在国内推广开源软件也有七年多的时间，应该说尝过了开源的酸甜苦辣，过去开源产品很少厂商支持，也不像国产软件能够有政策上的扶持，我们完全凭借技术实力，在国内打下一片市场，过程相当不易。今天已经有很多企业认可了开源技术并尝到了甜头，越来越多的企业在尝试使用开源技术，我们希望这个趋势能够持续下去，有更多的软件企业、IT服务企业、用户能够加入到开源软件的大家庭里来。

资料来源：it168技术论坛（tech. it168. com）。

案例2：百事数据库系统的升级

众所周知，百事公司是全球食品和饮料行业的领导者，其主打品牌百事可乐早已深入人心，成为全球最受欢迎的饮料之一。百事公司1898年在美国成立，至今已有115年历史，2012年净收入超过650亿美元，旗下品牌系列中有22个品牌的年零售额都在十亿美元以上。

百事公司1981年进入中国，是首批进入中国市场的美国厂商之一。在过去的30多年间，百事公司在中国建立了成功的食品及饮料业务，同时还积极进行业务方面的投资，产品深受亿万中国消费者的喜爱。

（一）百事中国的IT难题

在IT建设方面，百事（中国）投资有限公司（以下简称“百事中国”）几年前上线了一套销售管理业务系统。该系统由某应用软件厂商开发，开发之初系统能够快速稳定地运行，但随着时间的推移，系统的数据量和用户数不断增加，当用户数达到6 000时，数据库的响应开始变得很慢。于是，一场针对数据库升级方案的讨论就此展开（表2－13）。

表2－13

序号	数据库环境	具体指标
1	数据库类型	针对销售的核心业务系统
2	当前用户数量	6 000
3	影响范围	全国
4	数据量	300G
5	操作系统版本	Windows Server 2008 R2
6	数据库版本	SQL Server 2008 R2
7	数据库服务器	4路10核、32G内存
8	数据库架构方式	单机、单实例数据库

百事中国面临的IT难题可以归纳为四个字，即慢、断、丢、扩。

慢：系统的速度越来越慢，尤其在业务高峰期，几乎无法访问，严重影响了业务的正常开展，员工抱怨增多；数据库负载居高不下，CPU、内存、IO等指标居高不下，管理人员查看汇总数据耗时长，尤其在月初和月末更为严重。

断：数据库为单点模式，一旦发生故障，如断电、网络故障、基础软件故障，整个应用系统将面临中断。某年5月份曾发生过一次硬件故障，致使整个系统中断一天。

丢：核心数据关系着企业的命脉，一旦丢失或损坏，将带来灾难性的后果，单份数据也面临数据丢失的风险。

扩：随着业务的拓展，用户数量还在不断增加，在接下来的两年，用户数量预计会达到20 000，急需更换更高配置的服务器来提升性能，提高扩展能力。

基于以上问题，业务系统无法保证销售部门的正常运转，也无法满足销售团队的快速扩展。

(二) 数据库集群加速业务系统

百事中国遇到的问题从本质上说是数据库的性能问题（兼顾可用性及扩展性），一般来说，导致数据库出现性能瓶颈的原因有两类：宏观因素和微观因素。其中，宏观因素主要包括并发大、数据量大、硬件配置低、架构不合理，微观因素主要包括应用程序编写得不合理、SQL语句编写得不合理、表结构设计得不合理、索引构建得不合理。

不同于互联网企业有很大的自主性，可以随意地修改程序，百事中国的系统是从软件厂商（ISV）购买的产品，因此很难对应用程序的结构及代码进行修改。与此同时，Moebius集群既有优化及加速的功能，又可以实现负载均衡，对应用程序完全透明。因此，在众多解决方案中，百事最终选择了格瑞趋势的Moebius集群。

Moebius for SQL Server是格瑞趋势专门针对Microsoft SQL Server数据库提供的综合集群平台，利用这一平台，任何企业都能够轻松地构建出适合自身业务的数据库集群，满足用户对负载均衡、可用性、数据安全、扩展性的需要。本方案中用户选用四台服务器组建的集群，如图2-42所示。

在部署Moebius集群之后，百事中国的运营与维护经理Henry在对系统进行监控和分析后表示，系统性能有三个明显的提升：

一是数据库的处理能力大幅增加，服务器CPU利用率从之前的70%下降到15%，查询超过5秒的SQL语句从10 679条下降到24条。用户普遍反映，速度比之前有明显提升。

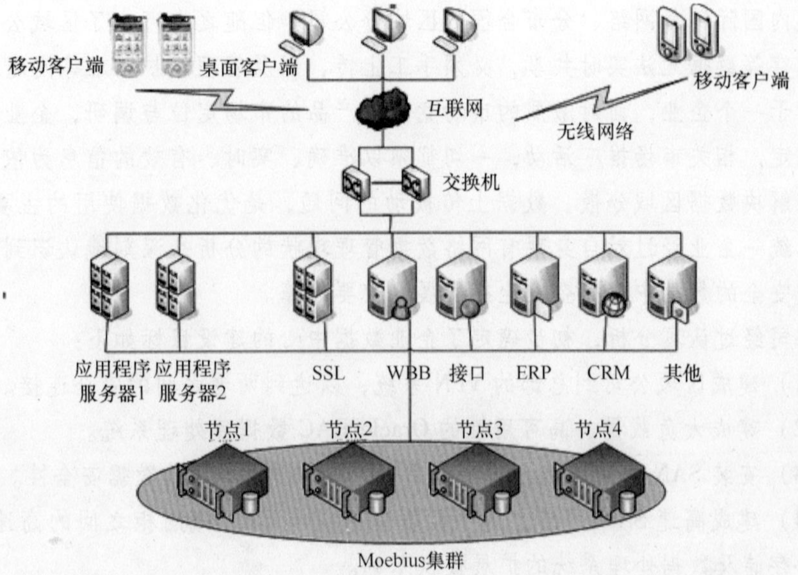

图 2-42

二是缓解了运营与维护部门的工作压力，系统中断的情况明显减少；增加了故障转移机制，不必担心软硬件故障的发生。

三是确保数据安全，有了冗余的数据结构，不再担心数据丢失。

总的来说，格瑞趋势的 Moebius 集群为用户提供了一个可用性好、数据安全及负载均衡的“一站式”数据库解决方案。它具有很强的可扩展性，当需要更大处理能力时，只需增加服务器的数量，并且能够节约投资，降低企业总成本。

资料来源：it168 技术论坛（tech. it168. com）。

案例 3：统一企业大型数据库应用案例

统一企业于 1967 年创立于台南永康，已发展为台湾最大的食品企业。统一企业在大陆共投资 50 余家企业，投资总额约 26 亿美元。公司目前主要经营方便面、饮料、乳品和酱油等商品，包括统一、来一桶、好劲道、巧面馆、好当家等品牌的方便面，统一冰红茶、统一冰绿茶、统一乌龙茶、统一绿茶、统一奶茶、统一多果汁、统一喝果汁等品牌的饮料，以及牛奶 e 家、小浣熊酸奶、可护儿优酪乳等品牌的乳制品。

统一企业是一个从事速食、饮品的生产和销售的跨国集团总司，有着极为完善的国内国际销售网络、分布合理的区域分公司。但随之也产生了区域公司的销售、库存等数据无法实时共享，必须手工上传，以及管理维护困难等问题。

对于一个企业，面对激烈的市场竞争，产品的市场定位与调研，企业经营策略的制定，相关市场推广活动，一切都须以准确、实时、有效的信息为依据。而有效地解决数据区域分散、数据上传被动的问题，是优化数据使用的主要途径。因此，统一企业经过对自身现有网络数据管理现状的分析，深刻地认识到建设一个高效安全的数据中心是企业生存发展的重要保障。

公司经过认真分析，初步确定了企业数据中心的建设目标如下：

(1) 建成区域公司到总部的 VPN 系统，以达到两者之间的安全连接。

(2) 建成大负载量、高可用性的 Oracle RAC 数据库处理系统。

(3) 安装 SAN 存储阵列柜，并以 RAID 形式提供绝佳的数据安全性。

(4) 建成高速 SAN 网络，用于数据库系统与 SAN 阵列柜之间的高速传输；同时为存储及数据处理系统的扩展提供基础。

信息服务企业经过与统一企业的业务部门、技术部门的认真研究，共同形成了一个合理、可行、可靠和易于扩充的综合解决方案。

该方案的特点包括：

(1) 区域公司到总部的 VPN 系统。数据传输过程中的机密性是企业网络建设必须考虑的部分。应用 VPN 系统使得在部署企业软件的过程中无须考虑复杂的网络环境。实施办法是，从 ISP 处租借基于固定 IP 地址的专线，在区域公司和总部之间使用专用 VPN 设备进行连接以实现 VPN 通道的建设。

(2) Oracle RAC 后台数据库系统。作为解决方案的数据中心，除最大限度地保证数据的安全性外，也需要同时承担整个企业的数据查找、删除及修改的任务。所以，本节点应用 Oracle RAC 群集解决方案。在 RAC 方案中，基于 Oracle 数据库群集组件服务器同时工作，并相互监控对方的健康状况。这样数据库在处理能力上突破了单台服务器的性能瓶颈，同时又为服务器的不间断运行提供了最大的保障。

(3) 高可伸缩性的存储系统。基于数据传输速度、最大可用容量和可扩充性的考虑，统一公司设置了使用次数最高、表现最好的 FC - SATA 存储阵列柜，具体型号为 F912。

(4) 高速 SAN 网络系统。考虑到本部用于数据库服务器与存储阵列柜之间的高速连接以及数据中心未来的扩展所需，高达 2Gbit 的 SAN 光纤网络是可取方案。

（5）采用5210服务器作为负载均衡的节点，支持双路至强处理器，标配2GB内存，支持最新的320M/S SCSI接口，集成双1 000M网卡；采用一台支持4路至强（Intel的一款处理器名称）处理器的5450服务器为数据库服务器，可最大限度满足数据的查询处理需求。

资料来源：watchstor网站技术方案版块（solution. watchstor. com）。

本章实验：商业数据库实验

本章实验主要练习对数据库的基本操作，数据表与视图的建立，以及数据库的基本维护。

一、数据库的安装与调试

（一）实验目标

1. 熟悉SQL Server 2005数据库系统，及其主要的功能组件；

2. 了解SQL Server 2005数据库系统的安装方法；

3. 了解SQL Server 2005数据库系统的调试方法。

（二）实验内容

1. 在Windows环境下安装SQL Server 2005数据库系统；

2. 调试SQL Server 2005数据库系统，使其能够在单机环境下正常运行；

3. 进入SQL Server 2005数据库系统Management Studio程序，熟悉其工作界面；

4. 进入SQL Server 2005数据库系统Management Studio程序，设置登录方式，并以SA方式连接本地数据库。

二、数据库的服务配置

（一）实验目标

1. 熟悉SQL Server 2005数据库系统在使用前的主要配置内容；

2. 了解SQL Server 2005数据库系统的服务配置项目；

3. 了解SQL Server 2005数据库系统的网络配置项目；

4. 了解SQL Server 2005数据库系统的安全配置项目。

（二）实验内容

1. 对SQL Server 2005数据库系统的各项服务进行配置；并阅读相关文档说明，了解其配置对数据库系统应用的影响。

2. 对SQL Server 2005数据库系统进行网络配置；并阅读相关文档说明，了解其配置对数据库系统应用的影响。

3. 对 SQL Server 2005 数据库系统进行安全配置；并设置数据库系统的备份管理。

三、零售数据库的设计与实现

（一）实验目标

1. 熟悉在 SQL Server 2005 环境下建立数据库的方法；

2. 熟悉在 SQL Server 2005 环境下数据库表与视图的主要操作方法；

3. 熟悉在 SQL Server 2005 环境下的数据库完整性约束条件，并能够在设计中加以应用。

（二）实验内容

1. 在 SQL Server 2005 环境下新建一个本地数据库（实例）；

2. 在新建数据库中新设多个表，并设置各表之间的关联，包括主键与外键；并以数据库关系图方式呈现；

3. 对新建数据库构建多个组合查询。

四、数据库的维护与安全

（一）实验目标

1. 熟悉 SQL Server 2005 数据库系统的安全设置；

2. 熟悉 SQL Server 2005 数据库系统的备份方式；

3. 熟悉 SQL Server 2005 数据库系统的恢复方式。

（二）实验内容

1. 对新建数据库文件设置用户、角色等安全选项；

2. 对新建数据库文件进行手动与自动备份操作；

3. 恢复某一时点的数据库文件。

本章练习

一、思考题

1. 数据库的概念是什么？数据库系统一般包括哪些功能部分？

2. 企业应用数据库系统需要关注哪些具体问题？

3. 你是否见过或操作过真实的数据库？真实数据库有哪些特点？

4. 零售企业的数据应用有哪些特点？在选择应用系统中需要如何权衡？

5. SQL Server 数据库系统经历了怎样的发展历程？

6. SQL Server 数据库提供了哪些数据管理功能？

7. SQL Server 数据库拥有哪些安全管理功能？企业在使用中应注意哪些问题？

8. 当前新版的 SQL Server 数据库具有哪些新增功能？

9. 零售企业对数据库系统的应用需求有哪些新的趋势？

二、综合练习

以一家小型综合超市的日常业务管理为需求，为其设计一个完整的数据库应用实例，具体内容包括：①撰写该超市对于数据管理的需求文档；②绘制数据应用的实体关系模型；③为各类别数据进行表的设计；④将设计内容实例化，并设定一些初始数值录入数据库。

说明：数据需求设计可以包括店铺的管理、商品的管理、人员的管理、现金的管理等几个部分，也可结合对实际零售企业的调研进行设计。

第三章　商业管理信息系统

本章提要

◆主要内容

介绍商业管理信息系统的基本知识

介绍商业管理信息系统在商业活动中的应用

介绍商业管理信息系统的开发过程

介绍零售企业管理信息系统的模块组成

介绍零售企业管理信息系统的使用方法

◆课程知识点

熟悉商业管理信息系统的分类

熟悉商业管理信息系统的主要功能

掌握商业管理信息系统的操作方法

掌握商业管理信息系统的管理与维护方法

◆实验目标

熟悉商业（零售）管理信息系统的前后台功能界面

能够对商业（零售）管理信息系统进行基本操作

能够对商业（零售）管理信息系统进行管理与维护

引例

1996年11月，瑞星与联华开始了共同研发单品管理系统的历程。在管理功能方面，完成了多品种归类统计、生鲜计重、核算成本、盒装蔬菜和辅料计算等众多新课题，成功利用POS系统进行及时有效的单品管理。1997年5月，联华正式应用三类收款机，自此联华导入计算机信息网络管理系统，启动了全面的单品管理，从而提高了管理的质量及科技含量。

1998年以后，瑞星全力做好联华门店的信息技术支持，以配合联华的并购扩展。瑞星在有限时间内优质高效地完成被并购超市（如上海为民超市、东方超值超市等）系统更新的繁重工程。在联华门店系统中，增加客层管理功能及要货管理功能模块，并对联华上海的直营门店和部分合资门店 POS/MIS 系统原有硬件的安装做了一次规范性的整理和改造，同时不断增强系统功能，如前台盘点、前台收货、电子消费等，使联华在现代科技力量推动下持续快速成长。

在构筑全国网络方面，瑞星与联华都放眼于全国范围的发展。联华大力发展合资、加盟连锁经营，采取了直营店、合资店、自由加盟店等多种形式的连锁模式。当联华以输出管理、输出品牌的方式与当地企业联手开拓，在国内市场形成庞大的连锁网络之时，瑞星从真正做好当地用户的技术服务出发，以“贴身服务”的理念坚持完善区域技术服务，先后在郑州、长沙、济南、沈阳、广西、福建等地成立了分公司与办事处，建立起了全国性的营销和技术支持网络，与联华的全国网络相呼应。

在服务延伸方面，2003 年 12 月，联华超市与瑞星签约开发在线储值功能，利用互联网技术使公共事业费代缴、电子商务、电子消费进入千家万户，为广大消费者提供“便民、利民、为民”服务，成为联华超市实至名归的重大工程。

2004 年 6 月，联华超市与瑞星签署协议，启动业态升级、融合及五级编码业务。对大卖场、超市、便利店、折扣店等零售业态进行统一编码，集中管理、分业态决策，提升供应链管理效益，为其后的全国物流整合计划打下深厚基础。

2003 年 12 月，联华超市与瑞星签约开发在线储值的联华 OK 卡，整合市场盈利模式，将各种连锁行业的业务关联起来，例如：连锁超市、面包店、餐饮、洗衣店、服饰店、专业专卖店等会员卡的储值、积分兑换等。不同业态的币值流通，以及异业结合的应用取得了重大的成功。

首先，在电商业务方面，联华电商基于互联网技术使电子商务、电子消费进入千家万户，目前的主营业务分为两项：一是网上购物业务，二是增值服务业务。首先，在网上购物业务方面，建立一个网络交易平台，使顾客能在这个平台上方便地选购商品，下订购单，并方便地使用 OK 卡进行支付；同时利用联华庞大的销售网点优势，以确保商品就近送到顾客的手中。这一点是较为明确的，而且极具优势，因为其可以依托联华集团下属的所有网点：世纪联华、联华超市、联华快客及其他联盟商户。其次，在增值服务业务方面，通过一定的管理细节设计，从而创造新的利润增长点。例如，其发行的储值卡业务，通过明确的程序设计做到多途径的余额查询，如通过网上查询或电话 021 - 96801 做声讯查询。看似不起眼的一个设计却给联华电商带来了丰厚的回报，其可通过网络查询、会员订购、支付、积点转存等增加网站点击率，以此可以和任何广告商商谈相关的费用，可从游戏厂商或卡商拿到相关产品的总代理权。又如其另一块增值业务——“数字卡”，这种卡完全可以不用管理库存，不用担心压货和缺货。实现网上购卡的好处是24小时风雨无阻且提供极其方便的网上银行的支付功能，从而达到不需要库存、即时产生、提前收款的效果，改善了企业的现金流。

资料来源：瑞星零售软件（www. rezin. com. cn）

第一节　管理信息系统基础

管理信息系统是商业企业进行业务信息管理的集成，其包含的内容较为广泛，需要前述知识点的支持，如商品信息数据化与数据库。本章在应用环节侧重对零售企业的管理信息系统进行介绍。

一、管理信息系统概况

企业在日常业务与管理活动中需要处理大量的信息，信息的产生、收集与累加促使企业构建一个信息系统（information system）对其进行统筹管理。企业对这些信息的高效使用可以对其计划、组织、领导、控制、预测等管理活动提供帮助。

（一）管理信息系统概念

管理信息系统（Management Information System，简称 MIS）是一个以人为主导，利用计算机硬件、软件、网络通信设备以及其他办公设备，进行信息的收集、传输、加工、储存、更新、拓展和维护的系统。管理信息系统是一个不断发展的新型学科，MIS 的定义随着计算机技术和通信技术的进步也在不断更新，在现阶段普遍认为管理信息系统是由人、计算机设备或其他信息处理手段组成并用于管理信息的系统集成。

从实践角度看，管理信息由信息的采集、信息的传递、信息的储存、信息的加工、信息的维护和信息的使用六个方面组成。完善的管理信息系统具有以下四个特征：①确定的信息需求；②信息的可采集与可加工；③可以通过程序为管理人员提供信息；④可以对信息进行管理。具有统一规划的数据库是 MIS 系统成熟的重要标志，它象征着管理信息系统是软件工程化的产物。从研究角度看，管理信息系统是一个交叉性综合性学科，组成部分包括计算机学科（如网络通信、数据库、计算机语言等）、数学（如统计学、运筹学、线性规划等）、管理学、仿真等多学科。信息是管理上的一项极为重要的资源，管理工作的成败取决于能否做出有效的决策，而决策的正确程度则在很大程度上取决于信息的质量。所以能否有效管理信息成为企业的首要问题，管理信息系统在强调管理、强调信息的现代社会中应用范围越来越广泛。

（二）管理信息系统的功能

随着相关技术的发展与完善，现代化管理信息系统的功能模块不断增加。一个完整的MIS应包括辅助决策系统（DSS）、工业控制系统（CCS）、办公自动化系统（OA）以及数据库、模型库、方法库、知识库和与上级机关及外界交换信息的接口。其中，办公自动化系统（OA）与上级机关及外界交换信息等都离不开Intranet（企业内部网）的应用。可以这样理解，现代企业MIS不能没有Intranet，但Intranet的建立又必须依赖于MIS的体系结构和软硬件环境。

1. 数据处理功能

数据处理功能包括对各类企业数据的输入、输出及存储，如物理数据的采集、基于数据库的存储，以及多种形式的数据输出。

2. 计划功能

计划功能根据现有条件和约束条件，为企业内各职能部门提供计划参考，并按照不同的管理层次提供相应的计划报告，如生产计划、财务计划、采购计划等。

3. 控制功能

控制功能根据各职能部门提供的数据，对计划执行情况进行监督、检查，比较执行与计划的差异，分析差异及产生差异的原因，辅助管理人员及时加以控制，如生产、库存管理中各关键节点的控制支持系统。

4. 预测功能

预测功能运用现代数学方法、统计方法或模拟方法，根据现有数据预测未来，如企业销售业绩、成本变化情况等。

5. 辅助决策功能

辅助决策功能采用相应的数学模型，从大量数据中推导出有关问题的最优解和满意解，辅助管理人员进行决策，以期合理利用资源，获取较大的经济效益，如生产辅助决策、营销辅助决策等。

（三）管理信息系统的发展

管理信息系统的出现始于管理实践的需求，该领域的应用与理论研究交互发展。

20世纪前期，随着全球经济的蓬勃发展，众多经济学家纷纷提出了新的管理理论。20世纪50年代，西蒙提出管理依赖于信息和决策的思想。同时期的维纳发表了控制论，他认为管理是一个过程。1958年，盖尔写到："管理将以较低的成本得到及时准确的信息，做到较好的控制。"这个时期计算机开始用于会计工作，并出现数据处理一词。

1970年，Walter T. Kennevan给刚刚出现的管理信息系统一词下了一个定义："以口头或书面的形式，在合适的时间向经理、职员以及外界人员提供过去的、现在的、预测未来的有关企业内部及其环境的信息，以帮助他们进行决策。"在这个定义里强调了用信息支持决策，但并没有强调应用模型，没有提到计算机的应用。

1985年，管理信息系统的创始人，明尼苏达大学的管理学教授Gordon B. Davis给了管理信息系统一个较完整的定义，即"管理信息系统是一个利用计算机软硬件资源，手工作业，分析、计划、控制和决策模型以及数据库人机系统，它能提供信息支持企业或组织的运行管理和决策功能"。这个定义全面地说明了管理信息系统的目标、功能和组成，而且反映了管理信息系统在当时达到的水平。

从应用领域的发展看，管理信息系统经历了三个主要阶段。

1. OPM阶段

OPM方法又称为订货点法，始于20世纪30年代，主要应用于企业采购管理活动中。订货点法指的是对于某种物料或产品，由于生产或销售的原因而逐渐减少，当库存量降低到某一预先设定的点时，即开始发出订货单（采购单或加工单）来补充库存。直至库存量降低到安全库存时，发出的订单所订购的物料或产品可以刚好到达仓库，补充前一时期的消耗，此订货的数值点即称为订货点。这种方法的特点是可以假定订货提前期，即市场供应与装运条件是不变的常量，每次订货的规模是相等的，订货时间是随着物资库存量降到订货点时间的不同而变化的。因此，在生产对物资的消耗速度不均衡的情况下，可以利用在订货点派人订货来适应物资消费速度的变化，保持物资储备的合理性。

由于早期的OPM方法部分基于人工管理与经验，因此存在一些局限性，如订货点法能够为企业正常生产提供足够的原料，但是会有库存积压现象。同时，订货点法对原料信息的要求较高，假定原料具有以下特点：对各种物料的需求是相对独立的；物料需求是连续发生的；提前期是已知的和固定的；库存消耗之后应立即补充。因此在订货点法的基础上，逐渐发展出了物料需求计划（MRP），较好地解决了何时订货的问题。

2. MRP 阶段

MRP 阶段即物资需求计划（Material Requirement Planning，MRP）阶段，是指根据产品结构各层次物品的从属和数量关系，以每个物品为计划对象，以完工日期为时间基准倒排计划，按提前期长短区别各个物品下达计划时间的先后顺序，是一种工业制造企业内物资计划管理模式。MRP 是根据市场需求预测和顾客订单制定产品的生产计划，然后基于产品生成进度计划，组成产品的材料结构表和库存状况，通过计算机计算所需物资的需求量和需求时间，从而确定材料的加工进度和订货日程的一种实用技术。

应用 MRP 方法可以达到以下目标：及时取得生产所需的原材料及零部件，保证按时供应用户所需产品；维持尽可能低的库存水平；计划企业的生产活动与采购活动，使各部门生产的零部件、采购的外购件与装配的要求在时间和数量上精确衔接。需要指出，MRP 主要用于生产“组装”型产品的制造业。因此，在实施 MRP 时，与市场需求相适应的销售计划是 MRP 成功的最基本的要素。同时 MRP 也存在局限，即资源仅仅局限于企业内部和决策结构化的领域。

MRP 的技术特点包括：

（1）需求的相关性：在流通企业中，各种需求往往是独立的。而在生产系统中，需求具有相关性。例如，根据订单确定了所需产品的数量之后，由新产品结构文件 BOM 即可推算出各种零部件和原材料的数量，这种根据逻辑关系推算出来的物料数量称为相关需求。不但品种数量有相关性，需求时间与生产工艺过程的决定也是相关的。

（2）需求的确定性：MRP 的需求都是根据生产进度计划、产品结构文件和库存文件精确计算出来的，品种、数量和需求时间都有严格要求，不可改变。

（3）计划的复杂性：MRP 要根据主产品的生产计划、产品结构文件、库存文件、生产时间和采购时间，把主产品的所有零部件需要数量、时间、先后关系等准确计算出来。当产品结构复杂，零部件数量特别多时，其计算工作量非常庞大，人力根本不能胜任，必须依靠计算机实施这项工程。

MRP 的计算步骤

物料需求计划的制订是遵照先通过主生产计划导出有关物料的需求量与需求时间，然后，再根据物料的提前期确定投产或订货时间的计算思路。其基本计算步骤如下：

（1）计算物料的毛需求量：根据主生产计划、物料清单得到第一层级物料品目的毛需求量，再通过第一层级物料品目计算出下一层级物料品目的毛需求量，依次一直往下展开计算，直到最低层级原材料毛坯或采购件为止。

（2）净需求量计算：根据毛需求量、可用库存量、已分配量等计算出每种物料的净需求量。

（3）批量计算：由相关计划人员对物料生产做出批量策略决定，不管采用何种批量规则或不采用批量规则，净需求量计算后都应该表明有否批量要求。

（4）安全库存量、废品率和损耗率等的计算：由相关计划人员来规划是否要对每个物料的净需求量做这三项计算。

（5）下达计划订单：通过以上计算后，根据提前期生成计划订单。物料需求计划所生成的计划订单，要通过能力资源平衡确认后，才能开始正式下达计划订单。

（6）再一次计算：物料需求计划的再次生成大致有两种方式，第一种方式会对库存信息重新计算，同时覆盖原来计算的数据，生成的是全新的物料需求计划；第二种方式则只是在制定、生成物料需求计划的条件发生变化时，才相应地更新物料需求计划有关部分的记录。这两种生成方式都有实际应用的案例，至于选择哪一种要看企业实际的条件和状况。

资料来源：MBA 智库百科（wiki. mbalib. com）。

3. ERP 阶段

ERP（Enterprise Resource Planning）是由美国计算机技术咨询和评估集团 Gartner Group Inc. 提出的一种供应链的管理思想。企业资源计划是指建立在信息技术基础上，以系统化的管理思想，为企业决策层及员工提供决策运行手段的管理平台。ERP 系统支持离散型、流程型等混合制造环境，应用范围从制造业扩散到零售业、服务业、银行业、电信业，以及政府机关和学校等事业部门，通过融合数据库技术、图形用户界面、第四代查询语言、客户服务器结构、计算机辅助开发工具、可移植的开放系统等对企业资源进行了有效的集成。

ERP 汇合了离散型生产和流程型生产的特点，包罗了供应链上所有的主导和支持能力，协调企业各管理部门围绕市场导向，更加灵活或“柔性”地开展业务活动，实时地响应市场需求。为此，重新定义供应商、分销商和制造商相互之间的业务关系，重新构建企业的业务和信息流程及组织结构，使企业在市场竞争中有更大的能动性。

ERP 是一种主要面向制造行业进行物质资源、资金资源和信息资源集成一体化管理的企业信息管理系统。ERP 是一个以管理会计为核心，可以提供跨地区、跨部门，甚至跨公司整合实时信息的企业管理软件。针对物资资源管理（物流）、人力资源管理（人流）、财务资源管理（资金流）、信息资源管理（信息流）集成一体化的企业管理软件。ERP 的提出与计算机技术的高度发展是分不开的，用户对系统有更大的主动性，作为计算机辅助管理所涉及的功能已远远超过 MRP 的范围。ERP 的功能除了包括 MRP 基本功能（制造、供销、财务）外，还包括多工厂管理、质量管理、实验室管理、设备维修管理、仓库管理、运输管理、过程控制接口、数据采集接口、电子通信、电子邮件、法规与标准、项目管理、金融投资管理、市场信息管理等。ERP 重新定义了企业各项业务及其相互关系，在管理和组织上采取更加灵活的方式，对供应链上供需关系的变动（包括法规、标准和技术发展造成的变动），同步、敏捷、实时地做出响应；在掌握准确、及时、完整信息的基础上，做出正确决策，能动地采取措施。与 MRP 相比，ERP 除了扩大管理功能外，同时还采用了计算机技术的最新成就，如扩大用户自定义范围、面向对象技术、客户机/服务器体系结构、多种数据库平台、SQL 结构化查询语言、图形用户界面、4GL/CASE、窗口技术、人工智能、仿真技术等，极大提高了信息处理效率。

MIS 系统的分类方式

1. 基于组织职能进行划分

MIS 按组织职能可以划分为办公系统、决策系统、生产系统和信息系统。

2. 基于信息处理层次进行划分

MIS 基于信息处理层次进行划分为面向数量的执行系统、面向价值的核算系统、报告监控系统、分析信息系统、规划决策系统，自底向上形成信息金字塔。

3. 基于历史发展进行划分

第一代 MIS 系统是由手工操作，使用的工具有文件柜、笔记本等。第二代 MIS 系统增加了机械辅助办公设备，如打字机、收款机、自动记账机等。第三代 MIS 系统使用计算机、电传、电话、打印机等电子设备。

4. 基于规模进行划分

随着电信技术和计算机技术的飞速发展，现代 MIS 系统从地域上划分已逐渐由局域范围走向广域范围。

5. MIS 系统的综合结构

MIS 系统可以划分为横向综合结构和纵向综合结构，横向综合结构是指同一管理层次各种职能部门的综合，如劳资、人事部门等。纵向综合结构是指具有某种职能的各管理层的业务组织在一起，如上下级的对口部门。

资料来源：百度百科（baike. baidu. com）。

早期信息系统主要应用于工业领域，随着信息技术应用范围的拓展，一些工业化的信息管理方法也逐渐引入服务业，如库存管理、销售管理、客户关系管理等，均应用于零售、批发、物流等领域。

二、管理信息系统的结构

信息系统结构分物理结构与逻辑结构两种，物理结构是指不考虑系统各部分的实际工作与功能结构，只抽象地考察其硬件系统的空间分布情况；逻辑结构是指信息系统各种功能子系统的综合体。

（一）管理信息系统的物理结构

按照信息系统硬件在空间上的拓扑结构，其物理结构一般分为集中式与分布式两大类。集中式结构是指物理资源在空间上集中配置。早期的单机系统是最典型的集中式结构，它将软件、数据与主要外部设备集中在一套计算机系统之中。由分布在不同地点的多个用户通过终端共享资源的多用户系统，也属于集中式结构。集中式结构的优点是资源集中，便于管理，资源利用率较高。但是随着系统规模的扩大，以及系统的日趋复杂，集中式结构的维护与管理越来越困难，也不利于用户发挥在信息系统建设过程中的积极性与主动性。此外，资源过于集中会造成系统的脆弱性，一旦主机出现故障，就会使整个系统瘫痪。目前在信息系统建设中，一般很少使用集中式结构。

随着数据库技术与网络技术的发展，分布式结构的信息系统开始产生，分布式系统是指通过计算机网络把不同地点的计算机硬件、软件、数据等资源联系在一起，实现不同地点的资源共享。各地的计算机系统既可以在网络系统的统一管理下工作，也可以脱离网络环境利用本地资源独立运作。分布式结构适应现代企业管理发展的趋势，即企业组织结构朝着扁平化、网络化方向发展，已经成为信息系统的主流模式。它的主要特征是：可以根据应用需求来配置资源，提高信息系统对用户需求与外部环境变化的应变能力，系统扩展方便，安全性好，某个结点所出现的故障不会导致整个系统停止运作。然而由于资源分散，且又分属于各个子系统，系统管理的标准不易统一、协调困难，不利于对整个资源进行规划与管理。

分布式结构又可分为一般分布式与客户机/服务器模式。一般分布式系统中的服务器只提供软件与数据的文件服务，各计算机系统根据规定的权限存取服务器上的数据文件与程序文件。客户机/服务器结构中，网络上的计算机分为客户机与服务器两大类。服务器包括文件服务器、数据库服务器、打印服务器等；网络结点上的其他计算机系统则称为客户机。用户通过客户机向服务器提出服务请求，服务器根据请求向用户提供经过加工的信息。

图 3－1 是管理信息系统物理结构示意图。

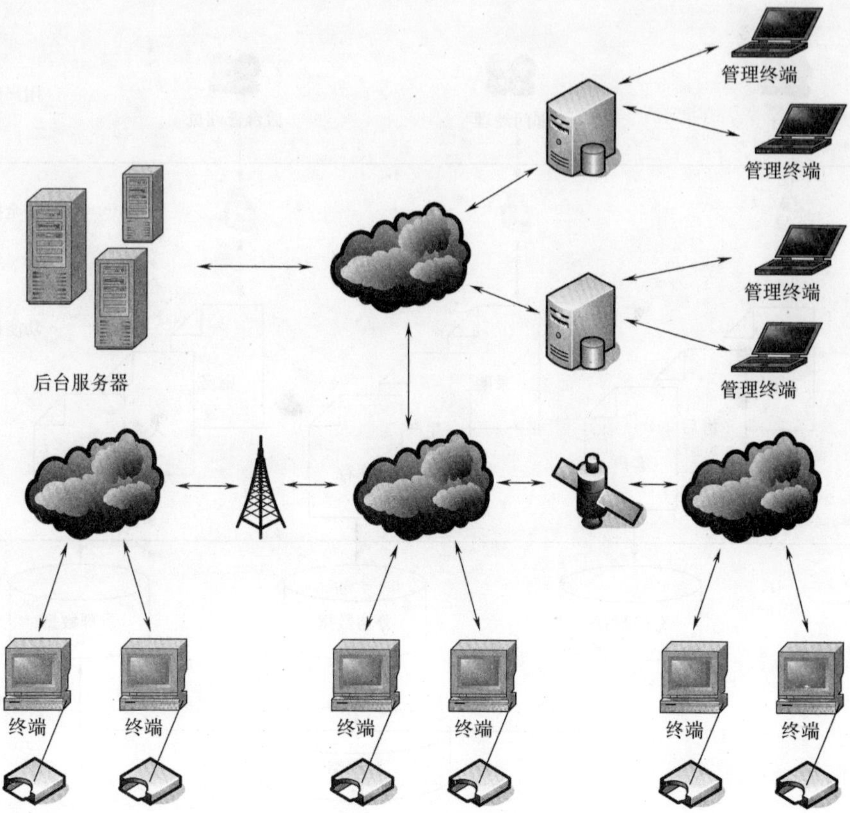

图 3－1　管理信息系统物理结构示意图

（二）管理信息系统的逻辑结构

信息系统的逻辑结构是其功能综合体和概念性框架。由于信息系统种类繁多、规模不一，功能存在较大差异，其逻辑结构也不尽相同。对于一个服务生产的管理信息系统，从管理职能角度划分，包括供应、生产、销售、人事、财务等主要功能的信息管理系统。一个完整的信息系统支持组织的各种功能子系统，使得每个子系统可以完成事务处理、操作管理、管理控制与战略规划等各个层次的功能。在每个子系统中可以有自己的专用文件，同时可以共用系统数据库中的数据，通过接口文件实现子系统之间的联系。与之相类似，每个子系统有各自的专用程序，也可以调用服务于各种功能的公共程序，以及系统模型库中的模型。对于以服务型业务为主的管理信息系统，如零售管理，在系统的业务逻辑方面主要依据用户角色差异，进而提供不同的服务功能与数据访问条件。

图 3－2 是管理信息系统逻辑结构示意图。

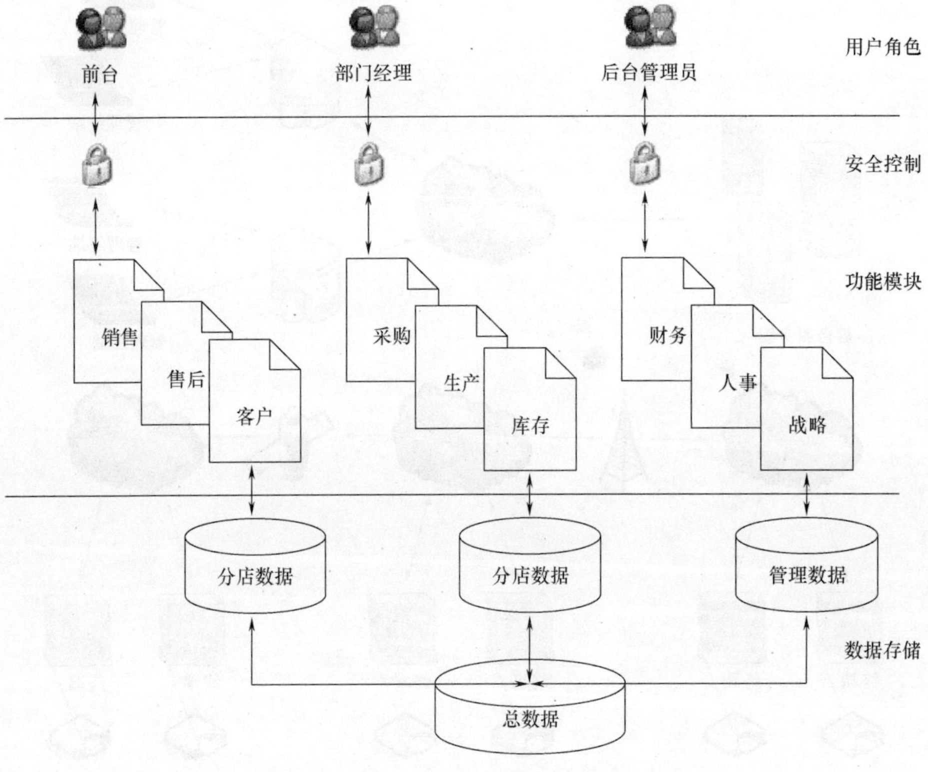

图 3－2　管理信息系统逻辑结构示意图

人们可对信息系统从不同的角度进行分解。在信息系统设计的过程中，最常见的方法是将信息系统按职能划分成一个个职能子系统，即逻辑上的功能模块，然后逐个研制和开发。显然，即使每个子系统的性能均很好，并不能确保每个系统的优良性能，不可忽视对整个系统的全盘考虑，尤其是对各个子系统之间的相互关系应做充分的考虑。因此，在信息系统开发中，强调各子系统之间的协调一致性和整体性。要达到这个目的，就必须在构造信息系统时注意对各种子系统进行统一规划，并对各子系统进行综合。常见的系统综合方法如下：

1. 横向综合

横向综合是指将同一管理层次的各种职能综合在一起，例如，将运行控制层的人事和工资子系统综合在一起，使基层业务处理一体化。

2. 纵向综合

纵向综合是指把某种职能的各个管理层次的业务组织在一起，这种综合沟通了上下级之间的联系，如工厂的会计系统和公司的会计系统综合在一起，它们都有共同之处，能形成一体化的处理过程。

3. 纵横综合

纵横综合主要是从信息模型和处理模型两个方面来进行综合，做到信息集中共享，程序尽量模块化，注意提取通用部分，建立系统公用数据库和统一的信息处理系统。

信息系统功能模块的整合利于系统资源的精简与优化，同时可以消除数据与代码方面的冗余，并便于系统的使用与维护。例如，常见的零售管理信息系统功能组合如图 3-3 所示。

三、管理信息系统的应用

许多企业在购买或定制了管理信息系统后，由于相关条件的问题，或者是管理经验的欠缺，未能发挥其最佳的功效，造成企业资源的浪费。因此，欲将管理信息系统的功能充分地发挥，需要关注其应用的环境与相关条件。

（一）信息系统应用的环境条件

管理信息系统应用的环境条件是系统功效发挥的基础，只有具备基本的工作环境，信息系统才能顺畅运转。管理信息系统的应用环境主要包括硬件环境与软件环境。

1. 硬件环境

硬件环境（hardware environment），是指计算机及其外围设备组成的计算机

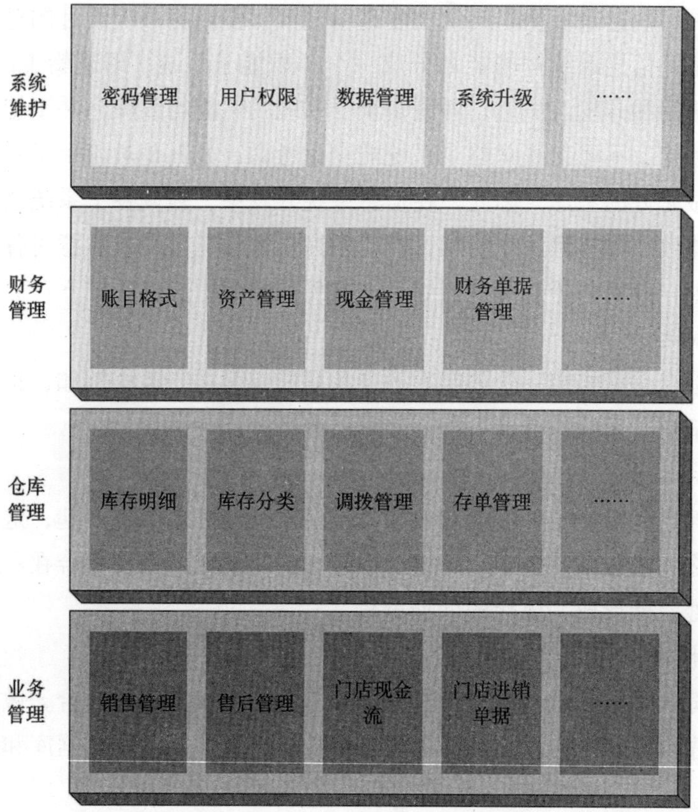

图 3-3　零售管理信息系统功能模块

物理系统，即硬件设施，也就是由传播活动所需要的相关物质条件与有形条件之和构筑而成的环境。

2. 软件环境

软件环境（software environment）是指运行于计算机硬件之上的驱动计算机及其外围设备实现某种目的的软件系统，主要为软件的运行环境，比如 Windows、Unix、Linux 等，以及软件运行所需的周边软件等。除此之外，还包括目的软件之外的应用层软件，在涉及软件交互的时候，这些应用软件往往影响很大。此外，在当前分布式体系快速发展的趋势下，网络环境（network environment）对于企业信息系统应用也非常重要，网络环境建设需要考虑到平台、信息传输的通道、网络程序语言等。

对于管理信息系统环境的建设，需要注意以下问题：

（1）硬件设备更新速度较快，很难做到一步到位（即使在初次购买时选用了高端的设备），需要进行阶段性的更新。

（2）硬件设备的更新与升级可以整体进行，也可以选择部分配件进行，应视企业的资金状况而定。

（3）在硬件设备方面，最好配置一定的临时备用品，以免出现问题后无法及时更换，造成系统短期的瘫痪。

（4）软件系统在不影响各应用组件的运行速度时，其更新频率可略低于硬件设备。

（5）软件环境的安全性非常重要，企业应购买安全管理软件，以保证系统运行的稳定，以及基础数据的安全。

（6）企业自行开发或购买的独立软件，应尽量与现有管理信息系统相结合（如在数据格式的一致性，以及跨平台可读性方面），避免为员工的使用带来额外负担。

（7）在网络上进行企业内部数据传输需要保证其安全性，如通过 VPN 通道进行。

（8）企业对于内部网络与外部网络应有明确的区分，并通过防火墙等技术进行区隔。

如何使管理信息系统发挥功效?

大量的研究与实践表明，管理信息系统在我国应用的成败并不单单取决于技术、资金、互联网系统、应用软件、软件实施等硬环境，还取决于企业的管理基础、文化底蕴等软环境，而且这些软环境往往起着更重要的作用。管理信息系统是一个人机管理系统，管理信息系统只有在信息流通顺畅、管理规范的企业中才能更好地发挥作用。

1. 规范化的管理体制

从目前国内一些企事业单位的情况来看，通过组织内部的机制改革，明确组织管理的模式，做到管理工作程序化、管理业务标准化、报表文件统一化与数据资料完整化和代码化是成功应用管理信息系统的关键。企业的管理信息系统必须具有市场信息管理、财务管理、原材料供应与库存管理、成本核算管理、生产计划管理、产品质量管理、人事与劳资管理、生产与管理流程管理等功能，而且所有功能都应该与总体目标相一致，否则很难建立起一套切合企业实际、能够真正促使企业实现现代化管理的高效管理信息系统。

2. 具备实施战略管理的基础或条件

管理信息系统的建立、运行和发展与组织的目标和战略规划是分不开的。组织的目标和战略规划决定了管理信息系统的功能和实现这些功能的途径。管理信息系统的战略规划是关于管理信息系统的长远发展计划，是企业战略规划的一个重要组成部分。这不仅由于管理信息系统的建设是一项耗资巨大、历时长远、技术复杂的工程，更因为信息已成为企业的生命动脉，管理信息系统的建设直接关系着企业能否持久创造价值，能否最终实现企业管理目标。一个有效的战略规划有助于在管理信息系统和用户之间建立起良好接口，可以合理分配和使用信息资源，从而优化资源配置，提高生产效率。一个好的战略规划有助于制定出有效的激励机制，从而激励员工更加努力地工作，同时还可以促进企业改革的不断深化，激发员工的创新热情。而这些正是建立管理信息系统的必要条件。离开良好的战略管理环境，管理信息系统的实施即使可以取得成功，也不可能长久。

3. 挖掘和培训一批能够熟练应用管理信息系统的人才

一个项目能否得到成功实施，在很大程度上取决于其人才系统运行的状况和人才存量对项目目标、组织任务的适应状况。要在企业中成功实施信息化管理，就要求企业配备相应的技术与管理人才，可以通过两个途径来解决这个问题：挖掘其他企业的人才；培训企业内部现有人才。

4. 健全绩效评价体系

实施管理信息系统是一场管理革命，必须有与之配套的准则把改革成果巩固下来。总体来说，健全的评价体系应该做到：有助于激励员工最大限度地为企业创造价值；有助于企业将信息化与企业战略有机结合起来；有助于对企业绩效进行纵向、横向比较，从而找出差距，分析原因；有助于企业合理配置信息化建设资源。当然，这些目标的实现还取决于绩效评价体系中的指标体系、配套的奖惩制度与监督制度等。企业是否具备建立管理信息系统所必需的绩效评价体系，要结合企业现状和同行业的相关数据进行分析，并且在实施过程中不断进行检验。在推行管理信息化过程中一旦发现问题，就应当及时予以改进与完善。

资料来源：百度百科（baike. baidu. com）。

（二）信息系统应用的整合

许多企业的信息系统并非一次开发成型，或由于资金原因，或由于需求原因。尤其是一些中小企业，其管理信息系统的建设通常是随着应用范围的拓展而逐步增加模块实现的，不同模块的开发主体、开发平台、应用环境、基础语言等会存在差别。因此，在信息系统应用中应关注信息系统的整合，将各部分功能组件有机联系起来。管理信息系统在整合方面的关键是如何实现原有分离功能组件间数据的相互可识别、共享，以及工作流程的统一、协调（表3-1）。

表3-1 信息系统整合的关键点

编号	涉及领域	解释
1	规范与标准	信息系统最重要的资源是信息，而信息进行传输必须有统一的标准，除了国际上通行、国家规定和行业规定的许多标准、规范和协议外，企业内部不同时期的系统之间接口的不一致，必然导致信息上所适用的规范和标准的不统一
2	数据库基础	许多企业原有应用软件以部门为单位开发，不同部门有可能选择了不同厂商，如 Oracle、Sybase、SQL Server 等的数据库产品，并在应用系统中均占有一定的比例。对于原有数据库进行数据格式方面的统一，需要进行相关的数据格式分析、数据冗余分析，以及部分数据表的再设计等工作
3	系统/应用的体系结构	信息系统在设计时，由于开发平台和硬件体系的不同，存在 C/S 和 B/S 等不同类型的系统体系结构。对于系统的整合来讲，要把不同体系结构的系统按不同的层次整合在一起，其方法和要求也不同，因而存在不同程度的困难
4	操作系统	操作系统是各种软件应用的平台，企业内的操作系统一般应采用同种技术规格与版本，但是也存在例外。如有些企业在内、外部采用有差别的系统，如 Windows 系列与 Unix 系列，其体系架构、文件格式、程序编码等方面均有差别，因此在整合方面需要通过一些中间件产品进行协调
5	网络环境	在网络应用方面，企业不同系统的服务器，不同的应用平台，不同的数据传输通道，企业内部网络与广域网络之间会有所差异。为保证远程处理与内部处理在传输效率和数据安全方面的可靠性，一些环节间存在隔离的状况。整合的过程中既要保障原有安全体系的设计，又要考虑整合效率的提升，因此在协调方面存在困难

整合管理信息系统，除了涉及技术层面的工作外，管理层面也存在诸多挑战，即要考虑企业应构建什么样的管理机制以促进管理信息系统的应用。许多企业在推行信息系统时存在一段过渡时期，即新系统与传统方式并存，如果在机制

方面缺乏足够的激励措施，很难调动全体员工投入到适应新系统的应用中，部分人员有可能还停留在传统工作方式与流程上，阻碍企业计划的推进。诚然，员工的一些消极表现有多种原因，如某些员工缺少应用计算机的知识或对于新系统比较陌生；某些员工对新系统缺乏信任感，不知道传统手工工作能否完全依赖自动化的方式；某些员工的本职工作内容有可能被系统替代，存在抵触的情绪，等等。因此，一套设计完善的管理信息系统在应用中还需要结合“人”的因素，通过企业高管以及信息部门通力合作，对员工进行系统的培训及充分的沟通，才能逐步将系统与人有机结合，促进系统效能的发挥。

信息系统的整合技巧

信息系统的构建是一个长期、系统的工程，当不同功能模块开发完成，并成功上线后，需要对系统进行整合调试，以使其发挥最大的功效。

1. 做好企业信息化的总体规划

自上而下地统一整合 IT 规划可以明确系统建设的目标，使信息系统建设有章可循。建立 IT 系统标准和规范，有效避免系统开发各自为政的现象，实现信息资源全面共享。因此，进行系统整合首先要做好企业信息化建设的总体规划布局。

2. 搭建企业级数据整合平台

数据整合的核心目的是对分散异构的多数据源实现统一的访问，实时智能地将业务数据传递给数据挖掘系统或其他应用系统，进而提取出价值较高的信息，并进一步实现数据的深加工。而构建企业级数据整合平台，就是通过从不同的应用程序和数据结构中提取数据源，并完成统一的数据清洗和转换。随着云计算技术的发展，数据整合平台还肩负着构建企业公有云和私有云的历史使命。构建数据平台是企业云计算的基础，而云的发展正是以信息整合为基础，以大力节约 IT 资源为目的，以数据支撑企业战略决策为核心的。因此，要实现信息系统的整合，进行数据级的整合是一切整合的基础。

3. 进行应用集成

构建应用集成平台（EAI），为不同的应用系统互通提供了基于工作流引擎（Workflow Engine）的统一可靠的实时消息通信平台，突破横亘于异构不兼容应用或数据库之间的障碍，通过消息和智能路由机制实现异构应用之间的松散耦合。应用集成是系统整合中将现有信息系统最大化保留，同时对业务需求信息最大整合的最佳模式，相对来讲，这种信息的整合是专业水平较高的整合。

4. 利用一线信息化人员的经验，培养企业信息化人才梯队

在企业信息化建设过程中，要充分发挥信息化员工在生产一线的优势，由于他们最能理解企业的需求和业务人员的需要，能最大限度地避免需求和实际的偏差，因此他们开发出来的应用系统虽然简单，但是很实用，能够在一定程度上提高工作效率和管理水平。企业要重视这类人才的培养，建立完善的人才培养机制，使信息化人才在企业发挥应有的效用。同时，在系统整合的过程中，要充分利用这些员工的能力，让他们参与到实际的开发中，他们最清楚企业的IT状况，因此也最清楚进行系统整合时的注意事项，并能提出好的意见和建议，提高整合的效率。

资料来源：CIO时代网（www. ciotimes. com）。

四、管理信息系统的开发

管理信息系统的开发属于软件设计与开发范畴，按照标准的软件开发流程，一般应包括需求分析阶段（包含需求文档的撰写以及软件的概要设计）、软件设计与实现阶段，以及软件的测试与维护阶段。

（一）信息系统的需求分析

信息系统软件需求分析就是把软件计划期间建立的软件可行性分析求精和细化，分析各种可能的解法，并且分配给各个软件模块。需求分析是软件定义阶段中的关键步骤，是确定系统必须完成哪些工作，也就是对目标系统提出完整、准确、清晰、具体的要求。软件需求分析所要做的工作是深入描述软件的功能和性能，确定软件设计的限制和软件同其他系统元素的接口细节，定义软件的其他有效性需求。进行需求分析时，应注意一切信息与需求都是站在用户的角度上，尽量避免分析员的主观想象，并尽量将分析进度提交给用户。在不进行直接指导的前提下，让用户进行检查与评价，从而提升需求分析的准确性。分析员通过需求分析，逐步细化对软件的要求，描述软件要处理的数据域，并给软件开发提供一种可转化为数据设计、结构设计和过程设计的数据和功能表示。在软件完成后，制定的软件规格说明还要为评价软件质量提供依据。

需求分析可分为需求提出、需求描述及需求评审三个阶段。

1. 需求提出

需求提出主要集中于描述系统目的。需求提出和分析仅仅集中在使用者对系统的观点上。开发人员和用户确定一个问题领域，并定义一个描述该问题的系

统。这样的定义称作系统规格说明，并且在用户和开发人员之间充当联系的桥梁。

2. 需求描述

在问题分析阶段分析人员的主要任务是：对用户的需求进行鉴别、综合和建模，清除用户需求的模糊性、歧义性和不一致性，分析系统的数据要求，为原始问题及目标软件建立逻辑模型。分析人员要将对原始问题的理解与软件开发经验结合起来，以便发现哪些要求是由于用户的片面性或短期行为所导致的不合理要求，哪些是用户尚未提出但具有真正价值的潜在需求。

3. 需求评审

在需求评审阶段，分析人员要在用户和软件设计人员的配合下对自己生成的需求规格说明和初步的用户手册进行复核，以确保软件需求的完整、准确、清晰、具体，并使用户和软件设计人员对需求规格说明和初步的用户手册的理解达成一致。一旦发现遗漏或模糊点，必须尽快更正并再次检查。

软件需求包括四个不同的层次：业务需求、用户需求、功能需求（也包括非功能需求），以及系统需求。业务需求（business requirement）反映了组织机构或客户对系统、产品高层次的目标要求，并在项目视图与范围文档中予以说明。用户需求（user requirement）文档描述了用户使用产品必须要完成的任务，这在使用实例（use case）文档或方案脚本说明中予以说明。功能需求（functional requirement）定义了开发人员必须实现的软件功能，使得用户能完成他们的任务，从而满足了业务需求。同时，在系统层面也会涉及部分系统需求（system requirement），需要在分析阶段加以考虑。

表3-2是系统设计的需求分析说明。

表3-2　系统设计的需求分析

编号	需求类别	说　明
1	业务需求	业务需求表示组织或客户需求的高层次目标。业务需求通常来自项目投资人、购买产品的客户、实际的管理者、市场营销或产品策划等具体业务部门。业务需求描述了组织为什么要开发一个系统，即组织希望达到的目标，以及使用前景和范围（vision and scope）。通常通过文档形式来记录业务需求，这份文档有时也被称作项目轮廓图或市场需求（project charter 或 market requirement）文档

续表

编号	需求类别	说明
2	用户需求	用户需求描述的是用户的目标，或用户要求系统必须能完成的任务。用例、场景描述和事件，以及响应表都是表达用户需求的有效途径。用户需求描述了用户能使用系统来做些什么
3	功能需求	功能需求规定开发人员必须在产品中实现的软件功能，用户利用这些功能来完成任务，满足业务需求。功能需求有时也被称作行为需求（behavioral requirement），功能需求描述的是开发人员在程序设计时需要实现什么
4	系统需求	系统需求用于描述包含多个子系统的产品的顶级需求。系统可以只包含软件系统，也可以既包含软件又包含硬件子系统。人也可以是系统的一部分，因此某些系统功能可能要与人进行交互分析

资料来源：百度百科（baike. baidu. com）。

（二）信息系统的软件设计与实现

软件设计的任务是从软件需求规格说明书出发，根据需求分析阶段确定的功能设计软件系统的整体结构、划分功能模块、确定每个模块的实现算法以及编写具体的代码，形成软件的具体设计方案。信息系统软件设计需要把许多企业业务与问题抽象出来，并且使其具有不同的层次和类别，进而便于计算机辅助功能的实现。计算机软件设计与其他工程学科相比仍处于不断变化与发展中，例如更新的方法、更好的算法分析以及理解力的显著进化等。软件设计方法论的出现也仅有几十年，仍然缺乏深度、适应性和定量性质，通常需要与经典工程设计学科相联系。现今的软件技术标准已经存在，相关设计质量的标准也可参考，设计符号亦可以通用。软件设计是一种基于需求与逻辑分析的创造性活动，涉及的问题诸如软件如何满足客户的需要，如何才能容易地实现，以及如何才能方便地扩展功能以适应新需求。

软件在设计中需要遵循一定的业务规制。规则一般包括企业战略、政府条例、工业标准、行业标准、会计准则、计算方法以及惯例等。规划本身并非软件设计的依据，因为其不属于任何特定软件系统的范围。然而，各种规则常常会限制谁能够执行某些特定用例，或者规定系统为符合相关规则必须实现哪些特定功能，有时功能中特定的质量属性也源于相关规则。所以，在对软件某些功能进行追溯时，会发现其来源正是一条特定的业务规则。

软件设计的主要原则

（1）设计对于分析模型应该是可跟踪的，软件的模块可能被映射到多个需求上。

（2）设计结构应该尽可能地模拟实际问题。

（3）设计应该表现出前后一致性。

（4）不要把设计当成编写代码。

（5）在创建设计时就应该能够评估质量。

（6）评审设计以减少语义性的错误。

（7）设计应该模块化，将软件逻辑地划分为元素或子系统，并包含数据、体系结构、接口和构件的清晰表示。

资料来源：百度百科（baike. baidu. com）。

1. 软件设计的方法

（1）结构化方法：

结构化开发方法是由 E. Yourdon 和 L. L. Constantine 提出的，即所谓的 SASD 方法，也可称为面向功能的软件开发方法或面向数据流的软件开发方法。Yourdon 的结构化方法是 20 世纪 80 年代使用最广泛的软件开发方法。该方法首先用结构化分析（SA）对软件进行需求分析，然后用结构化设计（SD）方法进行总体设计，最后是结构化编程（SP）。该方法定义了两类典型的软件结构，使软件开发的成功率大大提高。

（2）面向数据结构的软件开发方法：

Jackson 方法是最典型的面向数据结构的软件开发方法。Jackson 方法把问题分解为可由三种基本结构形式表示的各部分层次结构。三种基本的结构形式就是顺序、选择和重复。三种数据结构可以进行组合，形成复杂的结构体系。这一方法从目标系统的输入与输出数据结构入手，导出程序框架结构，再补充其他细节，就可得到完整的程序结构图。这一方法对输入、输出数据结构明确的中小型系统特别有效，如商业应用中的文件表格处理。该方法也可与其他方法结合，用于模块的详细设计。

（3）面向问题的分析法：

PAM（Problem Analysis Method）是 20 世纪 80 年代末由日立公司提出的一种

软件开发方法。该方法的基本思想是考虑输入、输出数据结构，指导系统的分解，在系统分析指导下逐步综 合。这一方法的具体步骤是：从输入、输出数据结构导出基本处理框；分析这些处理框之间的先后关系；按先后关系逐步综合处理，直到画出整个系统的 PAD 图。这一方法本质上是综合的自底向上的方法，但在逐步综合之前已进行了有目的的分解，这个目的就是充分考虑系统的输入、输出数据结构。PAM 方法的另一个优点是使用 PAD 图。这是一种二维树形结构图，是到目前为止最好的详细设计表示方法之一。当然，由于在输入、输出数据结构与整个系统之间同样存在着鸿沟，这一方法仍只适用于中小型问题。

（4）原型化方法：

产生原型化方法的原因很多，主要是随着系统开发经验的积累，软件工程人员发现并非所有的需求都能够预先定义，在开发过程中反复修改是不可避免的。原型化方法使软件开发活动能够在较为宽松的环境下进行，设计过程具有较强的弹性，能够与用户进行深入的交流与沟通，并在软件设计的初始阶段与用户对接，及时发现问题并进行修正。当前采用原型化方法，部分原因是由于开发工具的快速发展，比如用 VC、VB、DELPHI 等工具可以迅速开发出一个可以让用户可见、可用的系统框架。因此，对于计算机不是很熟悉的用户就可以根据这个样板提出或修正自己的需求。例如，对于某种查询应用（图 3－4），设计者可以向用户展示其操作的界面，包括查询条件与方式，以及可显示的结果，但并不进行实际的后台编码（这样可以节省时间，并避免无效的工作）。用户可以直接从操作的角度对软件设计提出自己的意见，如增加查询条件、调整控件位置、优化显示界面等。当需求被明确后，软件设计人员再进行编码工作。

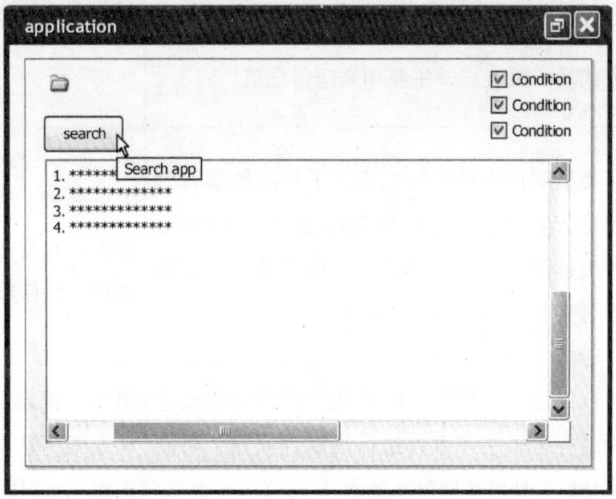

图 3－4　软件原型开发示意

2. 软件开发的过程控制

软件开发的过程难度高、风险大，其中最关键的问题在于软件开发组织不能很好地管理其软件开发过程，使一些好的开发方法和技术起不到预期的作用。一般软件项目的成功是通过工作组的杰出努力实现的，但仅仅建立在特定人员基础上的成功不能为全组织的长期发展打下基础，必须在建立有效的软件管理工程实践和管理实践的基础设施方面探寻规律。软件成熟度模型便是在这一需求下应运而生的。

软件能力成熟度模型（CMM：Capability Maturity Model for Software）是一种开发模型。CMM 是对于软件组织在定义、实施、度量、控制和改善其软件过程的实践中各个发展阶段的描述。CMM 的核心是把软件开发视为一个过程，并根据这一原则对软件开发和维护过程进行监控和研究。CMM 的目标是改善现有软件开发过程，也可用于其他过程设计。CMM 是一种用于评价软件承包能力以改善软件质量的方法，侧重于软件开发过程的管理及工程能力的提高与评估，分为五个等级：一级为初始级，二级为可重复级，三级为已定义级，四级为已管理级，五级为优化级（表 3－3）。其假设条件是，只要集中精力持续努力去建立有效的软件工程过程的基础结构，不断进行管理的实践和过程的改进，就可以克服软件生产中的困难。

表 3－3　CMM 等级划分

能力等级	特　点	关键过程
第一级 初始级（最低级）	软件工程管理制度缺乏，过程缺乏定义、混乱无序；成功依靠的是个人的才能和经验，经常由于缺乏管理和计划导致时间、费用超支；管理方式属于反应式，主要用来应付危机	过程不可预测，难以重复
第二级 可重复级	基于类似项目中的经验，建立了基本的项目管理制度，采取了一定的措施控制费用和时间；管理人员可及时发现问题，采取措施；一定程度上可重复类似项目的软件开发	需求管理、项目计划、项目跟踪和监控、软件子合同管理、软件配置管理、软件质量保障
第三级 已定义级	已将软件过程文档化、标准化，可按需要改进开发过程，采用评审方法保证软件质量；可借助 CASE 工具提高质量和效率	组织过程定义、组织过程焦点、培训大纲、软件集成管理、软件产品工程、组织协调、专家审评

续表

能力等级	特　点	关键过程
第四级 已管理级	针对制定质量、效率目标，并收集、测量相应指标；利用统计工具分析并采取改进措施；对软件过程和产品质量有定量的理解和控制	定量的软件过程管理和产品质量管理
第五级 优化级（最高级）	基于统计质量和过程控制工具，持续改进软件过程；质量和效率稳步改进	缺陷预防，过程变更管理和技术变更管理

资料来源：百度百科（baike. baidu. com）。

管理信息系统涉及的架构复杂、信息容量大、应用模块较多，软件的升级与维护级别较高，因此需要控制软件生产过程、提高软件生产者组织性和软件生产者个人能力，进而使系统的开发能够顺利、规范进行。

（三）信息系统的测试与维护

信息系统正式上线之前需要经过系统化的测试，同时系统在应用中根据需求变化以及新问题的出现，需要对其不断进行维护。企业在使用管理信息系统的过程中，维护的时间以及相关费用支出要占到相当的比重。

1. 信息系统的测试

任何软件均需要经过测试（software testing）才能正式使用，软件测试是一种用来鉴定软件的正确性、完整性、安全性和质量的过程。其实施方法是在规定的条件下对程序进行操作，以发现程序错误，衡量软件质量，并对其是否能满足设计要求进行评估。

软件测试的一般原则包括：

（1）测试应该尽早进行，最好在需求阶段就开始介入，因为最严重的错误不外乎是系统不能满足用户的需求。

（2）程序员应该避免检查自己的程序，软件测试应该由第三方来负责。

（3）设计测试用例时应考虑到合法的输入和不合法的输入以及各种边界条件，特殊情况下要制造极端状态和意外状态，如网络异常中断、电源断电等。

（4）应该充分注意测试中的群集现象。

（5）对错误结果要进行一个确认过程。一般由 A 测试出来的错误，一定要由 B 来确认。严重的错误可以召开评审会议进行讨论和分析，对测试结果要进行严格确认，是否真的存在这个问题以及严重程度等。

（6）制定严格的测试计划。一定要制定测试计划，并且要有指导性。测试时间安排尽量宽松，不要寄望在极短的时间内完成一个高水平的测试。

（7）妥善保存测试计划、测试用例、出错统计和最终分析报告，为将来的维护提供方便。

一般来说，软件测试由独立测试机构承担有很多好处。独立测试是指软件测试工作由在经济上和管理上独立于开发机构的组织进行，独立测试可以避免软件开发者测试自己开发的软件。由于心理学上的原因，软件开发者难以客观有效地测试自己的软件，要找出那些因为对问题的误解而产生的错误就更加困难。独立测试还可以避免软件开发机构测试自己的软件。软件产品的开发过程受到时间、成本和质量三者的制约，在软件开发的过程中，当时间、成本和质量三者发生矛盾时，质量最容易被忽视，如果测试组织与开发组织来自相同的机构，测试过程就会面临来自开发组织方面的压力，使测试过程受到干扰。

对于管理信息系统，其测试不仅涉及软件部分，还应从全系统角度进行综合的考察。对于其涉及的各类技术环节（包括软硬件），均需要进行检验，避免用户在使用中出现严重问题，诸如数据丢失、损坏等。

MIS 涉及的主要技术

信息系统涉及计算机技术基础与运行环境，具体包括计算机硬件技术、计算机软件技术、计算机网络技术和数据库技术。

1. 计算机硬件技术

硬件基础设施包括网络平台、计算机主机和外部设备。计算机硬件系统是信息系统的运行平台，其中网络平台是信息传递的载体和用户接入的基础。

2. 计算机软件技术

软件分为系统软件和应用软件。系统软件是指管理、控制和维护计算机及外部设备，以及提供计算机与用户界面的软件，包括：各种语言和它们的汇编或解释、编译程序、计算机的监控管理程序（Monitor）、调试程序（Debug）、故障检查和诊断程序、程序库、数据库管理程序、操作系统（OS）。

3. 计算机网络技术

计算机网络是用通信介质把分布在不同地理位置的计算机、计算机系统和其他网络设备连接起来，以功能完善的网络软件实现信息互通和网络资源共享的系统。计算机网络包括网络介质、协议、节点、链路。

计算机网络拓扑结构是指网络的链路和节点在地理上所形成的几何结构，并用以表示网络的整体结构外貌，同时也反映各个模块之间的结构关系。按照通信系统的传输方式，计算机网络的拓扑结构可分为点对点传输结构和广播传输结构两大类。计算机网络根据通信距离可分为局域网和广域网两种。

4. 数据库技术

数据库系统包括数据集合、硬件、软件和用户层次模型（hierarchical model）、网状模型（network model）数据库系统、关系型（relation model）数据库系统。

资料来源：百度百科（baike. baidu. com）。

2. 信息系统的维护

软件维护活动类型总共有四种：改正性维护（纠错性维护）、适应性维护、完善性维护、增强、预防性维护或再工程。

（1）改正性维护：

改正性维护是指改正在系统开发阶段已发生而在系统测试阶段尚未发现的错误。这方面的维护工作量要占整个维护工作量的17%～21%。所发现的错误有的不太重要，不影响系统的正常运行，其维护工作可随时进行；有的非常重要，甚至会影响整个系统的正常运行，对其进行维护必须制定计划，并且要进行复查和控制。

（2）适应性维护：

适应性维护是指为适应信息技术变化和管理需求变化而对使用的软件进行的修改。这方面的维护工作量一般占整个维护工作量的18%～25%。由于目前计算机硬件价格的不断下降，以及各类系统软件不断更新，人们常常为改善系统硬件环境和运行环境而产生系统更新换代的需求；企业的外部市场环境和管理需求的不断变化，通常使得各级管理人员不断提出新的信息需求。这些因素都将引发适应性维护的工作，进行这方面的维护工作也要像系统开发一样，有计划、有步骤地进行。

（3）完善性维护：

完善性维护是为扩充功能和改善性能而进行的修改，主要是指对已有的软件系统增加一些在系统分析和设计阶段中没有规定的功能与性能特征。这些功能对完善系统功能是非常必要的。另外，还包括对处理效率和编写程序的改进，这方面的维护工作量一般占整个维护工作量的50%～60%，比重较大。完善性维护也关系到系统开发质量的重要方面，这方面的维护除了要有计划、有步骤地完成外，还要注意将相关的文档资料加入到此前的文档中。

（4）预防性维护：

预防性维护是为了改进应用软件的可靠性和可维护性，为了适应未来的软硬件环境的变化，主动增加预防性的新功能，以使应用系统适应各类变化而不被淘汰。例如，将专用报表功能改成通用报表生成功能，以适应将来报表格式的变化。这方面的维护工作量一般占整个维护工作量的4%左右。

软件维护过程中，一般应填写程序修改登记表与程序变更通知书等书面文件，并经客户签字确认，标明新旧程序的不同之处，以备后期查询对照。

第二节　商业管理信息系统的应用

结合前述管理信息系统的理论知识，本部分重点结合零售领域的信息系统进行应用层面的介绍。

一、商业管理信息系统的类型

我们在应用管理信息系统时需要了解其架构类型，熟悉其性能特点以及优劣势，才能将系统的效能充分发挥。常见管理信息系统架构包括C/S结构与B/S结构，以下分别加以介绍。

（一）C/S结构的应用特点

C/S结构即Client/Server（客户机/服务器）结构，是传统且常用的软件系统体系结构，通过将任务合理分配到客户机（Client）端和服务器（Server）端，降低了系统的通信开销。在使用中需要分别安装服务器端与客户端才可进行管理与业务操作。一般来说，客户端和服务器端的程序不同，用户的程序主要在客户端，客户端程序主要完成用户的具体业务，而服务器端主要提供数据管理、数据共享、数据及系统维护和并发控制等功能。该结构的特点是开发比较容易、操作简便，但应用程序的升级和客户端程序的维护较为困难。

在工作模式方面，C/S结构的基本原则是将计算机应用任务分解成多个子任务，由多台计算机分工完成，即采用“功能分布”原则。客户端完成数据处理、数据表示以及用户接口功能；服务器端完成数据库管理系统（DBMS）的核心功能。这种客户请求服务、服务器提供服务的处理方式是一种分工清晰的计算机应用模式。

C/S结构的优点是能充分发挥客户端PC的处理能力，很多工作可以在客户端处理后再提交给服务器，因此客户端的响应速度一般较快。首先，应用服务器运行数据负荷较轻。最简单的C/S体系结构的数据库应用由两部分组成，即客户应用程序和数据库服务器程序，二者可分别称为前台程序与后台程序。运行数据库服务器程序的机器，也称为应用服务器。一旦服务器程序被启动，就随时等待响应客户程序发来的请求；客户应用程序运行在用户自己的电脑上，对应于数据库服务器，可称为客户电脑，当需要对数据库中的数据进行任何操作时，客户程序就自动地寻找服务器程序，并向其发出请求，服务器程序根据预定的规则做出应答并返回结果，应用服务器运行数据负荷较轻。同时，数据的储存管理功能较为透明。在数据库应用中，数据的储存管理功能是由服务器程序和客户应用程序分别独立进行的，并且通常把那些不同的（不管是已知还是未知的）前台应用所不能违反的规则，在服务器程序中集中实现，例如访问者的权限，以及必须经客户同意才能建立订单这样的规则。所有这些内容对于工作在前台程序上的最终用户是“透明”的，他们无须过问（通常也无法干涉）背后的过程，就可以完成自己的一切工作。在C/S体系下，数据库不能真正成为公共、专业化的仓库，它受到独立的专门管理。

C/S结构也有应用方面的局限。随着互联网的飞速发展，移动办公和分布式办公越来越普及，这需要我们的系统具有扩展性。这种方式的远程访问需要专门的技术，同时要对系统进行专门的设计来处理分布式数据。客户端需要安装专用的客户端软件。在使用中，如果任一台电脑出问题，如受病毒攻击及硬件损坏，都需要进行重新安装或维护。特别是在企业有很多分公司或独立商店的情况下，维护与管理的工作量将十分繁重。同时，在系统软件升级时，每一台客户机都需要重新安装，其维护和升级成本非常高。在数据管理方面，需要选择适当的数据库平台来实现数据库的真正“统一”，使分布于两地的数据同步完全交由数据库系统去管理，但逻辑上需要两地的操作者直接访问同一个数据库才能有效实现。因此，如果需要建立“实时”的数据同步，就必须在两地间建立实时的通信连接，保持两地的数据库服务器在线运行，网络管理工作人员既要对服务器做维护和管理，又要对客户端进行维护和管理，这需要高昂的投资和复杂的技术支持。

（二）B/S结构的应用特点

B/S结构即Browser/Server（浏览器/服务器）结构，是随着互联网技术的兴起，对C/S结构的一种变化或者改进的结构。在这种结构下，用户界面完全通过网络浏览器实现。B/S结构中的客户端基本上没有专门的应用程序，应用程序主要存储在服务器端，客户端在使用时通过网络调用服务器端的程序。由于客户端没有程序代码，应用程序的升级和维护都可以在服务器端完成，升级维护较为方便。由于客户端使用浏览器，使得用户界面简洁且易变化，但数据的打印输出等功能受到了限制。为了克服这个缺点，一般把利用浏览器方式实现困难的功能单独开发成可以发布的控件，在客户端利用程序调用来完成。

B/S 结构最大的优点就是可以在任何地方进行操作而不用安装任何专门的软件，只要有一台能上网的电脑就能使用，客户端具有零维护的优点。同时，系统的扩展性非常好，只要能上网，再由系统管理员分配一个用户名和密码就可以进行扩展或维护。这种工作方式甚至可以在线申请，通过公司内部的安全认证（如 CA 证书）后不需要人的参与，系统可以自动分配给用户一个账号进入系统。

同时，随着软件系统的改进和升级越来越频繁，B/S 结构的产品明显表现出更为便捷的特性。对一个大型企业来说，系统管理人员如果需要在几百甚至上千部电脑之间来回穿梭，其效率和工作量是可想而知的，但 B/S 结构的软件只需要管理服务器就行了，所有的客户端只是浏览器，根本不需要做任何的维护。无论用户的规模有多大，有多少分支机构都不会增加任何维护升级的工作量，所有的操作只需要针对服务器进行；如果是异地，只需要把服务器连接专网即可实现远程维护、升级和共享。所以客户机越来越“瘦”而服务器越来越“胖”是将来企业信息化发展的主流方向。在 B/S 结构下，软件升级和维护会越来越容易，而使用起来会越发简单，这对用户人力、物力、时间、费用的节省是显而易见的。

但 B/S 结构也有其缺点。如 B/S 结构在图形的表现能力上以及运行的速度上弱于 C/S 结构。BIS 结构还有一个致命弱点，就是受程序运行环境限制。B/S 结构高度依赖浏览器，而浏览器的版本繁多，很多浏览器核心架构差别也很大，导致其对于网页的兼容性有很大影响，尤其是在 CSS 布局及 JavaScript 脚本执行等方面会有很大影响。

(三) C/S 结构与 B/S 结构的比较

C/S 结构与 B/S 结构在应用中各有优缺点，商业企业在系统开发时需要依据自身应用的特点，以及成本角度进行选择。以下从几个方面对 C/S 结构与 B/S 结构进行比较（表 3 -4）。

表 3 -4　C/S 结构与 B/S 结构比较

编号	比较内容	说　明
1	硬件环境	C/S 结构一般建立在专用的网络上，网络环境范围较小；局域网之间通过专门服务器提供连接和数据交换服务。B/S 结构建立在广域网之上，不需要专门的网络硬件环境。例如通过电脑上网、手机上网等均可，并可通过租用设备实现对信息的管理。B/S 结构有比 C/S结构更强的适应性，一般只要有操作系统和浏览器就能够运行

续表

编号	比较内容	说　明
2	对安全性的要求	C/S 结构一般面向相对固定的用户群，对信息安全的控制能力很强，一般高度机密的信息系统应采用 C/S 结构；同时可以通过 B/S结构发布部分可公开信息。而 B/S 结构建立在广域网之上，对安全的控制能力相对较弱，面向的是不可知的用户群
3	程序架构	C/S 程序更加注重流程，可以对权限进行多层次校验，系统运行速度相对较快且稳定。B/S 程序需要综合考虑安全性以及访问速度，系统架构需要更加优化，在设计方面比 C/S 有更高的要求。B/S 结构的程序架构是发展的趋势，从 MS 的 . Net 系列到 BizTalk 2000、Exchange 2000 等，全面支持网络的构件系统逐渐成熟；同时 JavaBean 构件技术的出现使 B/S 结构更加成熟
4	软件重用性	C/S 结构程序的设计与使用需要考虑整体性，相关构件与组件不如在 B/S 体系下的重用性好。B/S 结构采用多重结构，构件具有相对独立的功能，能够在系统升级中重复使用
5	系统维护	系统维护是软件生存周期中开销较大的环节。C/S 结构程序由于整体性特征，一旦出现问题或遇到系统升级，极有可能需要再做一个全新的系统，成本较高。B/S 结构程序由构件组成，构件可以模块形式进行更换，实现系统的无缝升级，系统维护开销相对较小。在操作层面，终端用户从网上自行下载安装就可以实现升级
6	问题处理	C/S 结构程序一般用于处理用户界面固定，在相同区域进行，并且对安全性要求较高的问题；C/S 结构程序的运行与操作系统密切相关，需要在相同的系统下实现。B/S 结构建立在广域网基础上，面向不同的用户群，具有地域分散特点，这是 C/S 结构无法实现的，且不受操作系统平台的制约
7	用户接口	C/S 结构多是建立在 Windows 平台上，表现方法有限；在用户接口设计方面对程序员的要求普遍较高。B/S 结构建立在浏览器上，有更加丰富和生动的表现方式，与用户交流较为容易，并且能够降低开发成本
8	信息流	C/S 结构程序一般是典型的中央集权式的机械化处理模式，交互性相对低。在 B/S 结构下信息流向较为灵活，用户与主机可以实时进行信息的交互，且对信息的一致性、完整性控制优势明显

资料来源：百度百科（baike. baidu. com）。

C/S结构和B/S结构各有优势，C/S结构在计算能力以及运行速度上强于B/S结构模式，不过缺点就是需要运行专门的客户端程序，而且更重要的是它不能实现跨平台运行，例如用C++在Windows下编写的程序肯定不能在Linux下运行。而B/S结构模式就不同了，它不需要专门的客户端，只要借助浏览器即可实现，而浏览器的获得较为容易，如各种型号的电脑、平板机、手机等，方便性是其显著优势。同时，B/S结构是基于网页语言的，与操作系统无关，具有跨平台灵活性。可以预见，随着网页语言、浏览器的进步以及网络传输速度的提升，B/S在表现能力以及运行速度上会逐渐改善。

二、商业管理信息系统应用——C/S结构

许多企业仍然使用C/S结构的商业管理信息系统，尤其是一些应用信息系统较早的企业。虽然B/S结构在网络环境下显现了优势，但许多企业由于传统系统架构已经成形，或结构转换成本较高，因此在企业内部仍然沿用C/S结构的管理信息系统。而在对外信息发布中通过中间组件连接了B/S结构。本小节主要介绍基于C/S结构的（超市）零售管理系统的功能及使用方法。

（一）C/S结构管理信息系统

本部分以精诚超市管理系统为例，展示C/S结构管理信息系统的运行。精诚超市管理系统是面向国内中小型超市管理的平台，它是按照国内中小型超市的经营规模、组织架构等方面的特点设计，紧密结合中小型超市的管理需求开发的。该系统包括系统维护、业务管理（涉及采购、销售、仓库、应收应付、现金银行、待摊费用等）、业务报表、账务管理及辅助功能（涉及工资、固定资产、会员、前台销售等）等五大系统，实现了对企业物流、资金流、信息流的控制与管理。该系统充分考虑到企业经营者的需要，提供了更加全面的统计分析功能，将企业的采购、销售、存货、成本、利润、应收、应付、现金、银行存款等多方面的运营情况进行全面汇总分析，从而使企业的经营者能够迅速掌握超市的实际运作状况，合理地做出战略决策。精诚超市管理系统在硬件配置方面的要求如表3-5所示。

表3-5　C/S结构零售系统硬件配置表

设备	型号	特点
后台服务器	Intel系列，主频1.2G及以上，内存1G及以上，硬盘30G及以上，100M网卡	
后台工作站	Intel系列，主频1.2G及以上，内存2G及以上，硬盘100G及以上，100M网卡	

续表

设备	型号	特点
前台收款机	Intel 系列，主频 1G 及以上，内存 256M 及以上，硬盘 10G 及以上，100M 网卡	
后台打印机	Epson – LQ – 300K 针式打印机	价格便宜，可靠性高，使用成本低，只能打印窄行打印纸
	Epson – LQ – 1600K 针式打印机	可以打印宽行报表
	HP 系列激光打印机	打印速度快、打印质量好，建议用于打印价格标签
	喷墨打印机	使用成本高，不推荐使用
条码打印机	Argox OS – 214 商用条码机	价格便宜、可靠性高
	其他系列条码打印机	保证工作可靠性
小票打印机	Epson – TM – 210 系列（带硬字库）	针式打印，价格合理、耗材便宜，建议选用
	Epson – TM – 300 系列（带硬字库）	针式打印，功能完备，价格较高
	POS58、中崎 AB58k、博施 BS – 160K	热敏，价格便宜，打印速度快，耗材稍贵
	其他系列票据打印机	由于兼容性问题，在没有通过测试前不建议采用
条码扫描器	激光平台	灵敏度极高，使用方便，价格高
	手持式激光扫描枪	灵敏度高，使用较方便，价格合理
	手持式红外扫描枪	灵敏度低，价格便宜
电子秤	80SP 系列	价格合理，建议选用
	其他系列电子秤	因数据格式问题，在没有通过测试前不建议采用
顾客显示屏	DIY 系列	与机箱配套较为方便，建议选用
	其他系列顾客显示屏	在没有通过测试前不建议采用
自动钱箱	DIY 系列	与机箱配套较为方便，价格较高，建议选用
	其他类型自动钱箱	只要可以通过上述的小票打印机驱动，可以自由选择

资料来源：根据《精诚超市管理系统操作手册》调整而来。

零售管理系统硬件设施

（1）后台服务器：用于处理和存放系统的所有业务数据，要求有很高的运算速度和可靠性。

（2）后台工作站：必须与后台服务器连接才能工作，用于处理商店后台的业务，不存放业务数据。

(3) 前台收款机：用于前台零售收款，定时与后台服务器连接，存放一段时间的前台零售数据，要求较高的稳定性。

(4) 后台打印机：用于在后台打印单据、经营报表、价格标签以及其他文稿，打印单据一般使用针式打印机，报表和价格标签最好选用激光打印机。

(5) 条码打印机：专门用于打印商品的条形码标签，提高商品管理准确性与效率，每个条码标签的价格约二分钱，现在的商品70%以上有标准的条形码，不需要重新打印，所以使用条码打印机的成本不会太高，建议选用。

(6) 小票打印机：为了规范商店的管理，销售商品时打印销售小票是必需的，所以小票打印机的使用十分频繁。常见的小票打印机分为针式和热敏两种，两者各有优缺点：针式机购买成本较高、噪声大、打印速度比热敏机要慢，但是耗材便宜，使用成本较低；热敏打印机的购买成本较低，噪声小、打印速度快，但是打印的纸张较贵，建议根据自身的实际情况选用。

(7) 不间断电源：突发性停电不可避免，为了保护服务器的数据安全和前台收款工作不会突然中断，后台服务器和前台收款机配置不间断电源可以在停电后维持10~15分钟的供电，以便正常退出系统和关闭计算机。必须明确一点，不间断电源只供应急，不要长时间使用。

(8) 条码扫描器：其主要功能是读取商品条形码，是前台销售必需的设备，条码扫描仪分为激光和红外两种。激光的灵敏度高，使用可靠，如果业务量很大，就必须要选择激光平台；红外的价格便宜，一般只是激光的1/3，业务量较少的商店前台或者后台可以选用。

(9) 电子秤：电子秤是销售生鲜食品的必需设备，其工作原理是把商品的编号、单价、金额输出到一个条码标签，前台销售的时候可以读取这些信息。

(10) 顾客显示屏：用于向顾客显示购货总额、收款、找零等信息，顾客显示屏分为数码与点阵两种，一般选用数码式即可满足要求，顾客显示屏可以让顾客更加清晰地了解购物信息，建议选用。

(11) 钱箱：用于存放销售的现金，在收款的时候可以自动打开，是前台收款的重要设备，建议选用。

(12) 盘点机：用于记录商品盘点的数据，可以与计算机连接并传送盘点数据，能够大大提高盘点的工作效率和准确性，由于目前盘点机的价格较高，所以建议对商品管理规范的商场选用。

资料来源：根据相关零售系统操作手册整理而得。

该系统在使用前需要进行后台及客户端的安装，并经网络调试成功后方可使用。其安装方法同一般的应用程序相似，只需按照其步骤说明进行即可。安装成功后需要对基础数据库进行选择，后面将具体介绍。

（二）系统的登录

精诚超市管理系统的登录包括前台与后台两个部分，系统的管理与维护应用主要通过后台系统实现；前台应用将在下文单独介绍。后台系统在登录时需要选择具体的数据库，即系统账套的名称。默认列表中包含演示账套、个人新建账套，以及联网使用的账套。对于初次使用该系统的人员，可以先通过演示账套了解系统的基本功能与操作特点（注意：演示账套某些操作可能无法实现）。个人新建账套用于管理用户自己的超市，在新建账套数据库选择方面提供了 Access 和 SQL Server 两种类型。一般在初建数据库时为了调试方便，可以使用 Access 进行构建（系统默认版本为 Access 2000，高于此版本的 Access 数据库均能够支持系统运行）。在基本数据库（表）建立完成后，可以转换为 SQL Server 数据库，或进行联网运行调试。图 3－5 为精诚超市管理系统（专业版）。

图 3－5 基于 C/S 结构的管理系统登录

初次进入后台软件的界面时，系统会向用户显示一个操作向导，如图 3－6 所示。该向导告知用户基本的后台管理操作内容，涉及软件的开始、基本资料录入、设置账套信息、录入初始数据、启用账套、录入业务单据、进销存业务查询，以及相关的财务功能。该功能可作为用户的学习教程使用。

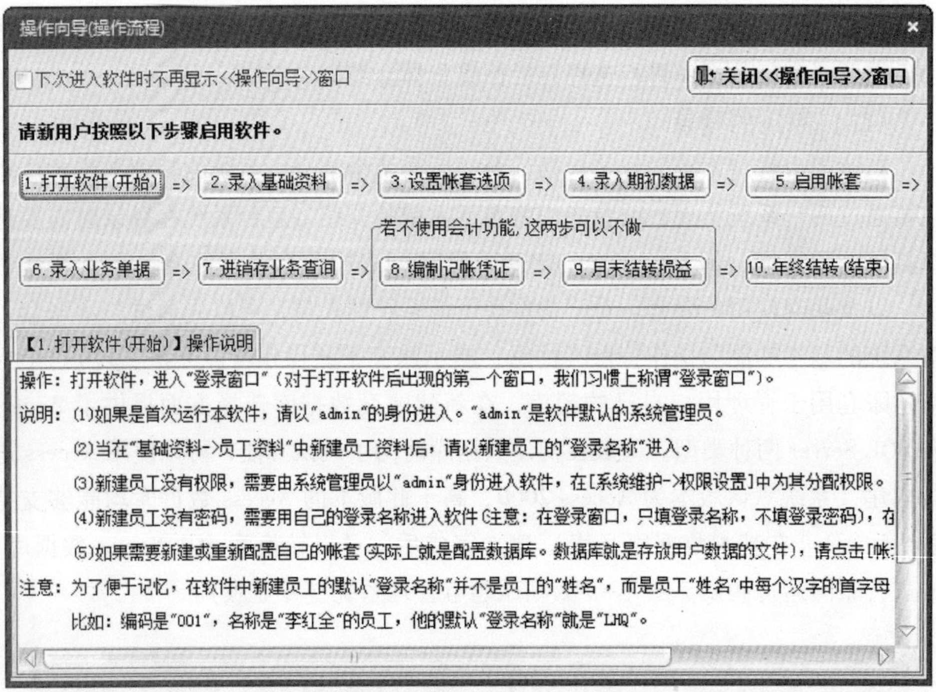

图 3－6　基于 C/S 结构的零售系统操作向导

越过向导界面可进入系统的主界面。主界面包含菜单栏、工具栏以及导航窗口。主菜单内容包括了系统维护、基础资料、业务管理、业务报表、账务管理、辅助功能以及帮助项。工具栏内容包含了基本的查询、存储以及相关表单的操作项。导航窗口主要基于业务功能，对菜单栏中的命令进行了组合，并以图形化的方式显示，便于用户的使用（图 3－7）。

对于菜单项中的各重要功能的分类说明如表 3－6 所示。各模块的具体功能以及使用方法在随后会结合图示详细介绍。

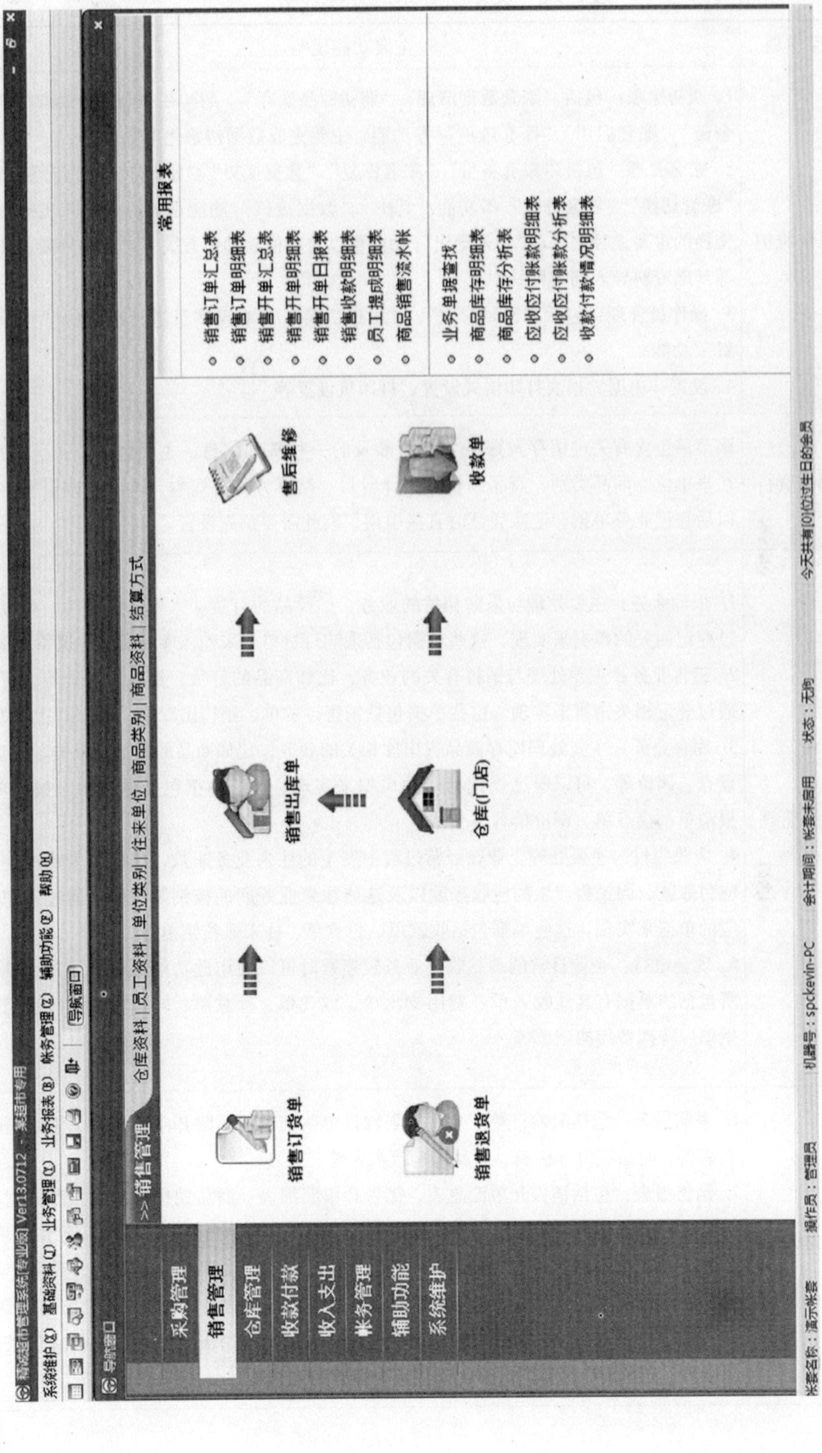

图3-7　基于C/S结构的管理信息系统界面

表 3-6　菜单主要功能分类说明

编号	菜单项	主要功能说明
1	系统维护	1. 期初建账：包括“账套数据清理”“期初商品库存”“期初往来余额”“期初科目余额”“账套启用”“账套选项”等功能，主要完成数据初始化工作 2. 账套管理：包括“账套备份”“账套恢复”“数据接口”“导入导出”“年终结转”“账套切换”“账套升级”等功能。其中，“数据接口”功能是前后台之间实现数据交换的重要途径之一；“导入导出”功能可以将其他软件中有关客户、供货商、商品等基础资料导入到本系统中 3. 操作员管理：包括“密码修改”、“用户切换”及对操作员进行授权的“权限设置”功能 4. 设置：单据、报表打印格式设置，打印机设置等
2	基础资料	该菜单包含有关进销存及账务处理所涉及的一些基础信息，主要包括员工、仓库、往来单位、商品类别、商品细目、会计科目、结算方式等资料，这些基础资料将在以后登记业务单据和记账凭证时直接引用，因此需要预先设置
3	业务管理	1. 采购业务：主要处理与采购相关的业务，如商品的订货、入库、退货等，可以通过登记相关的单据来实现。这些单据包括采购订货单、采购入库单及采购退货单等 2. 销售业务：主要处理与销售有关的业务，比如商品的订货、销售、退货等，可以通过登记相关销售来实现。这些单据包括销售订货单、销售出库单、销售退货单等 3. 库存业务：主要处理库存商品进出库相关的业务，比如商品的调拨、报损、报溢、盘点、调价等，可以通过登记相应的单据来实现。这些单据包括调拨单、报损单、报溢单、盘点单、调价单等 4. 应收应付：主要处理企业在经营过程中发生的往来业务账款，比如因采购产生的应付账款、因销售产生的应收账款以及这些往来业务间的核销等，可以通过登记相应的单据来实现。这些单据包括收款单、付款单、往来账核销单等 5. 现金银行：企业日常的现款收付业务较频繁时可以使用此功能来进行处理，其中所包括的单据有其他收入单、费用支出单、取现单、存款单、转账单、待摊费用发生单、待摊费用摊销单等
4	业务报表	1. 采购报表：包括采购订单汇总表、采购订单明细表、采购开单汇总表、采购开单明细表、商品进价分析表、商品采购流水表等 2. 销售报表：包括销售开单汇总表、销售开单明细表、商品销售流向表、滞销商品明细表、销售收款明细表、员工提成明细表、委托代销明细表、商品销售流水表等 3. 库存报表：包括商品库存明细表、商品库存汇总表、商品库存报警表、商品库存分析表、商品进销存台账、商品收发汇总表等 4. 应收应付报表：包括收款付款情况汇总表、收款付款情况明细表、应收应付账款明细表、超期应收账款明细表、超期应付账款明细表等

续表

编号	菜单项	主要功能说明
5	账务管理	1. 对凭证进行处理的功能：包括登记记账凭证、编制记账凭证等 2. 期末账务处理的功能：包括月末结转损益等 3. 会计账簿及辅助报表的自动生成：包括记账凭证查找、会计账册、损益表、资产负债表、会计明细科目汇总表及会计科目试算平衡表等
6	辅助功能	主要包括工资管理、会员管理、前台收银、前台交班、条形码打印、计算器及分析器等工具

（三）系统的设置与管理

该系统在使用前应首先对系统相关参数进行设定，并将一些基本信息录入系统，其管理界面如图 3－8 所示。其管理的内容主要涉及账套、单据、接口、权限，以及系统安全管理等几个部分。

图 3－8　基于 C/S 结构的系统设置——管理界面

账套管理包括“账套选项”、“账套切换”以及“账套升级”。账套选项主要承担对基本账套数据库信息的管理，包括超市（门店）的全称、简称、地址及联系方式，以及与超市存在联系的供应商、客户及条码库文件等。同时，可以对前台信息、数据库信息、字段等进行调整，一般来说这些信息可使用系统默认值。账套切换主要用于某企业同时管理多套账目的情况，系统可以在运行中进行切换，以便随时查询信息（图 3－9）。

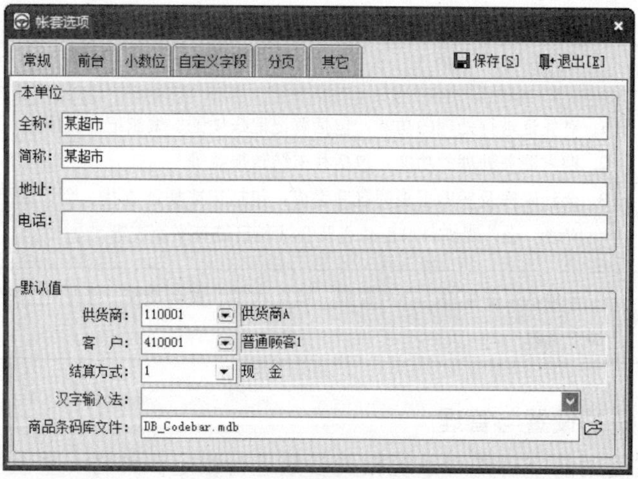

图 3－9　账套管理界面

账套升级主要用于基础数据库的更新，升级可以采用本地升级及联网升级方式。后台管理一般多采用本地库升级方式，升级中需要选择数据库类型，以及具体的文件。升级操作前应注意及时备份，避免误操作后信息无法找回（图 3－10）。

图 3－10　账套数据库升级

打印单据文件格式调整便于企业统一管理各分店纸质文件的格式（图 3－11）。如涉及采购、销售、售后、库存等方面的单据，可以通过后台进行统一设定。系统使用的打印单据文件格式均保存为 . frf 文件，管理人员可以通过设计选项进行调整。

保存[S]　设计[D]　解压[O]　退出[E]　提示：[打印份数]、[每页行数]仅适用于销售出库单

单据名称	打印格式文件	打印份数	每页行数	预览
采购订货单	采购订货单打印格式1. frf			☑
采购入库单	采购入库单打印格式1. frf			☑
采购退货单	采购退货单打印格式1. frf			☑
销售订货单	销售订货单打印格式1. frf			☑
销售出库单－后台	销售出库单打印格式(带包装规格). frf		7	☑
销售出库单－前台	销售出库单打印格式1. frf			☑
销售退货单－后台	销售退货单打印格式1. frf			☑
销售退货单－前台	销售退货单打印格式1. frf			☑
销售补货单	销售补货单打印格式1. frf			☑
维修单	维修单打印格式1. frf	0	0	☑
调拨单	调拨单打印格式1. frf			☑
报损单	报损单打印格式1. frf			☑
报溢单	报溢单打印格式1. frf			☑
盘点单	盘点单打印格式1. frf			☑
库存差额调整单	库存差额调整单打印格式1. frf			☑
调价(促销)单	调价(促销)单打印格式1. frf			☑
拆零单	拆零单打印格式1. frf			☑
组装单	组装单打印格式1. frf			☑
其它入库单	其它入库单打印格式1. frf			☑
其它出库单	其它出库单打印格式1. frf			☑
收款单	收款单打印格式1. frf			☑
付款单	付款单打印格式1. frf			☑
核销单	往来账核销单打印格式1. frf			☑
充值单	充值单打印格式1. frf			☑
兑现积分单	兑现积分单打印格式1. frf		0	☑
收入单	收入单打印格式1. frf			☑
支出单	支出单打印格式1. frf			☑
转帐单	取现存款转账单打印格式1. frf			☑
待摊费用发生单	待摊费用发生单打印格式1. frf			☑
待摊费用摊销单	待摊费用摊销单打印格式1. frf			☑
兑现积分单	兑现积分单打印格式1. frf		0	☑
记帐凭证(单)	记帐凭证打印格式1. frf			☑
商品条码打印	商品条码打印格式1. frf			☑
商品价签打印	商品价签打印格式1. frf		0	☑
交(接)班单	交帐单打印格式1. rmf			☑
会员卡	会员卡打印格式1. rmf			☑

图 3－11　打印单据文件调整列表

例如，对采购订货单的调整，可通过系统自带的编辑器对表单的各项进行修改，包括报表标题、页头、主项头、主项数据、主页脚、页脚等。用户可调整具体信息显示方式、位置等，具体修改项目详见图 3－12。

在后台数据管理方面，可以对各类数据进行导入导出操作（图 3－13）。数据类型包括基础数据、业务数据、库存数据、账务数据、资产数据、工资数据、

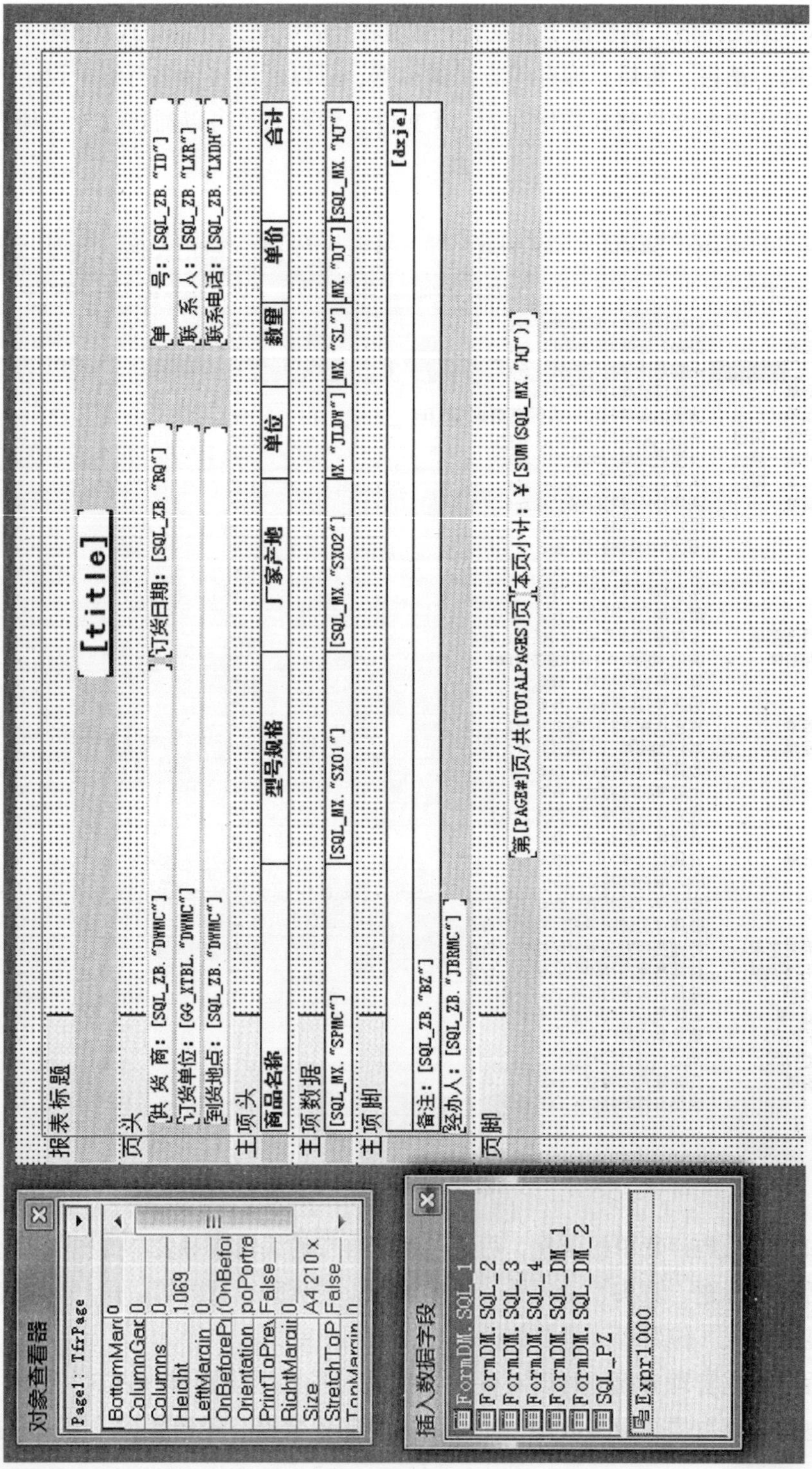

图 3-12 打印单据文件调整示例

期初数据以及系统数据，涉及的文件类型包括 DBF 文件、XLS 文件、Dat 文件。一般在系统进行局部维护、内容输出或者进行后台统计的时候需要进行导入导出操作。

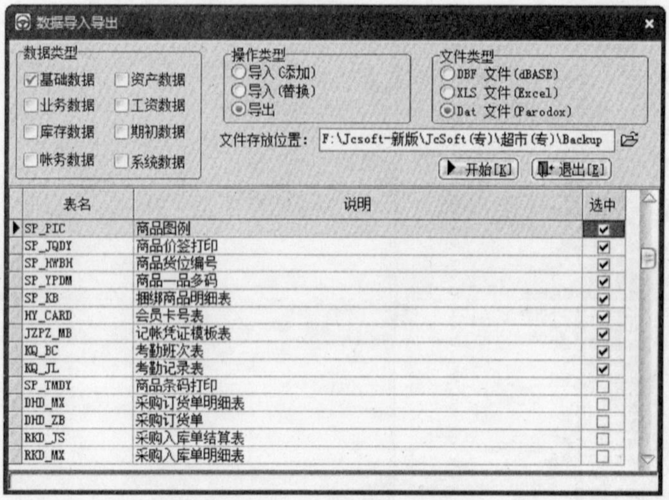

图 3-13　后台数据导入导出

数据接口主要用于后台、总店及分店间的管理与信息交互（图 3-14、图 3-15）。例如，总店可以调取分店的相关业务资料、单据等，进行查询与调整操作；同时向分店导出各类编码与明细表，供终端使用。

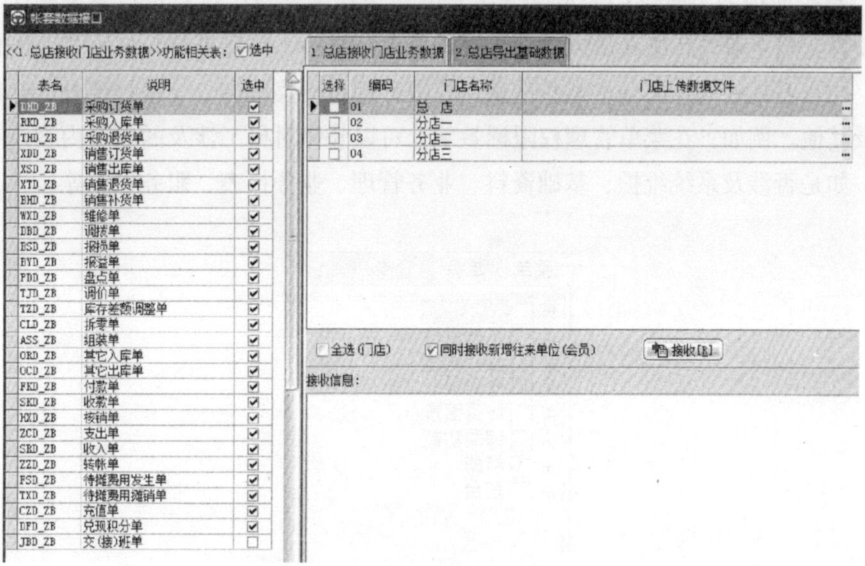

图 3-14　账套数据接口管理-1

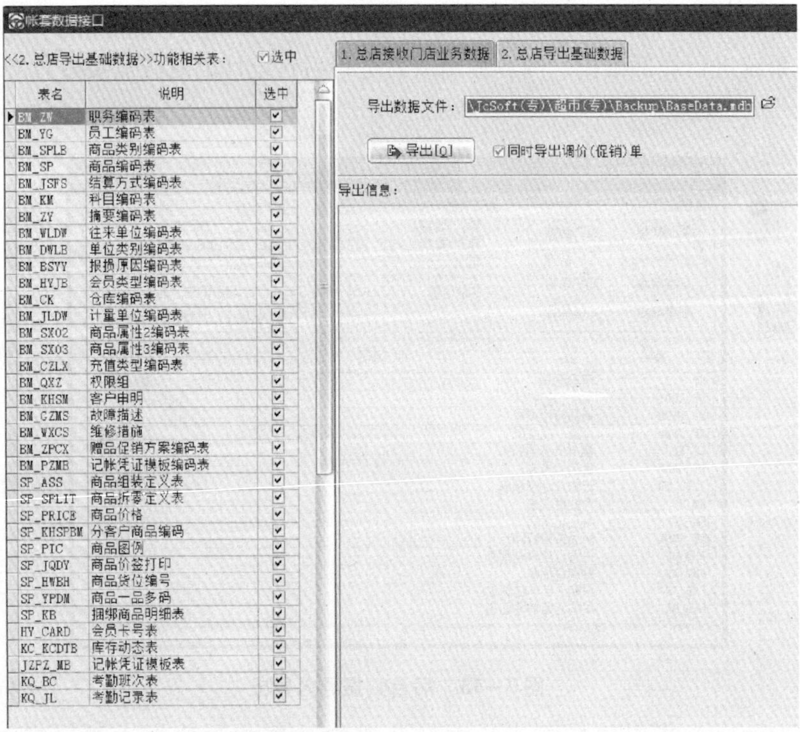

图 3－15　账套数据接口管理－2

员工权限管理是后台重要的管理项目（图 3－16）。权限管理是指后台（总经理）对企业内各主管部门人员、分店人员（包括店长与店员）进行系统操作权限的设置。当企业内各级人员以自己的身份进入系统后，只能进行与权限相匹配的操作，如查看某些信息或调整某些信息。权限管理包括菜单部分、单据部分、仓库部分及其他。例如，在菜单管理权限标签下，可以整体对员工涉及的操作内容进行划分，如是否涉及系统维护、基础资料、业务管理、业务报表、账务管理等。

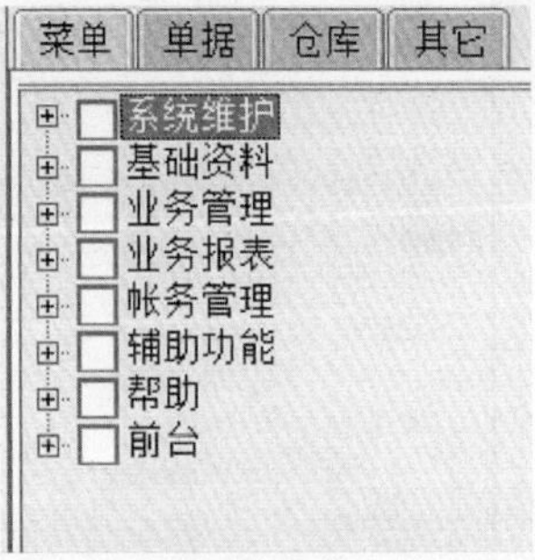

图 3－16　员工菜单权限管理

单据管理选项卡决定了特定员工可以涉及哪些管理操作。在每一个单据下面均涉及查看权、新增权、删除权、导出权、打印权、审核权、反审权。某些权限之间存在包含关系，如拥有审核权必然拥有查看权，这些逻辑关系需要在管理制度中加以明确。仓库选项卡用于设定分店/仓库人员的管理范围，一般分店员工只能够管理本店（图 3－17）。

单据类型	查看权	新增权	删除权	导出权	打印权	审核权	反审权
采购订货单	☑	☑	☑	☑	☑	☑	☑
采购入库单	☐	☑	☐	☐	☑	☐	☐
采购退货单	☐	☑	☑	☐	☑	☐	☐
销售订货单	☐	☐	☑	☑	☑	☐	☐
销售出库单	☐	☐	☑	☐	☑	☐	☐
销售退货单	☐	☐	☐	☑	☑	☐	☐
销售补货单	☐	☐	☐	☐	☑	☐	☐
维修单	☑	☑	☑	☑	☑	☑	☑
调拨单	☐	☐	☑	☐	☑	☐	☐
报损单	☑	☑	☑	☑	☑	☑	☑
报溢单	☐	☐	☐	☐	☑	☐	☐
盘点单	☐	☐	☐	☐	☑	☐	☐
调价单	☑	☑	☑	☑	☑	☑	☑
库存差额调整单	☑	☑	☑	☑	☑	☑	☑
拆零单	☐	☐	☐	☐	☑	☐	☐
组装单	☐	☐	☐	☐	☐	☐	☐
其它入库单	☐	☐	☐	☐	☐	☐	☐
其它出库单	☐	☐	☐	☐	☐	☐	☐
付款单	☐	☐	☐	☐	☐	☐	☐
收款单	☐	☐	☐	☐	☐	☐	☐
核销单	☐	☐	☐	☐	☐	☐	☐
支出单	☐	☐	☐	☐	☐	☐	☐
收入单	☐	☐	☐	☐	☐	☐	☐
转帐单	☐	☐	☐	☐	☐	☐	☐
待摊费用发生单	☐	☐	☐	☐	☐	☐	☐
待摊费用摊销单	☐	☐	☐	☐	☐	☐	☐
充值单	☐	☐	☐	☐	☐	☐	☐
兑现积分单	☐	☐	☐	☐	☐	☐	☐
交(接)班单	☐	☐	☐	☐	☐	☐	☐
维修单	☐	☐	☐	☐	☐	☐	☐
期初库存单	☐	☐	☐	☐	☐	☐	☐
期初往来单	☐	☐	☐	☐	☐	☐	☐
期初科目单	☐	☐	☐	☐	☐	☐	☐

图 3－17　员工单据权限管理

当超市分店较多且人员规模庞大时，一一确定每位员工的权限将十分麻烦，可选择系统提供的权限组管理方式。例如，可将全体员工分为管理组与操作组，组内还可以进一步细分，权限的设置依据组别进行（如门店销售员拥有的权限应统一），这样将极大减少权限管理的工作量（图 3－18）。

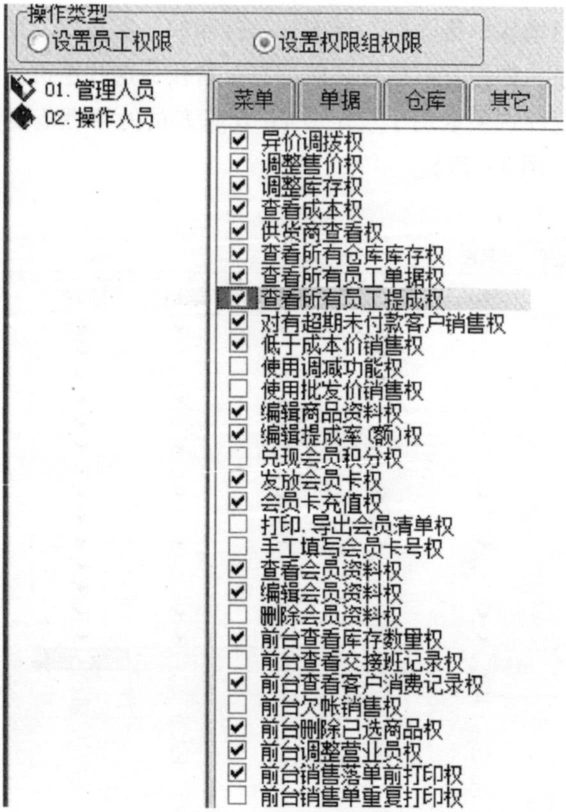

图 3－18　成组权限管理

此外，本部分功能还包括密码修改与用户切换，相应操作方法较简单，可参照系统帮助项进行。

（四）业务功能设置

业务功能设置用于对企业基础资料信息进行设定与维护。业务基础资料是指日常业务需要使用的员工（操作员）、仓库、商品、往来单位（客户、供货商）等资料，它们是整个系统所有操作的信息来源，贯穿于系统的全部业务流程。基础资料的准确性直接影响到整个系统数据的准确性，因此在进行基本资料的录入与管理时，务必要做到准确详细，避免频繁修改。

1. 仓库信息

仓库资料选项卡用于建立企业（及分店）的仓库信息。在实际工作中，仓库可以表示一个分店，也可以是一个门市部，还可以是一个分支机构，甚至可以是柜组、库位，这需要根据企业的实际情况决定。需要指出的是，各个仓库的成本核算是分离的，同一个商品在不同仓库，成本可能不一样（图3－19）。

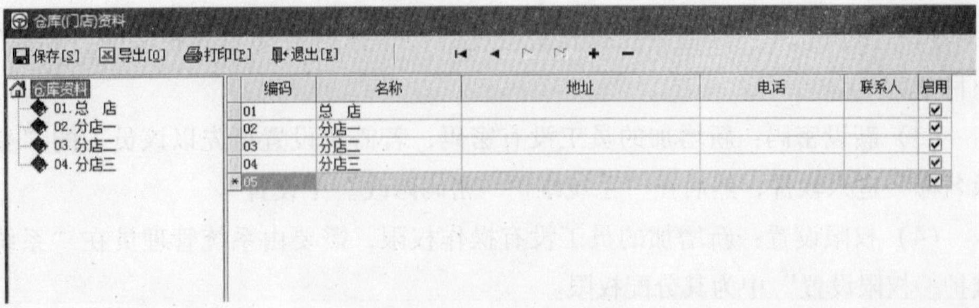

图3－19 仓库信息编辑

操作说明：

点击左边树状窗口中的某一仓库，然后在右边列表窗口中对该仓库的下级仓库进行编辑。

（1）增加同级：如果准备增加同级仓库，可先在左边树状窗口中选择同一级的仓库，然后再点击“＋”，系统会在右边列表窗口中增加一个编辑行，录入该同级仓库的资料即可。

（2）增加下级：如果准备增加某个仓库的下级仓库，应先在左边树状窗口中选择该仓库，然后再点击“＋”，系统会在右边列表窗口中增加一个编辑行，录入该下级仓库的资料即可。

2. 员工信息

员工资料选项卡用于建立本公司的员工信息，包括使用本软件的管理人员。为了明确每个员工的权限，也为了各司其职，建议在系统内登记全部员工（图3－20）。

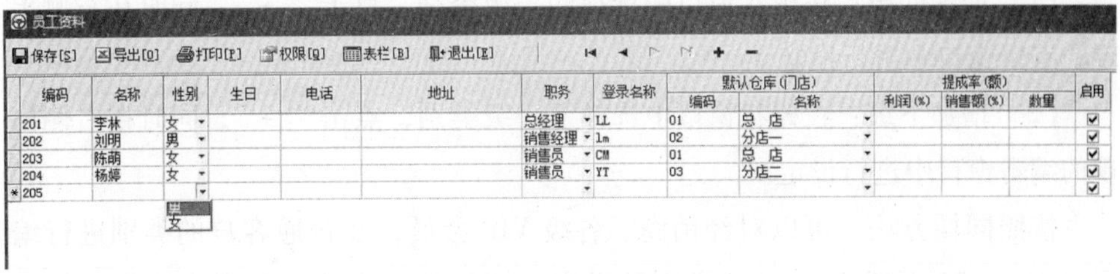

图3－20 员工信息编辑

操作说明：

（1）登录名称：其值在操作员登录本软件时使用。有权使用本软件的员工，这个项目务必填写。

（2）默认仓库：其值将在操作员登记各类单据时自动填入相应的“仓库”项目中。

（3）新设密码：新增加的员工没有密码，若需要设置可先以该员工的“登录名称”进入软件，然后在“系统维护→密码修改”中设置。

（4）权限设置：新增加的员工没有操作权限，需要由系统管理员在“系统维护→权限设置”中为其分配权限。

（5）限制类型：用于设置限制用户登录的类型（1 为限制计算机名称；2 为限制计算机 IP）。

3. 往来单位信息

往来单位信息选项卡用于建立往来单位的基本信息与分类资料，进而便于本企业按照一定的规则进行细分管理（图 3－21）。如系统默认将供应商分为 A、B、C 三类，在生成相应的供货报表时可以分类汇总。

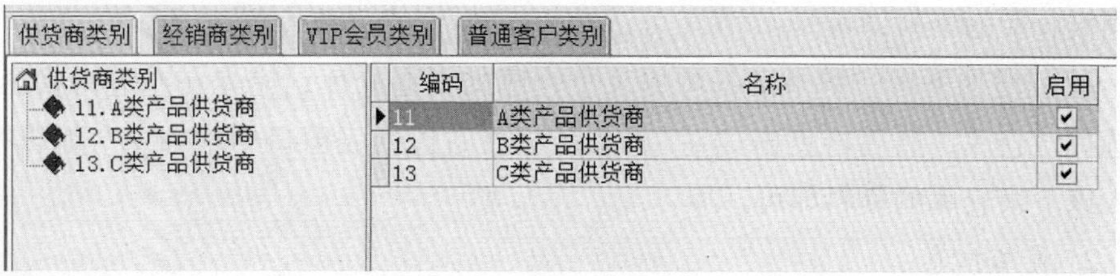

图 3－21　供货商类别编辑

操作说明：

（1）增加同级：在树状窗口中选择同一级类别，点击“＋”，同时在右侧出现的编辑窗口中进行设定。

（2）增加下级：在树状窗口中选择下一级类别，点击“＋”，同时在右侧出现的编辑窗口中进行设定。

按照同样方法，可以对经销商、各级 VIP 会员，及普通客户的类别进行编辑（图 3－22 至图 3－24）。类别的设定应按照超市企业实际需求而定，如小型单体超市没有必要设定过多的级别；而形成一定规模且具有连锁化经营模式的超市则可以逐步扩大往来单位的类别，以便于分类管理以及后期的数据挖掘工作。

图 3－22　经销商类别编辑

图 3－23　VIP 会员类别编辑

图 3－24　普通客户类别编辑

当设定好往来单位类别后可以编辑具体的往来单位信息，即有哪些企业是本超市的供应商（图 3－25）。例如，可以按照供应商的类别分别添加具体供应商的信息，包括商户的名称、地址、联系方式，以及在本企业内的代码等。对经销商、各级 VIP 会员，及普通客户也可进行类似的管理。

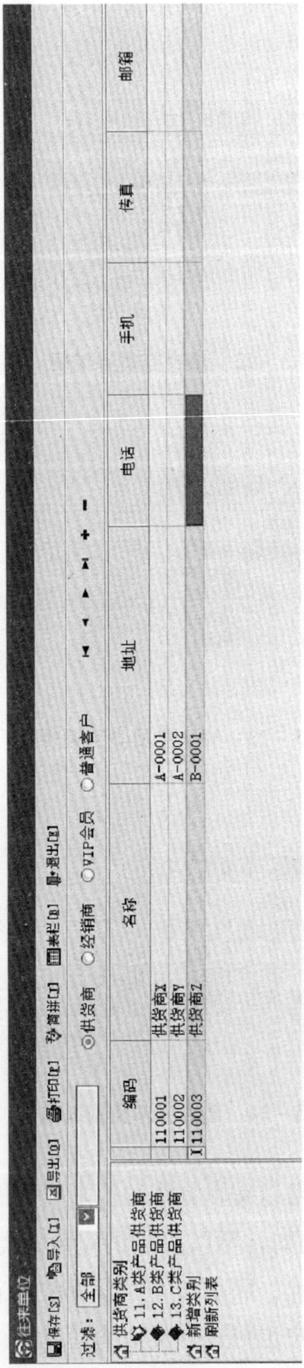

图 3－25 普通会员类别编辑

4. 商品信息

商品信息管理是超市管理活动的中心，商品信息管理质量的优劣直接影响着超市的经营活动。商品信息可分为商品类别信息与商品详细信息，即品类信息与品种信息。

商品类别选项卡用于建立商品的类别资料，以便于本企业将商品按一定的属性进行分类管理，商品的分类方法应与手工管理一致（图 3 - 26）。对商品进行分类既可以加强对商品管理力度，又便于本企业经营者了解商品的经营情况。输入商品资料前必须先建立商品类别。商品类别实行分级管理模式，如小型日用品超市可经营护肤用品，在护肤用品类别下又可包含护手霜、润肤露、药物性护肤品等。类别分级方式也应视超市企业规模大小，以及经营品类的宽窄而定。

图 3 - 26　商品类别编辑

商品资料选项卡用于建立商品详细信息，也就是企业使用的商品资料库，这是一切订货、入库、销售、退货等操作的基础（图 3 - 27）。商品资料的添加、

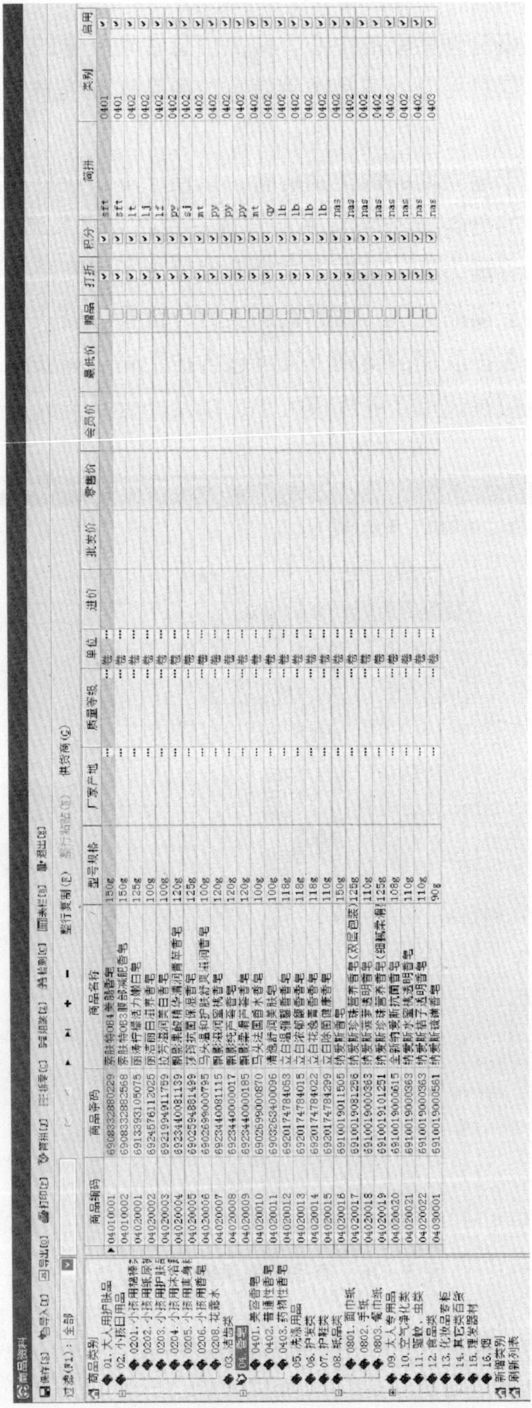

图 3－27　商品详细信息编辑

编辑等操作需要在商品类别设定后进行，即需要在特定品类下编辑具体商品的信息。对于初建的数据资料，该项内容可以仅包括商品的名称、编码（超市内部编码）、条码（公共条码信息）、型号规格、厂家、质量等级等；随着企业业务的开展，可继续增加商品的进销价、会员价、赠品等额外信息。

商品资料信息编辑的内容：

（1）商品编码：它是商品的唯一性标识，不能重复。系统正是通过它来确定每一个具体的商品的。它由数字或英文字母组成，但不能使用“*”“?”“#”“[”“]”“'”“!”等特殊符号。它的编码方法应以易记易用为原则，不能超过30位，建议与商品类别关联，也就是说商品编码的前几位最好是商品的类别编码。比如某商品所属类别的编码是“101”，那么该商品的编码最好是“101…”的样式。

（2）商品条码：用于在销售时商品的快速输入。该栏的值可以手工输入，也可以使用条码枪输入，若输入的条码有重复则自动提示是否确信输入。

（3）商品名称：用于填写商品的名称，此处可填写50个字符。

（4）简拼：该栏的值在将“名称”输入回车后，简拼会自动生成，或者可以通过单击“简拼”按钮，由系统自动取“名称”栏中每个汉字的拼音首字母生成。它主要用于往来单位的记忆及快速查找，如“钢笔”的简拼为“GB”。

（5）在输入商品资料时，在“单位”栏可以直接输入其编码、简拼或名称中的一部分，软件会自动做模糊查询。若在相应编码表中找到相关信息，则软件自动补齐；如果找不到，软件自动弹出选择窗口。

（6）最高库存、最低库存：库存数量高于最高库存或低于最低库存的商品，会在“业务报表→商品库存报警表”中出现。在“业务管理→采购订货单”中单击“根据库存设置生成订货单明细”弹出的窗口中出现的“建议订货数量”，就是由“最高库存”减去当前库存数量得来的。

（7）赠品：对于不收费的商品或项目（比如门诊软件中的棉签、酒精等）可以使用赠品功能进行处理，即将“赠品”选项勾上。

（8）打折：打“√”，则销售时，该商品可以打折，否则不可以打折。

（9）积分：打“√”，则销售时，该商品的销售额可以计算会员积分，否则不可以计算会员积分。

（10）货位编号：将相同商品摆置于仓库的同一货位，这样无论是进行盘点还是取货都非常方便；销售时系统会显示商品的货位编号，这样销售人员只需根据货位编号即可迅速找到相应的商品，提高工作效率。

(11) 更多属性：打“√”后，系统将在窗口的下方显示“分仓库商品售价”、“价格生成幅度”、“提成率（额）”及“其他属性”等附列属性，用户可根据实际情况填写内容。

5. 结算信息

结算管理选项卡主要提供结算方式的设定功能，即本超市购物可选择的结算形式，如现金、支票、代金券、积分卡等（图 3 - 28）。在管理中可对不同结算形式依次编号，并选择是否启用。如超市在某些节庆活动或促销季时会选择较多的结算方式与优惠措施，而在一般经营状态下则会选择较少的结算方式，这时需要通过后台进行统一的管理。

结算方式

保存[S] 导出[O] 打印[P] 表栏[B] 退出[E]

编码	名称	结算方式类型 编码	结算方式类型 名称	启用
1	现　金	0	现金	☑
2	支　票	1	存款	☑
3	储值卡	2	储值卡	☑
4	代金券	6	管理费用或财务费用	☑
5	积分兑现金	3	积分兑现金	☑
9	多帐户结算	9	多帐户	☑

图 3 - 28　结算信息管理

(四) 数据库维护

管理信息系统的数据库需要进行日常的维护，相关内容在数据库技术章节已进行过介绍。本部分介绍的管理信息系统，提供了自带的数据库维护工具，包括数据库及系统表的创建、数据库的导入与备份等，可以在相对简单的界面下进行（图 3 - 29）。系统封装的数据库维护程序的特点是，便于操作且可以保证操作的安全性，但不提供一些高级的管理功能。

高级系统管理人员可以通过数据库软件进行直接维护操作。以系统 DEMO 数据库为例（图 3 - 30），可以在 Access 2000 及以上环境下进行管理，包括对于数据库表的设计与修改、对于查询的构建、对于窗体的管理等。对于应用级的数据库也可以在 SQL Server 环境下进行管理。

对于系统数据存储格式十分了解的管理人员，也可以直接在数据库中对基本表的内容进行修改，如商品信息表、供应商信息表等（图 3 - 31）。

需要注意，直接在数据库中修改数据应非常谨慎，避免出现数据不一致或逻辑矛盾的情况，同时不要任意调整属性列表（包括属性项与属性数据格式），这会导致系

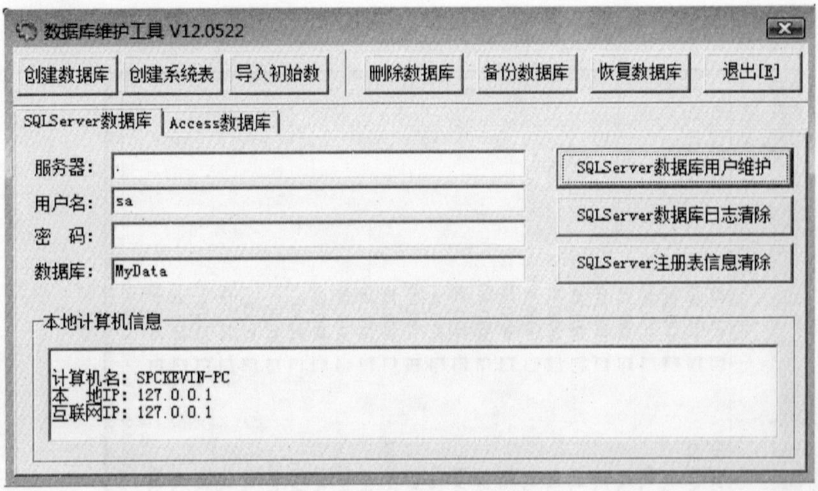

图 3－29　数据库维护界面

统在运行时出现读取错误。对于一般业务人员应该在管理系统界面下进行操作。

（五）采购与销货管理

采购与销售是超市的基本业务，也是本系统中应用最为频繁的功能模块。

1. 采购管理

采购管理是企业生产经营过程不可缺少的环节，主要涉及零售企业采购商品的业务过程。商品采购是日常经营活动的起点（图 3－32）。

采购业务流程：登记“订货单”→登记“入库单”→登记“付款单”；

采购退货业务流程：登记“采购退货单”→登记“收款单”。

在上述流程中的业务单据过账后，相应会计科目和数据会发生变化，参看表 3－7。

表 3－7　采购单据变化对照表

业务单据	数据变化及账务处理	相关查询
采购入库单	先货后款：库存增加、应付款增加	在库存明细中查看库存变化情况，在业务报表中查询应收应付款的变化，另外还有采购订单查询、采购开单查询等
	货款两清：库存增加、现金或银行存款减少	
采购退货单	先货后款：库存减少、应收款增加	库存变化、及往来账变化的查询同上，另外还有采购退货单查询等
	货款两清：库存减少、现金或银行存款增加	
付款单	应付款减少、现金或银行存款减少	往来账变化的查询同上
收款单	应收款减少、现金或银行存款增加	往来账变化的查询同上

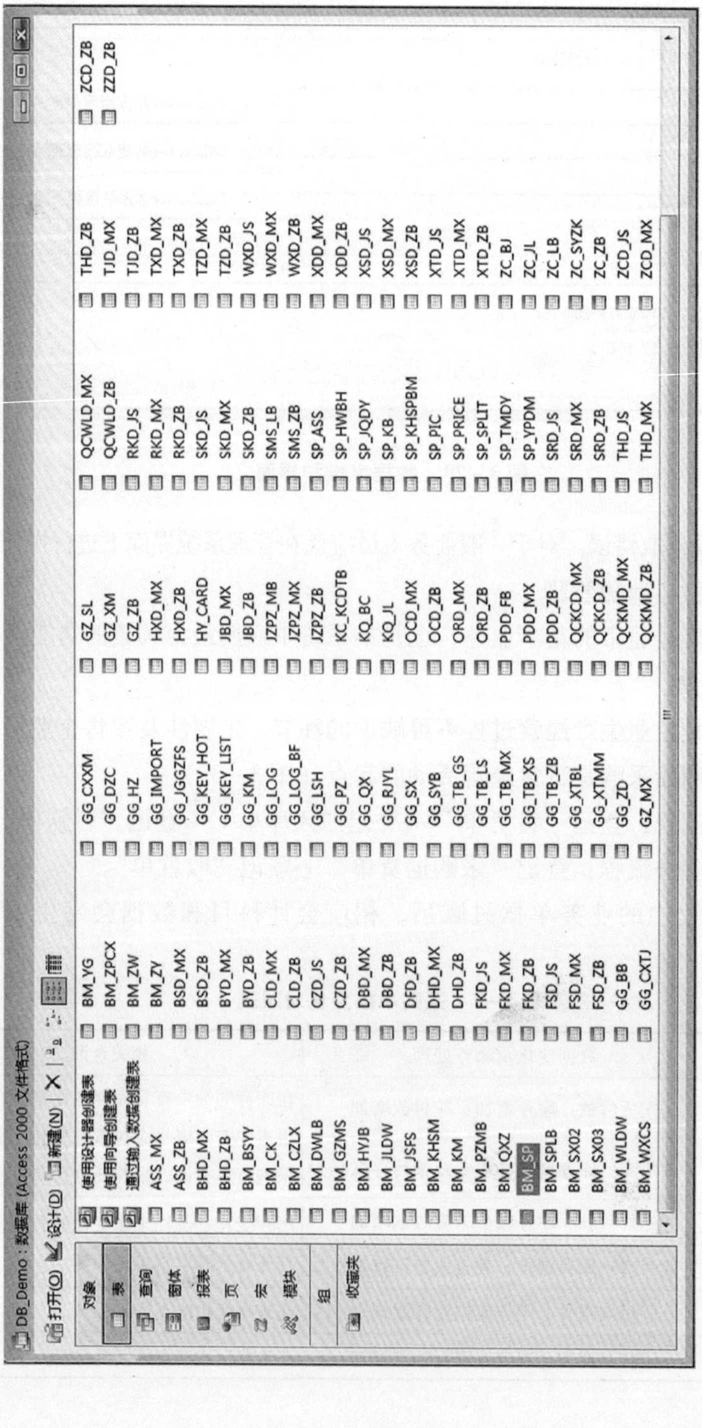

图 3-30 DEMO 数据库

DHD_MX：表

ID	XH	SPBM	SPTM	SPMC	SX01	SX02	SX03	SX04	JLDW	SL
131201000200001	16	01020007	6932089000180	诗维娅清爽防晒润肤凝露	50g				瓶	1
131201000200001	17	01020008	6932089000227	诗维娅嫩肤隔离霜	50g				瓶	1
131201000200001	18	01020009	6922514502020	彩琳美白防晒霜	50g				瓶	1
131201000200001	19	01020010	6901123082727	安安芦荟补水滋养润肤露	135g				瓶	1
131201000200001	20	01020011	6922698406916	法姿维C深层美白润肤露	120g				瓶	1
131201000200001	21	01020012	6922698406923	法姿草本清爽保温润肤露	120g				瓶	1
131201000200001	22	01020013	6902395101062	小护士青春美白露	85g				瓶	1
131201000200001	23	01020014	6925629703351	莎亮美白珍珠营养霜	50g				瓶	1
131201000200001	24	01020015	6925639703372	莎亮清爽嫩肤润白霜	50g				瓶	1
131201000200001	25	01020016	6920014820675	艾丽碧丝羊胎素嫩白再生霜	55g				瓶	1
131201000200001	26	01020017	6920014820958	艾丽碧丝清爽型嫩白再生霜	55g				瓶	1
131201000200001	27	01020018	6920014820132	艾丽碧丝羊胎素浴后润肤露	180ml				瓶	1
131201000200001	28	01020019	6903263220601	玉丽隐形粉底霜	25g				瓶	1
131201000200001	29	01020020	6903263220540	玉丽深层保湿美容霜	25g				瓶	1
131201000200001	30	01020022	6921896761070	诗维娅嫩肤保湿霜	40g				瓶	1
131201000200002	1	11010001	6920528525363	速杀死柠檬香型杀虫剂	600ml				瓶	1
131201000200002	2	11010002	6907469010158	枪手小骑士杀虫剂	600ml				瓶	1
131201000200002	3	11010003	6907469009275	枪手小蝗螂杀虫剂	600ml				瓶	1
131201000200002	4	11010004	6907469114665	枪手杀虫气雾剂C型芳香型	600ml				瓶	1
131201000200002	5	11010005	6907469817191	枪手杀虫气雾剂	600ml				瓶	1
131201000200002	6	11010006	6901064000231	灭害灵杀虫剂	600ml				瓶	1
131201000200002	7	11010007	6907469010011	枪手灭蟑香					盒	1
131201000200002	8	11020001	6925419033330	蛙王驱蚊保健檀香					盒	1
131201000200002	9	11020002	6926551100058	山峰强力杀蚊杀虫气雾剂	A型				瓶	1
131201000200002	10	11020003	6926551100102	山峰快速杀蚊杀虫气雾剂	B型				瓶	1
131201000200002	11	11020004	6926551100188	山峰无味清新杀虫气雾剂	C型				瓶	1
131201000200002	12	11020005	6920174760644	超威茉莉香型杀虫剂	600ml				瓶	1
131201000200002	13	11020006	6920174760224	超威薰衣草香型杀虫剂	600ml				瓶	1
131201000200002	14	11020007	6920174760248	超威玫瑰香型杀虫剂	600ml				瓶	1
131201000200002	15	11020008	6907469422166	枪手电蚊香加热器					板	1
131201000200002	16	11020009	6907469010110	枪手薰衣草电热蚊香片					盒	1
131201000200002	17	11020010	6907469010042	枪手无烟蚊香A型家庭仓	40g*12				盒	1
131201000200002	18	11020011	6907469010189	枪手无烟蚊香A型家庭仓	40g*20				盒	1
131201000200002	19	11020012	6907469161256	枪手电热液体蚊香套装					盒	1
131201000200002	20	11020013	6907469149124	枪手电热蚊香液					瓶	1

记录：1　共有记录数：60

图 3－31　DEMO 数据库——表

图 3 - 32　采购管理流程与常用报表

2. 销售管理

销售管理主要用来处理与企业的销售活动相关的业务，系统提供了从销售报价、销售出库到销售退货等完整的销售管理功能。通过销售系统与其他系统的结合使用，用户可以动态掌握销售、结算及盈利情况，从而帮助企业及时调整销售策略，加快资金的流动，提高销售利润率。此外，还可以跟踪销售业务员发货、销售及回款情况，从而全面考核业务员的销售业绩，销售指标完成情况，协助企业制定销售考核目标，扩大销售成果。

销售业务流程：登记“销售订货单”→登记“销售出库单”→登记“收款单”；

销售退货业务流程：登记“销售退货单”→登记“付款单”。

在上述流程中的业务单据过账后，相应会计科目和数据会发生变化，可参看表3－8。

表3－8　销售单据变化对照表

业务单据	数据变化及账务处理	相关查询
销售出库单	先货后款：库存减少、应收款增加	在库存明细查看库存变化情况，在资金管理中查询应收应付款的变化，另外还有销售单统计查询、销售报表查询等
	货款两清：库存减少、现金或银行存款增加	
销售退货单	先货后款：库存增加、应付款增加	库存变化及往来账变化的查询同上，另外还有销售退货单统计查询等
	货款两清：库存增加、现金或银行存款减少	
收款单	应收款减少、现金或银行存款增加	往来账变化的查询同上
付款单	应付款减少、现金或银行存款减少	往来账变化的查询同上

由上可以看到销售管理和采购管理在操作上很相似，在对钱流和物流的管理功能上是完全相反（图3－33）。

（六）商品库存管理

库存（仓库）管理主要用来处理与存货有关的业务，它是企业商品存储环节的重要系统，通过系统提供的调拨、报损、报溢及盘点等功能，企业可以严格贯彻存货清点制度，保证账实相符（图3－34）。

调拨单：对于存在多个仓库或分支机构的企业来说，将商品在不同仓库之间进行调拨，是一种较为常见的业务。当发生这类业务时，可使用“调拨单”来记录与调拨业务相关的各项数据，分别作为调入、调出仓库的入库、出库依据。调拨商品时，既可以在不同仓库之间调拨，也可以在总部与分支机构间调拨，或

图3-33　销售管理流程与常用报表

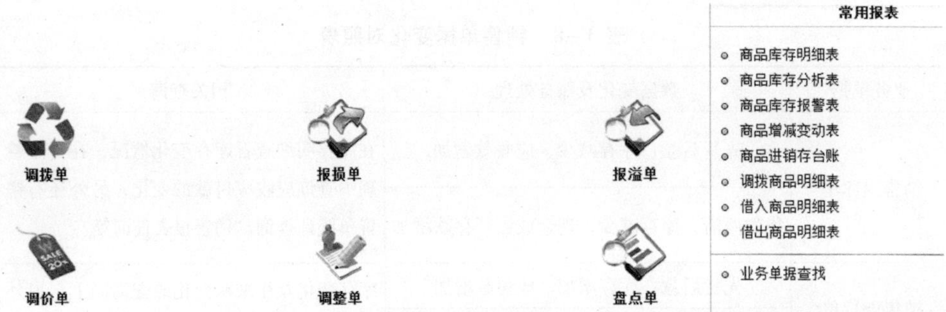

图3-34　商品库存管理流程与常用报表

者在分支机构之间调拨，此外通过仓库调拨单还可以简化业务流程，如通过调拨将不合格商品调入废品仓库等。

报损单：由于商品保管不善致使商品损坏而无法销售时，可以通过“报损单”进行处理。报损单经过审核通过后，报损的金额将增加企业的管理费用。

报溢单：当企业的商品发生盈余而需要调增库存时，可以通过“报溢单”进行处理。报溢单经过审核通过后，报溢的金额将减少企业的管理费用。

盘点单：存货因为数量较多、收发频繁、计量误差、管理不善、自然损耗等原因，有可能导致库存数量（即实物数量）与账面数量（即计算机核算的数量）不符。为了避免账实不符的现象出现，就要定期进行存货清查，从而查明原因并调整账面数量，使账实相符。可以使用“盘点单”来完成仓库存货的清查、调整工作，通过该单据可以了解到每项存货的盈亏数量及盈亏金额。

关于单据功能的使用较为简单，可参照帮助文档等文件。

（七）资金管理

资金管理部分包括基本收支管理与账务管理，这是企业零售业务的重要辅助功能。

1. 收入支出管理

企业与客户、往来单位（包括银行）之间由于采购、销售等业务会产生相应的往来账款（也就是应收或应付账款），可以通过该系统的收支管理对这些往来账款进行处理（图3－35）。收支管理涉及的表单包括收入单、支出单、转账单，及相关费用明细。

图3－35　收支管理流程与常用报表

2. 账务管理

企业经营成果如何，收入多少，支出多少，是盈利还是亏损，这些都需要通过会计核算来获得。该系统通过会计凭证、账簿、报表来帮助财务人员快捷准确地对企业各项经营业务进行会计处理，以自动和手工等方式来生成和编制会计凭证，结转损益等。该模块相对于专业的财务软件来说相对简单，如企业确有专业财务管理需求，可结合其他财务软件使用，数据可以在两者间较为方便地转换（图3－36）。

（八）辅助管理功能

该模块为用户提供了一些常用的辅助工具，便于后台多种管理工作的开展。其中包括对前台应用的支持，即前台销售、交接班、前台退货；以及一些零售企业涉及的功能，如会员管理、工资管理、固定资产管理、定价管理（图3－37）。

图 3－36　账务管理流程与常用报表

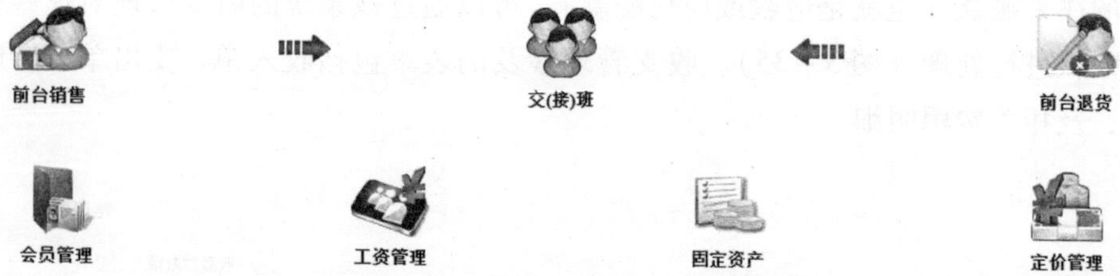

图 3－37　后台辅助管理功能界面

(九) 前台应用

前台应用模块专供终端销售人员使用，其包含的功能有销售、退货、交接班、明细打印机数据上传下载等（图 3－38）。前台应用模块的使用界面简洁清晰，销售人员经简单培训即可使用，培训中还需结合相关硬件设施的操作，如扫描枪、钱箱等。

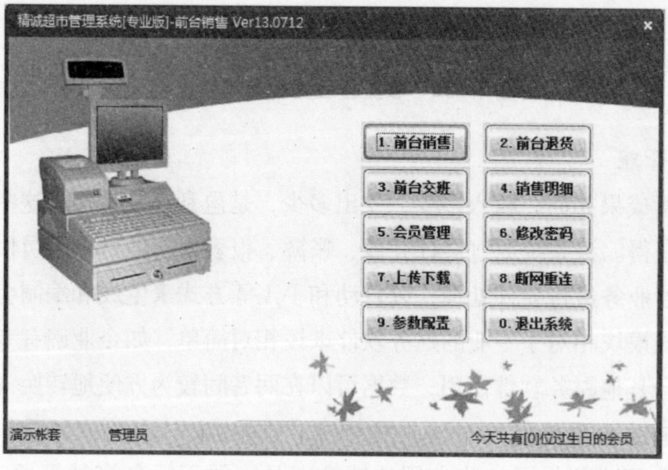

图 3－38　前台管理登录界面

终端销售的基本业务流程如图 3－39 所示。

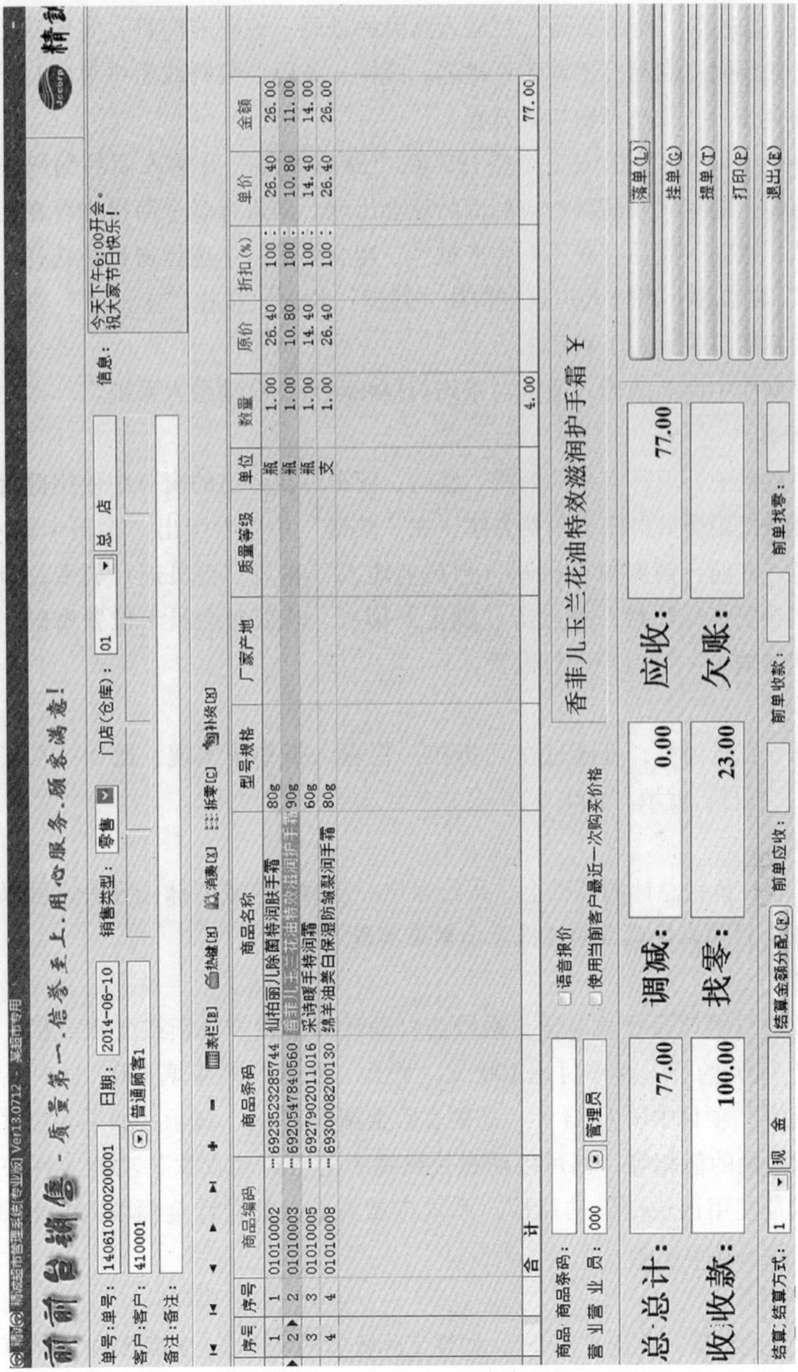
质量第一.信誉至上.用心服务.顾客满意!
单号: 14061000020001
日期: 2014-06-10
销售类型: 零售
门店(仓库): 01
总　店
信息:
今天下午6:00开会。
祝大家节日快乐!
客户: 410001
普通顾客1
备注:
序号
商品编码
商品条码
商品名称
型号规格
厂家产地
质量等级
单位
数量
原价
折扣(%)
单价
金额
1 01010002 6923523285744 仙柏丽儿除菌特润肤手霜 80g 瓶 1.00 26.40 100 26.40 26.00
2 01010003 6920547840560 香菲儿玉兰花油特效滋润护手霜 90g 瓶 1.00 10.80 100 10.80 11.00
3 01010005 6927902011016 采诗暖手特润霜 60g 瓶 1.00 14.40 100 14.40 14.00
4 01010008 6930008200130 绵羊油美白保湿防皱裂润手霜 80g 支 1.00 26.40 100 26.40 26.00
合　计 4.00 77.00
商品条码:
营业员: 000 管理员
语音报价
使用当前客户最近一次购买价格
香菲儿玉兰花油特效滋润护手霜 ￥
总计: 77.00
调减: 0.00
应收: 77.00
收款: 100.00
找零: 23.00
欠账:
结算方式: 1 现　金
结算金额分配(F)
前单应收:
前单收款:
前单找零:
落单(L)
挂单(G)
提单(T)
打印(P)
退出(E)

图 3－39　终端销售管理

1. 输入商品

方法1：通过在“商品条码”栏输入商品的条码、编码或简拼，实现商品的快速输入。如果同一商品有不同生产批号，或同一条码、编码或简拼对应有不同的商品，则会弹出一个选择窗口供选择。

方法2：点击“+”插入一个空行，在“商品编码”处输入商品编码或简拼，回车后输入的编码或简拼对应的商品就会出现。如果有多个简拼中存在相同部分的商品，或同一商品存在不同生产批号，则会弹出一个选择窗口供选择。在“商品选择”窗口中，当输入焦点定位在“过滤”栏时，按住“上、下”箭头可以在商品明细窗口中上、下移动。

在实际操作中商品的输入通常与条码扫描相联系，自动录入系统。

2. 选择客户

在客户栏目中，填写客户的简拼、编码，回车后在弹出的窗口中使用键盘进行选择。会员使用会员卡刷卡消费方法：在“热键”中查看弹出“会员卡输入”窗口快捷键。在前台销售窗口打开“会员卡输入”窗口，会员进行刷卡，卡号会显示在“会员卡号”栏，并点击“确定”即可。若需对会员卡设置密码，可在“会员卡号输入”窗口中进行设置。

3. 打折

如果需要打折销售，可通过在“折扣”栏输入折扣率实现，比如：八五折就填“85”，不打折就填“100”。

4. 调减

如果需要在价税总计的基础上，再给客户一定的优惠或要抹去零头，可以通过在“调减”栏输入优惠金额或抹零金额来实现。

5. 收款

在“收款”栏填写收款金额，系统会自动计算出找零金额或欠账金额。比如：销售了77元的货，客户付现100元，那么“收款”栏应填100，这时系统自动把“找零”项目中填入23元，您的实收金额是77元。提示：如果客户付款金额与应收金额的值相等，则可以通过快捷键中的“自动收款”功能实现快速收款。也就是使用该快捷键功能后，系统自动将商品的合计金额填入“收款”栏，并自动执行落单功能。

6. 选择结算方式

系统默认的结算方式是“现金”。如果实际收款不是现金，则需要在“结算方式”栏选择实际的结算方式；如果结算方式不止一种，那么要先在“结算方式”

栏中选择“多账户结算式”，然后点击“结算金额分配”，进行结算金额的分配。

7. 落单

落单即指确认并结束本次销售，相当于后台的“审核通过”。落单后，系统会根据系统中对POS收款的参数设置，决定是否打印小票及是否弹出钱箱，同时系统会自动生成一张新的单据以开始进行下一笔销售。

8. 挂单

当销售单据填写完成后，客户由于某种原因，暂时中断购买，且还有继续购买的可能，这时可以单击“挂单”将该单挂起。

9. 提单

提单用于提取被挂起的单据。

10. 打印

打印用于打印单据。

在交接班管理中，系统会自动计算出当前操作员在本班的开单、退单、应结算、已结算、未结算、总折扣、调减额等情况。如果当前操作员在接班时有余款的话，需要在“初始金额”栏填写。填写完毕后，系统自动计算出本班的现金合计。如果在交班时需要打印交班单，那么在点击“交班”前，应先在“点击交班时直接打印交（接）班单”上打“√”，可以设置具体的格式，并打印出交班单据的应结算、已结算、未结算、总折扣、调减额及多种结算方式等信息（图3－40）。

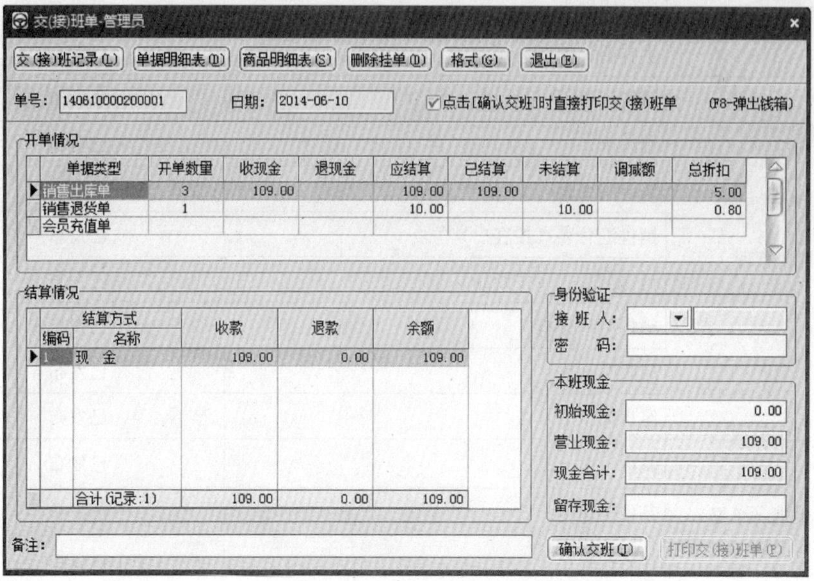

图3－40　终端交接班管理

三、商业管理信息系统应用——B/S 结构

B/S 结构的商业管理信息系统在用户界面层面基本一致，如操作中的菜单、模块划分、具体的功能设置等，只是其工作在浏览器环境下。在使用前需要对浏览器进行相关的设置，如当前浏览器分为32位与64位，浏览器中是否支持Java控件、Flash控件等，以及相关的cookie记录是否打开等。某些定制软件在使用中可能还需要安装插件，如一些支持在线支付功能的安全插件。

（一）B/S 结构管理信息系统

对于B/S结构的零售管理信息系统，以金蝶友商网提供的在线进销存系统（试用版）为例进行说明，其包含的功能模块如表3-9所示。在运行环境方面，Windows系统下的IE浏览器即可以实现。由于其功能与操作流程与C/S结构较为近似，本部分的操作说明相对简略。

表3-9　金蝶在线进销存软件功能模块

产品		进度
所属模块	功能	
采购管理	采购订单	已发布
	购货单	已发布
	购货汇总表（按商品）	已发布
	购货汇总表（按供应商）	已发布
	应付明细表	已发布
	供应商欠款	已发布
销售管理	销售订单	已发布
	销售单	已发布
	销售明细表	已发布
	销售汇总表（按客户）	已发布
	销售汇总表（按商品）	已发布
	销售毛利分析	已发布
	应收明细表	已发布
	客户欠款	已发布
仓存管理（单据）	其他入库单	已发布
	其他出库单	已发布
	成本调整单	已发布

续表

产品		进度
所属模块	功能	
仓存管理（单据）	调拨单	已发布
	盘点	已发布
	组装单	计划中
	拆卸单	计划中
	商品即时库存查询	已发布
	商品库存余额表	已发布
	商品收发汇总表	已发布
	商品成本计算	已发布
资金管理	收款单	已发布
	付款单	已发布
	核销单	已发布
	其他收入单	计划中
	其他支出单	计划中
	银行存取款单	计划中
	往来对账单	已发布
	现金银行报表	已发布
特色功能	多仓库核算	已发布
	功能授权	已发布
	移动平均法	已发布
	多账户收款	已发布
	单品折扣处理	已发布
	单据套打	已发布
	单据审核	已发布
	先进先出法	已发布
	税金处理	已发布
	商品多级分类	计划中
	商品图片	计划中
	运费处理	计划中
	库存预警	计划中
	多计量单位	计划中
	与在线会计集成	开发中
	电商订单集成	已发布

续表

产品		进度
所属模块	功能	
用户投票	账龄分析	待投票
	外币核算	待投票
	分仓核算	待投票
	数据授权	已发布
	编码规则自定义	待投票
	客户询价	待投票
	现金折扣政策	待投票
行业扩展		规划中

资料来源：金蝶友商网（www. youshang. com）。

（二）系统账户的创建

在使用该系统前需要创建账套与使用者账户（图3－41）。对于试用版用户，创建账套时无须考虑后台数据库的选择；而正式版用户可以在软件供应商的帮助下构建自己的服务器，如使用何种操作系统以及何种数据库软件。首次创建账套的流程可以按照网页提示逐步进行，涉及的系统选项较少，便于各级操作人员使用。

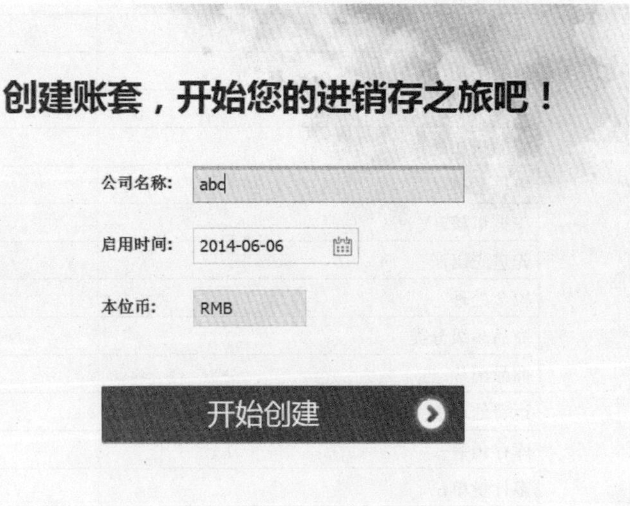

图3－41　基于Web页面的账套创建

账套创建成功后，可进入系统的管理界面，如图3－42所示。功能菜单包

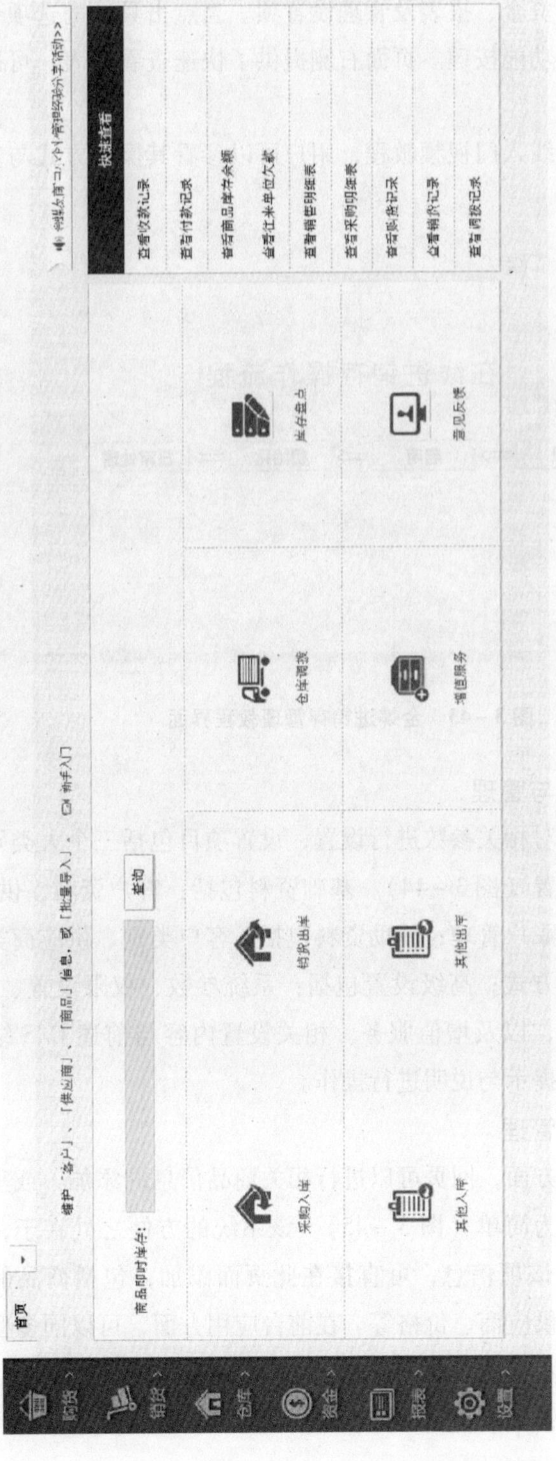

图 3－42　基于 Web 页面的管理界面

括购货、销货、仓库、资金、报表及管理设置项。当点击具体的选项卡时，页面中间部分将显示具体的功能按键。页面右侧提供了快速查看列表，可以查看各种表单与记录。

该系统还提供了在线入门视频教程，用户可以参看其操作方式与基本的工作流程说明（图 3 - 43）。

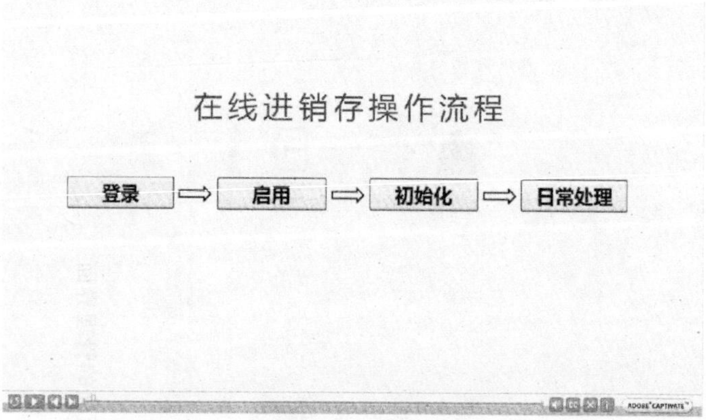

图 3 - 43　金蝶进销存管理教程界面

（三）系统的设置与管理

系统在使用前需要对相关参数进行设置，设置项目包括三个大类别：基础资料、辅助资料及高级设置（图 3 - 44）。基础资料包括：客户资料、供应商资料、商品管理、仓库管理、账户管理；辅助资料包括：客户类别、供应商类别、商品类别、计量单位、结算方式；高级设置包括：系统参数、权限设置、操作日志、套打模板、备份与恢复，以及增值服务。相关设置内容与前述 C/S 结构软件类似，可参照具体页面的提示与说明进行操作。

（四）进货与销货管理

在进货与销货管理方面，网页可以进行相关商品信息的添加，或呈现查询的结果，其使用的界面较为简单（图 3 - 45）。该系统的方便之处在于，当添加商品选项时，如系统内无该项信息，可直接在此页面添加，包括商品的名称、编号、型号、销售单位、供应商、价格等。在前台应用方面，可以同多型 POS 系统连接使用，并将结果显示在此页面。

该功能组件可对购销货的记录进行查询，以标准列表方式呈现（图 3 - 46）。

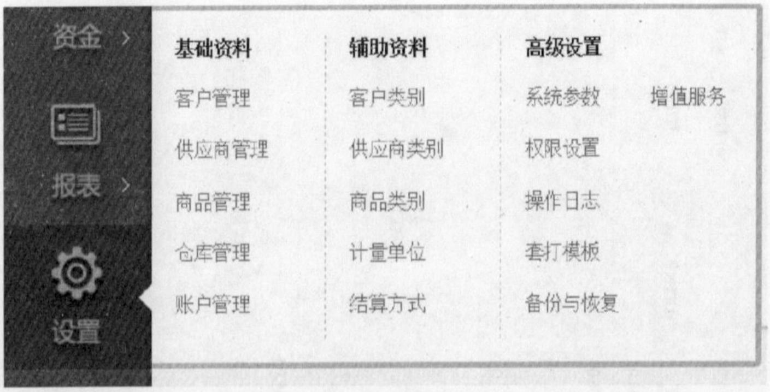

图3-44　系统设置与管理界面

查询中用户可以设定具体的查询条件，并选定期限范围，显示的内容包括单据的编号、日期、供应商、金额等。用户可以对单据进行筛选、汇总或导出操作。

（五）商品库存管理

在商品库存管理方面，涉及的表单内容包括调拨单据、出入库记录、成本调整信息等（图3-47）。

（六）资金管理

在资金管理模块，其提供的应用较少，仅包括各种首付款内容（图3-48）。由于金蝶拥有专门的财务管理软件，客户如有需求可增加购买额外功能，本软件仅围绕进销存功能设计。

（七）报表管理

在报表管理部分，涉及采购报表、销售报表、仓存报表、资金报表，其包括的具体功能如图3-49所示。在完整版软件中，用户可以对各种报表的具体格式进行调整与管理操作。

该软件提供了详细的在线帮助功能，用户可以根据工作需要参看具体的管理操作流程及注意事项（图3-50）。同时帮助部分还提供了一些基础单据的模板供用户使用。

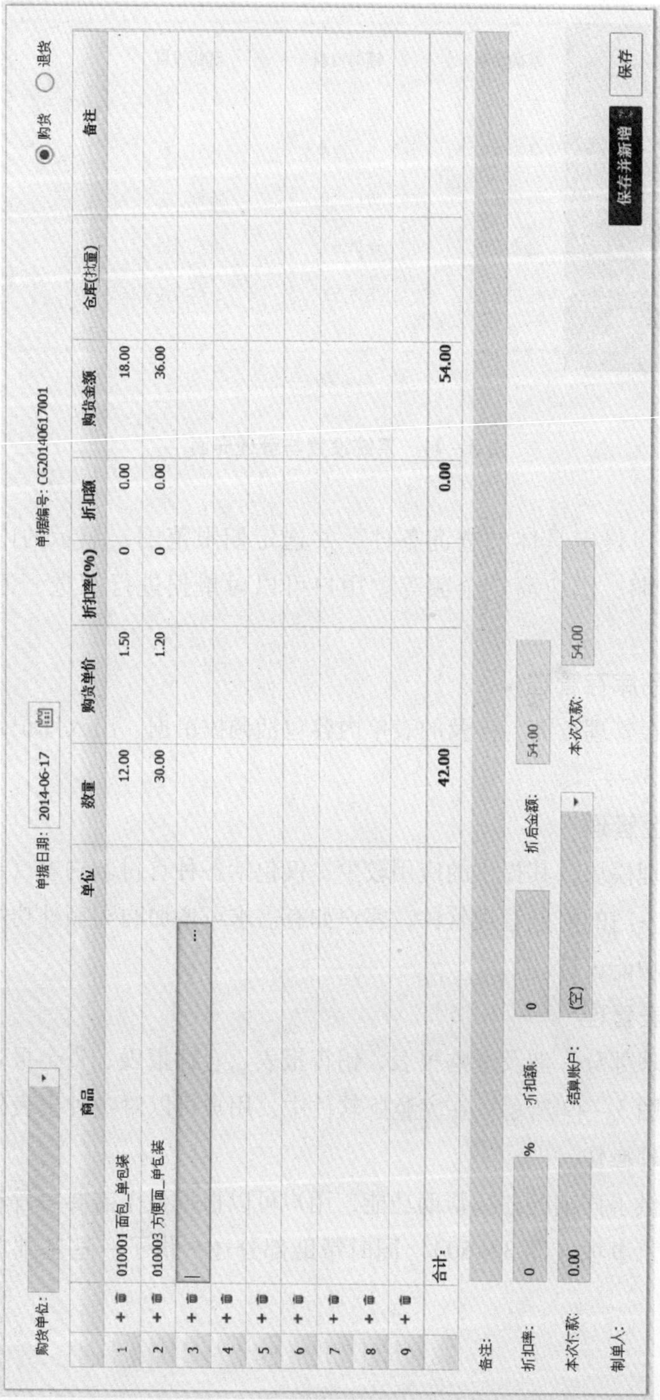

图 3-45 进货单管理界面

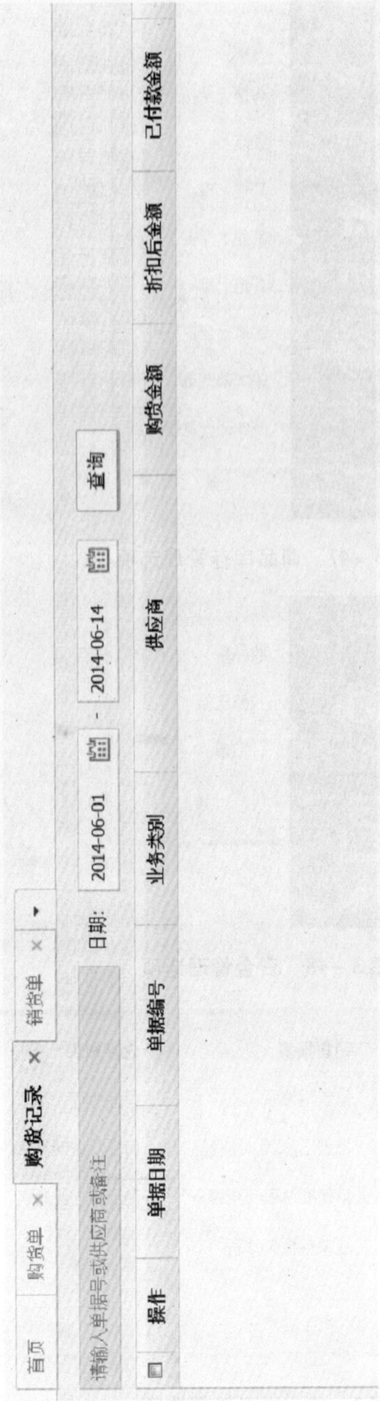

图 3－46 购货记录查询界面

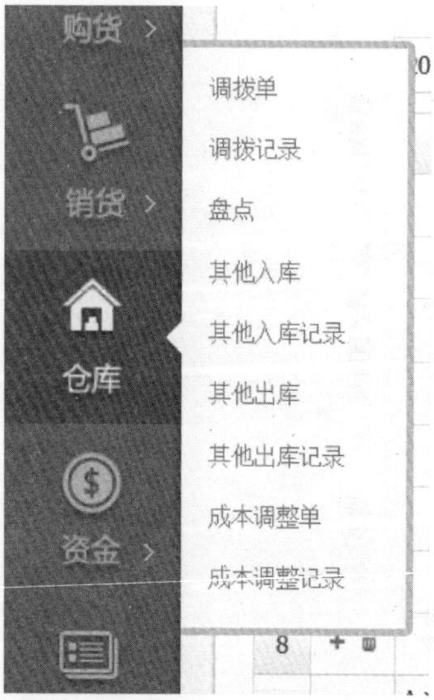

图 3-47　商品库存管理选项

图 3-48　资金管理选项

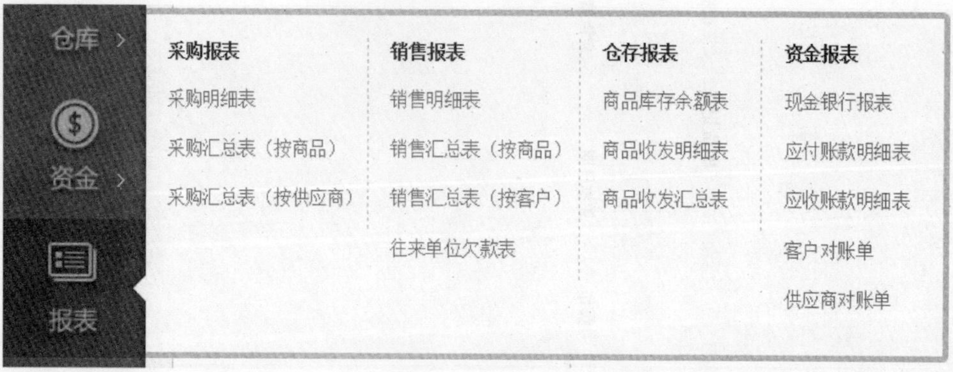

图 3-49　报表管理选项

图 3－50　在线帮助界面

四、商业管理信息系统应用案例

商业管理信息系统的应用极为广泛，许多商业企业（包括中小企业）均在20世纪90年代末或21世纪初开始引入管理信息系统，涉及的业务领域包含销售、库存、人力、财务、客户管理等诸多方面。

案例1：上海好德便利店的管理信息系统

上海好德便利有限公司成立于2001年，是由农工商超市（集团）有限公司全额投资的从事便利店业态的子公司。目前公司业务辐射江、浙、沪三地，拥有直营门店1 100余家，从业人员超过8 000人。公司通过经营机制转变，在全国便利行业中以最短时间实现了企业的全面盈利。好德便利秉承“以人为本”的经营理念，弘扬农工商超市“产、加、消”一体的经营特色，集餐饮、购物为一体，为广大消费者提供丰富的盒饭、即食食品、名特优新的各类点心和品种齐全的各类商品。好德便利坚持时尚性、便利性、即时性的经营方针，为广大消费者提供优质、温馨、便捷的服务。

好德便利成立之初即认识到拥有一套好的POS/ERP便利店管理信息系统才

能成为其快速发展的保障，于是与瑞星公司在友好合作的基础上做了大量的系统调研及分析的准备工作，于2003年1月24日签约，由瑞星公司为好德便利开发门店系统，并于同年3月14日又签约开发好德总部系统。

鉴于好德便利店1 000多家门店的规模，好德系统采用了如图3－51所示的架构。总部有两个数据服务器，采用双机热备的方式，保存总部的日常业务数据和相关分析数据，并保存通信文件；两个通信服务器，每个各管理500家左右门店的通信，并采用分时策略，避免线路的拥堵；同时设置一个FTP服务器，用于与第三方物流和供应商间的数据交换。

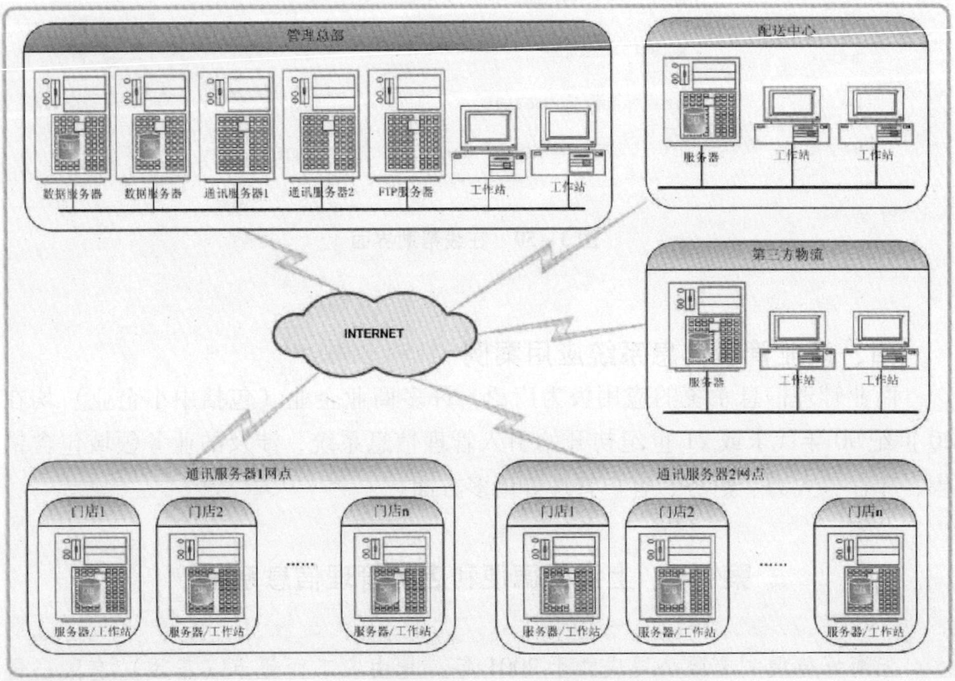

图3－51 好德便利店管理系统架构

在商品价格管理体系方面，好德采用了三层价格体系，分为总部价格、区域价格、门店价格。总部价格表保留所有的价格资料，区域价格表只保留特殊区域的价格资料，门店价格表只保留门店特有的价格资料。当信息传输到门店后，每个门店将拥有所有的价格资料，门店价格档相对两层的价格体系有些冗余，但与庞大资料的下发与传输问题相比则显得次要得多。价格的调整通过调价单据完成，调价单可以针对总部、价格区域、门店进行调价，价格调整后并不立即影响门店价格，只针对总部有效，只有做过调价确认后才能真正影响门店，调价才生效。

棚割表技术（即商品配置表，日文称为“棚割表”）：棚意指货架，割则是指适当的分割配置，也就是商品在货架上获得适当配置的意思。因此，如将商品配置表定义为“把商品的排面在货架上做一个最有效的分配，以书面表格规划出来”，就可轻易了解商品配置表的意义。商品配置表的主要应用可以分为：货架陈列、快速开店、商品要货、商品盘点等管理。

货架陈列：好德总部系统在总部对棚割表做统一规划，规划好后，传递到门店系统，供门店查看货架排放，基于货架要货、盘点使用，而且可以在总部对棚割表进行打印。这样一来，在门店的开店、要货、收货、验货方面大大地提高工作效率和准确性，同时也增加了所谓非营业性的上架费的收益，例如：总部统一的棚割表货架的管理，规范了所有门店货架的摆放，那么就可以对不同区域和货架层次做到细分，就可以很方便地分别向供应商收取不同的价位，而且可以有效地履行对供应商的承诺。顾客走进好德便利门店，就会发现其每一家的货架呈列都是相同的，这就是所谓的向精致化管理拿利润的实际事例。

快速开店：商品配置表是连锁便利门店经营的重要标准化管理工具，有助于连锁便利店的统一经营，并可以提高新店开张的效率，有效控制商品品项，做好商品定位管理，管理商品排面。商品配置表可以防止滞销品驱逐畅销品。

商品要货：系统依照棚割表要货，根据最大库存、要货周期、日均销售等参数，系统建议要货数量，大幅避免门店缺货情况的发生。同时，支持一般式单据要货和系统自动建议要货，大大减少要货商品的遗漏。

商品盘点：界面直观，易于操作，可以降低错误率并加快盘点速度，系统支持棚割表操作，并且还支持盘点器的操作。

此外，好德管理系统还提供了一些附加服务功能，如下：

公共事业费的应用：目前好德便利的所有门店都实现了代收公共事业费的服务项目，如水、电、煤的代缴服务，及手机电话卡、交通一卡通等充值服务。这些服务不仅为客户带来方便，而且无形之中也增加了客户来店的频率与销售的机会。

考勤管理：好德便利系统设计了签到和签退两个功能键，来管理门店员工的出勤情况以及区域经理到店指导视察的频率次数、供应商的送货时效、维修商叫修的反馈速度等，通过进行量化管理，强化了内部管理，同时也可以考核协力厂商的服务质量。

公告板的管理：无纸化办公、信息共享，可分为三种方式。①自动生成：当总部做调价凭证、促销凭证审核时，自动生成公告板，和凭证一同下发门店；②手工填写：当总部通知或者规定要颁布时，也可以通过这个系统传到门店；③双向传输：信息在总部、各网点间双向传输。

客户的忠诚度管理：好德便利的系统同时也实现了客层管理，将客户按照年龄层划分，分别设计了六个年龄层键。例如，当收益整体下降的时候，系统可以很容易地分析，是哪个年龄层销售在下降，而且可以分析具体的年龄层，适时地找出原因来调整销售策略，不至于造成盲目乱调价。因此，实现客层管理也是一种客户忠诚度的管理。

在该系统的项目实施效果方面，2004 年 4 月二期项目开发验收全部完成，好德便利也顺利对总部及 1 000 多家门店完成了新系统的切换。系统上线使用一年后，好德实现了战略性盈利；使用两年后，实现了全面盈利。系统大大提高了库存周转，并能及时提供盈亏报表等，体现了瑞星软件在提供大型软件产品以及实施大型连锁项目上的服务能力。

资料来源：瑞星零售软件（www. rezin. com. cn）。

案例 2：西门子销售业务的矩阵式管理

西门子程控利用 Microsoft Dynamics CRM 实现矩阵式管理，全面了解销售团队业绩，为公司制定发展策略提供决策辅助。

（一）西门子公司简介

西门子公司成立于 1847 年，是世界电子工程领域的全球领导者。1872 年西门子开始了与中国的合作，迄今为止在全国已建立 40 多家公司，28 个区域办事处，拥有 21 000 多名员工。1993 年西门子数字程控通信系统有限公司（SBCS）成立，合资方分别为西门子股份有限公司、西门子中国有限公司、上海新光电讯厂以及爱建股份有限公司。西门子数字程控通信系统有限公司（SBCS）在经历了十年的成功发展后，为中国企业提供了具有革新意义的商务通信解决方案。德国技术、专业精神和创新精神，在 SBCS 通信产品和服务的研发和营销过程中，得到完美的延伸和体现。

在中国境内业务的快速增长促使西门子程控开始考虑使用矩阵式管理模式来统一管理销售团队以及各产品线。经过长期研究考察以及多方比较后，西门子程控决定采用微软的 Dynamics CRM 产品，应用其销售、客户模块管理公司业务。

微软的CRM具有优良的销售管理、客户信息完整视图等功能，同时具备易开发的特点，使得西门子程控在完善公司矩阵式管理、全方位了解客户信息制定销售策略、挖掘潜在商机等方面均取得良好收益。

（二）系统开发的背景

西门子程控公司业务飞速增长的同时也带来管理上的难题，主要表现在以下几点：

1. 缺乏有效管理上百人销售团队的工具

西门子程控的业务遍布国内各种行业，除设置北、东、南三个销售大区以外还按照各行业特点设置专门针对该领域的业务代表，因此整个团队人数多达上百人。西门子程控希望建立矩阵式管理模式，加强对销售的控制。

2. 缺乏能快速沟通的信息共享平台

许多销售活动不但需要跨部门展开，而且一个客户往往涉及多个产品线销售，销售人员同时要与多个客户经理打交道，因此彼此之间及时沟通共享信息显得尤为重要。

3. 缺乏统一高效的手段管理商机

对于市场上出现的机会，以及哪些业务员对其进行过挖掘，如何进行跟踪管理等，在原始工作方式下也明显缺乏效率，易造成机会的流失。

（三）系统的解决方案

西门子程控为了加强对销售团队的控制以及对商机的把握，决定使用微软CRM进行辅助管理。经过半年多时间的慎重选择，西门子程控最终选择微软作为合作伙伴负责实施这一系统。

微软合作伙伴的实施顾问在西门子程控销售、产品、市场和IT部门的协助下，对西门子程控现有的业务模式和目标进行了专业分析，提出了切合公司实际需求的解决方案。该方案着重解决西门子程控对销售团队以及客户的管理要求，整个系统运用于直销、渠道销售、销售服务、市场分析、电话销售等流程，主要分为以下几方面：

1. 矩阵式管理

实现了微软CRM系统的矩阵式管理，可按具体用户的需求，将各个职能部门的人员整合到一个项目中，提供多链路的汇报体系，使其各司其职且灵活而清晰。

2. 多客户经理的管理方式

重要顾客对于企业的贡献通常体现在多个产品线上。在CRM系统中实行

“同一顾客、多客户经理管理”方式，既有利于增加销售的灵活性，又为顾客管理提供了新的方式。并且，微软 CRM 不仅能够做到多客户经理的并行管理，还可按照权限进行设置，使其互不干预。

3. 销售阶段的清晰管理

对于销售流程的管理，西门子程控有非常清晰的认识，所以在 CRM 项目中，自始自终贯彻了销售阶段的各项职能定义：从销售线索、竞标到签订合约整个过程，可按照不同的项目规模有层次地进行控制。

4. 上百个客户端的并行管理

西门子程控的 CRM 系统共有 160 个左右的客户端。微软 CRM 解决方案能对这上百个客户端的销售团队进行分别且有序的管理，为销售工作的运作提供了稳固的支持。

5. 多产品线综合管理

西门子程控的产品线较宽，各个产品线上所配备的销售人员和管理方式差别很大。微软 CRM 系统中的多产品线能并行地将多个产品销售的模式综合起来，做到重点有致、分门别类地管理，方便管理层的监管与统一筹划。

6. 销售业绩与指标管理

在系统中可按年度、按不同产品线制定具体的销售考核指标，并在系统中清晰地管理细化的季度、月度的销售执行情况，并配合相应的绩效考评。

7. 客户关系管理

系统中对于客户所在行业进行了分类统计，方便销售员和管理者了解行业特点。系统还针对每一个客户制定具体策略，从客户需求及本企业强项分析销售机会所在。

8. 客户化报表辅助决策

微软合作伙伴根据西门子程控的业务需求定制开发了数张报表，从不同角度为公司决策层制定策略给出参考依据。例如，可统计销售指标及实际销售额的报表，不仅能分析销售的业绩，也能对团队甚至区域、全公司销售做出分析评价；统计长时间未联系客户的报表，可以促使销售人员与那些疏于联络的客户再度联系从而发掘新的商机；分析竞争对手的报表，帮助企业了解对手动态，部署更为有效的战略。

（四）应用系统的优势与收益

1. 减少内部沟通时间，加快信息获取速度

实施系统之前，西门子程控的客户资料使用 Excel 表格汇总，数据更新不能

确保及时有效，也无法做到实时共享，信息传递常常人为延误。实施微软 Dynamics CRM 之后，通过系统设置的标准流程约束销售人员必须输入客户信息之后才能进入下一个阶段直至签约或丢单，这就使得所有与客户相关的信息都能集中到同一平台，信息的完整性和及时性都能得到保证，内部沟通的时间也大大减少，加快了信息获取速度。

2. 加强了主管对销售的管理以及对商机的控制

实施系统之前，客户资料大多掌握在业务人员手中，销售活动中的所有环节主管无法进行有效监控。实施微软 Dynamics CRM 之后，主管能方便地从系统中了解销售目前正进行到哪一阶段，对客户做了哪些承诺，可以随时调整客户策略，从而提高销售成功率。

3. 客户数据校验确保销售良性有序竞争

实施系统之前，销售人员常常会遇到同一客户向多人询价以便获得更优惠价格的情况，销售人员在互不知情下往往互相压价从而给公司造成损失，也不一定能保留住客户。实施微软 CRM 之后，通过验证客户信息的有效性和重复性改变了这一状况，使销售人员之间的良性竞争得到了有序管理。

4. 全方位展现公司销售情况的辅助决策

微软 CRM 通过报表向管理者 360°全方位展现公司销售运营状况，并可通过集成 BI 工具深入挖掘数据，帮助企业审时度势及时调整营销策略。

该系统涉及的软件及服务配置如下：

Windows XP（系统环境）；

Office 2003（周边应用）；

Microsoft Dynamics（应用系统）；

Microsoft Dynamics AX（应用系统）；

Microsoft Dynamics CRM（应用系统）。

资料来源：微软中文官网（www. microsoft. com. cn）。

案例 3：SUPOIN 客户方案应用

（一）运动产品——特步

特步是国内知名的大型时尚运动体育用品企业，于 2008 年在香港上市。时尚、前卫、自由诠释了“特步”的品牌文化，高品位、高追求和强大的创新能力及生命力赋予了“特步”品牌核心价值，“让运动与众不同”的品牌宣言淋漓尽致地体现了特步强调体验式运动和不为运动所累的玩运动态度。

1. 面临问题

特步专卖店铺主要遍布于全国各省份的二、三线城市，品牌零售终端超过8 000家，信息化管控成为必需的手段。特步信息中心在副总裁吴联银博士带领下花费多年时间将全国各地分公司信息化平台统一整合，目的在于将运营数据管控延伸到每一个门店终端，通过强大的数据挖掘系统获得竞争优势，使品牌在日趋白热化的运动服装市场立于不败之地。但这数千家门店的数据采集工作成为信息化道路上的拦路虎，其面临的问题主要包括：

（1）商场无法接入网络；

（2）专柜无法安装电脑；

（3）销售数据不能及时统计；

（4）数据整合时间长，无法及时反馈信息；

（5）决策管理活动的效率低、误差率高。

2. 解决方案

销邦科技（SUPOIN）与特步信息中心、用友软件三方联合制定了特步版本的“店易通”软件系统，此系统经过近一年的开发测试后在特步各省分公司开始推广试用，通过最大化的发挥手持无线终端的无需供电、无需有线网络等特点快速解决了商场门店和专柜数据采集的难题。用友软件零售与流通事业部更是以此项目为基础与销邦科技签署战略合作联盟协议，全国用友零售体系以销邦无线PDA系统为平台大力推广零售门店管控方案“店易通”系统。

3. 应用价值

特步“店易通”系统在2012年第三季度订货会上已经作为特步公司重点推广的信息化方案之一，并将销邦PDA纳入商场及门店专供设备中。通过特步信息中心的大力推广和销邦科技不遗余力的支持，“店易通”系统已经得到了特步总部及各省分公司的一致好评，在不到半年的试用期内已有多省的分公司要求迅速增加终端设备数量。使用过程中，他们体会到销邦PDA与普通电脑相比，在门店数据管理中的差异和优势，为门店数据采集提供了新的选择，移动POS已经成为特步专营店必不可少的信息化设备。

使用销邦“店易通”给特步带来的改变如下：

（1）商场店铺和专柜均通过销邦智能终端实现数据采集、传输及处理；

（2）数据及时回传总部，提高了供应链效率及管理层决策速度；

（3）脱销现象下降50%，客户满意度提升，销售额亦大幅提升；

(4) 零售终端工作量下降，效率获得提升。

(二) 护肤产品——维尔汀

维尔汀国际有限公司于1968年正式成立，总部设在法国巴黎，分别于意大利设欧洲分部、加拿大设北美分部、香港设亚太分部。2004年在香港正式成立维尔汀（亚太）国际有限公司，全面负责旗下著名品牌WILDING CARE（维尔汀）系列产品在亚太地区及中国市场的发展。

1. 面临问题

维尔汀在北京、大连、重庆等全国主要省市已建立专营店200多家，旗下有10 000多名俱乐部会员，他们已成为维尔汀品牌的忠实拥护者和产品消费的主力军。门店大都以商场专柜形式开设，因为场地条件的限制，无法安装电脑和宽带，门店也都没有使用POS系统，公司总部依靠店员“手工记录+传真”的原始方式，进行门店业务数据的采集，面临的问题有：

(1) 数据统计不及时、不准确；

(2) 人工汇总工作量大、占用工作时间长；

(3) 难以进行标准化管理；

(4) 供应链效率不高。

2. 解决方案

维尔汀通过对市面上各种移动商务解决方案做出考察、了解和比较后，引进了销邦科技门店移动POS系统。首先，完成了维尔汀专线网络、防火墙的规划及建立；同时，为了保证实施效果，维尔汀决定按照“分渠道、分区域”的原则上线门店POS系统。

3. 应用价值

维尔汀在引入销邦“店易通”移动POS系统后，取得了明显的改进：

(1) 总部后台系统实时掌控门店销售、库存、会员的数据，大大节约管理成本；

(2) 有效提高门店管理效率，增加销量；

(3) 工作人员的工作量降低，提高效率；

(4) 供应链效率提高，降低物流成本。

目前维尔汀所有的直营门店均已上线，之后将会在其加盟门店中继续推广使用销邦“店易通”产品。

本章实验：商业管理信息系统实验

本章实验通过常见的零售管理信息系统，让学生熟悉系统的主要功能模块，了解基本的前后台业务操作，以及系统的维护与管理方法。

一、C/S 结构信息系统实验Ⅰ

（一）实验目标

1. 熟悉 C/S 结构零售管理信息系统的基本构成；

2. 熟悉 C/S 结构零售管理信息系统的工作环境；

3. 了解 C/S 结构零售管理信息系统的安装与配置方法。

（二）实验内容

1. 选择一种 C/S 结构的零售管理信息系统，熟悉其操作界面；

2. 了解 C/S 结构的零售管理信息系统前后台登录方法及功能区别；

3. 尝试在局域网环境下安装并配置 C/S 结构的零售管理信息系统，内容涉及数据库配置、网络配置及端口调试。

二、C/S 结构信息系统实验Ⅱ

（一）实验目标

1. 熟悉 C/S 结构的零售管理信息系统前台基本操作；

2. 掌握 C/S 结构系统的前台销售、结算及售后管理；

3. 掌握 C/S 结构系统与后台间的数据交互。

（二）实验内容

1. 熟悉某种 C/S 结构的零售管理信息系统前台工作界面；

2. 尝试进行商品信息录入、客户信息管理、商品销售结算、表单打印等操作；

3. 通过前台终端与后台进行数据的上传与下载。

三、C/S 结构信息系统实验Ⅲ

（一）实验目标

1. 熟悉 C/S 结构的零售管理信息系统的后台管理操作；

2. 掌握 C/S 结构零售管理信息系统的基础数据管理；

3. 掌握 C/S 结构零售管理信息系统的数据维护。

（二）实验内容

1. 通过 C/S 结构零售管理信息系统的后台应用，建立系统账套（基于 Access 或 SQL Server）；

2. 通过C/S结构零售管理信息系统的后台应用，录入超市基本的门店与商品信息；

3. 通过C/S结构零售管理信息系统的后台应用，对供应商与客户进行分级管理；

4. 通过C/S结构零售管理信息系统的后台应用，编制常用单据格式；

5. 通过C/S结构零售管理信息系统的后台应用，调整超市各级别员工的操作权限；

6. 通过C/S结构零售管理信息系统的后台应用（或数据库管理软件），对业务数据进行备份与恢复。

四、B/S结构信息系统实验Ⅰ

（一）实验目标

1. 熟悉B/S结构零售管理信息系统的工作环境；

2. 熟悉B/S结构零售管理信息系统的工作界面；

3. 了解B/S结构零售管理信息系统的升级与更新。

（二）实验内容

1. 选择某一种B/S结构零售管理信息系统，熟悉其Web工作环境，涉及系统、浏览器及功能插件，并熟悉其工作界面；

2. 尝试登录B/S结构的零售管理信息系统，并通过新建方式设置系统账套；

3. 选择在线工作方式，查看系统升级、更新，及资料下载等功能，并阅读相关的软件使用文档。

五、B/S结构信息系统实验Ⅱ

（一）实验目标

1. 熟悉B/S结构的零售管理信息系统的前、后台管理操作；

2. 掌握B/S结构零售管理信息系统的基础数据管理；

3. 掌握B/S结构零售管理信息系统的数据维护。

（二）实验内容

1. 分别用不同身份登录B/S结构零售管理信息系统的前后台模块，尝试基本的操作；

2. 通过B/S结构零售管理信息系统的后台应用，编制超市的基本业务信息，涉及门店、商品、往来单位、员工等；

3. 通过网页方式访问后台数据库，并进行基本维护操作。

六、管理信息系统设计实验

（一）实验目标

1. 熟悉管理信息系统设计的一般步骤与原则；

2. 了解管理信息系统构建中对软硬件的架构设计；

3. 了解管理信息系统的需求分析内容。

（二）实验内容

1. 分别为单店模式与连锁模式设计可行的管理信息系统物理与逻辑架构；

2. 分析零售企业对管理信息系统的基本功能需求，包括数据需求、工作流程等；

3. 尝试根据某零售企业实际需求，编制需求说明文档。

本章练习

一、思考题

1. 如何定义管理信息系统？其应用对企业经营管理有何益处？

2. 企业管理信息系统经历了哪些发展阶段？在应用中可以分为哪几种类型？

3. 管理信息系统在零售企业的应用有哪些特点？

4. 如何理解信息系统的物理架构及逻辑架构？

5. C/S 结构的管理信息系统有哪些特点？对其应用有何影响？

6. B/S 结构的管理信息系统有哪些特点？对其应用有何影响？

7. 尝试比较 C/S 结构与 B/S 结构间的优劣势，并分析其各自的适用领域。

8. 试分析 C/S 结构与 B/S 结构在应用中能否并存？

9. 根据 B/S 结构的技术特点与发展趋势，分析其在零售领域的应用前景。

二、综合练习

以一家连锁型综合超市为例，为其设计一套完整的管理信息系统解决方案。内容主要包括：①了解超市的业务需求，对其数据、流程等进行分析，并编写较为详细的需求文档；②依据具体需求，为其选择适宜的物理架构与逻辑架构，并绘制成图形；③针对其业务特点，选择合适的硬件设备；④针对其业务特点，设计适宜的软件结构及具体功能模块；⑤综合前述设计形成完整的管理信息系统设计文档。

第四章 商业数据分析

本章提要

◆主要内容

介绍商业数据分析与使用的概况

介绍商业数据分析的基本方法与流程

介绍基于商业数据分析的信息挖掘方法

介绍大数据应用的特征与发展趋势

介绍商业数据分析软件的使用

◆课程知识点

熟悉商业数据分析的基本流程与方法

熟悉探索性数据分析的方法与技巧

熟悉几类主要的数据挖掘模型

掌握数据分析软件的使用方法

◆实验目标

能够应用统计分析软件对商业数据进行基础分析

能够应用统计分析软件对商业数据进行探索性分析

能够应用数据分析结果撰写商业研究报告

引例

在以客户为中心的竞争环境中，如何既能够拥有正确的信息，又能够拥有分析信息的工具，这就是商业智能（BI：Business Intelligence）的功能。商业智能系统通过数据仓库、数据挖掘和高级数据分析为企业提供全方位的客户分析决策支持和客户关系管理，其中最为关键的技术就是数据挖掘技术。数据挖掘技术是从大量数据中提取或挖掘知识，运用数据挖掘工具进行数据分析，可以发现重要的数据模式，为解决商务决策中“数据丰富、知识贫乏”问题做出巨大的贡献。

客户关系管理（CRM：Customer Relationship Management）通过管理企业与

客户间的关系、优化供应链、减少销售环节、降低销售成本、挖掘潜在客户，发现新市场和渠道、提高客户价值、客户满意度、客户利润贡献度和忠诚度，实现企业最终销售管理、营销管理、客户服务与支持等方面的效果的提高。CRM 起源于 20 世纪 80 年代中期，20 世纪 90 年代得到企业广泛重视，进入 21 世纪人们更加重视吸引和发现潜在的客户和留住最有价值的客户。然而 CRM 失败率一般很高，从国外经验看大致在 55% ~75%，这是由于 CRM 在实施中会遇到诸多技术与非技术问题。统计表明，现代企业的销售额是来自 12% 的重要客户，而其余 88% 中的大部分客户对企业来说是微利甚至是无利可图的，开发一个新客户的成本是留住一个老客户的五倍，而流失一个老客户的损失，需要争取到十个新客户才能弥补，因而 CRM 成为企业研究和应用的热点。如何成功地应用客户关系系统呢？利用数据挖掘技术来分析客户的数据，找出客户的购买模式，不断地满足客户的需求，把客户当作企业最重要的资产进行管理，这些是成功应用 CRM，搞好企业经营管理工作的关键。

基于数据挖掘技术的客户行为分析与重点客户发现是当前许多企业应用的重点。企业在为客户服务的过程中积累了大量的数据，通过这些数据可以分析企业的发展历程、竞争态势、发展趋势及客户资源，这些资源是企业普遍关注的重要资源，而对客户的分析是赢取竞争优势的重要方法。企业在自动化销售管理中，记录并跟踪客户的信息，找出销售人员与潜在客户的交流要点，就能够有效管理销售人员的时间，改善与客户的交流和沟通。而在电子商务环境下，接触客户的不仅是销售人员，Internet 把获取的客户信息进一步扩展到企业所有部门，包括所有能与客户接触的人员，并将信息应用于各种销售渠道（直销、网上购买、实体零售购买等）之中，通过与客户的多个“接触点”（如客户支持中心、市场营销活动、销售代表的联系等）对客户进行全方位的认识。经过长期的经验总结，美国艾克认为 CRM 应让客户更方便、对客户更亲切、更趋个性化且反应迅速，只有如此才能更好地维持客户关系。凡成功企业的 CRM 一定是“以人为本、以客户为中心”去分工，实现企业内部一对一的客户管理方式。企业内部与客户相关的部门应该保持与客户之间作业的连贯性，实现各种管理信息与知识的共享，建立较为详细的客户联系库，以及共同遵守的互动规则等。客户智能管理通过分析来自营销、销售、服务和商务的信息，制定统一的关于客户需求的服务规则，以提高客户的满意程度，减少客户的流失程度。

在技术层面，数据挖掘成为识别好的客户，完成市场划分以及改进直销活动效果的关键工具。数据挖掘技术能够发现哪些客户最有可能购买新产品，以及哪些产品能够被一起购买，这样销售人员就能够将更多的精力放在这些重点客户上。许多数据挖掘工具能够帮助企业实现相应的功能，例如Microsoft Commerce Server系列是一个基于SQL Server数据挖掘技术的商业智能通用平台，它基于扩展的OLE DB技术模式以及CRM集成应用，可以针对注册用户进行数据分析，了解不同消费群体的购物行为，对未注册的用户则根据其停留在电子商务网站的时间、点过的链接、查询过的商品等记录分析出他们的行为模式，还可分析出广告、打折等营销活动的效果。

资料来源：51CTO数据库（database. 51cto. com）。

第一节　商业数据分析

所谓商业数据，是指一个产业，其价值链上各个重要环节的历史信息和即时信息的集合，其内容包括商业企业内部数据、分销渠道数据、消费市场数据等。它不但能揭示这个产业的历史，还能反映产业的竞争现状，更重要的是能预示产业的发展，为该产业价值链上各类企业的战略、研发、营销、管理等提供可靠的咨询和指导。企业积累的商业数据呈现海量增长趋势，如何有效地使用这些数据，使其为企业经营决策提供可靠依据，这是商业数据分析需要解决的问题。

一、商业数据分析概况

数据分析是指用适当的统计方法对收集来的大量第一、二手资料进行分析，以求最大化地开发数据资料的功能、发挥数据的作用，是为了提取有用信息和形成结论而对数据加以详细研究和概括总结的过程。数据也称观测值，是实验、测量、观察、调查等的结果，常以数量的形式给出。商业数据分析是指对于在商业活动中产生的各种数据进行综合统计与使用，涉及企业的核心业务、周边辅助功能以及企业外相关信息，进而帮助企业改善其经营管理。

（一）数据分析的重要性

商业数据对于现代企业经营活动至关重要，几乎没有企业会否认这一事实。商业数据是现代企业的重要资源。所有企业的生产、销售等业务活动都会产生大量的数据，这些信息反映了企业的运营状况，包括成本控制得如何、制造流程是否完善、销售状况是否良好等。如果要对企业的经营管理进行诊断，必须依靠这些真实的信息。企业的这些数据是存在市场价值的。如一些商业咨询公司在进行市场分析时，有可能向相关企业购买数据，或通过其他合作方式换取企业数据。对于基于互联网的企业来说，数据的重要性更加明显。如各种网店的浏览量、销售量、关注程度等信息均存储在网站平台的数据采集模块，这些数据占据的空间通常比其应用模块要大很多。商业数据能够为经营决策提供可靠依据。企业所处的行业竞争状况如何、企业自身业绩如何，以及可以进行哪些方面的策略调整，数据可以较为精确地回答这些问题。从数据提供的信息来看，其覆盖了历史与现状，可以对已发生情境进行客观描述。而对于现有数据的模型化分析还可以对未来进行一定程度上的预测，为企业今后的策略制定提供参考。数据在微观层面的使用往往能够给企业带来利润的增长，如某些零售企业会经常关注消费者的购物篮数据，从数据中可以判断消费者的类型，包括性别、年龄、职业特征、家庭状况、购物习惯等，企业可以根据这些信息调整店内商品的种类、摆放、价位等，进而提高销售总额及利润。

“小数据”提升餐厅毛利率

餐饮企业因各种条件限制，毛利率的确定会相应变化。一个核心问题就是，毛利率实质上就是企业的定价水平。毛利率增加虽然会提升获利水平，但也会因价格因素阻碍一定量顾客的光临。提升餐厅毛利率的途径包括：①品牌塑造法，通过打造产品的高档印象，增加产品本身的价值感觉，以便为加大毛利奠定心理基础；②成本控制法，在保证产品品质的前提下，想方设法压低进货价格，为企业扩大毛利水平做好前提准备；③过程控制法，在加工过程，合理选配原料，科学使用并减少浪费。

一般餐厅都使用台卡和点菜单，另外还有加菜单和酒水单，这些都为财务统计提供了比较翔实的分析资料。财务统计数据表中主要包括人均消费、平均每天桌次、桌次消费、平均赠品总价、平均营业额等。每一个单项都要尽量详细，比如桌次消费包括菜品消费比例、酒水消费比例、其他费用比例等；还可以再进一步细分，比如将菜品比例分为蒸菜出品比例、汤菜出品比例、凉菜出品比例等。

1. 餐厅数据

通常情况下，让利促销是以较低的毛利率来换取更高的客流量，以期望实现更大的营业额或者是招揽更多的新客户。在开展区域性让利促销的同时，为了保证全店毛利率持续稳定在合理的比例，首先需要从非优惠区域寻找机会。为此，某餐厅深入分析了标准桌区域的点单情况，数据分布：热菜34%、点心8%、汤8%、凉菜13%、酒水20%、其他2%（有约15%未列出）。根据统计情况，结合酒店的菜品结构和菜品特色，分析得出该店的热菜点击率过高，而毛利较高的汤菜、蒸菜点击率偏低。不利之处是热菜毛利较低，同时大量点单过于集中某一部门，会对出品部备料以及上菜速度带来严重影响。此外，一桌配置不合理的宴席，既对顾客进餐口味有影响，也使得买单价格偏高，且容易引起顾客的不满。

2. 改进措施

特价套菜推出以后，从加菜单统计中选择点击率前30位的菜品，进行10%~20%不等的降价优惠，制作成"特惠加菜谱"。顾客选择套菜后可以按优惠价格点选特惠菜。同时，为了保证套餐推广，四人桌区域服务员需要优先推介套菜，并且收集客户的反馈意见。每份套菜的下单服务员都要有一定职业素养，由楼面经理对该区域服务员进行一周的点菜培训，并列入本月考核。如果一位服务员考核不及格，则楼面经理负连带责任，将进行一定金额的处罚；如果服务员有三人以上考核不及格，则楼面经理月度绩效奖为零。在信息反馈方面，分店店长每天需向区域内客人介绍促销计划，询问客人的意见，特别是对于套菜的意见，并了解点菜服务员是否第一时间推介套菜。对于多次未按要求推介优惠措施的服务员，需第一时间上报楼面经理。

3. 实施效果

套菜推出后，第一周就收到了明显效果，四人桌区域平均每天桌数不变，平均每桌人数不变，而平均每桌消费提升了不少，特价套菜点击率高达80%。措施实行后的第一个十天，该店财务统计显示，标准桌区域的点单情况大致为：热菜45%、凉菜10%、汤22%、酒水19%、其他3%。当期成本核算显示，整店毛利率提高了5%。调整后，上菜速度投诉与菜品口味投诉均较上月同期大幅下降。因此，在餐饮管理过程中，适当关注统计数据的变化，并且善于分析这种变化的原因，寻找数据变动背后的发展机会，对于以利润求生存的餐饮企业来说非常重要。

资料来源：中国统计网（www. itongji. cn）。

从一个餐厅日常管理的例子可以看出数据分析与使用的重要性。在数据庞杂的条件下，企业如果能够有效筛选、挖掘并分析数据，将为企业经营活动带来丰厚的回报。

（二）数据分析的种类

常见的数据分析种类可分为描述性分析、探索性分析与验证性分析。

1. 描述性分析

描述性分析是一种常见的数据分析方法，主要是指对所面临的不同因素、不同方面现状的分析研究。其资料数据的采集和记录，着重于客观事实的静态描述。大多数的市场营销研究都属于描述性分析，如市场潜力和市场占有率、产品的消费群结构、竞争企业的状况等。在描述性分析中，可以发现其中的关联因素，但此时并不能说明多个变量间的因果关系。与探索性分析相比，描述性分析的目的更加明确，研究的问题更加具体。从统计角度看，均值、方差、中位数、众数等参量常用于描述性数据分析。

2. 探索性分析

探索性数据分析是指为了形成合理的假设检验而对数据进行分析的一种方法，是对传统统计学假设检验手段的补充。以探索性因子分析为例，探索性因子分析法是一项用来找出多元观测变量的本质结构，并进行降维处理的技术。因而，探索性因子分析能够将具有错综复杂关系的变量综合为少数几个核心因子。探索性因子分析有一些局限性：①它假定所有的因子旋转后都会影响测度项，但在实际研究中通常会假定因子之间没有因果关系，所以可能不会影响另外一个因子的测度项。②探索性因子分析假定测度项残差之间是相互独立的，实际上测度项的残差之间可以因为共同方法偏差、子因子等因素而相关。③探索性因子分析强制所有的因子为独立的，这虽然是求解因子个数时不得不采用的权宜之计，却与大部分的研究模型不符。最明显的是，自变量与因变量之间应该是相关的，而不是独立的。这些局限性就要求有一种更加灵活的建模方法，使研究者不但可以更细致地描述测度项与因子之间的关系，并对这个关系直接进行测试。对于其他探索性分析方法或模型也会存在类似问题。

3. 验证性分析

验证性分析主要是指基于某些假说或理论模型，通过真实数据对其真伪进行检验的过程。同样以验证性因子分析为例，验证性因子分析的强项正是在于它允许研究者明确描述一个理论模型中的细节。通常因为测量误差的存在，研究者需要使用多个测度项，对这种关系的描述又叫测度模型。相关测度的测试都要求研究者明确描述测度项、因子、残差之间的关系，进而构建合理的测度模型。同时，对测度模型的检验就是验证性研究的主要内容。验证性因子分析往往通过结构方程建模来进行。在实际应用中，验证性因子分析的过程也就是测度模型的检验过程。可以进行测度及结构方程建模并拟合的统计软件有很多，比如 LISREL、AMOS、EQS、MPLUS 等。有的时候，探索性分析与验证性分析会结合使用，如在商业领域进行的顾客满意度调查、服务质量测评、消费者测试、企业形象调查、市场划分识别、顾客行为分类等。

二、商业数据分析过程

对于不同的问题，以及不同的应用环境，数据分析的过程必然存在差异，在此仅对一般的商业数据分析过程进行介绍。数据分析的总体流程包括识别分析需求、采集分析数据，以及选择分析方法。

（一）识别分析需求

识别数据分析需求是确保数据分析过程有效性的首要条件，可以为收集数据、分析数据提供清晰的目标。识别分析需求是管理者的职责，管理者应根据决策和过程控制的需求，提出对信息的需求。数据分析的目的是为管理层决策、产品设计和市场运营服务。必须深入了解数据后面的业务逻辑和属性，否则就是数据展示而不是数据分析了。因此，在做任何数据分析之前应深入了解要通过数据获得哪些信息。

一些常见的企业数据分析需求如下：

- 企业高层的决策需要；
- 产品部门等做产品调研、市场分析的需要；
- 产品运营时期为了获知用户体验的需要；
- 市场部门做营销运营时获取市场反馈的需要；
- 客服部门的服务质量与效果统计。

企业内不同的层级与部门的分析需求有明显差别，高层习惯于关注战略层面的信息，而业务部门则倾向于具体、翔实的信息。因此，进行任何数据分析之前，要明确其服务的对象，以及通过何种方式向对象展示数据分析的过程与结果（表 4－1）。

表 4－1　数据分析需求分类

编号	层级	需求内容	数据特征
1	企业高层	战略、策略制定	宏观数据、行业数据
2	市场部门、产品部门	市场竞争、前景	行业数据、产品数据
3	技术部门	技术解决方案、技巧	具体产品数据、消费者反馈数据

（二）采集分析数据

有目的、有计划地采集数据，是确保数据分析过程有效的基础。企业需要对采集数据的内容、渠道、方法进行策划。策划时应考虑：

- 将识别的需求转化为具体的要求；
- 明确由谁在何时何处，通过何种渠道和方法收集数据；
- 数据/信息采集工具应便于使用；
- 数据存储载体应具有较高的可靠性；
- 采取有效措施，防止数据丢失和虚假数据对系统的干扰。

从数据采集方式看，可分为主动采集与被动采集（表4－2）。

表4－2　数据采集方式比较

编号	类别	特征	数据量	途径	实例
1	主动采集	目标明确，但成本较高	小、一般	访谈、问卷，有目标的数据搜寻等	零售企业：对消费者购物倾向的调查（预判性）
2	被动采集	容易获取、信息真实性强，但数据繁杂	较大	日常业务表单、企业数据库等	零售企业：对消费者日常购物单据的汇总（验证性）

1. 主动采集

主动采集是指企业或组织具有明确的数据需求，并以获取数据为目的进行的采集工作，如企业欲了解市场需求状况，对消费者进行的倾向性调查。主动采集的优点是可以预先设定采集数据的类型、范围、格式等，并且在采集过程中可以进行数据质量控制，如哪些样本属于优质样本，哪些可以被剔除等。而主动采集也有其缺点，即采集的成本相对较高，并有一定的操作难度。如定向的数据采集需要设置专门人员进行，需要消耗时间、支出资金，同时被采集数据若涉及人员调查的话，可能遇到拒绝或信息隐瞒等情况。

2. 被动采集

被动采集是指企业或组织对业务中产生的数据进行收集的过程。如企业日常采购、销售等方面的数据，无须专门设置采集部门便可以获得。被动采集的优点是企业无须做专门的支出即可获得大量的数据信息，且采集过程中数据的可靠性一般较高，如消费者的口头回答总是比不上消费者的实际行为，企业可以从其购物单据中了解其倾向。但被动采集也有其缺点，即数据的来源、种类往往较为繁杂，数据信息的重点不突出，企业在应用时需要进行大量的数据筛选与分析工作。数据采集可依照相关流程进行，在确定采集数据的目标与范围后，需要明确数据信息接收的特点、采集过程中的数据转换，以及数据最终的存储问题。信息接收的主要任务是进行模数的转换，即如何把真实世界中的信息转化为数据化的符号。如消费者在实体店铺中的购物路线分析，可将购物路线划分为一些基本的元素，诸如消费者进店的时间、购物路线的长度、购物路线的重叠性、平均行进的速度、不同购物区域的停留时间等，进而根据这些基本信息对其购物路线进行分析。数据转换的任务主要是将采集的信息转化为机器可识别、可存储的形式。如前述消费者购物路线分析，可将时间变量用小时、分表示，将路线变量用米表示，将重叠性用百分比表示。存储的主要任务是为各种采集数据提供存放的空间，如选择数据库的类型、数据关系表的设计等（表4－3）。

表4－3　数据采集的技术流程

步骤	步骤内容	说明	示例
1. 信息接收	区分信息类型	区分物理信息与非物理信息	如零售场所的光照条件、客流量，或者是消费者的消费额
	选择采集装备	依据信息类型选择适宜的数据采集器	前者可通过物理传感设备进行采集（如光感设备、客流监控设备等）；后者则需要观测消费者行为
	选择采集场所	数据进行采集的实际空间位置	实体店：现场采集； 网店：基于Web应用采集
2. 格式转换	非数据→数据	将非数据信息转化为数据信息	一些声音、影像信息（如消费者购物路线）的数据化
	数据→标准数据	将数据化的信息转换为标准格式	将数字信息转换为整型、浮点型格式，涉及数据取值空间及有效小数位等
3. 数据存储	数据预处理	对信息进行预加工	如对信息进行筛选、剔除等处理
	选择存储介质	依据信息采集要求选择适宜的存储介质	包括临时存储介质与长期存储介质
	选择存储格式	选择数据最终的保留形式	如具体选择哪种数据库，以及哪种逻辑关系进行存储

（三）选择分析方法

数据分析方法有许多种，不同种类的方法其应用流程并不相同，具体分析方法的选择需要视分析问题而定。以下从分析方法的种类选择、分析流程设计及具体的分析技术角度进行简要介绍。

1. 方法选择

当前常用的数据分析方法包括对现有数据的直观描述、对数据包含信息的挖掘以及基于数据/模型的预测。

(1) 直观描述：从统计视角对数据进行客观的分析与展示，常用方法包括列表法（如汇总表、交叉表、关联表等）与图示法（如排列图、因果图、分层图、散点图、直方图等）。直观描述一般用于对问题的基础性分析，尤其在尚未选择出合理的深入分析方法之前，可以通过数据直观描述观察其特征与分布规律，进而为下一步研究奠定基础。

(2) 数据信息挖掘：依据一些探索性分析模型或方法（如聚类分析、决策树模型、神经网络分析等）对数据进行分析，从而剔除数据噪声并获取有价值的信息。数据信息挖掘通常要通过较为复杂的算法实现，在使用前需要做好准备工作，包括数据的整理、算法的选择、流程的控制等。

(3) 数据/模型预测：是指根据现有数据及相关的探索性分析结果，对预期值进行验算的过程，其目的是为了获取一定的量化结果，为策略制定提供可参考的目标。预测方法的效果与模型质量密切相关，具有较高拟合程度的模型（如无遗漏变量，且变量选取及参数估计较为合适）一般在短期预测中会呈现较好的结果。

2. 方法改进流程

数据分析方法的使用并无定规，尤其在一些开放性研究中，对于分析方法也需要进行多次尝试，并不断改进完善。分析方法改进的一般流程如图 4－1 所示，包括定义、测量、分析、改进以及相关的控制。

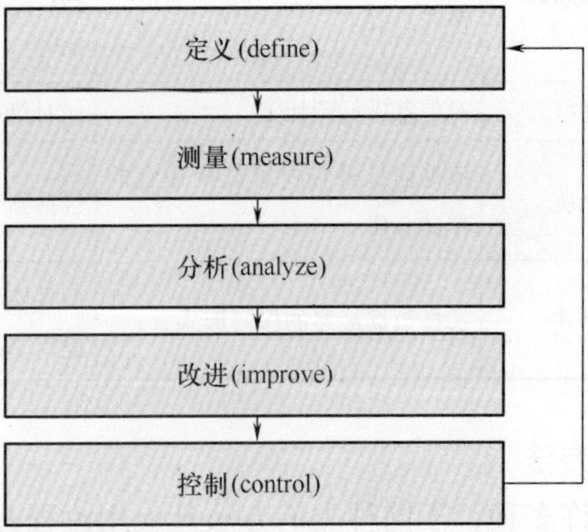

图 4－1　分析方法优化的一般流程

（1）定义：对于具体数据分析过程，可以表述为确定单次分析所针对的问题是什么，分析最终需要达到何种目的，对企业有何实际的意义，同时需要确定分析的范围，及规划本次分析工作的进度和质量控制。

（2）测量：对于具体数据分析来说，是指收集整理数据的过程，包括数据的清理与初步计算；尽量做好数据的预处理工作，获得完整有效的数据，便于分析工作的开展。

（3）分析：分析不只是对数据的简单统计描述，其结果不应该是一张报表和趋势图这么简单，分析的本质应该是从表面的数据中找到问题的本质，最后需要针对初始的问题进行归纳和总结。同时需要注意的是，分析过程要依据"定义"，不能偏离问题的范围和本质。

（4）改进：这是目前很多数据分析工作中较易忽视的一步，很多数据分析只是呈现结果，并未对结果的有效性进行测量与鉴定。改进是指针对前期分析结果进行的调整与优化，如改进分析流程、替换分析变量、调整参数权重等。一些完整的数据分析工作通常要比较多个方案的分析结果，进而为决策者提供完整的信息。

（5）控制：是指监控分析过程以及改进的结果，使分析过程（包括优化后的过程）均处于可控范围，避免出现一些"意外"的分析结果。控制要持续地进行，形成信息反馈，并不断探寻分析问题的最优方案。

流程改进中的一些问题：

• 提供决策的信息是否充分、可信，是否存在因信息不足、失准、滞后而导致决策失误的问题；

• 信息对持续改进分析体系、过程所发挥的作用是否与期望值一致，是否在产品/服务实现过程中有效运用数据分析；

• 收集数据的目的是否明确，收集的数据是否真实和充分，信息渠道是否畅通；

• 数据分析方法是否合理，是否将风险控制在可接受的范围内；

• 数据分析所需资源是否得到保障。

3. 分析技术的适用性

基于所分析问题的差异，不同的分析技术有其具体的适用条件，在实例应用中要结合样本特征与分析目标而定。复杂的分析技术一般对数据的总量与质量要求较高，且需要进行大量的预处理工作。有时，传统简单的分析技术在运用得当时也能取得好的效果。因此，对于分析技术的选择不一定越复杂越好，合理选择或组合使用分析技术能够节约多方面的成本。

三、数据挖掘技术

数据挖掘是目前人工智能和数据库领域研究的热点问题。所谓数据挖掘是指从数据库的大量数据中揭示出隐含的、先前未知的并有潜在价值的信息的数据分析过程。数据挖掘是一种决策支持过程，它主要基于人工智能、机器学习、模式识别、统计学、数据库、可视化技术等，高度自动化地分析企业的数据，做出归纳性的推理，从中挖掘出潜在的模式，帮助决策者减少风险、调整市场策略，并做出正确的决策。

（一）数据挖掘概况

近年来，数据挖掘技术引起了多产业领域的极大关注，其主要原因是存在大量数据，可以广泛使用，并且迫切需要将这些数据转换成有用的信息和知识。获取的信息和知识可以广泛用于各种管理活动，包括商务管理、市场营销、生产控制、市场分析、工程设计和科学探索等。

数据挖掘借鉴了来自如下一些领域的思想：统计学的抽样、估计和假设检验，人工智能、模式识别和机器学习的搜索算法、建模技术和学习理论。数据挖掘也迅速地接纳了来自其他领域的思想，这些领域包括最优化、进化计算、信息论、信号处理、可视化和信息检索。同时，一些相关领域的发展也起到了重要的支撑作用，如数据库系统提供有效的存储、索引和查询处理支持；源于高性能（并行）计算的技术在处理海量数据集方面的实现；分布式技术处理海量、分散数据的功能。

数据挖掘能够对集群化的数据进行类别区分并通过多种方式描述其内在联系，数据挖掘的常用分析功能如表 4－4 所示。

表 4－4　数据采集的技术流程

编号	功能	说　明
1	概念描述	概念描述就是对某类对象的内涵进行描述，并概括这类对象的有关特征。概念描述分为特征性描述和区别性描述，前者描述某类对象的共同特征，后者描述不同类对象之间的区别。生成一个类的特征性描述只涉及该类对象中所有对象的共性。生成区别性描述的方法很多，如决策树方法、遗传算法等

续表

编号	功能	说　明
2	预测趋势和行为	数据挖掘自动在大型数据库中寻找预测性信息，以往需要进行大量手工分析的问题如今可以迅速直接由数据本身得出结论。一个典型的例子是市场预测问题，数据挖掘使用过去有关促销的数据来寻找未来投资中回报最大的用户。其他可预测的问题包括预报破产以及认定对指定事件最可能做出反应的群体
3	关联分析	数据关联是数据库中存在的一类重要的可被发现的知识，若两个或多个变量的取值之间存在某种规律性就称为关联。关联可分为简单关联、时序关联、因果关联。关联分析的目的是找出数据库中隐藏的关联网。有时并不知道数据库中数据的关联函数，即使知道也是不确定的，因此关联分析生成的规则带有一定的可信度
4	聚类分析	数据库中的记录可被划分为一系列有意义的子集，即聚类分析。聚类增强了人们对客观现实的认识，是偏差分析的先决条件。聚类技术主要包括传统的模式识别方法和数学分类学。聚类分析技术的特点是，在划分对象时不仅考虑对象之间的距离，还要求划分出的类具有某种内涵描述，从而避免传统技术的局限性
5	偏差检测	数据库中的数据常有一些异常记录，从数据库中检测这些偏差很有意义。偏差包括很多潜在的知识，如分类中的反常实例、不满足规则的特例、观测结果与模型预测值的偏差、量值随时间的变化等。偏差检测的基本方法是，寻找观测结果与参照值之间有意义的差别

资料来源：根据相关资料整理。

（二）数据挖掘的过程

数据挖掘过程是指综合利用多种数据过滤与分析方法，从庞杂的数据中剔除无效的信息与噪声干扰，对多维度数据进行精简，提炼出隐藏在数据中的有效信息的过程（图4－2）。数据挖掘可遵循相关的流程标准，CRISP－DM（Cross－Industry Standard Process for Data Mining），即“跨行业数据挖掘标准流程”。CRISP－DM模型为KDD工程提供了一个完整的过程描述，该模型将一个KDD工程分为六个不同的阶段。该KDD过程模型于1999年由欧盟机构联合起草，经过多年的发展，CRISP－DM模型在与各种KDD过程模型的竞争中占据领先位置，采用量达到60%左右。详细信息可参见“CRISP－DM Version 1.0 Process Guide and User

Manual” 文档。

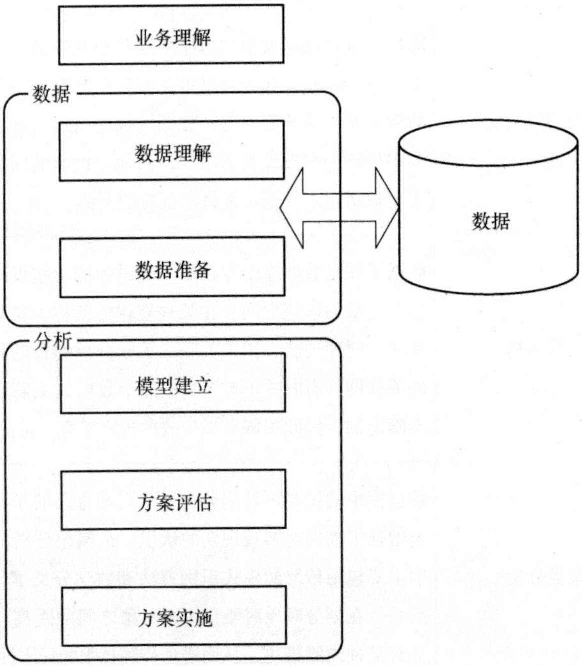

图 4－2　数据挖掘的一般过程

1. 业务理解

最初的阶段集中在理解项目目标和从业务的角度理解需求，同时将这个知识转化为数据挖掘问题的定义和完成目标的初步计划。

2. 数据理解

数据理解阶段从初始的数据收集开始，通过一些活动的处理，目的是熟悉数据，识别数据的质量问题，首次发现数据的内部属性，或是探测引起兴趣的子集去形成隐含信息的假设。

3. 数据准备

数据准备阶段包括从未处理数据中构造最终数据集的所有活动。这些数据将是模型工具的输入值。这个阶段的任务有的能执行多次，没有任何规定的顺序。任务包括表、记录和属性的选择，以及为模型工具转换和清洗数据。

4. 模型建立

在这个阶段，可以选择和应用不同的模型技术，模型参数被调整到最佳的数值。一般来说，有些技术可以解决一类相同的数据挖掘问题。有些技术在数据形成上有特殊要求，因此需要经常跳回到数据准备阶段。

5. 方案评估

到项目的这个阶段，你已经从数据分析的角度建立了一个高质量显示的模型。在开始最后部署模型之前，主要的事情是彻底地评估模型，检查构造模型的步骤，确保模型可以完成业务目标。这个阶段的关键目的是确定是否有重要业务问题没有被充分地考虑。在这个阶段结束后，必须生成一个数据挖掘的结果。

6. 方案实施

通常，模型的创建不是项目的结束。模型的作用是从数据中找到知识，获得的知识需要以便于用户使用的方式重新组织和展现。根据需求，这个阶段可以产生简单的报告，或是实现一个比较复杂的、可重复的数据挖掘过程。在很多案例中，这个阶段是由客户而不是数据分析人员承担部署的工作。

数据挖掘的基本规律

（1）目标律：业务目标是所有数据解决方案的源头。

（2）知识律：业务知识是数据挖掘过程每一步的核心。

（3）准备律：数据预处理比数据挖掘其他任何一个过程都重要。

（4）试验律：对于数据挖掘者来说，天下没有免费的午餐，一个正确的模型只有通过试验才能被发现。

（5）模式律：数据中总含有模式。

（6）洞察律：数据挖掘增强对业务的认知。

（7）预测律：预测提高了信息泛化能力。

（8）价值律：数据挖掘的结果的价值不取决于模型的稳定性或预测的准确性。

（9）变化律：所有的模式因业务变化而变化。

资料来源：百度百科（baike. baidu. com）。

（三）基于网络的数据/信息挖掘

基于 Web 的数据（信息）挖掘可以广义地定义为从网页中发现和分析有用的信息。网络信息挖掘（Web mining）技术是在已知数据样本的基础上，通过归纳学习、机器学习、统计分析等方法得到数据对象间的内在特性，据此采用信息过滤技术在网络中提取用户感兴趣的信息，乃至获得更高层次的知识和规律的过程。

网络信息挖掘大致分为四个步骤：①资源发现，即检索所需的网络文档；②信息选择和预处理，即从检索到的网络资源中自动挑选和预先处理得到专门的信息；③概括化，即从单个的 Web 站点以及多个站点之间发现普遍的模式；④分析，即对挖掘出的模式进行确认或解释。根据挖掘的对象不同，网络信息挖掘可以分为网络内容挖掘、网络结构挖掘和网络用法挖掘等。

网络信息搜寻与挖掘的一般步骤是：

- 确立目标样本，即由用户选择目标文本并提取用户的特征信息；
- 提取特征信息，即根据目标样本的词频分布，从统计词典中提取出挖掘目标的特征向量并计算出相应的权值；
- 网络信息获取，即先利用搜索引擎选择待采集站点，再利用 Robot 程序采集静态 Web 页面，最后获取被访问站点网络数据库中的动态信息，生成网页资源索引库；
- 信息特征匹配，即提取索引库中的源信息的特征向量，并与目标样本的特征向量进行匹配，将符合阈值条件的信息返回给用户。

网络数据/信息挖掘有一些独有特点，具体如下：

1. 对目标样本的特征提取

网络信息挖掘系统采用向量空间模型，用特征词条及其权值代表目标信息。在进行信息匹配时，使用这些特征项评价未知文本与目标样本的相关程度。特征词条及其权值的选取称为目标样本的特征提取，特征提取算法的优劣将直接影响到系统的运行效果。词条在不同内容的文档中所呈现出的频率分布是不同的，因此可以根据词条的频率特性进行特征提取和权重评价。一个有效的特征项集应该既能体现目标内容，也能将目标同其他文档相区分，因此词条权重与词条的文档频数成正比，与训练文本内出现该词条的文档频数成反比。与普通的文本文件相比，HTML 文档中有明显的标识符，结构信息更加明显，对象的属性更为丰富。系统在计算特征词条权值时，可充分考虑 HTML 文档的特点，对于标题和特征信息较多的文本赋予较高权重。同时，为了提高运行效率，系统对特征向量进行降维处理，仅保留权值较高的词条作为文档的特征项，从而形成维数较低的目标特征向量。

2. 对于中文分词的处理

网络搜寻中要处理的一部分信息属于文本信息。为了保证准确提取文档的主题信息，更好地建立特征模型，就需要建立主词库、同义词库、蕴含词库等词典库，并以此作为提取主题，因此一个好的专业词典将会极大地提高主题提取的准确性。中文词的切分问题是网络信息挖掘中的一项关键技术之一。中国分类主题词表由于其学科体系的完整性和规范性，无疑是非常合适的词库，对于专业要求较高的数据挖掘以及在实际使用中出现的不符合要求的地方，可在该词表的基础上进行扩充和修改，这里引入了图书馆学中后控的思想，即通过对词表的规范来控制 URL 标引的准确性，目前来看这种方法的效果是最好的。

3. 获取网络中的动态信息

Robot 是传统搜索引擎的重要组成部分，它依照 HTTP 协议读取 Web 页面并根据 HTML 文档中的超级链接在网页上进行自动漫游。Robot 也被称为 Spider、Worm 或 Crawler。但 Robot 只能获取 Web 上的静态页面信息，而有价值的信息往往存放在网络数据库中，人们无法通过搜索引擎获取这些数据，只能登录专业信息网站，利用网站提供的查询接口提交查询请求，获取并浏览系统生成的动态页面。而网络信息挖掘系统则能够通过网站提供的查询接口对网络数据库中的信息进行遍历，并根据专业知识库对遍历的结果进行自动的分析整理，最后导入本地的信息库。

Google 的网络信息搜索

Google 的搜索机制是：几个分布的 Crawler（自动搜索软件）同时工作——在网上“爬行”，URL 服务器则负责向这些 Crawler 提供 URL 的列表，Crawler 所找到的网页被送到存储服务器中，存储服务器进而把这些网页压缩后存入一个知识库中，每个网页都有一个关联的 ID。

使用 doc ID：当一个新的 URL 从一个网页中解析出来时，就被分配一个 doc ID。索引库和排序器负责建立索引，索引库从知识库中读取记录，将文档解压并进行解析。每个文档就转换成一组词的出现，称为 hits，hits 记录了词的拼写、词在文档中的位置、字体大小、大小写等。索引库把这些 hits 又分成一组 barrels，并生成经过部分排序后的索引。索引库同时分析网页中所有的链接并将重要信息存在 Anchors 文档中，这个文档包含了足够信息，可以用来判断一个链接被链入或链出的结点信息。

同时，使用 URL 分解器阅读 Anchors 文档，并把相对的 URL 转换成绝对的 URLs，并生成 doc ID，它进一步编制为 Anchor 文本索引，并与 Anchor 所指向的

doc ID 建立关联。同时，它还产生由 doc ID 所形成的数据库，这个链接数据库用于计算所有文档的页面等级。

此外，排序器会读取 barrels，并根据词的 ID 号列表来生成倒排文档。一个名为 DumpLexicon 的程序则把上面的列表和由索引库产生的一个新的词表结合起来产生另一个新的词表供搜索器使用。这个搜索器就是利用一个 Web 服务器、由 DumpLexicon 所生成的词表和上述倒排信息以及页面等级来回答用户的提问。

从 Google 的体系结构、搜索原理中可以看到，其关键而具有特色的一步是利用 URL 分解器获得 Links 信息，并且运用一定的算法得出了页面等级的信息，这里采用的技术正是网络数据结构挖掘技术。作为一个新兴的搜索引擎，Google 正是利用这种对网页的连接进行分析和大规模的数据挖掘技术，使其搜索技术略胜一筹。

Google 搜索的最大特色就体现在它所采用的对网页 Links 信息的挖掘技术上。而实际上，网络信息挖掘是目前网络信息检索发展的一个关键。如通过对网页内容挖掘，可以实现对网页的聚类、分类分析，实现网络信息的分类浏览与检索；同时，通过用户所使用的提问式的历史记录的分析，可以有效地进行提问扩展，提高用户的检索效果（包括查全率、查准率）；另外，还可运用网络内容挖掘技术改进关键词加权算法，提高网络信息的准确度，从而改善检索效果。

资料来源：百度百科（baike. baidu. com）。

（四）数据挖掘的应用

在市场经济比较发达的国家和地区，许多公司都开始在原有信息系统的基础上通过数据挖掘对业务信息进行深加工，以构筑自己的竞争优势，扩大自己的营业额。美国运通公司（American Express）有一个用于记录信用卡业务的数据库，数据量达到 54 亿字符，并仍在随着业务进展不断更新。运通公司通过对这些数据进行挖掘，制定了“关联结算优惠”的促销策略，即如果一个顾客在一个商店用运通卡购买一套时装，那么在同一个商店再买一双鞋，就可以得到比较大的折扣，这样既可以增加商店的销售量，也可以增加运通卡在该商店的使用率。基于数据挖掘的营销，常常可以向消费者发出与其以前的消费行为相关的营销、宣传材料。卡夫（Kraft）食品公司建立了一个拥有 3 000 万客户资料的数据库，数据库是通过收集对公司发出的优惠券等其他促销手段做出积极反应的客户和销售记录而建立起来的，卡夫公司通过数据挖掘了解特定客户的兴趣和口味，并以此为基础向他们发送特定产品的优惠券，并为他们推荐符合客户口味和健康状况的卡夫产品食谱。美国的读者文摘（Reader's Digest）出版公司运行着一个积累了40年的业务数据库，其中容纳有遍布全球的一亿多个订户的资料，数据库每天24小时连续运行，保证数据不断得到实时更新。正是基于对客户资料数据库进行数据挖掘的优势，读者文摘出版公司能够从通俗杂志扩展到专业杂志、书刊和声像制品的出版和发行业务，极大地拓展了自己的业务。从数据挖掘的应用类型看，有些文献将其分为围绕客户的应用以及围绕管理活动的应用，分类示例见表4-5。

表4-5 数据挖掘应用分类

数据挖掘应用			
以客户为中心	以管理（操作）为中心	以客户为中心	以管理（操作）为中心
终身价值	盈利能力分析	采集	员工离职
购物篮分析	定价	知识门户	现金管理
档案与细分	欺诈检测	交叉销售	生产效率
保留	风险评估	活动管理	网络性能
目标市场	投资组合管理	电子商务	制造工艺

基于数据挖掘的营销对我国当前的市场竞争环境具有重要意义。在消费者群体规模如此庞大的市场中进行定向营销肯定会比漫无目的的营销效果要好得多。企业可以通过数据挖掘对消费者群体进行细分，并且依据不同的地区、季节等特点安排营销资源的使用重点，进而将营销效果最大限度地发挥出来。

数据挖掘技术在企业危机管理中的应用

数据挖掘是一种新的信息处理技术，其主要特点是对企业数据库中的大量业务数据进行抽取、转换、分析和其他模型化处理，从中提取辅助经营决策的关键性数据，它在企业危机管理中得到了比较普遍的应用，具体表现在以下几个方面：

1. 利用Web页挖掘搜集外部环境信息

信息是危机管理的关键因素。在危机管理过程中，可以利用Web页挖掘技术对企业外部环境信息进行收集、整理和分析，尽可能地收集政治、经济、政策、科技、金融，以及各种市场、竞争对手、供求信息、消费者等与企业发展有关的信息，集中精力分析处理那些对企业发展有重大或潜在重大影响的外部环境信息，抓住转瞬即逝的市场机遇，获得企业危机的先兆信息，采取有效措施规避危机，促使企业健康持续发展。

2. 利用数据挖掘分析企业经营信息

利用数据挖掘技术、数据仓库技术和联机分析技术，管理者能够充分利用企业数据仓库中的海量数据进行分析，并根据分析结果找出企业经营过程中出现的各种问题和可能引起危机的先兆，如经营不善、观念滞后、产品失败、战略决策失误、财务危机等内部因素引起企业人、财、物、产、供、销的相对和谐平衡体遭到重大破坏，对企业的生存发展构成严重威胁的信息，及时做出正确的决策，调整经营战略，以适应不断变化的市场需求。

3. 利用数据挖掘识别、分析和预防危机

危机管理的精髓在于预防。利用数据挖掘技术对企业经营的各方面的风险、威胁和危险进行识别和分析，如产品质量和责任、环境、健康和人身安全、财务、营销、自然灾害、经营欺诈、人员及计算机故障等，对每一种风险进行分类，并决定如何管理各类风险；准确地预测企业所面临的各种风险，并对每一种风险、威胁和危险的大小及发生概率进行评价，建立各类风险管理的优先次序，以有限的资源、时间和资金来管理最严重的一种或某几类风险；制定危机管理的策略和方法，拟订危机应急计划和危机管理队伍，做好危机预防工作。

4. 利用数据挖掘技术改善客户关系管理

客户满意度历来就是衡量一个企业服务质量好坏的重要尺度，特别是当客户的反馈意见具有广泛效应的时候更是如此。目前很多企业利用营销中心、新闻组、BBS 以及呼叫中心等收集客户的投诉和意见，并对这些投诉和意见进行分析，以发现客户关系管理中存在的问题，如果有足够多的客户都在抱怨同一个问题，管理者就有理由对其展开调查，为企业及时捕捉到发生危机的一切可能事件和先兆，从而挽救客户关系，避免经营危机。

5. 利用数据挖掘进行信用风险分析和欺诈甄别

客户信用风险分析和欺诈行为预测对企业的财务安全是非常重要的，使用企业信息系统中数据库的数据，利用数据挖掘中的变化和偏差分析技术进行客户信用风险分析和欺诈行为预测，分析这些风险为什么会发生，哪些因素会导致这些风险，这些风险主要来自何处，如何预测到可能发生的风险，采取何种措施减少风险的发生，通过评价这些风险的严重性、发生的可能性及控制这些风险的成本，汇总对各种风险的评价结果，进而建立一套信用风险管理的战略和监督体系，设计并完善信用风险管理能力，准确、及时地对各种信用风险进行监视、评价、预警和管理，进而采取有效的规避和监督措施，在信用风险发生之前对其进行预警和控制，趋利避害并做好信用风险的防范工作。

6. 利用数据挖掘控制危机

危机一旦爆发必然来势迅猛、损失严重，因此危机发生以后，要采取有力的措施控制危机，管理者可以利用先进的信息技术，如基于 Web 的挖掘技术、各种搜索引擎工具、E－mail 自动处理工具、基于人工智能的信息内容的自动分类、聚类以及基于深层次自然语言理解的知识检索、问答式知识检索系统等快速地获取危机管理所需要的各种信息，以便向客户、社区、新闻界发布有关的危机管理信息，并在各种媒体尤其是公司的网站上公布企业的详细风险防御和危机管理计划，使全体员工能够及时获取危机管理信息及危机最新的进展情况。这样企业的高层管理人员、公关人员、危机管理人员和全体员工就能随时有准备地应付任何复杂情况和危急形势的压力，对出现的危机立即做出反应，使危机的损失降到最低。

资料来源：MBA 智库百科（wiki. mbalib. com）。

四、大数据的应用趋势

大数据（big data），也称巨量资料，指的是所涉及的资料量规模巨大到无法通过目前主流软件工具，在合理时间内达到撷取、管理、处理并整理成为帮助企业经营决策更积极目的的资讯。大数据的 4V 特点包括：大量（Volume）、高速性（Velocity）、多样性（Variety）、真实性（Veracity）。大数据可分成大数据技术、大数据工程、大数据科学和大数据应用等领域，目前谈论最多的是大数据技术和大数据应用。现代商业企业在经营活动中可获得的数据量呈现几何级数式增长，数据获取本身不是问题，如何将已有数据整理、加工并分析出有价值的信息是企业数据应用的关键。大数据趋势下许多企业面对庞大的信息量无所适从，只有掌握大数据应用的技术才能适应新的竞争环境。

（一）大数据的应用特征

大数据的应用同传统的数据应用有类似的地方，但也有一些新的特点，在使用中需要注意其应用条件的差别。

1. 数据容量问题

这里所说的“大容量”通常是指可达到 PB 级的数据规模，因此海量数据存储系统也一定要有相应等级的扩展能力。与此同时，存储系统的扩展一定要简便，可以通过增加模块或磁盘柜来增加容量，甚至能够在不停机状态下实现。在解决容量问题上，如 LSI 公司的全新 Nytro™ 智能化闪存解决方案，采用 Nytro 产品的客户可以将数据库事务处理性能提高 30 余倍，并且每秒超过 GB 级的持续吞吐能力非常适用于大数据存储管理。

2. 交互延迟问题

“大数据”应用还存在实时性的问题，特别是涉及网上交易或者金融类相关的应用。有很多“大数据”应用环境需要较高的 IOPS 性能，比如 HPC 高性能计算。此外，服务器虚拟化的普及也导致对高 IOPS 的需求，正如它改变了传统 IT 环境一样。为了迎接这些挑战，各种模式的固态存储设备应运而生，小到简单地在服务器内部做高速缓存，大到全固态介质可扩展存储系统通过高性能闪存存储，自动、智能地对热点数据进行读/写高速缓存的产品等都在蓬勃发展。

3. 数据安全问题

某些特殊行业的应用，比如企业敏感信息、金融数据以及政府情报等都有自己的安全标准和保密性需求。虽然对于 IT 管理者来说这些并没有什么不同，而且都是必须遵从的，但是大数据分析往往需要多类数据相互参考，而在过去并不会有这种数据混合访问的情况，大数据应用催生出一些新的、需要考虑的安全性问题。一些关注数据安全的产品可以帮助企业实现数据应用的高可靠性，通过简单透明的模式，进行安全便捷的数据访问。

4. 使用成本问题

对于那些正在使用大数据环境的企业来说，成本控制是关键的问题。想控制成本，就意味着要让每一台设备都实现更高的效率，同时还要减少那些昂贵的部件。重复数据删除等技术已经进入到主存储市场，而且还可以处理更多的数据类型，这都可以为大数据存储应用带来更多的价值并提升存储效率。在数据量不断增长的环境中，通过减少后端存储的消耗，哪怕只是降低几个百分点，这种管理也能够使企业获得明显的投资回报。如今，一些数据中心使用的传统引导驱动器不仅故障率高，而且有较高的维修和更换成本。如果用新设备替换传统数据中心的独立服务器，则能将可靠性提升数倍，并且可简化系统管理、提升可靠性、改善节电率，真正实现成本节约。

5. 数据的累积存储

许多大数据应用都会涉及法律法规问题，这些法律法规通常要求数据保存几年或者几十年。例如，医疗信息通常是为了保证患者的生命安全，而财务信息通常也要保存多年。而有些使用大数据存储的用户却希望数据能够保存更长的时间，因为任何数据都是历史记录的一部分，而且数据的分析大都是基于时间段进行的。要实现长期的数据保存，就要求存储厂商开发出能够持续进行数据一致性检测的功能以及其他保证长期高可用的特性，同时还要实现数据直接在原位更新的功能需求。

6. 数据使用的灵活性

大数据存储系统的基础设施规模通常都很大，因此必须经过仔细设计，才能保证存储系统的灵活性，使其能够随着应用分析软件一起扩容及扩展。在大数据存储环境中，已经没有必要再做数据迁移了，因为数据会同时保存在多个部署站点。一个大型的数据存储基础设施一旦开始投入使用，就很难再调整了，因此它必须能够适应各种不同的应用类型和数据场景。

7. 应用感知技术

在主流存储系统领域，应用感知技术的使用越来越普遍，它是改善系统效率和性能的重要手段，同时应用感知技术也可以在大数据存储环境中使用。最早一批使用大数据的用户已经开发出了一些针对应用定制的基础设施，如针对政府项目开发的系统，还有大型互联网服务商创造的专用服务器等，均具备了近似的技术特点。

8. 如何为小用户提供数据服务

依赖大数据的不仅仅是那些特殊的大型用户群体，作为一种商业需求，小型企业未来也一定会应用到大数据。目前，有些存储与应用厂商已经在开发一些小型的“大数据”存储系统，主要用于吸引那些对成本比较敏感的用户。

如何看待大数据？

大数据是当下热词，它凭借规模超乎想象的海量资讯数据，通过收集、分析、存储等一些新的应用方法，正深刻地改变人们生产生活的方方面面。在国外，大数据在商业研究、金融市场、气象预报、交通管理、新闻报道等方面已经应用得很广泛。比如，沃尔玛基于每个月购物的信息判断客户购买物品的喜好，优化商品柜台的排列，促使销量猛增；印第安纳大学学者从成千上万的留言中把微博分成六种心情，算出的道琼斯指数准确率高达87%。以下是关于大数据的一些概况。

1. 用当下工具处理不了的数据就是大数据

大数据是今天才有的吗？大数据不是今天出现的，而是一个时代的人无法用那个时代的工具来处理的数据，就可以称为（当时的）大数据。所以，现在的大数据就是现代人用现代工具处理不了的数据。例如，人口普查曾经就是一个海量的数据。美国人口普查十年一次，1880年的人口普查用了八年，而1890年大概用了13年时间。但任何一次挑战都会导致一次新的技术革命，自从发明了穿孔卡片制表机，美国人口普查用一年时间就能完成了，是人口普查催生了现代信息产业，也就是计算机。当今，我们每天产生的消费、社交等数据信息也是海量的，处理起来也具有大数据的特征。

2. 人际关系也能用数据来表达

今天我们的社交网络，像QQ、微信，实际上就是一种将人类关系数据化的过程。几年前还难以想象人际关系怎么能用数据来表示，而现在却已经做到了。在互联网起步阶段，我们是被动地将自己的数据留在互联网上让大家处理分析。在微博、微信时代，我们开始主动往互联网上输送信息，特别是在移动互联网时代，随时随地都在产生数据。而到了云计算时代，不仅是随时随地产生数据，更多信息成为大数据的组成部分。

3. 大数据带来了生活方式的转变

大数据给我们带来了生活习惯和方式的转变。比如营销，目前大数据最成熟的应用是互联网广告营销，公众在搜索或者浏览网页时，会发现推送出的广告越来越精确。传统媒体的广告支撑主要是靠拍卖，而互联网广告已经进展到了一个新的时代，是实时竞价——某个人在浏览某个网页时广告是自动、动态生成的，哪个人愿意投广告，多少人投标，所有的东西都是在一秒钟之内完成的。而现在的传统媒体投广告，没有几个月时间是难以实现的。中国通信学会副理事长兼秘书长张新生认为，大数据的作用还体现在能够引导公众的行为方式，甚至影响思想意识。最重要的是，大数据不但可以运用到互联网发展，还可以运用到物联网发展。物联网的典型应用就是利用大数据来发展智慧城市。

4. 推动大数据的动力是人类对分析世界的渴望

既然大数据这么重要，那么推动大数据的动力是什么？核心动力是人类对测量、记录和分析世界的渴望。互联网、移动互联网、物联网和云计算的快速发展，使人类测量、记录和分析世界成为可能。我们今天正处于信息爆炸时代，在信息爆炸时代如果不利用大数据，或者没有手段利用，我们就会被海量信息淹没。过去我们认识世界，在分析时要做大量的实证性工作，比如做问卷、访谈，得到一小部分样本，然后进行分析计算，最后得出结论。在那种条件下，认识整个世界太慢、太复杂了。而今天所有的东西都在网络中，都在云计算平台里，可以在网络上精确地再现现实世界的全貌。如同有人所说，今天我们可以把现实世界用投影仪投在幕布上。

通过先进技术从海量的信息中挖掘出有质量、有价值的数据，并且使大量有价值的数据转化成知识，是大数据今天要解决的关键问题。

资料来源：中国统计网（www. itongji. cn）。

大数据在应用流程中，结合了数据存储、数据分析与数据挖掘技术，并形成了更为完整的应用结构，如表4－6所示。

表4－6 大数据应用流程

主流程	功能模块	说明	备注
数据获取	数据采集	使用多种工具将分布的、异构数据源中的数据抽取到临时中间层后进行清洗、转换、集成，最后加载到数据仓库或数据集市中，成为联机分析处理、数据挖掘的基础	ETL 技术
	数据存取	基于关系型数据库实现	SQL 技术
体系结构	基础架构	基于网络的云计算、分布式文件结构等	Web 技术
数据分析	数据处理	基于自然语言的处理	NLP 技术
	统计分析	各种统计分析的综合	—
	数据挖掘	分类、估计、预测、拟合	—
应用成果	模型预测	预测模拟、机器学习、建模仿真	—
	结果呈现	云计算汇总、标签云、关系图等	—

（二）大数据的应用领域

大数据在商业领域有广阔的应用前景。大数据除了传统的业务分析、市场分析之外，还可以广泛地结合商业智能（BI）技术，为企业/行业分析、市场预测以及经营预警等提供支持，帮助企业管理者提高其策略制定的准确性与及时性。商业智能通常被理解为将企业中现有的数据转化为知识，帮助企业做出明智的业务经营决策的工具。这里所谈的数据包括来自企业业务系统的订单、库存、交易账目、客户和供应商等来自企业所处行业和竞争对手的数据以及来自企业所处的其他外部环境中的各种数据。而商业智能辅助的业务经营决策，既可以是操作层的，也可以是战术层和战略层的决策。为了将数据转化为知识，需要利用数据仓库、联机分析处理工具和数据挖掘等技术。

可以认为，商业智能是对商业信息的搜集、管理和分析过程，目的是使企业的各级决策者获得知识或洞察力，促使他们做出对企业更有利的决策。商业智能一般由数据仓库、联机分析处理、数据挖掘、数据备份和恢复等部分组成。商业智能的实现涉及软件、硬件、咨询服务及应用，其基本体系结构包括数据仓库、联机分析处理和数据挖掘三个部分。因此，把商业智能看成是一种解决方案应该比较恰当。商业智能的关键是从许多来自不同的企业运作系统的数据中提取出有用的数据并进行清理，以保证数据的正确性，然后经过抽取、转换和装载等过程，合并到一个企业级的数据仓库里，从而得到企业数据的一个全局视图，在此基础上利用合适的查询和分析工具、数据挖掘工具、OLAP工具等对其进行分析和处理（这时信息变为辅助决策的知识），最后将知识呈现给管理者。

例如，零售领域的信息积累速度非常快，这些信息如何整理，如何使用，需要分析哪些关键点，将直接影响零售店铺的绩效。

零售商要分析哪些数据?

艾米特·考克斯为凯马特工作了27年，从推车、上货干起，直到最后成为数据库市场营销和信息系统主管。他在数据分析方面颇有建树，先后在GE、沃尔玛等公司负责消费者分析的工作。他在分析市场购物篮数据、吸引顾客冲动购买、运用数据分析指导决策、利用地理数据为门店选址等方面进行了深入的分析与总结，以下是一些分析经验：

(1) 不少时候，当消费者进入商店时，他们会被问及一些关于此次购物的问题。当他们结束购物走出商店时，他们会再次被拦下参加调查。查看他们的购物小票就会发现，他们实际购买的商品和之前调查时说打算购买的商品往往不符。此类调查实行起来非常不容易，但得到的信息非常有效——消费者嘴里说的和真正打算做的未必一致。

(2) 数据的获取、存储和分析都要耗费不少资金，要先弄清楚自己想要从数据中得到什么，否则会陷入到无止境的数据追寻中。

(3) 跨渠道分析正在经历着大规模的扩张，其中包括将所有在线交易数据、线上消费者数据与店内交易、门店消费者数据相整合。这听起来简单，但做起来非常困难。你需要建立起客户关系管理机制，借此识别出每一位顾客的身份。

(4) 在美国，我的团队成功构建了跨渠道、跨商品的市场营销结构，并在此基础上更进了一步，向原本几乎只在网上购物的顾客提供门店独有的促销优惠。这么做的意义在于，一旦顾客踏进商店大门，向他出售冲动型商品的概率就大了很多。而在网上就很难激发顾客的冲动购买，哪怕线上顾客的确进行了冲动购买，我们也很难判断。

(5) 传统网站分析只关注点击流量，但现在许多公司已经开始把目光投向互联网客户管理（internet customer management）。

(6) 利用市场购物篮数据分析商品的亲缘关系，能有效指导空间、货架的布局规划。我们可以找到一些合适的商品，以优惠价进行捆绑销售。虽然略微调低了商品的总价，但卖出的商品数量增加了，这能帮我们赚回可观的利润。

(7) 一些商品（是冲动购买的）和购物篮中其他商品毫无关联，如果能让顾客更容易发现此类冲动型商品，销售量可以显著增长。最后我选定了三样商品放在收银机柜台上——一次性相机、四卷一组的透明胶带和12只装的AA电池。最终的统计显示，销售收益增加了数百万美元。

(8) 最佳商圈划分需要考虑人口密度、竞争对手店址、人口统计、住房、生活方式这些因素，还需要考虑自然屏障和交通模式（如道路网）。

(9) 英国乐购已经开始逐步停用天天平价的策略，乐购表示这么做的最主要原因是顾客对天天平价不感冒。乐购已经积累下了大量的消费者数据，可以分析出乐购最重要的客户群常购买哪些具有价格弹性的商品。这一分析结果是无价之宝。乐购可以据此来搭建定价体系，让顾客每天都能以低价购买他们最需要的商品，而无须降低商店里所有商品的价格。

(10) 我们淘汰了20%的商品，留出空间来排放销量最高的商品，并把亲缘关系密切的商品布局在一起，这促使季度的销量有25%～30%的提升。

(11) 在美国，典型的百货商店占地5万～7万平方英尺，年销售额若要维持在2 000万到4 500万美元，就需要十万户家庭的人口基础。

(12) 我们帮助消费者估算，如果他们继续在本店购物，未来每周、每月能省多少钱。这种做法的确改变了30%的顾客群的购物频率。

(13) 70%的利润是由30%的顾客带来的，你需要通过仔细的分析判断出这30%的顾客是谁；与此同等重要的是，找出那些只购买打折商品的顾客。

资料来源：《做零售就该这样分析》。

结合艾米特·考克斯总结的经验，在大数据背景下各种分析可以做得更为精细、及时，能够有效地将信息转化为知识，并利用知识完善决策，进而形成零售

企业的利润。

（三）大数据的采集

采集是大数据价值挖掘最重要的一环，其后的集成、分析、管理等工作都构建于采集基础之上。移动商业的发展催生了更为多样化的数据，同时包含结构化和非结构化的数据。在传统的企业中，被有效管理的数据都是以表格的形式保存在数据库中，所有的信息格式都一样，便于编程处理。而如今的海量数据中，包括各种各样的数据类型，如最常见的普通文本、照片、视频等，还有像位置信息、链接信息等XML类型的数据。这些数据很难通过传统的技术手段进行提炼和分析，这是绝大多数企业面对大数据无所适从的主要原因。

大数据时代数据量呈现爆炸式增长，许多数据的采集比之传统数据更为复杂，需要借助多样化的技术工具才能够实现。例如，在零售店铺中需要统计客流、客户的行进路线、关注焦点等信息，这些信息对于零售企业来说可提供如下帮助：

（1）通过统计出入口的客流，可以了解出入口设置的合理程度；

（2）通过统计出入口客流进出的方向，可以了解出入通道设置的合理程度；

（3）通过统计主要楼层客流状态，进行店面的合理布置；

（4）统计各个区域的吸引率和繁忙度；

（5）有效评估所举行的营销和促销投资的回报；

（6）根据客流变化，更有效分配物业管理、维护人员；

（7）通过客流人群转化率，提高商场服务质量；

（8）通过客流人群购买率，提高营销和促销的效率；

（9）计算客流人群的平均消费能力；

（10）通过客流量客观决定租金价位水平；

（11）通过客流分析，评估和优化宣传广告和促销预算；

（12）根据来访顾客数量的多少来决定回馈顾客资金的使用；

（13）根据客流量的时段性数据推测开关店的最佳时间；

（14）获得更多在销售过程中有关客户的真实想法；

（15）显示当前客流状态和变化趋势，管理人员可以对流量比较大的区域采取预防突发事件的措施，并可实时观测商场当前的实际人数等。

这些信息较难采集，且不易直接转化为可存入标准数据库的格式。一些企业针对这些需求，开发了能够采集这些信息的设备与系统。如通过嵌入式客流统计终端，并结合分析软件，可以实现对客流综合信息的采集与初步分析。对于客流信息采集的关键是对特定人的识别，即对人体外形（主要集中于头部、肩部）进行标识，并跟踪获取信息。目前常用设备的识别准确性可以达到95%，基本可以满足商场、展馆、车站等公共场所数据采集之需（图4－3）。

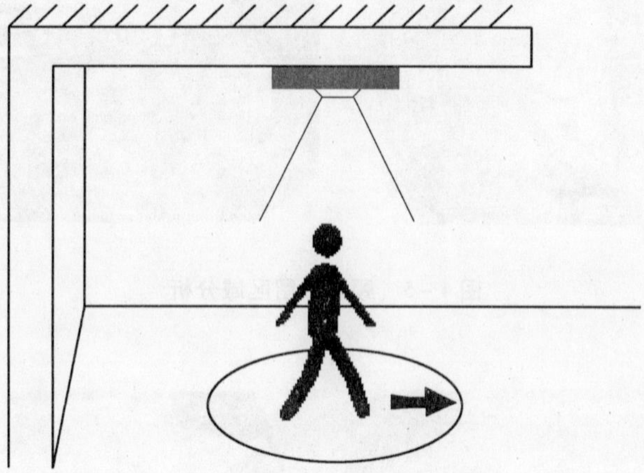

图4－3　零售店铺客流信息采集终端

通过可视化终端采集的客流信息通常以图形的方式呈现，并可以将一些加工处理的信息以数字或非数字的方式叠加在图形上，常见零售店铺客流数据采集如图4－4、图4－5、图4－6所示。

图4－4　购物通道流量分析

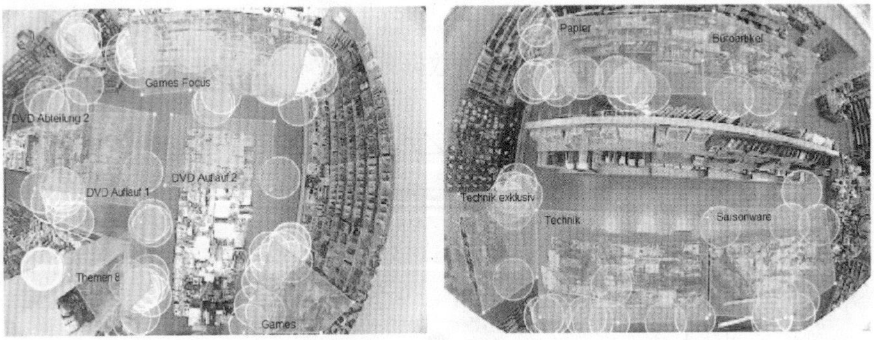

图 4-5　顾客停留区域分析

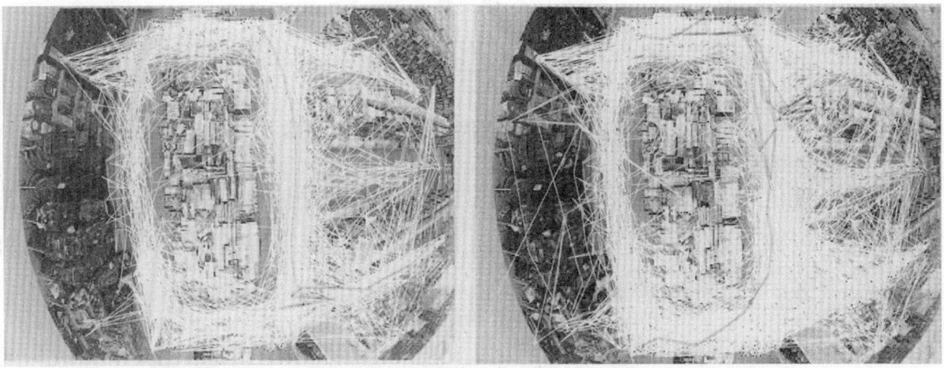

图 4-6　顾客行进路线分析

资料来源：深圳 FiRS 科技有限公司。

智能视频技术

智能视频技术是计算机图像视觉技术应用的一个分支，是一种基于目标行为的智能监控技术。区别于传统的移动侦测（VMD，Video Motion Detection）技术，智能视频分析首先可以将场景中的背景和目标分离，识别出真正的目标，去除背景干扰，进而分析并追踪在摄像机场景内出现的目标行为。

智能视频与移动侦测的本质区别是前者可以准确识别出视频中真正活动的目标，而后者只能判断出画面变化的内容，无法区分目标和背景干扰。所以智能视频分析相对于移动侦测，抗干扰能力有质的提高。使用智能分析技术，用户可以根据实际的应用，在不同摄像机的场景中预设不同的监测规则，一旦目标在场景中出现了（或违反了）预定义规则的行为，系统会自动进行记录。

智能视频可实现的监测内容包括：目标识别、出现监测、进入/离开监测、方向监测、速度检测、动作监测、颜色监测，以及近距离面部识别等。常见的智能视频系统包含的设备如图4－7所示。

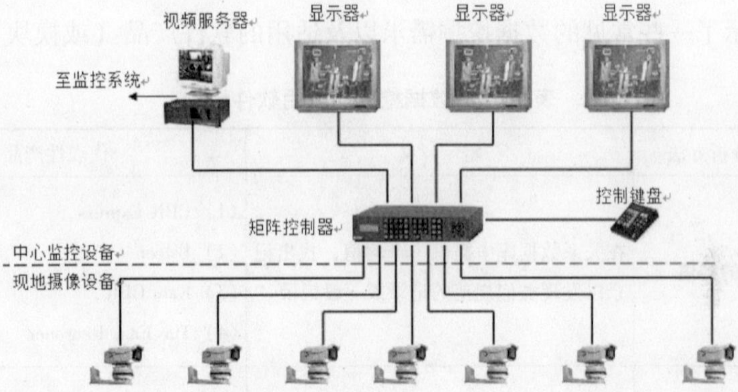

图4－7

资料来源：百度百科（baike. baidu. com）。

第二节　商业数据分析软件与方法

本部分主要介绍常用的数据分析软件的概况，并通过数据基本统计分析、数据挖掘以及基于数据库的数据应用对商业领域的数据分析进行说明。

一、商业数据分析的常用软件

选择一个合适的数据挖掘软件对于企业非常重要，现在行业内开发出来的数据挖掘软件种类繁多，功能各有差别与偏重，了解不同软件的优点与缺点可以做到扬长避短，充分发挥软件的功效。选择一个好的数据挖掘软件是工作成功的关键，购买具有强大功能的软件是迅速提高一个公司与团队的工作水平的一条较为便捷的道路，因为软件开发人员已经将经过验证的实用模型与方法内置在软件之中，用户可以便捷地进入实质性工作，同时还可以学习到成型的分析方法。不过也不能过分相信昂贵的软件，用户在选择分析软件时需要结合自己的应用特点，如常用数据信息存储在一般文档中，则无须使用附带数据分析的数据库软件；或者日常工作仅需分析某类问题，则使用小的数据计算包便可实现。如微软的Excel可以满足一些基本的数据统计与运算工作，SPSS等统计软件包的功能相对更丰富一些，而Clementine与SQL Server附带的工具可以提供专业的数据挖掘功能，此外一些BI软件则提供了更为智能的用户解决方案，如IBM的Cognos。表4-7列示了一些常见的数据挖掘需求以及适用的软件产品（或模块）。

表4-7　数据挖掘的应用软件示例

数据挖掘分析方法	定　义	代表性产品
基于案例的推估	在关系数据库中提供一个均值，找出记录以发现类似规范的记录或一般记录	(1) CBR Express (2) Esteen (3) Kate CBR (4) The Easy Reasoner
数据可视化	其目标是从不同的角度，让信息以图形方式呈现，让用户容易和快速地使用。这个工具可以让用户快速地了解不同数据的次集合，或不同汇总性数据	(1) Alterian (2) AVS/Express (3) Visualization Edition (4) Axum (5) Discovery (6) SPSS Diamond (7) Visual Insight
模糊查询与分析	模糊理论积极地承认人主观性问题的存在，进而以模糊集合来处理不易量化的问题，故能找出意想不到的信息	(1) Cubi Calc (2) Fuzi Calc (3) Fuzzy TECH for business (4) Quest
知识发现	这些工具经特别设计以便确认那些已存在变量间的显著关系，也就是当它们可能有多重关系时特别有用。这些数据挖掘工具能帮助找出巨量变量间的关系，发现盲点，从而创造巨大的商机	(1) Aria (2) Answer tree (3) CART (4) DARWIN (5) Enterprise Miner (6) Data Engine

续表

数据挖掘分析方法	定义	代表性产品
神经网络	神经网络技术的目标是发现与预测数据的关系，它与传统统计方法的区别是，它可以训练学习发现的关系，并且可适用于线性与非线性的情况，可以弥补数据质量较差的情况，进而得出有效的信息	（1）Back Pack （2）Brain Maker （3）Loadstone （4）NeuFrame/NeuroFuzzy （5）Neural network Browser （6）Neural connection （7）Neural network Utility （8）Neuralyst For Excel

资料来源：根据网络资料整理。

二、商业数据的统计分析

对于商业数据的基本统计分析，SPSS 有较好的适用性，能够提供基于文本、表格及图形的分析结果。SPSS 是世界上最早采用图形菜单驱动界面的统计软件，其最突出的特点就是操作界面极为友好、输出结果美观，并将几乎所有的功能都以统一、规范的界面展现出来。SPSS 使用 Windows 的窗口方式展示各种管理和分析数据的功能，对话框展示出各种功能选择项。用户只要掌握一定的 Windows 操作技能，粗通统计分析原理，就可以使用该软件为特定的科研工作服务。SPSS 采用类似 Excel 表格的方式输入与管理数据，数据接口较为通用，能方便地从其他数据库中读入数据，其统计过程包括常用的、较为成熟的统计过程，完全可以满足一般统计分析工作的需要。

SPSS 版本变化

- SPSS 15.0.1——2006 年 11 月；
- SPSS 16.0.2——2008 年 4 月；
- SPSS Statistics 17.0.1——2008 年 12 月；
- PASW Statistics 17.0.2——2009 年 3 月；
- PASW Statistics 17.0.3——2009 年 11 月；
- PASW Statistics 18.0.0——2009 年 8 月；

- PASW Statistics 18. 0. 1——2009 年 12 月；
- PASW Statistics 18. 0. 2——2010 年 4 月；
- PASW Statistics 18. 0. 3——2010 年 9 月；
- IBM SPSS Statistics 19. 0——2010 年 8 月；
- IBM SPSS Statistics 20. 0——2011 年 8 月；
- IBM SPSS Statistics 21. 0——2012 年 8 月；
- IBM SPSS Statistics 22. 0——2013 年 8 月；

资料来源：百度百科（baike. baidu. com）。

（一）SPSS 基本操作

本书以 SPSS17. 0 版本为例，其主程序进入界面如图 4－8 所示。

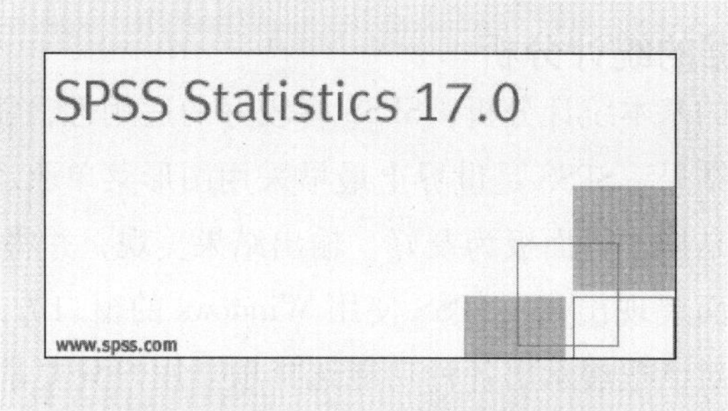

图 4－8　SPSS 开始界面

进入 SPSS 程序后，自动弹出开始选项卡（图 4－9），用户可以选择运行教程或进行数据工作，包括输入数据、运行查询或打开现有文件等。SPSS 提供了相对完善的教程与帮助体系，关于软件的大致使用方法可以参见教程；而具体的模块使用与分析技巧可以参见帮助文档。

SPSS 的主工作界面如图 4－10 所示，包括菜单栏、工具栏以及数据栏，下端包含有状态信息栏。菜单栏包括文件、编辑、视图、数据、转换、分析、图形、实用程序等栏目。工具栏默认列表包括数据编辑器中的常用工具，用户也可以通过视图菜单下的工具栏编辑选项进行调整。数据栏主要包括两个界面，即数据视图和变量视图。数据视图用来录入、编辑或浏览数据实例，变量视图用来设定、调整变量的属性。变量属性调整包括调整变量的名称、类型、宽度、小数位、标签、值设定、缺失设定、度量标准等内容。

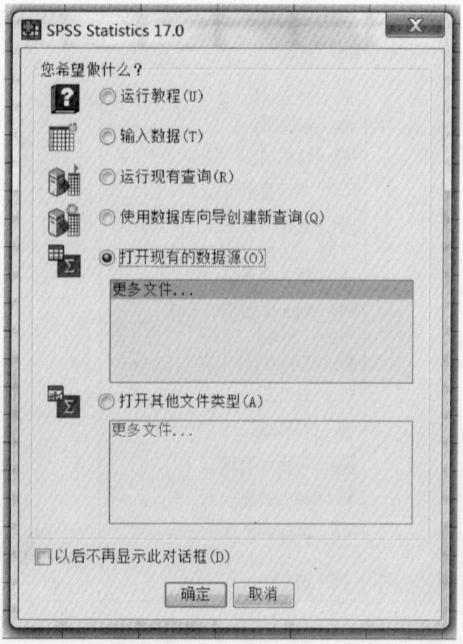

图 4－9　SPSS 开始选项卡

图 4－10　SPSS 工作界面

编辑选项卡提供了基本的编辑调整功能（图 4－11、图 4－12），包括一般动作及数据的操作，数据操作涉及实例与变量的管理。在变量实例操作中，可以进行查找、替换及转向具体变量；变量管理与前述变量属性调整内容一致。同时，在选项中可以对数据格式、图表、输出等内容进行设定。

图 4-11 SPSS 编辑选项卡

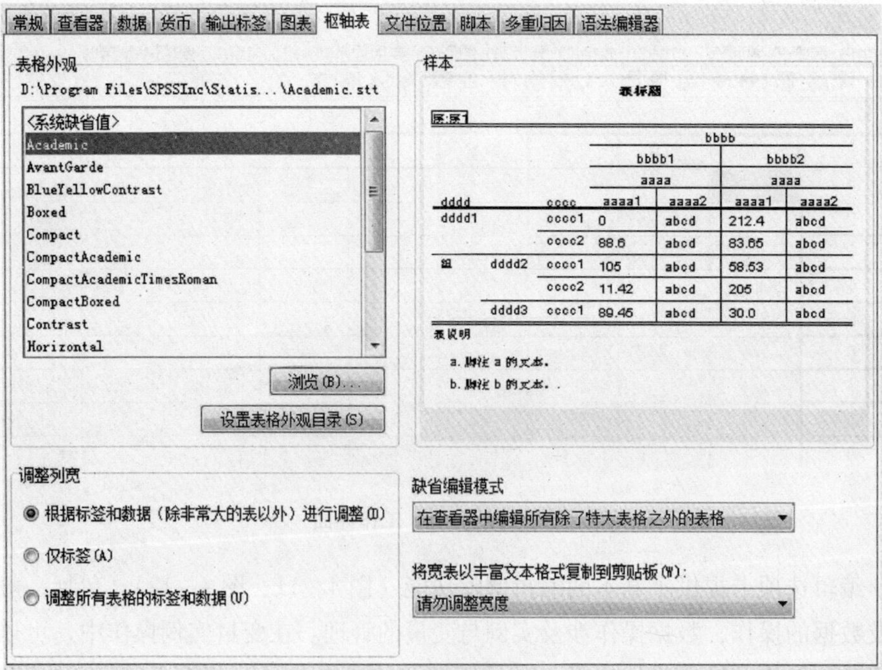

图 4-12 选项调整内容

数据选项卡提供了数据管理的功能，包括变量属性、个案标识、排序、转置、合并与拆分、加权等，这些是数据检查与清理常用的操作（图4－13）。

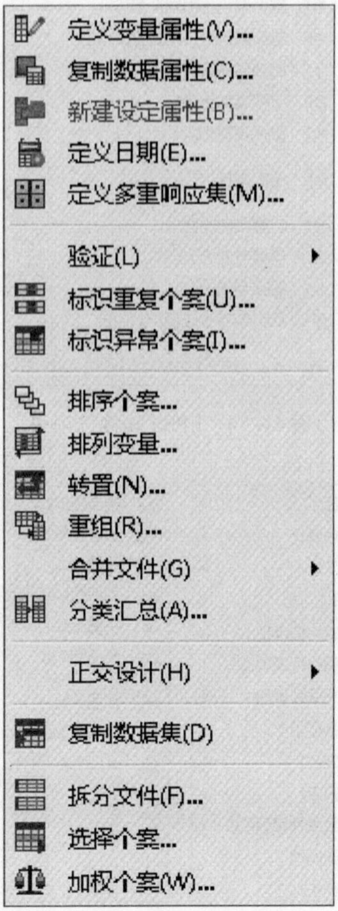

图4－13　SPSS数据选项卡

转换选项卡包含对数据实例的计算、转换与重新生成等操作（图4－14）。在数据分析过程中由于原始数据采集或录入中的一些缺憾，需要对数据进行加工处理，如涉及对实例进行排序分割或生成新的变量等，均要使用数据转换功能。

数据分析与图形生成是SPSS分析的主体功能（图4－15），包含大部分基础数据分析的功能（描述性分析与简单的探索性分析），其目标是为用户提供清晰、可视的分析过程与结果。各分析项目下通常包括多个子功能选项，用户可根据数据特征及分析的需要进行选择。在分析功能打开后，分析选项卡内提供了各

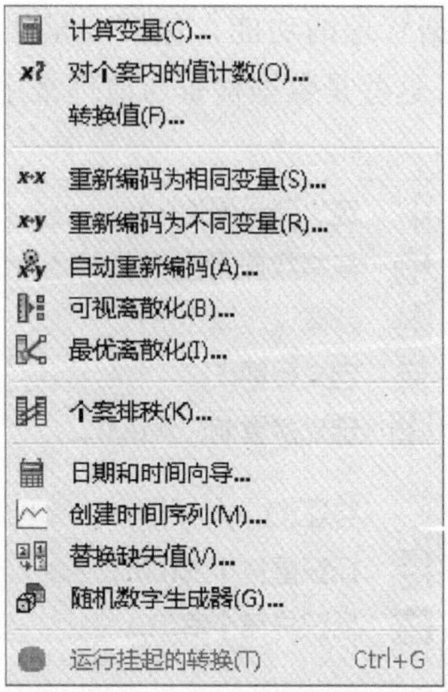

图 4－14　SPSS 转换选项卡

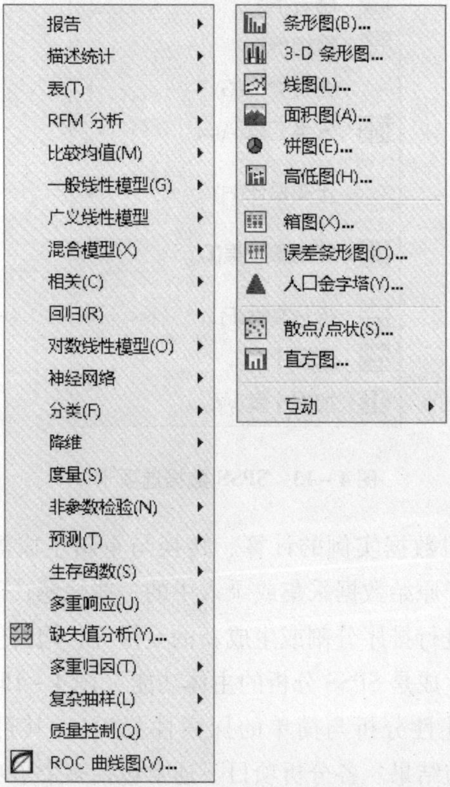

图 4－15　SPSS 分析与图形选项卡

种参数的调整，以较为简洁的形式呈现，本书将在随后的内容中举例说明。

（二）应用 SPSS 进行描述性分析

SPSS 以简洁的操作方式提供了数据整理与基本分析功能。

1. 了解原始数据

当分析人员拿到采集数据后，一般将其视为原始数据，即未进行任何加工处理的数据。原始数据的一般特征是体现了较为直接的客观信息，包含的信息量充分，但数据一般较为粗糙，需要加工后才能够用于具体的分析工作。

例如，以某消费者基本信息为样本，其原始数据包含的信息如表 4 – 8 所示。从各变量采集的信息来看，其数据格式及取值范围各不相同，因此需要对各变量属性进行设定（某些设计合理的数据采集过程已提前将此环节完成）；可通过变量属性功能对各变量的相关信息进行设定与修改，并设定缺省值信息用于无效样本的检验。

表 4 – 8　某消费者调查原始数据

	id	年龄	性别	居住地区	收入	婚姻状况	孩子	是否有车	是否存款	现金消费	信贷消费
1	ID12324	67	FEMALE	INNER_ CITY	43530	YES	0	NO	YES	YES	YES
2	ID12309	67	MALE	INNER_ CITY	39667	YES	0	YES	YES	YES	NO
3	ID12327	67	MALE	INNER_ CITY	50475	YES	2	YES	YES	YES	NO
4	ID12343	67	MALE	INNER_ CITY	35264	YES	1	YES	YES	YES	NO
5	ID12162	65	FEMALE	INNER_ CITY	36489	NO	1	YES	NO	YES	NO
6	ID12233	65	FEMALE	INNER_ CITY	37707	NO	0	YES	YES	YES	YES
7	ID12351	65	MALE	INNER_ CITY	57672	NO	0	NO	YES	YES	YES
8	ID12175	64	FEMALE	INNER_ CITY	52674	NO	2	YES	YES	YES	NO

对于原始数据，一般应先了解其大致的样本分布情况，即对于名义型变量的频率描述以及对于度量型变量的描述（图 4 – 16、图 4 – 17）。

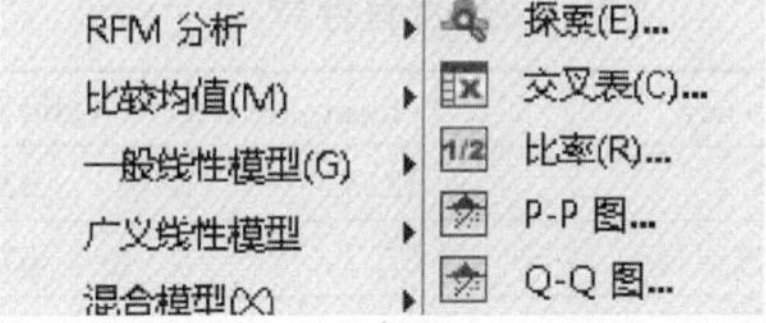

图 4 – 16　描述统计的基本工具

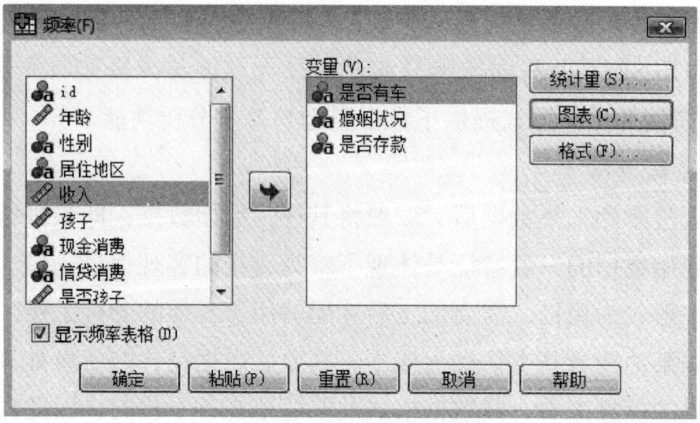

图 4－17　数据频率分析界面

SPSS 的分析结果显示在输出文档中，包括标题、附注、动作说明与结果列表。相应结果可以在输出文档中进行再次编辑，同时可以输出为图片、文本及表格等形式。如对于消费者基本数据的频率分析结果（表 4－9），包含是否有车、婚姻状况以及是否有存款的有效样本数量、不同取值百分比等信息。当然，此处的分析较为简单，仅考察了全部样本的信息，在实际应用中有时还需要对变量进行再计算或分类统计分析。

表 4－9　频率分析结果

是否有车

		Frequency	Percent	Valid Percent	Cumulative Percent
Valid	NO	157	52.3	52.3	52.3
	YES	143	47.7	47.7	100.0
	Total	300	100.0	100.0	

婚姻状况

		Frequency	Percent	Valid Percent	Cumulative Percent
Valid	NO	99	33.0	33.0	33.0
	YES	201	67.0	67.0	100.0
	Total	300	100.0	100.0	

是否有存款

		Frequency	Percent	Valid Percent	Cumulative Percent
Valid	NO	97	32.3	32.3	32.3
	YES	203	67.7	67.7	100.0
	Total	300	100.0	100.0	

对于度量型变量的分析结果可以通过表格与图形方式呈现。如样本中消费者的年龄分布状态分析，可以列出其基本统计指标（部分可选统计指标可以在选项卡中进行调整）及直方图等信息（表4－10、图4－18）。

表4－10　度量型变量分析结果－1

	N	Minimum	Maximum	Mean	Std. Deviation
年龄	300	18	67	42.09	14.609
Valid N（listwise）	300				

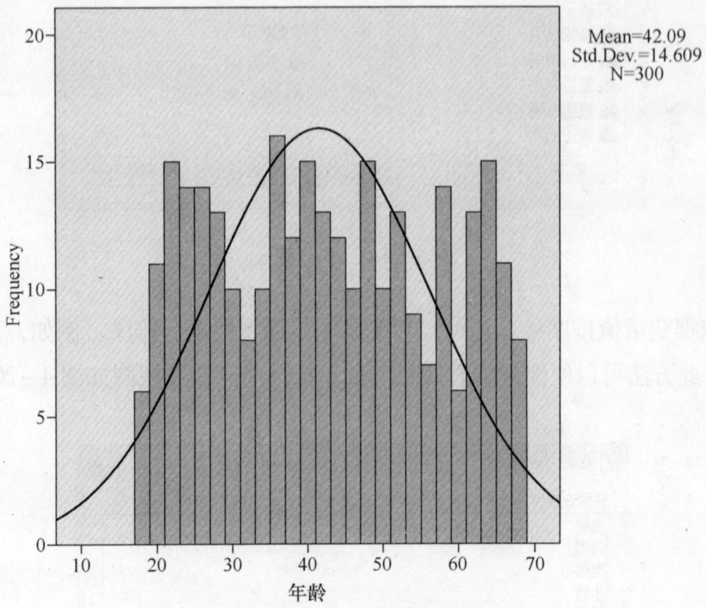

图4－18　度量型变量分析结果－2

当原始数据中存在某些无效样本时，可以将其分割至其他的文件，或通过个案选择工具进行初步的筛选。本版本的个案选择工具仅能够识别度量型变量，如需要对非度量型参数进行筛选的话，需要将其进行转换或生成新的变量。

2. 原始数据的加工处理

原始数据通常包含大量的信息，在分析具体问题时需要对其进行相应处理，如对样本排序、标识与计算等。

（1）样本的排序与重组：

排序是最为简单的数据处理，通过排序可以较为直观地观察变量值分布，同时便于数据的筛选等工作（图4－19）。例如对消费者基本信息进行排序，可以按单变量排序也可依据多变量排序（依据消费者居住地区，以及消费者年龄进行排序，排序变量的主次关系依据其上下位置而定）。

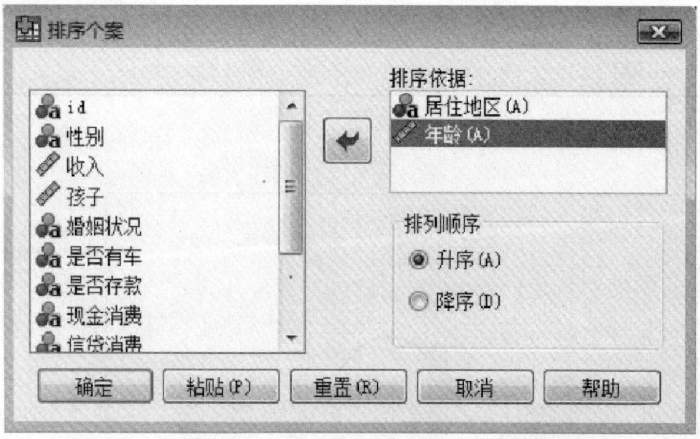

图4－19　个案排序

除了依据变量值排序外，还可以对变量的某项属性进行排序。例如，当变量数量非常多时，此方法可以便捷地查看变量的分布情况。其排序视图如图4－20所示。

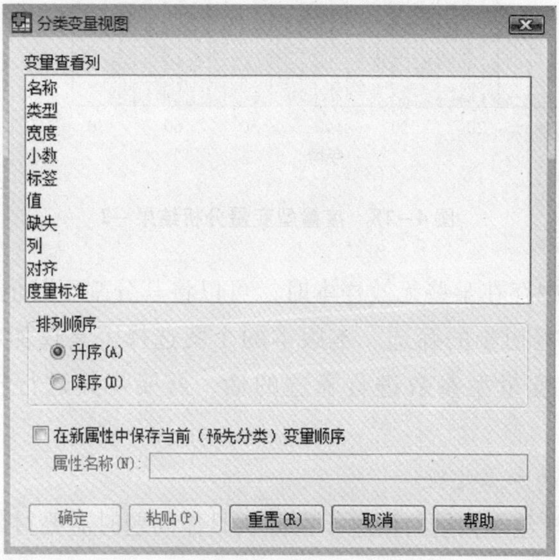

图4－20　依据变量属性排序

有时，在采集与录入数据时，由于设计失误等原因，可能导致数据存储位置不当，需要对全部数据进行重组。这可通过数据转置与重组向导实现，其中转置操作较为简单，可依据选项卡提示信息完成。数据重组操作也可依据向导完成（图4－21），具体包括三种重组方式，即将选定变量重组为个案、将选定个案重组为变量，以及转置所有数据。

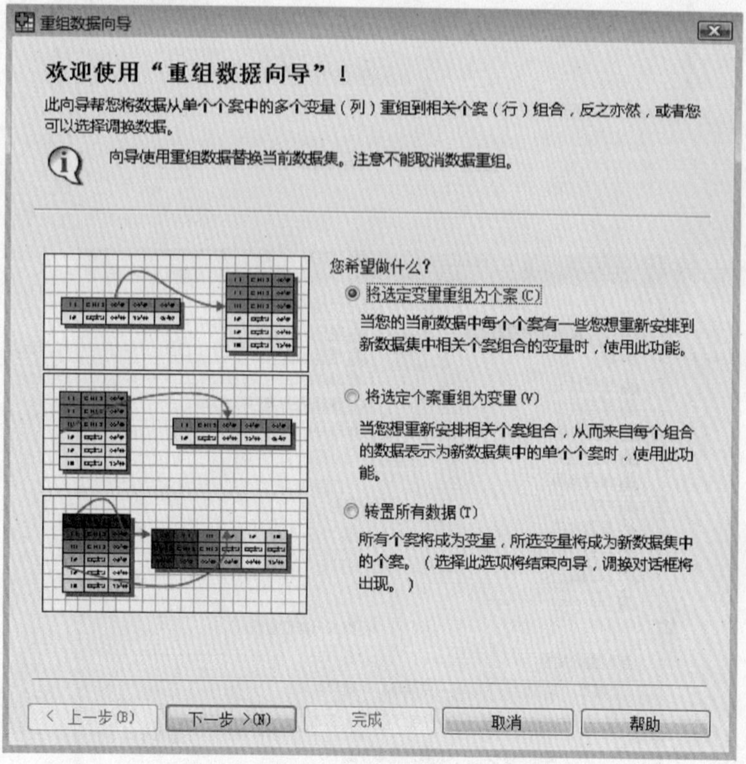

图4－21 重组数据向导

如果数据分散在多个文件，可以通过数据合并实现，包括添加个案（图4－22）与添加变量两种方式。合并外部数据前需要将其转换成SPSS文件或可识别文件。

（2）样本的标识：

样本标识依据一定标准对样本进行标注与筛选（部分筛选功能也可通过其他命令实现，如变量计算）。样本标识后会自动新建一个标识变量，用于存储标识信息。例如，对于消费者进行筛选，依据性别、居住地区以及拥有孩子数量进行标识与排序（依据ID编号），其选项卡如图4－23所示。

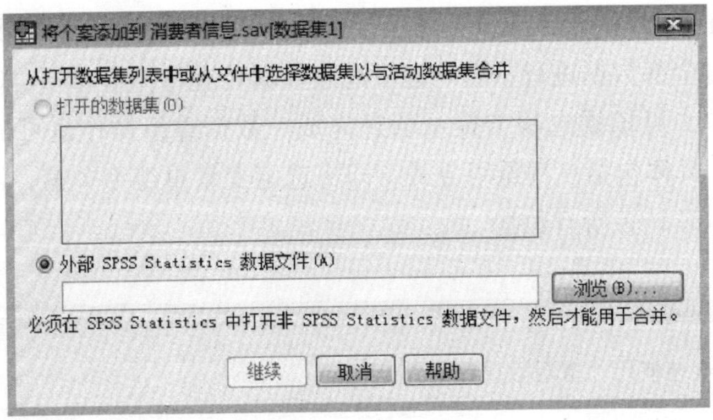

图 4－22　个案添加选项

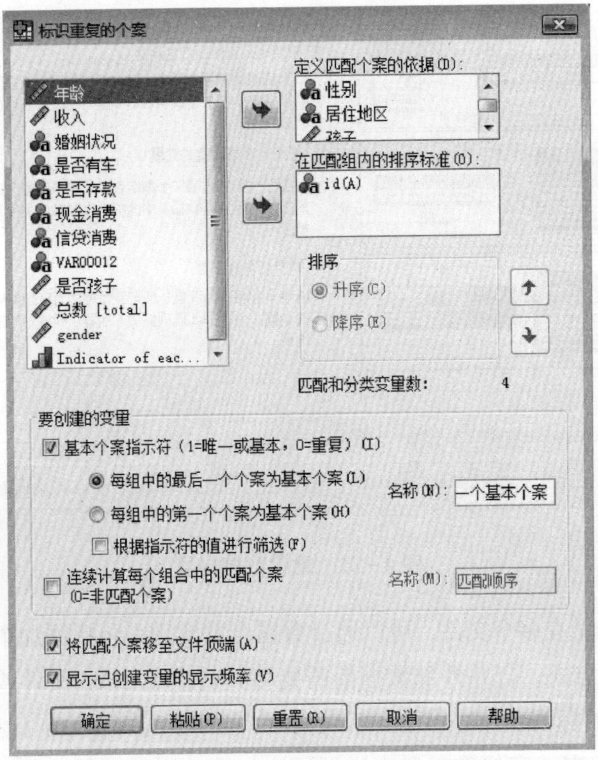

图 4－23　标识重复个案

样本标识也可用于异常变量的选择，其选项卡中包含了变量、输出、保存、缺失值及标识选项等内容，用户可自己设定评价异常的标准（图 4－24）。

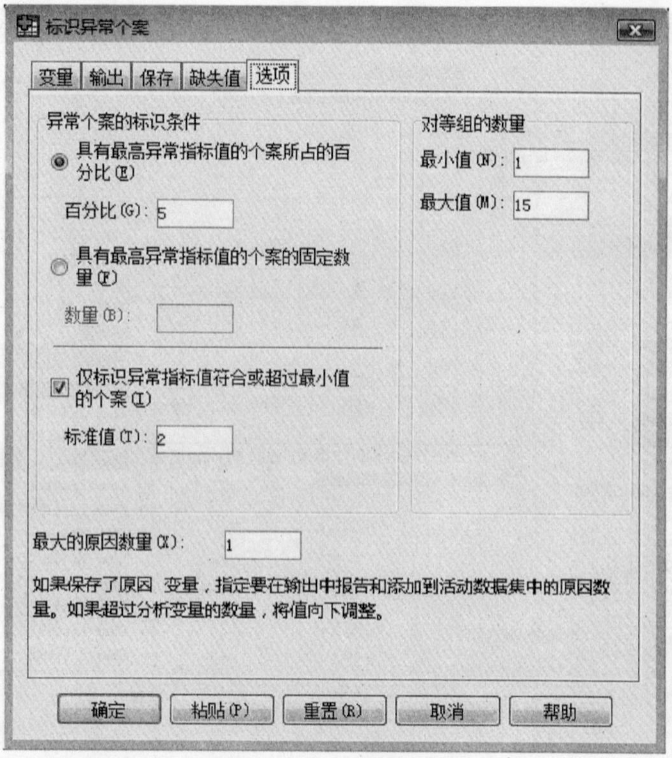

图 4－24　标识异常个案

（3）变量的计算与转换：

变量的计算与转换是较为常用的数据整理功能。可参与计算的变量主要包括数值与字符，在计算中可以设置一定的逻辑运算关系，具体函数的使用规则可参考函数组的相关内容。

数值计算公式的编辑较为简单，只需符合相应的运算规则即可，同时可以和一些统计函数结合使用（可在函数组中选择）。字符运算需要借助相应的字符串函数，例如要得到消费者居住地区的名称长度，可使用 CHAR. LENGTH 函数进行字符数量提取（图 4－25）。

数据转换选项下的个案值计算是常用的计数工具，可以对某些变量值出现的频次进行计算（图 4－26）。例如，可以对消费者某一些“是否”选项信息进行加总（如是否有车、是否有存款、是否选择现金消费以及是否结婚），在加总中需要设定标准（通过定义值功能），即各项内容为 YES 时进行统计。

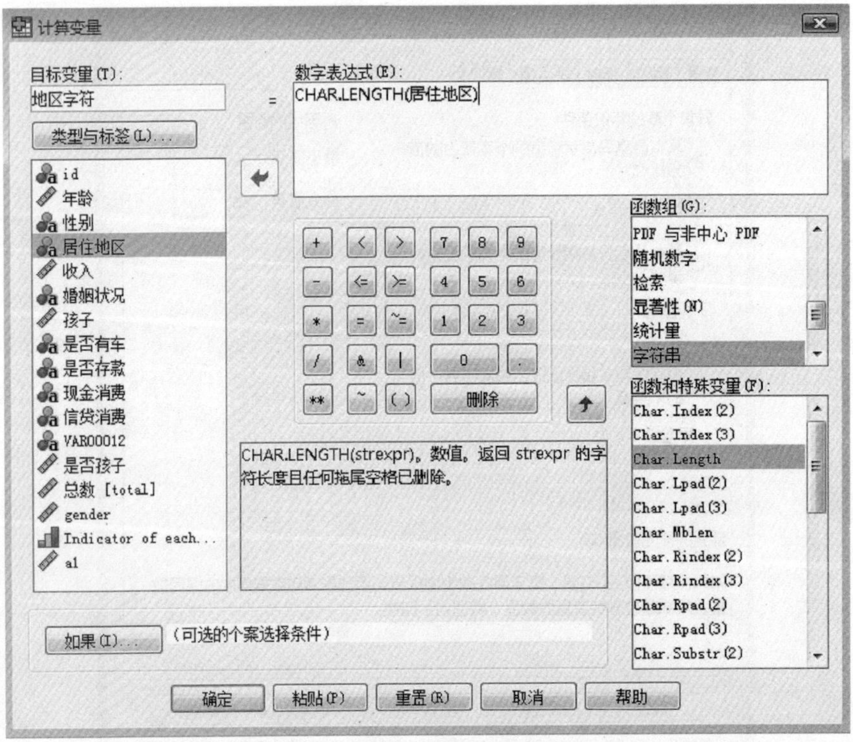

图 4－25　字符串型计算

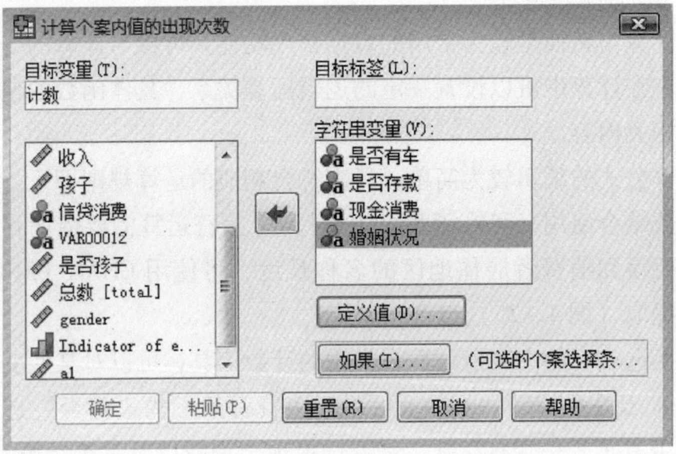

图 4－26　个案值统计

转换中变量的重新编码具有较为实用的功能，其除了基本的计算功能外还可进行数值分类处理，并生成新的变量。其功能包括重新编码为相同变量以及编码为不同的变量。一般为了保留原始信息，建议使用编码为不同变量选项。例如，当前已经获得了消费者的收入数据信息，但在统计分析时需要简化处理，可以将其调整为分类信息，按照收入范围划分为不同的收入等级，其编辑界面如图 4－27 所示。

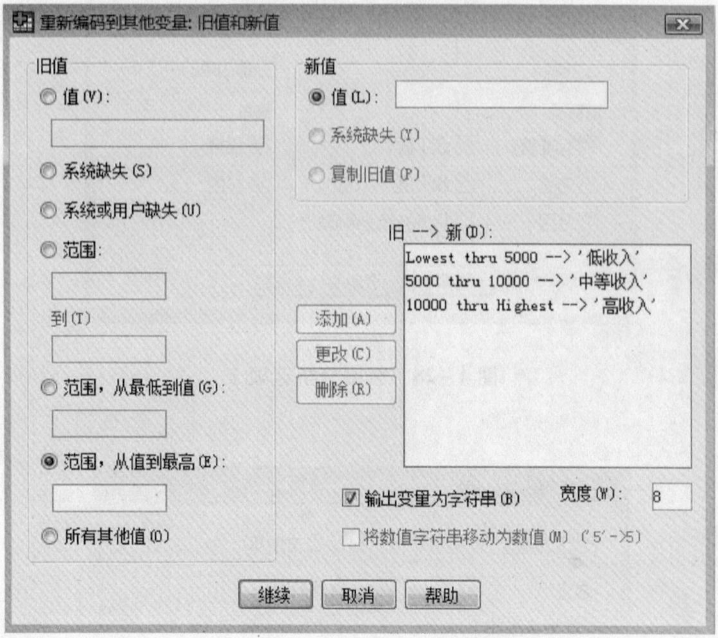

图 4－27 对变量重新编码

3. 数据的描述性分析

SPSS 提供了常用的描述性分析工具，包括报告、描述统计、样本均值检验、方差分析等。对于各项操作需要在使用前将分析数据标识出来，标识与筛选方法可参照前面介绍的内容。例如对样本进行频率分析，其选项卡中包括了百分位的设定、集中趋势指标、离散指标以及分布指标的选择，可依据想要得到的分析指标进行选择（图 4－28）。此外，对于交叉表分析选项卡内容可参见图 4－29。

对于描述分析功能的使用，可依据命令选项卡提示以及 SPSS 的帮助文档进行。同时，高版本的 SPSS 还会提供教程以及示例数据，可以用于练习。

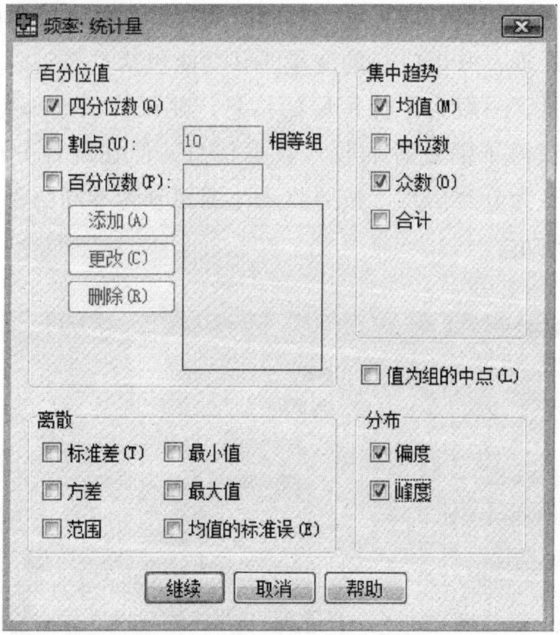

图 4-28 频率分析选项卡

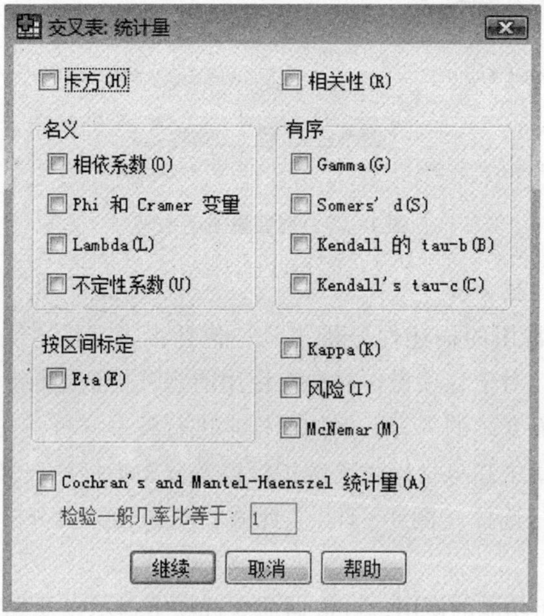

图 4-29 交叉表分析选项卡

4. 图表功能说明

SPSS 提供了多种统计图形生成命令，覆盖了大部分常用的统计图格式，包括点图、线图以及多种面积图形。用户也可以使用图标构建程序选择需要的图形（图 4－30）。

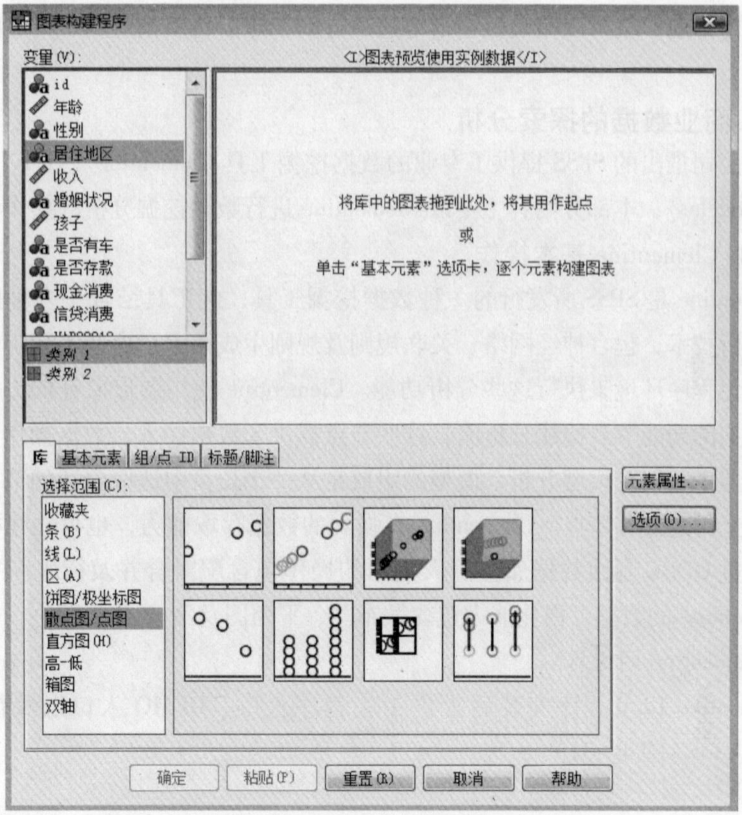

图 4－30　统计图表构建

使用图表生成器可以根据预定义的图库图表或图表的单独部分（例如轴和条形）生成图表，可以通过将图库图表或基本元素拖放到画布（“图表生成器”对话框上“变量”列表右侧的较大区域）上来生成图表。生成图表时，画布会显示图表的预览。虽然预览使用已定义的变量标签和测量级别，但预览并不会显示实际的数据，它仅使用随机生成的数据简略勾勒出图表的外观。

SPSS 图表功能的特点包括：①简单、直观的用户界面。使用菜单、上下文菜单和工具栏可以很快地选择并编辑部分图表，也可以直接在图表上输入文本。②众多格式和统计选项。用户可以选择各种风格和统计选项。③强大的探索工具。用户可以用各种方式探索数据，如标记数据，对数据进行重新排序，或者旋转数据；可以更改图表类型和图表中的变量角色，还可以添加分布曲线、拟合线、内插线和参考线。④灵活的模板。始终使外观和操作保持一致，用户也可以创建定制的模板，并用这些模板创建具有所希望的外观和选项的图表。例如，如果希望坐标轴标签始终朝向特定方向，就可以在模板中指定这个方向，然后将模板应用于其他图表。

三、商业数据的探索分析

IBM公司推出的SPSS提供了专业的数据挖掘工具Clementine（在12.0版本后更名为Modeler），本部分内容主要以Clementine进行数据挖掘分析的操作说明。

（一）Clementine基本操作

Clementine是SPSS所发行的一种数据挖掘工具，此工具结合了多种图形用户接口的分析技术，包含神经网络、关联规则及规则生成技术，这些工具提供容易使用的可视化程序环境来执行这些分析功能。Clementine使用图形象征的方法，通过连接屏幕上的功能节点构建分析流，这些节点提供了数据接入、数据操作、数据可视化、机器学习以及模型分析，模型的组成是从一个托盘中选取合适的节点，并放置在屏幕上再连接各节点。Clementine有强大的数据存取能力，也可让建模的结果持续地通过ODBC写回数据库。输入数据的操作包含配对合并及衍生新字段的能力，Clementine的数据可视化能力包含散布图、平面图及Web分析等。

1. Clementine的进入

Clementine 12.0程序安装后提供了主程序入口、DEMO入口以及帮助文档（英文）入口（图4－31）。

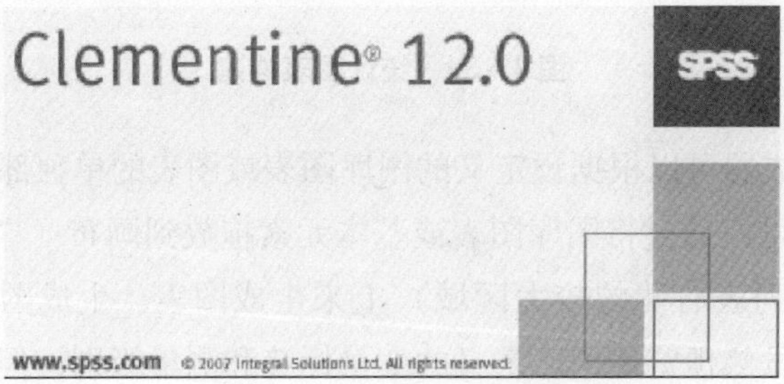

图4－31　Clementine开始界面

进入Clementine12.0主程序后，同SPSS程序类似，将会弹出开始选项卡，便于用户选择自己的工作内容（图 4 - 32）。

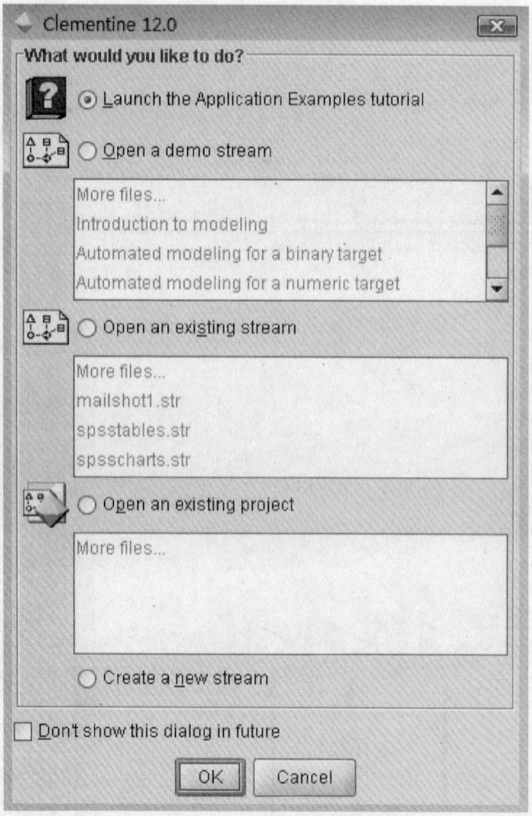

图 4 - 32　Clementine 开始选项卡

Clementine12. 0 提供了一些示例模型（包含数据），用户可以从 DEMOS 目录下选择对应的模型类型以及个案，并结合其示例教程进行学习（图 4 - 33）。

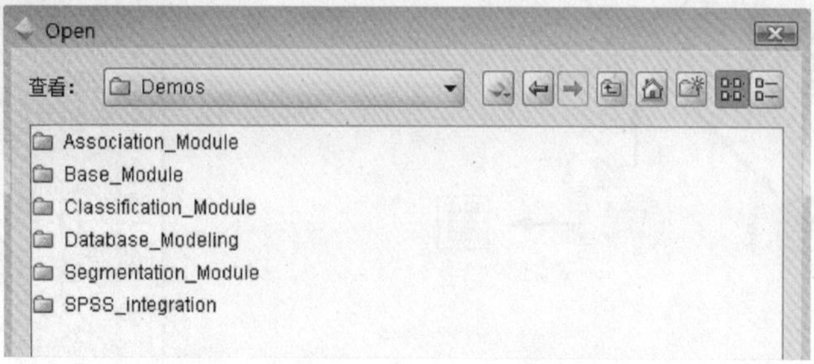

图 4 - 33　Clementine 的模型示例

Clementine12. 0 的工作界面如图 4 - 34 所示，包括菜单栏、工具栏、数据流

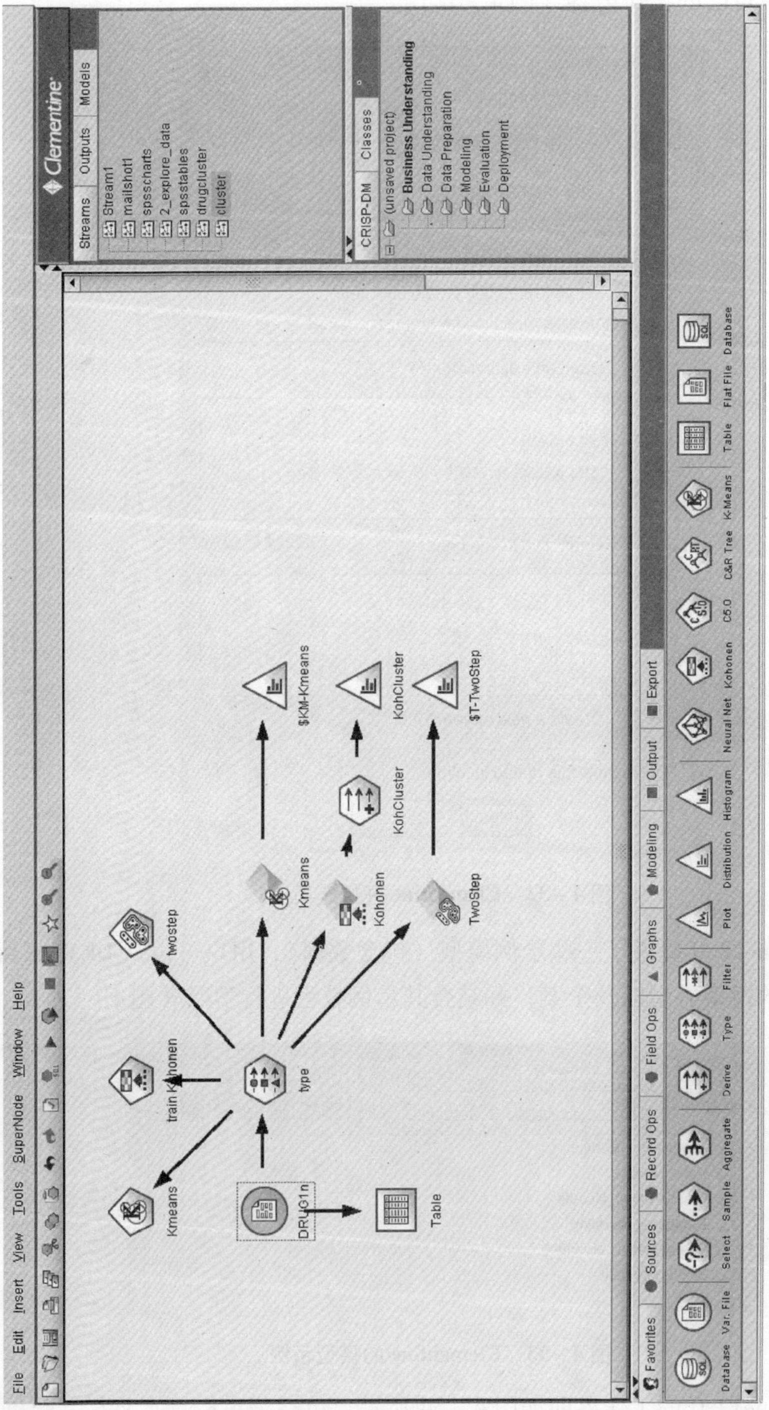

图 4－34　Clementine 的工作界面

编辑区、节点工具箱窗口、流管理窗口以及项目管理窗口。数据流编辑区是构建分析数据流的位置，即图中包括多种节点以及数据流向的区域，用户的数据挖掘工作主要在该区域实现。用户在构建数据挖掘模型时，可以将对应的节点添加到该区域，设置流向、参数，并生成分析结果。节点工具箱窗口提供了全部节点类型，便于用户以图形化的方式安排数据分析流，具体内容将在后面介绍。流管理窗口包括三个部分，即工作流、输出结果以及模型（分析结果）。工作流即当前处于内存中的分析流，用户可在多个工作流之间进行切换，或者关闭某些工作流(可节省内存资源)。输出结果主要包括 output 节点的分析结果，例如表格分析、审查结果等，无用的结果可通过右键方式删除。模型部分主要保留模型分析结果，如聚类分析、决策树分析的结果等。

2. Clementine 的节点工具选项

使用源节点能够导入以多种格式存储的数据，这些格式包括平面文件、SPSS(. sav)、SAS、Microsoft Excel 和 ODBC 兼容关系数据库。也可以使用用户输入节点生成综合数据。“源”选项板包含节点如图 4 – 35 所示，其中常用的如 SPSS 文件、Excel 文件等，可以便捷准确地读入当前的工作流。

图 4 – 35 数据源节点选项卡

记录操作节点用于在记录级别上对数据进行更改（图 4 – 36）。这些操作在数据挖掘的数据理解和数据准备阶段非常重要，因为通过这些操作可以针对特定业务需要进行数据裁剪。例如，根据使用数据审核节点（输出选项板）执行的数据审核结果，可能决定合并过去三个月的客户购买记录。使用合并节点，可以基于某个关键字段（如客户 ID）的值合并记录。同时，用户还可能会发现无法管理一个包含超过 100 万条网站点击信息记录的数据库，使用抽样节点，可以选择要用于建模的数据子集。

图 4 – 36 记录节点选项卡

经过初始数据探索之后，用户可能需要在准备分析的过程中选择、清除或构造数据。“字段操作”选项板包含许多适用于这种变换和准备的节点（图 4－37）。例如，使用导出节点，可以创建当前数据中并未呈现的属性；或者使用分级节点可以自动针对目标分析进行字段值的重新编码。用户可能会发现自己使用类型节点的频率很高，该节点可用于为数据集中每个字段分配数据类型、值和建模角色，其操作对于处理缺失值和下游建模十分实用。

图 4－37　字段节点选项卡

数据挖掘过程的多个阶段都会使用图形和图表浏览导入到 Clementine 中的数据。例如，可将散点图或分布图节点连接到数据源，以了解数据类型和数据分布。然后可以执行记录和字段操作，以准备下游建模操作的数据。图形的另一个常见用途是检查新导出字段的分布和它们之间的关系。在配置图形节点的选项后，即可通过对话框执行该选项或将它作为流的一部分来执行。可在已生成图形窗口中根据选择和数据区域生成导出（集合和标记）和选择节点，有效地将数据划分为多个“子集”，例如可使用此功能来识别和排除离群值（图 4－38）。

图 4－38　图形节点选项卡

分析模型节点选项是实现 Clementine 数据挖掘的重要组件，各类分析模型工具均列示在此区域（图 4－39）。用户可通过左边的小窗口进行分类选择。同 SPSS 类似，Clementine 在一类分析中通常提供一组工具供用户选择，如决策树分析，其提供了 C5.0、CHAID、QUEST 等多种方法。

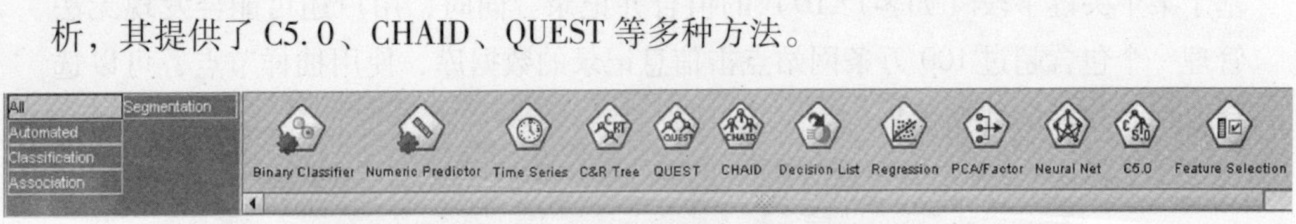

图 4－39　分析模型节点选项卡

输出节点提供了用于获取数据和模型的相关信息的方法，还提供了以各种格式导出数据以与其他软件工具相互作用的机制（图 4－40）。

图 4－40　输出节点选项卡

导出节点提供一种将各种格式的数据导出到与其他软件工具连接的接口的机制（图 4－41）。

图 4－41　导出节点选项卡

3. Clementine 的相关帮助资料

Clementine 提供了丰富的帮助资料供用户阅读与参考，包括帮助文档与应用示例文档。

（1）帮助文档：

Clementine 在其 Help 文件夹下提供了一组 PDF 格式的帮助文档，用户可首先阅读其中的用户指南以及相关的节点说明文档，了解该软件使用的基本方法与大致数据分析工作流程。在实际进行数据分析时可以结合模型节点文档进行资料查询（图 4－42）。

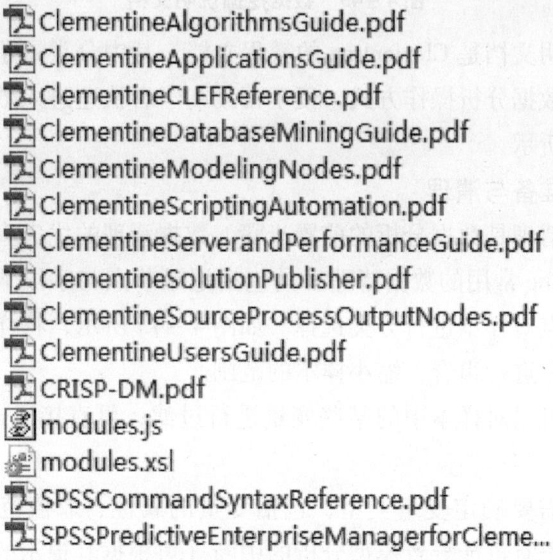

图 4－42　帮助文档列表

Help 文件夹中的数据挖掘（CRISP - DM）说明文档较为重要，不熟悉数据挖掘基本理论的用户可详细阅读该内容（图 4 - 43）。

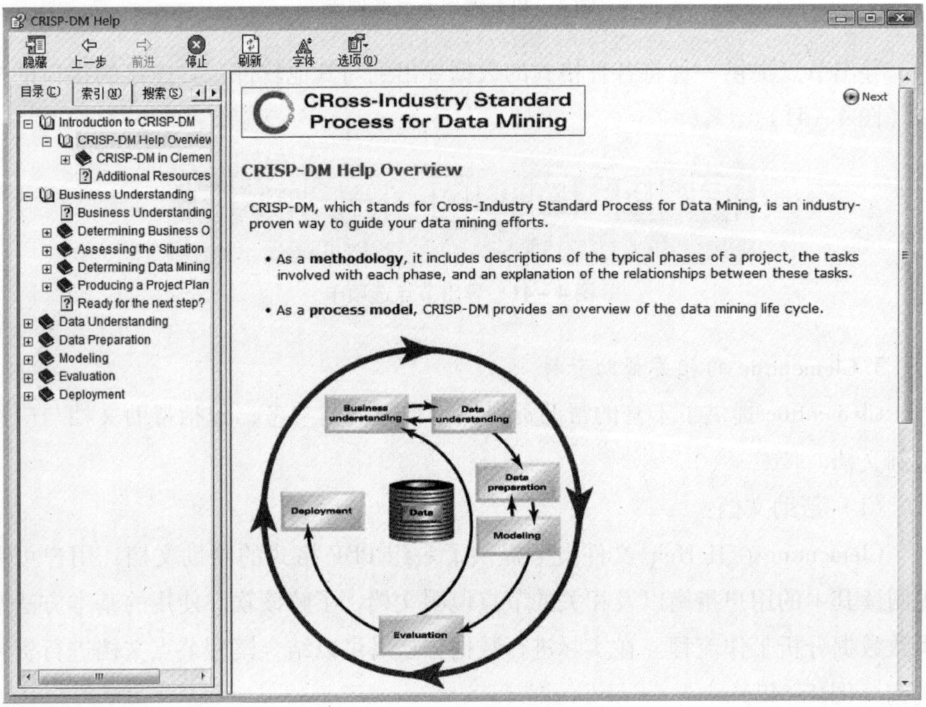

图 4 - 43　数据挖掘说明文档

应用示例说明文档是 Clementine 的教程文档，其中分类展示了该软件主要功能，以及主要的数据分析操作方式，便于帮助初学者快速进入数据分析工作，其界面如图 4 - 44 所示。

（三）数据准备与清理

数据准备与清理是数据分析的前置步骤，数据清理的优劣直接决定数据分析的结果。Clementine 常用的数据清理工具包括记录节点与字段节点。例如，用户可以通过筛选节点对样本进行分类选择。如图 4 - 45 所示，将样本中消费者的年龄段以及是否有车进行组合，缩小样本的范围。

同时，用户可以对样本中的某些变量进行过滤，可直接通过 Filter 工具进行选择（图 4 - 46）。

模型分析前需要确定变量类型，包括变量的属性、取值范围，以及应用取向；类型设置错误有可能导致模型分析的中断（可根据其提示的错误信息进行修

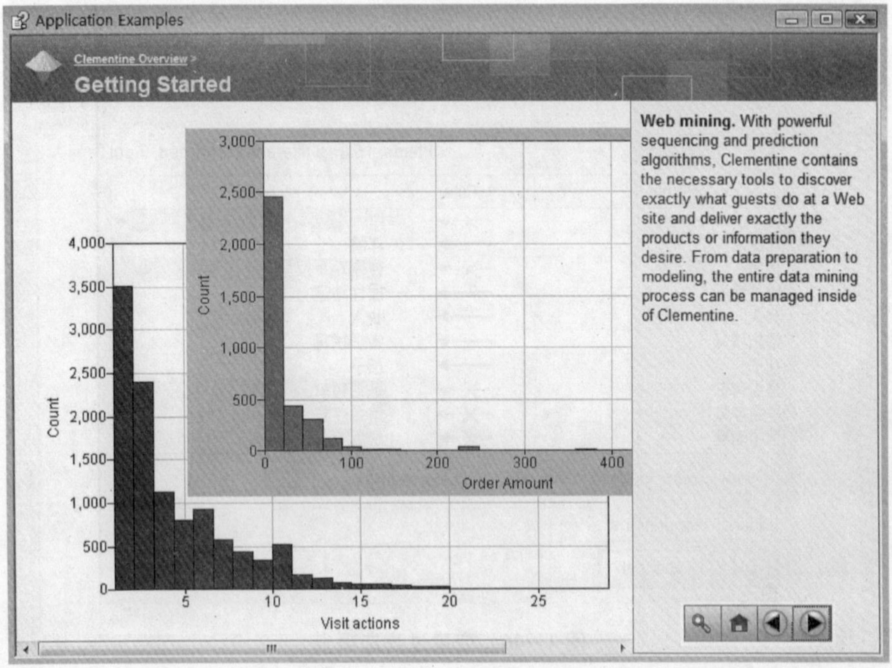

图 4－44　应用示例说明文档

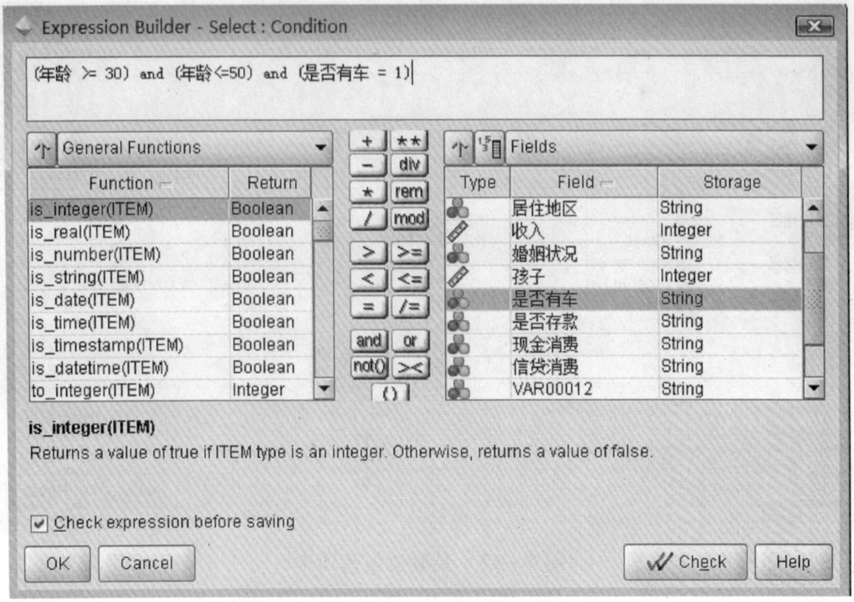

图 4－45　数据筛选选项卡

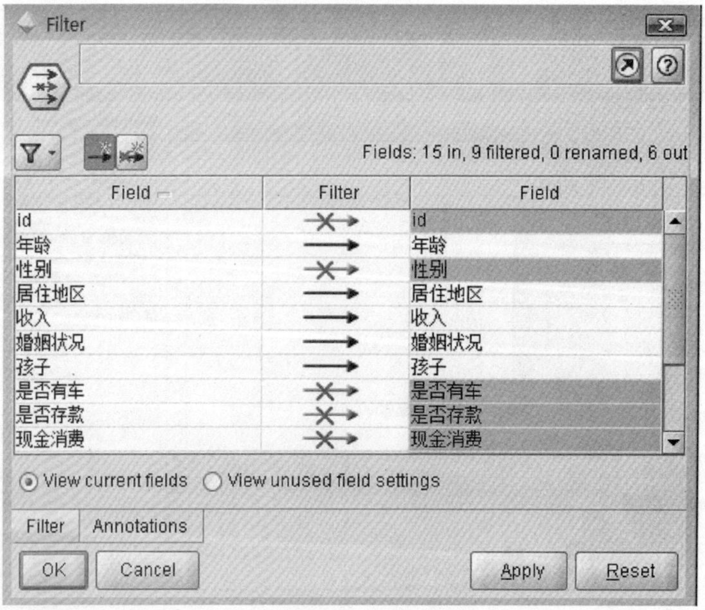

图 4-46　变量过滤选项卡

改）。用户可在类型节点的选项卡中进行操作（图 4-47）。

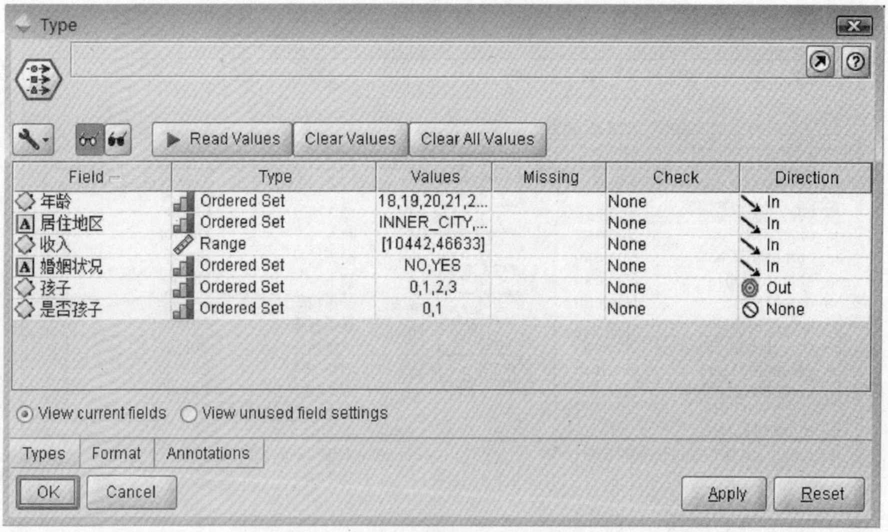

图 4-47　变量类型选项卡

用户还可以生成一些新的变量在模型中使用，可在变量生成选项卡中进行数值或字符运算获得（图 4-48）。

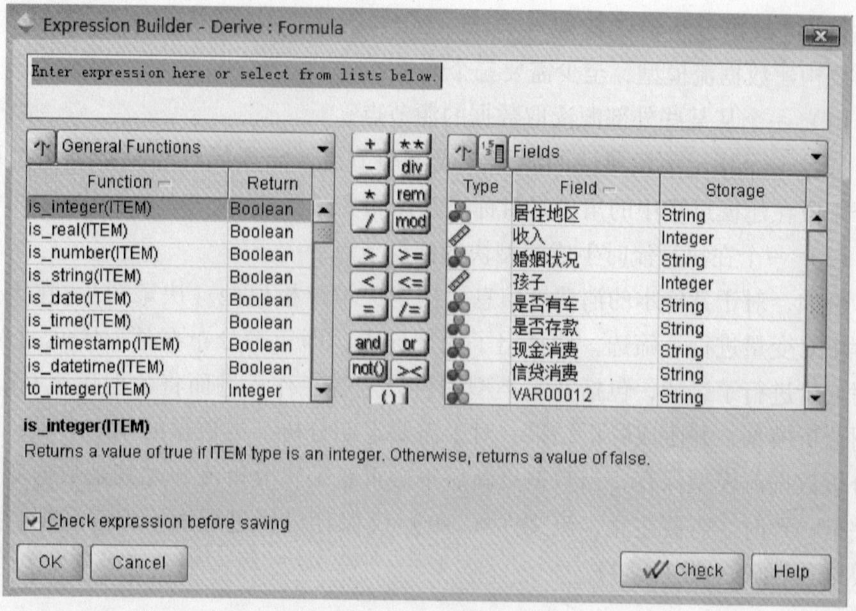

图 4 - 48 生成变量选项卡

在进行一项数据挖掘分析前通常要做大量的数据整理工作，有时对同一样本要进行多次清理，进行不同的分析或形成对照组。例如，某项分析工作中的数据整理如图 4 - 49 所示。

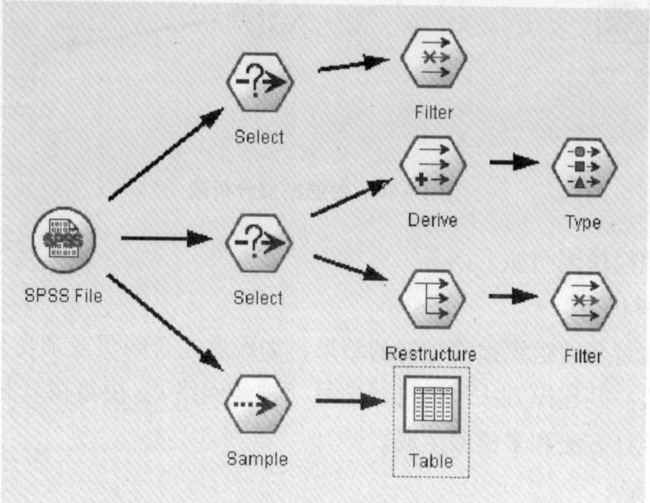

图 4 - 49 数据的准备与清理

（四）数据分析流的构建

要构建数据流模型，至少需要三个元素：

（1）一个从某些外部源读取数据的源节点；

（2）一个指定字段属性的源节点或类型节点，字段属性包括数据类型以及每个字段在建模过程中的角色是目标还是预测变量等；

（3）一个在执行流时生成模型块的建模节点。

例如，对于某样本的消费者信息，构建决策分析模型（决策树）。在该分析过程中对变量进行了筛选，选择出了局部样本，即年龄分布在某一区间的人群；并对变量进行了过滤，包括变量类型的再设定等工作；进而将数据送至 C5.0 决策树分析模型，并生成分析结果。对于需要定期分析某类数据的用户来说，可以将分析数据流模型保存，当数据更新后不必重新编辑分析流，尤其是数据变量类型完全一致时。需要注意，流文件（.str）仅保存分析过程而不保存数据，数据需要单独存放（图 4－50）。

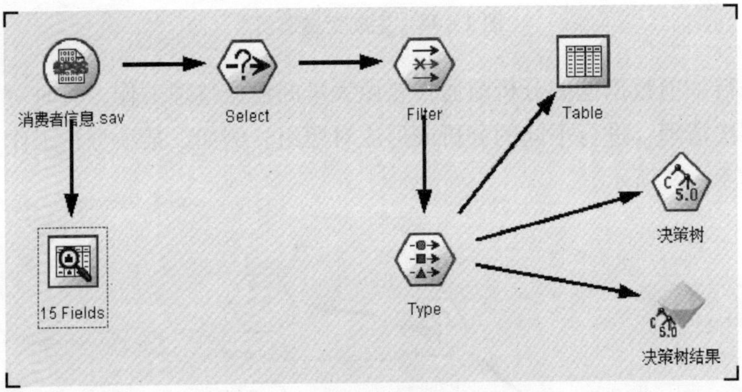

图 4－50　数据挖掘分析流

常用建模模块说明如下：

1. 分类模块

分类模块可帮助组织预测已知的结果，如顾客是否购买或某交易是否符合某种已知的模式。其建模方法包括机器学习（神经网络）、决策树（规则归纳法）、子组标识、统计方法和多模型生成。

2. 细分模块

在不知道特定结果的情况下（例如，需要识别新犯罪模式或在客户群中识别利益群体时），建议使用细分模块。聚类模型主要用来确定相似记录的组并根据它们所属的组来为记录添加标签。此方法的优点在于，不用提前了解这些组及其特征就可以使用，它使聚类模型（其中没有需要模型预测的预定义输出或目标字段）区别于其他建模技术。对于这些模型来说，没有正确或错误的结果之分。模型的值由模型捕获数据中感兴趣的分组并提供这些分组的有用说明信息的能力来确定。聚类模型通常用于创建在后续分析中用作输入的聚类或段（例如，将潜在用户分成几个相似的子组）。

3. 关联模块

关联模块在预测多个结果时非常有用，例如，购买了产品 X 的顾客也购买了产品 Y 和 Z。关联模型可以将特定结论（如购买某些产品的决策）与一组条件关联起来。关联规则算法可以自动找到使用可视化方法手动找到的关联。关联规则算法相对于更标准的决策树算法（C5.0 和 C&RT）的优势在于，它可以找到任何属性间存在的关联。决策树算法只使用单一结论来构建规则，而关联算法则试图找到更多规则，且每个规则具有不同的结论。

4. 自动建模节点

使用二元分类器节点和数值预测器节点，可以在单次传递中预测和比较多种不同的建模方法，从而简化了对各种算法和方法的尝试以及对结果的比较。可以选择要使用的特定建模算法及每种算法的特定选项，例如，用户无须为神经网络选择快速、动态或修剪之中的某个方式，完全可以全部尝试。每种可能的设置组合都可以使用。该节点可基于指定的选项估计模型集，并基于指定的标准对所生成的候选模型排序。建模运行期间，将对模型进行估计但不会保存，并将得出的最佳模型在汇总报告中列出。根据报告中的信息，用户还可以选择为需要使用或进一步探索的所有模型生成建模节点或模型块。

（五）数据分析结果

Clementine 的模型分析结果可通过模型结果栏中对应的节点获得。打开分析结果后，不同类型的模型将提供不同的展示与编辑方式，用户可根据需求（如输出要求）进行调整。为保留每次分析的结果，用户可将其拖至编辑区，并与模型节点并列存放，便于以后查看。以决策树模型分析为例，其呈现的结果如图 4－51、图 4－52 所示，包括一般结果呈现及树形图方式。

又如商品销售的关联分析，可以通过对消费者购物篮数据对某一时间段内商品购买的组合方式进行分析，帮助零售企业优化货架管理，改进商品陈列组合，制定可行的促销策略等。其分析流如图 4－53 所示。

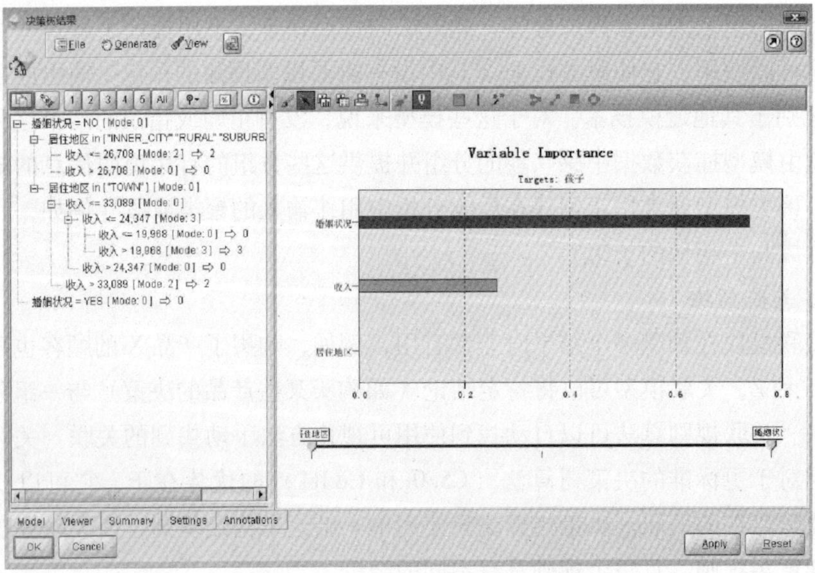

图 4－51 决策树分析一般结果

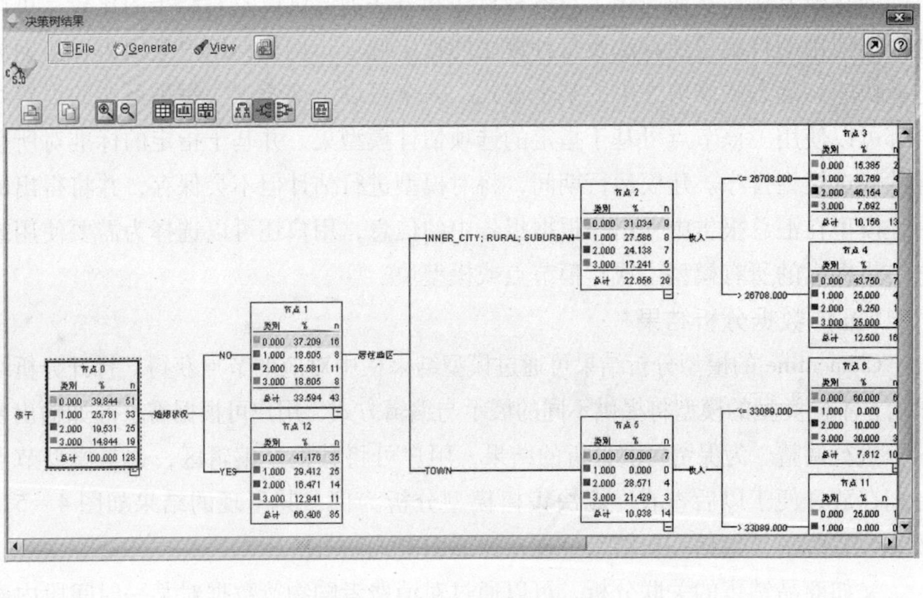

图 4－52 决策分析的树形图

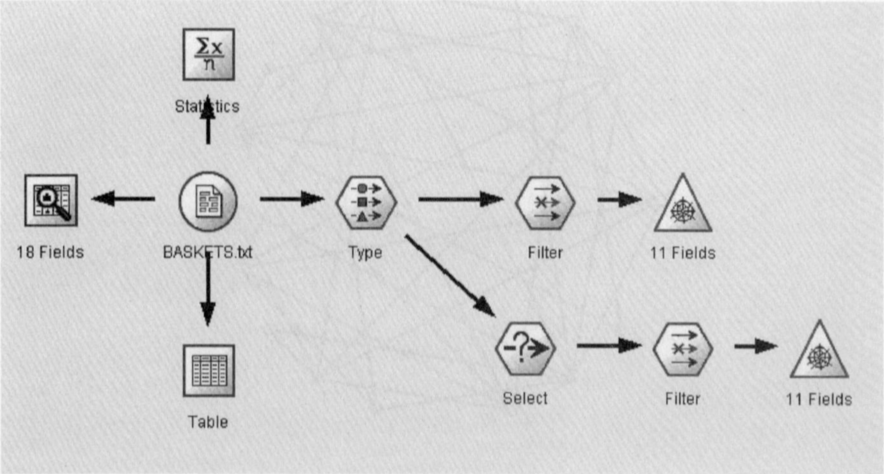

图 4 – 53　商品销售关联分析数据流

商品销售的关联分析结果（使用示例数据）如图 4 – 54 所示，通过网状方式呈现商品关联性，并可以通过连接线的粗细表示联系的强弱。关联结果可以通过全频次方式表示，也可以通过区段频次方式表示，如关联图 4 – 55 与图 4 – 56 所示，可以重点观察某一频段内的商品关联关系。

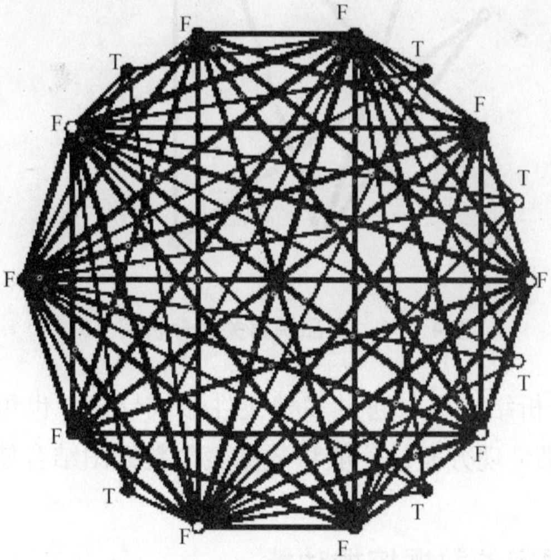

图 4 – 54　商品销售关联分析图 – 1

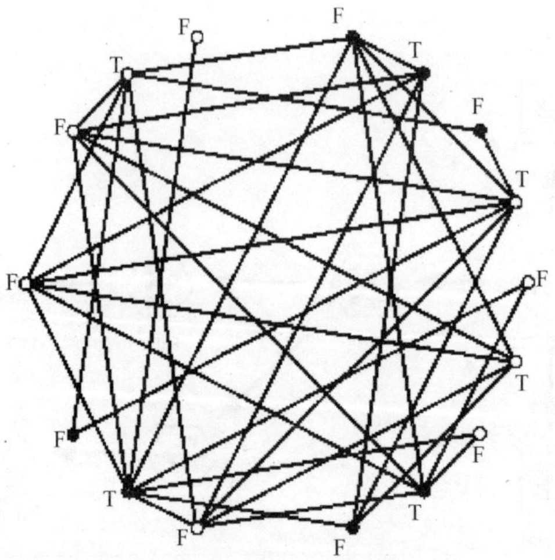

图 4-55 商品销售关联分析图-2

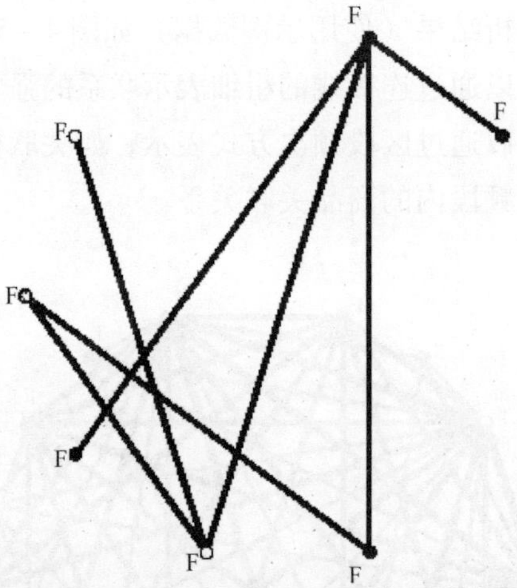

图 4-56 商品销售关联分析图-3

Clementine 的分析结果可以通过多种文件形式导出，也可以直接拷贝、粘贴为图表。在分析结果呈现方面，一般将数据表与数据图结合使用。

四、基于数据库的数据挖掘功能

SQL Server 系列数据库软件提供了一些数据挖掘工具包，目前 2014 版本提供的功能最为丰富。数据库软件提供的数据挖掘技术有一定的自身特点，但是在使用中要与实际的库内数据结合，在此主要就其数据挖掘的内容进行简要介绍。

（一）SQL Server 数据挖掘向导

每次向数据挖掘项目中添加新的挖掘结构时，都会启动 Microsoft SQL Server Analysis Services 中的数据挖掘向导。该向导可帮助用户选择数据源并设置可定义要用于分析的数据的数据源视图，进而创建初始模型。在该向导的最后阶段，可以选择将数据划分为定型集和测试集，并启用钻取等功能。

启动向导之前用户需要了解以下内容：

（1）是基于关系数据库，还是根据 OLAP 数据库中的现有多维数据集生成数据挖掘结构和模型？

（2）哪些列包含唯一标识事例记录的键？

（3）要将哪些列或属性用于预测？哪些列或属性适合用作分析的输入？

（4）应使用哪种算法？SQL Server Analysis Services 中提供的算法都具有不同的特征并产生不同的结果。用户并不是只能对每个数据集使用一个模型，可以通过添加不同的模型来进行任意尝试。

（5）是否需要能针对统一数据集进行测试的模型？

若要使用数据挖掘向导，则必须已在 SQL Server Data Tools（SSDT）中打开至少包含一个数据挖掘或 OLAP 项目的解决方案。如果解决方案已做好数据挖掘准备，则只需在解决方案资源管理器中右键单击“挖掘结构”节点并选择“新建挖掘结构”即可启动该向导。如果解决方案中未包含任何现有项目，则需要添加新的数据挖掘项目。从文件菜单中选择“新建”，然后选择“项目”即可。还可以使用 Analysis Services 导入向导，从现有数据挖掘解决方案获取元数据。如果要从早期版本的 Analysis Services 导入，则可能需要更新对访问接口的引用。

接下来用户需要就以下内容进行操作：

（1）选择关系或 OLAP 挖掘模型；

（2）选择挖掘算法；

（3）定义用于建模的数据；

（4）完成向导。

（二）SQL Server 数据挖掘结构

挖掘结构定义生成挖掘模型时依据的数据信息，它指定源数据视图、列数量、类型以及分为定型集和测试集的可选分区等。单个挖掘结构一般可以支持多个共享同一个域的挖掘模型。

建立数据挖掘结构涉及的主要步骤如下：

（1）定义数据源；

（2）选择要包含在结构中的数据列（只需要将一部分列添加到模型），然后定义键；

（3）定义结构的键，如果适用的话还需包括嵌入表的键；

（4）指定是否应将源数据分为定型集和测试集，此步骤为可选步骤；

（5）对结构进行处理。

建立数据挖掘结构步骤的详细说明如下。

1. 挖掘结构的数据源

在定义挖掘结构时，可以使用现有数据源视图中的列。数据源视图是一个共享对象，允许合并多个数据源并将它们作为单个源使用。原始数据源对客户端应用程序不可见，可以使用数据源视图的属性修改数据类型、创建聚合或别名列。

如果按照同一个挖掘结构生成多个挖掘模型，则这些模型可以使用该结构中的不同列。例如，可以创建单个结构，然后基于该结构生成单独的决策树和聚类分析模型，每个模型都使用不同的列并具有不同的属性。此外，每个模型可以以不同的方式使用结构中的列。例如，用户的数据源视图可能包含“收入”列，可以以不同方式在不同的模型中使用它。

数据挖掘结构采用源数据的“绑定”形式存储数据源的定义和其中的列。有关数据源绑定的详细信息，可参阅数据源和绑定的相关资料。需要注意，用户还可以使用 DMX Create Mining Structure 语句创建数据挖掘结构，而不需要将该结构绑定到特定数据源。

2. 关于挖掘结构列

挖掘结构的构造块是挖掘结构列，这些列对数据源所包含的数据进行说明。这些列包含诸如数据类型、内容类型以及数据分发方式等信息。挖掘结构不包含有关如何在特定挖掘模型中使用列的信息，也不包含有关用于生成模型的算法类型的信息，这些信息在挖掘模型内进行定义。

挖掘结构也可包含嵌套表。嵌套表表示事例实体与其相关属性之间的一对多关系。例如，如果客户说明信息位于一个表中，而客户采购信息位于另一个表中，则可使用嵌套表将这些信息组合到一个事例中。客户标识符是实体，采购信息则是相关属性。有关何时使用嵌套表的详细信息可参阅嵌套表说明。

如果要在 SQL Server Data Tools（SSDT）中创建数据挖掘模型，必须首先创建一个数据挖掘结构。数据挖掘向导可引导用户完成创建挖掘结构、选择数据和添加挖掘模型的整个过程。如果使用数据挖掘扩展插件（DMX）创建挖掘模型，用户可以指定该模型及其包含的列，然后 DMX 将自动创建所需挖掘结构。

3. 将数据分为定型集和测试集

在为挖掘结构定义数据时，还可以指定将一些数据用于定型并将另一些数据用于测试。因此，在创建数据挖掘结构之前，无须再对数据进行拆分。在创建模型时，用户可以指定将一定百分比的数据用于测试并将其余数据用于定型，也可以指定将一定数量的事例用作测试数据集。有关定型数据集和测试数据集的信息随挖掘结构一起存储，因此同一测试集可以与基于该结构的所有模型一起使用。

4. 启用钻取功能

用户即使不打算在特定的挖掘模型中使用某列，也可以将该列添加到挖掘结构中。例如，如果用户要在聚类分析模型中检索客户的电子邮件地址，而在分析过程中不使用电子邮件地址，可以采用这种方法。为了在分析和预测阶段忽略某列，可将该列添加到结构，但是不指定其具体用途，或将使用标志设置为“忽略”。如果对挖掘模型启用了钻取功能，并且具有相应的权限，则以这种方式标记的数据仍可以在查询中使用。例如，用户可以查看分析所有客户后的分类结果，然后使用钻取查询获取特定分类中客户的姓名和电子邮件地址，即使这些数据列不用于生成模型。

5. 处理挖掘结构

挖掘结构在处理之前只是一个元数据容器。当用户处理挖掘结构时，Analysis Services 会创建一个缓存，用于存储有关数据的统计信息、如何离散化连续属性的信息，以及挖掘模型以后要使用的其他信息。挖掘模型本身不存储这些摘要信息，而是在处理挖掘结构时引用缓存的信息，因此用户不必在每次向现有结构中添加新模型时重新处理结构，可以只处理模型本身。

如果缓存很大或要删除某些详细数据，可以选择在处理后丢弃此缓存。如果不希望保留缓存数据，则可以将挖掘结构的 Cache Mode 属性更改为 Clear After Processing 即可。这样在处理所有模型之后将自动清除缓存。需要注意，在调整缓存设定后有可能无法向挖掘结构添加新模型；如果向该结构中添加新的挖掘模型或更改现有模型的属性，则需要首先重新处理挖掘结构。

6. 查看挖掘结构

不能使用查看器来浏览挖掘结构中的数据，但是在 SQL Server Data Tools（SSDT）中，可以使用数据挖掘设计器的“挖掘结构”选项卡来查看结构列及相关定义。如果用户希望查看挖掘结构中的数据，则可以使用数据挖掘扩展插件（DMX）来创建查询。例如，SELECT * FROM <structure>. CASES 语句可以返回挖掘结构中的所有数据，若要检索此信息必须处理挖掘结构以及相应的缓存结果。

(三) SQL Server 数据挖掘模型

SQL Server 数据挖掘模型从挖掘结构中获取数据，然后使用数据挖掘算法分析这些数据。挖掘结构和挖掘模型是单独的对象，挖掘结构存储数据源的信息，挖掘模型存储通过数据统计处理而得到的信息，例如发现模式或分析结果。在处理并分析挖掘结构所提供的数据之前，挖掘模型一直为空；在处理挖掘模型之后，该模型将包含元数据、结果和连接到挖掘结构的绑定。元数据指定模型的名称和存储模型的服务器以及模型的定义，包括生成模型时所使用的挖掘结构中的列、处理模型时应用的任何筛选器的定义，以及用于分析数据的算法。所有这些选择项目（数据列及其数据类型、筛选器和算法等）会极大地影响分析结果。

例如，用户可以使用相同的数据来创建多个模型，并且可以使用聚类分析算法、决策树算法和贝叶斯算法等。每种模型类型都可以创建用于进行预测的模式、项集、规则或公式的不同集合。通常每个算法都以不同方式对数据进行分析，生成的模型也按不同的结构进行组织。在一种模型中，数据和模式可以按“分类”进行分组；在另一种模型中，数据可以组织为对其进行划分和定义的树、分支或规则。

模型会受到用户对其进行设定的数据的影响。如果用户以不同方式筛选数据，或者在分析过程中使用不同的种子，则对于相同挖掘结构进行设定的模型也会产生不同的分析结果。但是，实际数据并不存储于模型中（模型只存储汇总统计信息），实际数据通常驻留在挖掘结构中。模型还将包含一组绑定，这些绑定将指回到挖掘结构中缓存的数据。如果已在结构中缓存数据，但在处理后未清除这些数据，则使用这些绑定可以从钻取结果找到支持这些结果的事例（数据信息）。

用户可以通过执行下面的一般步骤来创建数据挖掘模型：

(1) 创建基础挖掘结构，包括可能需要的数据列；

(2) 选择最适合于分析任务的算法；

(3) 从结构中选择要在模型中使用的列，并且指定使用这些列的方式，即哪些列包含用户要预测的结果、哪些列仅用于输入等；

(4)（可选）设置参数以微调算法所执行的处理；

(5) 通过处理结构和模型，使用数据填充模型。

Analysis Services 为用户提供了下列挖掘模型工具：

首先，数据挖掘向导可帮助用户创建挖掘结构和相关挖掘模型，这是最简单的使用方法。该向导可以自动创建所需的挖掘结构，并帮助用户配置重要设置。

其次，DMX Create Model 语句可用于定义模型。如果用户已确切知道要创建哪种模型，或者想要编写模型脚本，可以使用此方法。同时，DMX Alter Structure Add Model 语句可用于向现有结构中添加新的挖掘模型，如果要基于相同数据集试验不同模型可使用此方法。

此外，用户还可以通过编程方式，使用 AMO、XML/A 或者使用 Excel 数据挖掘客户端等工具创建数据挖掘模型。表 4 – 11 是 SQL Server 数据挖掘任务说明。

表 4 – 11　SQL Server 数据挖掘任务说明

任务	相关内容
添加和删除挖掘模型	在现有挖掘结构中添加挖掘模型
	从挖掘结构中删除挖掘模型
使用挖掘模型列	从挖掘模型中排除列
	为模型列创建别名
	更改挖掘模型中列的离散化
	在模型中指定用作回归量的列
更改模型属性	更改挖掘模型的属性
	对挖掘模型应用筛选器
	从挖掘模型中删除筛选器
	对挖掘模型启用钻取
	查看或更改算法参数
复制、移动或管理模型	生成挖掘模型的副本
	复制挖掘模型的视图
	Export（DMX）
	Import（DMX）
使用数据填充模型，或更新模型中的数据	处理挖掘模型
使用 OLAP 模型	创建数据挖掘维度

资料来源：微软技术文档。

在模型使用的挖掘工具方面，Microsoft SQL Server Analysis Services 提供了以下工具可用于创建数据挖掘解决方案：

（1）利用 SQL Server Data Tools（SSDT）中的数据挖掘向导，可以使用关系数据源或多维数据集中的多维数据轻松创建挖掘结构和挖掘模型。在该向导中，用户可以选择要使用的数据，然后应用特定的数据挖掘技术，如聚类分析、神经网络或时序建模等。

（2）SQL Server Management Studio 和 SQL Server Data Tools（SSDT）中都提供了模型查看器，可用于在创建挖掘模型后对其进行浏览；可以使用为每种算法定制的查看器来浏览模型，或使用模型内容查看器进行更深入的分析。

（3）SQL Server Management Studio 和 SQL Server Data Tools（SSDT）中都提供了预测查询生成器，可帮助用户创建预测查询。还可以针对维持数据集或外部数据来测试模型的准确性，或使用交叉验证来评估数据集的质量。SQL Server Management Studio 是一个接口，可用于管理已部署到 Analysis Services 实例的现有数据挖掘解决方案，也可以重新处理结构和模型并更新其包含的数据。

（4）SQL Server Integration Services 包含了一些工具，可用于清除数据、自动完成任务（如创建预测和更新模型），以及创建文本挖掘解决方案。

（四）SQL Server 数据挖掘算法

Microsoft SQL Server Analysis Services 提供了多种在数据挖掘解决方案中使用的算法，这些算法为一些常见的信息探索提供了可行的实现方式。通过使用 API 或者利用 SQL Server Integration Services 中的数据挖掘组件，用户可以对所有 Microsoft 数据挖掘算法进行自定义或再次编程。用户还可以使用符合 OLE DB for Data Mining 规范的第三方算法，或者利用第三方开发并注册，然后在 SQL Server 数据挖掘框架中使用的自定义算法。表 4-12 列出了一些 Microsoft 数据挖掘算法的使用示例。

表 4-12　微软数据挖掘算法使用示例

任务示例	可使用的 Microsoft 算法
预测离散属性 将预期购买者列表中的客户标记为好或差的潜在客户； 计算服务器在未来六个月内将出现故障的概率； 将消费者结果分类并探讨相关因素	Microsoft 决策树算法 Microsoft Naive Bayes 算法 Microsoft 聚类分析算法 Microsoft 神经网络算法
预测连续属性 预测下一年的销售额； 根据过去的历史信息和季节趋势，预测网站访问者； 根据人口统计信息生成风险评分	Microsoft 时序算法 Microsoft 线性回归算法 Microsoft 决策树算法

续表

任务示例	可使用的 Microsoft 算法
预测顺序	
执行公司网站的点击流分析； 分析导致服务器故障的因素； 捕获和分析网站访问期间活动的顺序，以便围绕一般的活动形成最佳做法	Microsoft 顺序分析和聚类分析算法
查找事务中常见项的组	
使用市场购物篮分析并确定产品摆放； 建议客户购买某类产品； 分析来自事件访问者的调查数据，确定哪些活动或展台是相关的，以便计划将来的活动	Microsoft 关联算法 Microsoft 决策树算法
查找相似项的组	
基于人口统计信息和行为之类的属性，创建风险配置文件组； 按照浏览和购买模式分析用户； 标识具有相似使用特性的网络服务器	Microsoft 聚类分析算法 Microsoft 顺序分析和聚类分析算法

资料来源：微软技术文档。

五、商业数据分析与应用案例

商业数据的分析与应用在许多企业已经十分普遍，数据为企业带来效益的能力随着分析技术体系的完善而不断提升。当前，数据应用的范围存在扩大的趋势，如数据分析与空间地理信息的结合，在商业选址与规划领域有着较好的应用前景，以下通过一些实例进行展示。

案例 1：梅西百货基于客户数据改善业绩

在零售行业，梅西百货（Macy's）是真正堪称经典不衰的极少数品牌之一。公司位于纽约市 Herald Square 广场的旗舰店以及历史悠久的梅西百货感恩节大游行也许都是公司最引人注目的商业和文化传统。近几年，总部以梅西百货公司为名对旗下的梅西品牌开展了大量工作，旨在将梅西从一个地区品牌转变成全国品牌——据大家所说已经取得了成功。鉴于美国有数百个区域品牌商店都以梅西百货冠名，因此，公司虽然在基础设施、物流及组织等多个维度开展了大量变革工作，但这仅仅代表公司在自我重塑方面迈出了第一步。

梅西百货的全国品牌宣传战略虽然产生了广泛影响，但公司 CEO Terry Lundgren 坚持认为公司能否拥有光明未来取决于能否提供更加本地化和个性化的零售客户体验——最终能否实现智慧的零售模式。Lundgren 是地毯式计划“My Macy”背后的灵魂人物，旨在将以客户为中心的理念嵌入到公司的每一个运营领域。“My Macy”并不仅仅是一个诱人的名称，而且还体现了梅西百货希望与客户建立怎样的合作关系。这将是以个性化体验为主要特征的合作关系，每当客户与品牌互动时，这种关系便会得到证实与巩固，无论是在 macys. com，还是在当地商店，或者在另一个城市旅游的客户互动。这个计划的目标是塑造一致的客户体验，实现目标的关键则是数据。

（一）构建数据基础

梅西百货知道，如想成功实施这一客户中心理念，开发全面的客户数据战略是前提条件，但进行此类战略并非易事。公司首先需要整合因多次收购而积累的各类数据仓库。梅西百货意识到这项任务对于公司的长期客户数据战略极为重要，于是请求已与梅西建立了 20 多年合作关系的 IBM 为其提供所需的指导和工具。

这个转型项目已经开展了多年时间，第一阶段的工作也已基本完成，梅西百货目前正专注于构建适当的架构单元以便开始运行最重要的功能，即提供“360°全方位”客户视图来支持公司实施多渠道集成战略。梅西百货营销事务与分析部副总裁 Darren Stoll 指出，这将成为梅西发展道路上的重要里程碑。Stoll 解释说：“集成客户数据并且构建 360°客户视图将为梅西百货开始以客户为中心的创新之旅奠定基础。我们一旦获得这个视图，便能够通过个性化的方式开展业务并且丰富客户体验。”

（二）实施重点

感知度量：梅西百货通过在各个品牌接触点捕获客户信息而提高客户互动的个性化水平。

互联互通：基于 SOA 的集成框架使梅西百货得以构建全面的 360°客户视图。

深入智能化：使用实时站点信息来洞悉每一名客户，使公司能够开发出更加精准的定价与促销计划，最终利润得以增长。

（三）利用客户数据真正创造价值

根据梅西百货的战略，要想使用客户数据首先需要通过适当的方法和专业技术来汇聚和分析数据并且从中提取洞察力，然后再使用这种洞察力来重塑梅西网站的客户体验。IBM 数据管理技术在每一个阶段都发挥了至关重要的作用。例如，梅西百货通过采用 IBM InfoSphere DataStage 的 IBM InfoSphere™ Information Server 平台将整个企业中多个来源的客户数据集成在一起，同时使用 IBM InfoSphere QualityStage™来确保这些数据始终都是准确、一致、完整的，具有较高的可信赖度，能够帮助公司推进其核心流程。IBM InfoSphere Warehouse Enterprise Edition 则为梅西百货开展实时分析工作提供了强大的数据仓库框架。

虽然奠定数据管理基础很关键，但知道如何将客户数据与洞察力编织到与客户体验相关并且最终能够决定客户体验的相关流程中同样至关重要。例如，经证实，若能将客户喜好信息（明示的及暗示的）与客户的近期购买数据结合使用的话，公司将能够创建可动态定制的建议（如服装配饰或颜色）或个性化促销方案，还将能够跨越多个渠道提供一致的无缝客户体验，无论是在梅西百货实体店还是梅西网站上。更具体地说，使用社会媒体——从博客到礼物登记处（gift registries）——将能够在客户与梅西品牌之间建立更加深入的互动关系。梅西百货希望通过广泛的 IBM 最佳业务实践与跨渠道零售经验来帮助他们成功实施这些转变。

（四）业务成效

- 预计可通过吸引客户注意提高客户维系力，通过精准营销增加来自每一名客户的销售额与收入；
- 通过更加一致的、集成的交叉渠道客户体验来增强品牌价值；
- 通过配送中心优化来增加梅西百货官网的销量；
- 通过无缝集成整合企业中的高质量数据，并提高决策能力。

梅西百货以客户为中心的战略旨在通过提高客户忠诚度来发展核心业务，最终增加市场份额。公司坚持不解地致力于转型计划——即便在零售行业严重低迷期也不例外——可以证明公司对这个战略方向充满信心。值得庆幸的是，公司委托 IBM 负责帮助托管梅西百货网站，从而凭借快速导航及广泛选择性等优势，自 2005 年以来使公司收入实现了显著增长。在 2009 财年，梅西百货的在线销售额增长了 19.6%。梅西百货官网通过创建更加动态的客户体验为公司实现目标贡献了巨大力量，并且将在今后继续帮助公司增加营业收入。

随着梅西百货继续提升和扩展多渠道能力，公司预计官网将在推动业务增长方面发挥越来越重要的作用。为实现此类扩展，梅西百货与 IBM 合作，共同优化其订单履行中心及支持流程网络，以便更加广泛高效地履行在线销售订单，同时降低运营成本。

在Darren Stoll看来，近期战略性计划取得的明显收益预示着公司选对了轨道，已为实现巨幅增长铺平了道路。Stoll说："梅西百货官网致力于通过动态的个性化体验来吸引客户并且增强梅西的品牌价值。我们认为功能强大的IBM数据管理解决方案及其基于洞察力采取行动的能力是公司取得成功的关键要素。"

资料来源：IBM行业解决方案资料。

案例2：数据分析在商业地理中的应用

从全球范围来看，采用商业地理数据进行商业选址及消费者地理细分在发达经济体已经非常普及。为更精准地服务不断升级的中国消费者，宜家家居、麦当劳、星巴克等企业专门成立了商业地理分析团队，用来指导其在中国市场上的店铺选址。

（一）利用数据进行商业选址

- 80%的商业数据都是带有地理信息的；
- 商业地理分析的目的就是把对的产品放在对的位置上；
- 选址分析专家就是帮助客户找到最有利位置的"风水"先生。

（二）如何科学选出最优位置

例如，麦肯锡公司服务过一家中国股份制商业银行，该银行希望规划未来在中国某一线城市的网点开设计划。这些网点须开设在（潜在）顾客集中的区域，方便个人及企业客户的业务办理，同时要避免选择过度竞争的区域，确保业务的健康增长。该如何科学地选出最优位置？这正是商业地理分析最擅长的领域。评估某一个特定地点是否具有商业价值，深入该地进行调查是传统的"笨"办法。若想从100多个城市中选出每个城市的重点商圈，仅凭个人或者小团队的有限知识和商业直觉是远远不够的。一套可行的方案应是，利用这些城市的矢量地图并加载更细层面的经济、人口和地理数据，借助地理信息系统（GIS）来实现批量处理和定量分析。打个比方，"风水先生"一旦配备了现代化装备，就升级成为商业地理分析专家，他们能够凭借商业地理数据帮助客户寻找并确定城市中的最优位置。

为了帮助这家股份制银行挑选最有利位置，麦肯锡采取了抽丝剥茧、层层深入的方法，从街道到商业楼宇，对所有可能的位置进行深入分析。综合该城市超过200个街道的人口统计信息、分区富裕程度、分区内各银行网点的分布，以及开业年限、各类商业网点的分布等信息，将这些街道分区归纳为核心分区、次核心分区和避免分区三个大类。新设网点时优先考虑核心分区。接下来，深入到每一个街道分区内部，根据分区特征、商业信息点的分布与区域聚集度进行打分，结合该城市各分区内已建/在建/筹建楼宇列表选出网点的最优位置

（三）沙盘上的商业地理分析

商业地理分析正如将军俯视沙盘，挖掘商业数据的地理纬度，将城市的战略高地和价值洼地一览无遗，运筹帷幄、决胜千里。打开麦肯锡“解读中国”的22个城市集群，查访每一个城市，从市辖区到街道、从街道到居委会，在2km×2km的栅格集合中，商业地理的分析工具使得“战略图景”的解析度和可视化程度大大提高。全新的高清影像不仅冲击着跨国公司、本地龙头企业，甚至还冲击着政策制定者。即使是城市轨道交通建设这样长期而浩大的工程，商业地理分析亦能提供独特的视角。麦肯锡曾获邀为西南某省会城市的轨道交通发展把脉，从地理空间的角度来考察地铁/轻轨规划再合适不过。该市地铁尚处于公共轨道交通建设初期，而未来十年间将从现在的二条增加到十条线路。将该市的地铁规划、人口分布、商业网点分布及楼宇价格都放在GIS平台上，地铁的未来蓝图跃然纸上。经数据分析后发现，全面竣工后39%的城市人口将会分布在地铁站点周边800米内。但与伦敦和莫斯科等国际都市相比，地铁站点密度仍然偏低。同时，半数以上的医院和学校超出了地铁站点800米覆盖范围，站点附近尚缺乏足够的配套公共服务设施。进一步分析发现，还有部分地铁站点周围人口稀疏且商业活动不频繁，可能属于城市中的价值洼地。

（四）谁将处于地理信息产业链的顶端

地理信息产业在中国方兴未艾。近年来，提供地理信息系统、数据和服务的公司呈现出跨越式增长。从地图测绘和遥感影像获取，到地图加工并构建地理信息数据库，再到数据的批发与零售，一个完整的地理信息产业链已经形成。借助成熟的GIS软件，通过图形化的二次开发界面，商业地理分析员可以根据客户需求快速地进行定制分析。

最大的赢家将是站在产业链顶端的定制商业地理分析产品的提供者。商业地理分析产品将涵盖选址分析、销售区域分配、配送路径优化、潜在消费者空间分布、城市规划等。其中，如前文所述的选址分析应用最广且最深，涉及经济环境分析、交通条件分析以及网点的竞争与互补分析，称其为商业地理的灵魂亦不为过。

几乎所有的行业都需要借助商业地理分析：银行、快消、电信、医药、航运、家具销售等，即便是电子商务这样虚拟的行业，也需要商业地理的帮助来判

断消费者的地理分布以及不同地区消费者的特点，从而有的放矢地发布网络或者平面广告，抑或根据不同地区制定相应战略。物流公司更是离不开商业地理分析的统筹规划，通过与全面的商业地理信息系统数据库相结合，传统的运筹学将焕发出新的活力。

以某咨询公司曾经服务过的某物流公司为例，该公司希望知道在上海布局多少个配送中心才能使配送成本最小。利用 GIS 软件中的 Vehicle Route Problem 模型可以很好地解决这个问题，我们测试从八个配送中心开始，把配送中心地理位置、收寄件人的位置、配送员数量及载货量、配送员小时工资和油耗、交通情况等作为参数，求解得到总成本，再与其他数量的配送中心求解得到的总成本进行比较，得到一条配送中心数量与总成本的曲线，从而求得配送中心的最优数量和地理位置。

商业地理分析面对的客户往往是有着成千上万个网点的实体零售商或电商、面向数以千万计接货送货人的物流公司、网点遍布全国的大型银行。为这类大客户服务，决定了商业地理分析将处于地理信息产业链的顶端，并必然伴随着丰厚的利润回报。而中国目前专门从事商圈分析及商业选址分析的公司还只是少数，拥有大客户资源、掌握丰富数据且具备商业地理分析技术的公司将会成为新兴产业的领袖。

（五）“数据难”制约中国商业地理分析

从商业地理的全球实践来看，发达经济体可以将地理信息成熟运用于商业的各个环节，在印度、印度尼西亚这样的新兴经济体中，地理信息技术也日益得到重视。相比国外完善的商业地理数据服务，目前中国地理信息数据的可获取性、准确性和全面性仍然制约着中国地理信息产业的发展。能够提供商业价值较高的街道及以下层次（如街道、邮编区域、居委会乃至小区）边界的地图供应商极为稀少，与之相配套的数据，如人口、收入、消费、住房房价和商业楼盘的租金，也不易获取。在二线以下城市，边界地图数据可能要从各地测绘机构零散地加以收集，获取覆盖全国的数据非常困难。

过去几年，在麦肯锡全球商业地理分析团队的帮助和多方努力下，我国已经构建起了深入到街道级别的地理信息数据库，涵盖近千万的商业信息点，并已经应用于数十个客户项目的分析中。目前，全国人口普查数据、房价数据都已经整合进入这一空间数据库，更细层次（如居委会等）的数据整合工作正在进行中。正如大数据改变着世界一样，地理坐标将推动新一轮大数据的进化。前瞻未来，也许重要的变革机遇就蕴藏在商业地理分析中。

资料来源：中国统计网（www. itongji. cn）。

案例3：零售企业的大数据采集与应用

以下通过四家零售企业实例，展示各领域大数据的采集与应用。

（一）朝阳大悦城

朝阳大悦城的生命力何在？除了及时的业态调整和不断创新的营销活动等这些表面上看到的动作外，朝阳大悦城真正的核心竞争力是高效的运营管理，是以大数据为基础来部署，所有的营销、招商、运营、活动推广都围绕着大数据的分析报告来进行的战略。

大悦城数据采集与应用方式包括：

- 根据超过100万条会员刷卡数据的购物篮清单，将喜好不同品类不同品牌的会员进行分类，将会员喜好的个性化品牌促销信息进行精准定位。
- 朝阳大悦城在商场的不同位置安装了将近200个客流监控设备，并通过WiFi站点的登录情况获知客户的到店频率，通过与会员卡关联的优惠券得知受消费者欢迎的优惠产品。
- 经过客流统计系统的追踪分析提供解决方案，改善消费者购物路线。如四层的新区开业之后客人总是不愿意往里走，因为消费者熟悉以前的购物路线，所以很少有人过去，导致该区域的销售表现一直不尽如人意。为此，招商部门在四层的新老交接区的空白区开发了休闲水吧，打造成欧洲风情街，并提供无线上网休息区等，通过精心设计，街区亮相后新区销售有了明显的改观。
- 连接微信与实体会员卡信息：打通会员的消费数据、阅读行为、会员资料后，商户可以更好地了解消费者的消费偏好和消费习惯，从而能够更有针对性地提供一系列会员服务。

（二）银泰百货

1. 银泰大数据应用的基础准备

（1）2013年，银泰百货全国门店的WiFi网络基本铺设完毕，顾客进店可以免费登录使用WiFi。

（2）打通线上线下业务，开启O2O运营模式。顾客可以享受到先通过手机端参与线上商品折扣活动再到实体店提货的购物模式。

（3）宣布与天猫进行O2O战略合作。未来，双方还将在系统层面、库存、会员、服务流程等方面展开深入合作。

2. 银泰对未来大数据应用的展望

银泰在百货门店和购物中心铺设免费WiFi，逐步抓取用户数据，包括进店用户数据和VIP用户数据；并利用银泰网打通了线下实体店和线上的VIP账号，实现了信息的整合。当一位已注册账号的客人进入实体店，他的手机连接上WiFi后，后台就能进行识别，同时他以往与银泰的所有互动记录、喜好等便会一一在后台呈现。通过对实体店顾客的电子小票、行走路线、停留区域的分析，来判别消费者的购物偏好，分析其购物行为、购物频率和品类搭配的一些习惯。银泰网络甚至可以累积不同用户对品牌和折扣喜爱程度的数据，依托成熟门店的相关数据，再根据新开门店所在城市的用户分析，导出新开门店组货和招商的指导意见。

（三）沃尔玛

2013年6月，世界最大零售商沃尔玛成功收购数据分析公司Inkiru，这家初创公司将加入沃尔玛全球电子商务技术团队Walmart Labs，为零售巨头沃尔玛提供一个分析预测平台，以加强其网站的个性化、搜索、防欺诈及营销能力。沃尔玛在十余个（品类）市场内拥有电子商务网站，有10 700家遍布全球的店铺。

下面是沃尔玛大数据建设摘录：

- 建有世界上最大的数据仓库系统。沃尔玛数据仓库里集中了其各门店的详细原始交易数据，其数据规模仅次于美国政府的数据库。在这些原始交易数据的基础上，沃尔玛利用NCR数据挖掘工具对这些数据进行分析和挖掘。

- 扎根社交网络。2011年，沃尔玛以三亿美元收购了一家专长分类社群网站Kosmix。Kosmix不仅能收集、分析网络上海量资料（大数据）给企业，还能将这些资讯个人化，提供采购建议给终端消费者（若不是追踪结账资料，许多细微的消费者行为很难从卖场巡逻中发现）。

- 社会热点追踪。工程师从每日热门消息中，推出与社会时事呼应的商品，发掘消费需求。分类范围包含消费者、新闻事件、产品、地区、组织和新闻议题等。同时，针对社交网络消息传播的快速性，沃尔玛内部的大数据实验室专门发展出一套追踪系统，结合手机上网，专门管理追踪庞大的社交动态，每天能处理的资讯量超过十亿条。

（四）ZARA

时尚巨头ZARA的成功以“快”出名，灵敏的供应链系统，多品种、少量、制售一体的效率化经营，使众多服装企业难望其项背。除了台面上的设计能力，台面下的资讯/数据大战则更是重要的隐形战场。ZARA推行的海量资料整合，通过线下实体店和线上网店的信息收集分析，实现各方信息分类处理，成为设计、生产、销售活动的指引。

下面是ZARA大数据建设摘录：

• 门店监控覆盖，及时了解客户需求。走进ZARA店内，柜台和店内各角落都装有摄影机，店经理随身带着iPad等终端设备。当客人向店员反映："这个衣领图案很漂亮""我不喜欢口袋的拉链"等这些细枝末节的信息时，店员便向分店经理汇报，经理则通过ZARA内部全球资讯网络每天至少两次将信息传递给总部设计人员，由总部做出决策后立刻传送到生产线，进而改变产品样式。

• 门店当日成交热度分析报告。每日关店后，销售人员结账、盘点每天货品上下架情况，并对客人购买与退货率做出统计。再结合柜台现金资料，交易系统做出当日成交分析报告，分析当日产品热销排名，然后数据直达ZARA仓储系统。

• 以线上店作为实体店的前瞻指标。ZARA目前在全球多个国家成立了网上商店，增加了网络巨量资料的串连性。线上商店具有强化的双向搜寻引擎，以及强大的资料分析功能。通过该平台，线上的交易行为及客户的意见可以及时回馈给生产端，同时也可以为消费者提供更准确的时尚讯息。线上商店除了交易行为，也是实体店产品营销活动的试金石。ZARA通常先在网络上举办消费者意见调查，再从网络回馈中撷取顾客意见，以此改善实际出货的产品。一般来看，在网络上抢先得知ZARA资讯的消费者，进实体店面消费的比率通常很高。

资料来源：万科周刊（www. vankeweekly. com）。

本章实验：商业数据分析实验

本章实验主要是数据描述性分析以及数据探索性分析，要求学生熟悉基于数据库的数据挖掘过程。

一、商业数据分析实验Ⅰ

（一）实验目标

1. 熟悉SPSS软件的界面与基本操作；
2. 熟悉SPSS软件的数据属性与存储格式；
3. 能够使用SPSS软件对原始数据进行整理加工。

（二）实验内容

1. 练习将不同格式的原始数据转换为 . sav 格式数据，并对变量属性进行设定；

2. 观察几组样本数据，对其基本信息进行描述；

3. 数据整理：基于原始变量生成新的变量；

4. 数据整理：处理样本数据中的缺失值；

5. 数据整理：将样本基于不同标准进行分组。

二、商业数据分析实验Ⅱ

（一）实验目标

1. 熟悉 SPSS 软件的基本统计与分析功能；

2. 熟悉 SPSS 软件分析结果的呈现方式；

3. 熟悉 SPSS 软件分析中的图表使用。

（二）实验内容

1. 对样本数据进行描述性统计分析；

2. 对样本数据进行均值分析；

3. 对样本数据进行相关性分析；

4. 练习分析过程中各种图表的使用。

三、商业数据分析实验Ⅲ

（一）实验目标

1. 熟悉 Clementine 的基本操作；

2. 熟悉 Clementine 数据挖掘的一般流程；

3. 熟悉 Clementine 中主要分析模型的使用方法。

（二）实验内容

1. 构建 Clementine 的数据读取流，查看原始数据，并对数据进行整理；

2. 使用 Clementine 对消费者数据进行聚类分析；

3. 使用 Clementine 对消费者数据进行决策树分析；

4. 使用 Clementine 对消费者数据进行关联性分析。

四、商业数据分析实验Ⅳ

（一）实验目标

1. 熟悉 SQL Server 的数据挖掘流程；

2. 熟悉 SQL Server 数据挖掘的基本操作；

3. 熟悉 SQL Server 的主要挖掘模型。

（二）实验内容

1. 使用 SQL Server 数据挖掘向导构建挖掘项目；

2. 构建并调整 SQL Server 提供的数据挖掘模型参数；

3. 基于大数据及 SQL Server 分析工具进行消费者行为预测。

本章练习

一、思考题

1. 数据对企业的重要性体现在哪些方面？

2. 数据分析的种类有哪些？在商业企业经营中如何使用？

3. 请阐述数据分析的一般流程及其关键节点。

4. 商业企业数据采集包含哪些途径？需要具备哪些软硬件资源？

5. 请分析数据挖掘 CRISP - DM 的一般流程，及其在实际应用中的体现。

6. 辨析业务理解与数据理解的区别，并分析其在数据挖掘中的作用。

7. 数据挖掘模型分为哪些类型？各类模型的应用有什么特点？

8. 如何评估数据挖掘方案？如何对其进行修正与完善？

9. 大数据是当前数据应用的发展趋势，请分析大数据在数据挖掘应用中可能存在的问题以及解决的途径。

二、综合练习

自行设计一个数据挖掘项目，例如以消费者的某种消费行为为研究对象，通过数据采集分析等过程分析其行为特征。

要求：①设计数据采集方案，即明确研究的目标，需要采集哪些数据，以及如何采集；②数据采集的实施，即选择适宜的方式（如观察或问卷等）进行数据的收集，并完成数据录入等基础工作；③数据整理，即对样本数据进行基本的清理工作，包括遗漏值、异常值的筛选等；④数据的描述性分析，即对整理后的数据进行基本的统计分析，观察其分布特征等；⑤数据探索性分析，即依据数据描述性分析及研究目标，选择适宜的分析模型进行深入研究；⑥形成分析结论，即依据设计的研究目标，以及数据的实际分析结果，撰写相关的分析报告。报告中应体现明确的分析结论及可行的建议。

附 录*

附录1 条码专业术语表

英文标题	中文标题	解 释
AIDC (Automatic Identification and Data Capture)	自动识别和数据采集	一项用于自动采集数据的技术。AIDC技术包括条码技术、智能卡技术、生物识别技术和射频识别技术
EAN International, now called GS1	国际物品编码协会，现在称GS1	位于比利时的布鲁塞尔和美国的普林斯顿，是管理GS1体系的组织，其成员是GS1 MO
Bar Code	条码	将数据编码为机器可识读的符号，这种符号由具有可变宽度的矩形的深色条和浅色空组成，条空并行排列
Linear Bar Code	一维条码	一种条码符号，在一维空间中使用条、空进行编码
2-Dimensional Symbology	二维条码	光学可识读符号，需要在水平方向和垂直方向识读全部信息。二维条码符号有两种类型：矩阵式以及行排式。二维符号具有检错与纠错特性（参考ISO/IEC16022）
Bar Code Verification	条码检验	使用ISO/IEC认可的条码检测仪，基于ISO/IEC标准，对条码印刷质量进行评估
Element	单元	条码的一个条或空
Element String	单元数据串	由GS1应用标识符和GS1应用标识符数据段组成
Fixed Length	定长	用以描述单元数据串的数据段，由既定数量字符来表示

* 附录所列是对各章节内容的拓展与补充。

续表

英文标题	中文标题	解 释
Quiet Zone	空白区	在条码符号起始符之前和终止符之后的空白区域，通常被叫作空白区或浅色边缘
Full String	全数据串	条码识读器从数据载体中识读的数据，包括码制标识符和被编码的数据
Add - On Symbol	附加符号	用于对主条码符号的补充信息进行编码的条码符号
Alphanumeric (an)	数字字母型 (an)	包括字母字符、数字以及其他如标点符号的字符集
Aperture	光孔/孔径	一个物理开口，是诸如扫描器、光度计或照相机等设备的光学路径的一部分。多数光孔/孔径是圆形的，但也可以是矩形或椭圆形
Attribute	属性	为实体提供附加信息的字符串，与 GS1 标识关键字配合使用。如与 GTIN 相关的批号
Auto Discrimination	自动辨识能力	识读器自动识别多种条码码制并译码的能力
Bar Gain - Loss	条宽增加/减少	由于复印和印刷引起的条宽的增加/减少
Bearer Bars	保护框	处于条码符号的顶部和底部或位于条码符号四周的条，用于防止条码符号的误读或提高条码符号的印刷质量
Check Digit	校验位	从 GS1 标识关键字的其他数据中计算出的最后一位数字，用于检查数据的正确组成
	厂商代码	GS1 公司前缀的组成部分
	限域流通代码	表示一种 GS1 识别代码，用于限域流通环境下的特殊应用，由当地 GS1 成员组织自定义（如限制在一个国家、企业或产业内流通）GS1 将其分配给使用者，既可以在企业内部使用，也可由成员组织根据本国商业需求分配（如变量产品标识、优惠券）

续表

英文标题	中文标题	解　释
Composite Symbology	复合码	GS1系统中的复合符号，由线性组分（对单元基本标识进行编码）和邻近相关的复合组分（对补充数据，如批号或有效期进行编码）组成。复合符号通常包括一个线性组分以确保可被所有的扫描技术识读，并可使得图像扫描仪能够利用线性组分作为邻近二维复合组分的定位图形。复合符号通常包括三种多行二维复合组分（例如CC－A，CC－B，CC－C），与线性的面阵的CCD扫描仪以及现行的光栅激光扫描仪兼容
Concatenation	链接	在一个条码符号里表示几个单元数据串
Coupon	优惠券	一个凭证，其在销售点可被兑换成一定数量的现金价值或免费的货品
Coupon Extended Bar Code	优惠券扩展条码	一个补充条码符号，仅在北美使用，可以印在优惠券上以提供附加信息，如优惠代码、到期日、券商标识号
Data Carrier	数据载体	用机器可读的格式来表示数据的方法，用于对单元数据串的自动识读
	数据字符	在单元数据串的数据域里表示的字母、数字或其他符号
Data Matrix	数据矩阵码	一个独立的二维矩阵码制，该码制四周为寻像图形，内由方形模块构成。数据矩阵码ISO版本ECC200是唯一支持GS1系统标识代码的版本。数据矩阵码包括功能1字符，由二维图像扫描器或者视觉系统识读
Data Field	数据区	包含GS1标识关键字、RCN，或属性信息的区域
Default Front	默认头	零售消费贸易项目的一端，用作获取尺寸属性的起始点，以实现数据校准
Direct Part Marking	直接标记	指在一个项目上标记符号的过程，可以使用侵入式或非侵入式的方法标记

续表

英文标题	中文标题	解　释
Direct Print	直接印刷	印刷设备通过与印刷载体的物理接触进行符号印刷的过程（诸如苯胺印刷术、喷墨印刷术、点阵印刷术）
EAN/UPC Composite Symbology Family	EAN/UPC 复合码体系	一个条码体系，包含 UPC－A 复合码、UPC－E 复合码、EAN－8 复合码，以及 EAN－13 复合码
EAN \ UPC Symbology	EAN/UPC 码制	一个条码体系，包含 EAN－8、EAN－13、UPC－A 和 UPC－E 条码。虽然 UPC－E 条码没有单独的码制标识符，但在扫描应用软件里它们可被识别为一个独立的码制，见 EAN－8 、EAN－13、UPC－A 和 UPC－E 条码
EAN－13 Bar Code	EAN－13 条码	EAN/UPC 码制中的条码符号，用于 GTIN－13、优惠券－13、RCN－13 和 VMN－13 的条码表示
EAN－8 Bar Code	EAN－8 条码	EAN/UPC 码制中的条码符号，用于 EAN/UCC－8 或 RCN－8 的条码表示
EANCOM	EANCOM	GS1 开发的用于电子数据交换的标准，规定了运用 GS1 标识的 UN/EDIFACT 标准报文的实施导则
GS1 XML	GS1 XML	是一项可扩展标识语言架构下（XML）的 GS1 标准，为用户实施电子商务提供一个全球商业报文语言，以有效实施基于因特网的电子商务
Electronic Commerce	电子商务	用信息化手段（如电子数据交换和自动数据采集）进行商业通信和管理
Electronic Message	电子报文	由扫描中获得的单元数据串和交易信息组成，在用户应用中用于数据的确认和准确处理
Electronic Product Code（EPC）	产品电子代码	通过 RFID 标签和其他方式对物理实体（例如贸易项目、资产以及位置）进行的统一标识。标准的 EPC 数据由 EPC 代码（或 EPC 标识符，唯一标识一个单独的实体）以及可选的滤值组成。该滤值用于实现 EPC 标签的高效识读

续表

英文标题	中文标题	解　　释
Fixed Measure Trade Item	定量贸易项目	一个贸易单元，按相同的预定规格（类型、大小、重量、容量、设计等）制造，可以在供应链上的任何一点销售
General Retail Consumer Trade Item	常规零售消费贸易项目	一个零售消费贸易项目，由 GTIN-13、GTIN-12 或 GTIN-8 标识，使用全向线性条码，确保条码可以被高容全向扫描仪扫描
Identification Number	标识代码	一个数字或数字字母域，用于区分不同的实体
Global Trade Item Number (GTIN)	全球贸易项目代码	GS1 标识关键字，用于标识贸易项目，由一个 GS1 公司前缀、一个项目参考和一位校验位组成
Global Location Number (GLN)	全球位置码	GS1 标识关键字，用于标识物理地址或法律实体，由 GS1 公司前缀、位置参考代码和校验位组成
Global Returnable Asset Identifier (GRAI)	全球可回收资产标识	GS1 标识关键字，用于标识可回收资产，由一个 GS1 公司前缀、资产类型、校验位和可选系列号组成
Global Individual Asset Identifier (GIAI)	全球单个资产标识	GS1 标识关键字，用于标识单个资产，包括 GS1 公司前缀和单个资产参考
Serial Shipping Container Code (SSCC)	系列货运包装箱代码	GS1 标识物流单元的关键字，由扩展位、GS1 公司前缀、系列参考号和校验位组成
Global Identification Number for Consignment (GINC)	全球货物托运标识代码	GS1 标识关键字，用于标识运输单下（例如 HWB）下物流单元或运输单元的一个逻辑分组。该关键字由 GS1 公司前缀和托运方或承运方的运输参考代码组成
Global Shipment Identification Number (GSIN)	全球货物装运标识代码	GS1 标识关键字，针对于由发货方（卖方）向收货方（买方）发送的货物，用于标识物流单元或运输单元的逻辑分组，该代码与发运通知或 BOL 信息关联。该关键字由 GS1 公司前缀、托运参考代码和校验位组成

续表

英文标题	中文标题	解 释
Global Service Relation Number (GSRN)	全球服务关系代码	GS1 标识关键字，用于标识服务提供商和服务接受方的关系，由 GS1 公司前缀、服务参考代码和校验位组成
Global Standards Management Process (GSMP)	全球标准管理程序	GS1 创建的全球标准管理程序（GSMP），以支持 GS1 系统的标准开发活动。GSMP 使用全球一致的流程，基于商业需求和用户驱动开发供应链标准
GS1 Application Identifier	GS1 应用标识符	在一个数据串的开头，由一个或多个数字组成，用于唯一定义该数据串的格式和含义
GS1 Identification Key	GS1 标识关键字	所有 GS1 商业机构可以使用的全球化管理系统，可以标识贸易项目、物流单元、位置、法律实体、资产、服务关系及其他。关键字是由 GS1 公司前缀和相关参考代码组成
GS1 - 128 Symbology	GS1 - 128 码制	128 码的子集，由 GS1 体系的数据结构专用
GTIN - 12	GTIN - 12	12 位的 GS1 标识关键字，由 U. P. C. 公司前缀、项目参考以及校验位组成，用于标识贸易项目
GTIN - 13	GTIN - 13	13 位的 GS1 标识关键字，由 GS1 公司前缀、项目参考以及校验位组成，用于标识贸易项目
GTIN - 14	GTIN - 14	14 位的 GS1 标识关键字，由指示符（1 ~ 9）、GS1 公司前缀、项目参考以及校验位组成，用于标识贸易项目
RCN - 8	RCN - 8	8 位的限域流通代码
RCN - 12	RCN - 12	12 位的限域流通代码
RCN - 13	RCN - 13	13 位的限域流通代码
VMN - 12	VMN - 12	结合 U. P. C 前缀 2，根据每个 UPC - A 符号编码的 12 位限域流通代码，目标市场具体规则定义，以便在零售端扫描

续表

英文标题	中文标题	解　　释
VMN－13	VMN－13	结合 GS1 前缀 20～29，根据 EAN－13 符号编码的 13 位限域流通代码，每个目标市场具体规则定义，以便可以在零售端扫描识别
Bar Code	GTIN－8	8 位的 GS1 标识关键字，由 U. P. C. 公司前缀、项目参考以及校验位组成，用于标识贸易项目
ITF－14 Bar Code	ITF－14 条码	ITF－14 条码（交叉 25 条码的子集），用于标识不通过 POS 结算的贸易项目的 GTIN
UPC－A Bar Code	UPC－A 条	EAN/UPC 码制的一种，对 GTIN －12、优惠券－12，RCN－12 和 VMN－12 进行条码表示
UPC－E Bar Code	UPC－E 条码	EAN/UPC 码制中的一种，利用零压缩技术用 6 个编码数字标识 GTIN －12 代码

资料来源：中国物品编码中心。

附录 2　GS1 DataBar 条码

GS1 DataBar 条码（原名为 RSS 条码）也是 GS1 系统的一种条码符号。该条码具有“尺寸更小、信息量更大”“可承载如产品有效期、系列号等商品附加信息”等优势，可满足特小型产品、不定量产品、需要安全追溯管理的食品等商品的标识需求。

名称	GS1 DataBar 条码图样	承载数据	适用领域	备注
DataBar - 14		GTIN	专为零售 POS 点设计（全向式识读器）	尺寸为 EAN - 13 条码尺寸的 1/2 以下
全向层排式 DataBar - 14		GTIN		
扩展式 DataBar		GTIN + 产品附加信息		
层排扩展式 DataBar		GTIN + 产品附加信息		最多可分为 11 个层排，携带多达 74 位数字字符或 41 位字母数字字符

续表

名称	GS1 DataBar 条码图样	承载数据	适用领域	备注
截短式 DataBar－14		GTIN		
层排式 DataBar－14		GTIN	专为小型产品设计	
限定式 DataBar		GTIN		

资料来源：中国物品编码中心。

附录3 商品条码管理办法

第一章 总 则

第一条 为了规范商品条码管理，保证商品条码质量，加快商品条码在电子商务和商品流通等领域的应用，促进我国电子商务、商品流通信息化的发展，根据国家有关规定，制定本办法。

第二条 本办法所称商品条码包括零售商品、非零售商品、物流单元、位置的代码和条码标识。我国采用国际通用的商品代码及条码标识体系，推广应用商品条码，建立我国的商品标识系统。

第三条 中华人民共和国境内商品条码的注册、编码、印制、应用及其管理，适用本办法。

第四条 国家质量监督检验检疫总局（以下简称“国家质检总局”）和国家标准化管理委员会（以下简称“国家标准委”）是全国商品条码工作的主管部门，统一组织管理全国商品条码工作。中国物品编码中心（以下简称“编码中心”）是全国商品条码工作机构，负责全国商品条码管理的具体实施工作。

第五条 厂商识别代码是商品条码的重要组成部分。任何单位和个人使用商品条码必须按照本办法核准注册，获得厂商识别代码。

第二章 注 册

第六条 依法取得营业执照和相关合法经营资质证明的生产者、销售者和服务提供者，可以申请注册厂商识别代码。集团公司中具有独立法人资格的子公司需要使用商品条码时，应当按规定单独申请注册厂商识别代码。

第七条 厂商识别代码注册申请人（以下简称“申请人”）可以到所在地的编码中心地方分支机构（以下简称“编码分支机构”）申请注册厂商识别代码。申请人应当填写《中国商品条码系统成员注册登记表》，出示营业执照或相关合法经营资质证明并提供复印件。

第八条 对申请人提供的申请资料，编码分支机构应当在5个工作日内完成初审。对初审合格的，编码分支机构签署意见并报送编码中心审批；对初审不合格的，编码分支机构应当将申请资料退给申请人并说明理由。

第九条 对初审合格的申请资料，编码中心应当自收到申请人交纳的有关费用之日起5个工作日内完成审核程序。对符合本办法第六、七条规定要求的，编码中心向申请人核准注册厂商识别代码；对不符合规定要求的，编码中心应当将申请资料退回编码分支机构并说明理由。

第十条 申请人获准注册厂商识别代码的，由编码中心发给《中国商品条码系统成员证书》（以下简称《系统成员证书》），取得中国商品条码系统成员（以下简称系统成员）资格。

第十一条 具有下列情形之一的，不予注册厂商识别代码：

（一）不能出示营业执照或相关合法经营资质证明文件的。

（二）社会组织、行业协会、中介机构等组织或单位，非本单位使用厂商识别代码的。

（三）违反法律法规或者国际物品编码协会章程的其他情形。

第十二条 编码中心应当定期公告系统成员及其注册的厂商识别代码。

第三章 编码、设计及印刷

第十三条 商品条码的编码、设计及印刷应当符合《商品条码》（GB12904）等相关国家标准的规定。编码中心应当按照有关国家标准编制厂商识别代码。

第十四条 系统成员应当按照有关国家标准编制商品代码，向所在地的编码分支机构通报编码信息。

第十五条 企业在设计商品条码时，应当根据应用需要采用《商品条码》（GB12904）、《储运单元条码》（GB/T16830）、《EAN · UCC 系统 128 条码》（GB/T15425）等国家标准中规定的条码标识。

第十六条 从事商品条码印刷的企业可以向条码工作机构提出申请，取得印刷资质。获得印刷资质的印刷企业，可优先承接商品条码的印刷业务。具体管理办法由国家质检总局另行规定。

第十七条 印刷企业应当按照有关国家标准印刷商品条码，保证商品条码印刷质量。印刷企业接受商品条码印刷业务时，应当查验委托人的《系统成员证书》或境外同等效力的证明文件并进行备案。

第十八条 条码工作机构鼓励系统成员和相关单位委托具有商品条码印刷资格的企业印刷商品条码。

第四章 应用和管理

第十九条 系统成员对其厂商识别代码、商品代码和相应的商品条码享有专用权。

第二十条 系统成员不得将其厂商识别代码和相应的商品条码转让他人使用。

第二十一条 任何单位和个人未经核准注册不得使用厂商识别代码和相应的条码。任何单位和个人不得在商品包装上使用其他条码冒充商品条码；不得伪造商品条码。

第二十二条 销售者应当积极采用商品条码。销售者在其经销的商品没有使用商品条码的情况下，可以使用店内条码。店内条码的使用，应当符合国家标准《店内条码》（GB/T 18283）的有关规定。生产者不得以店内条码冒充商品条码使用。

第二十三条 销售者进货时，应当查验与商品条码对应的《系统成员证书》或者同等效力的证明文件。

第二十四条 销售者不得经销违反第二十一条规定的商品。销售者不得以商品条码的名义向供货方收取进店费、上架费、信息处理费等费用，干扰商品条码的推广应用。

第二十五条 在国内生产的商品使用境外注册的商品条码时，生产者应当提供该商品条码的注册证明、授权委托书等相关证明，并到所在地的编码分支机构备案，由编码分支机构将备案材料报送编码中心。

第二十六条 国家质检总局、国家标准委负责组织全国商品条码的监督检查工作，各级地方质量技术监督行政部门负责本行政区域内商品条码的监督检查工作。

第二十七条 各地质量技术监督行政部门要积极配合地方政府和有关部门，引导商品生产者、销售者、服务提供者积极采用国际通用的商品代码及条码标识体系，使用商品条码，保证商品条码质量，提高企业在商品生产、储运、配送、销售等各环节的现代化管理水平。

第五章 续展、变更和注销

第二十八条 厂商识别代码有效期为 2 年。系统成员应当在厂商识别代码有效期满前 3 个月内，到所在地的编码分支机构办理续展手续。逾期未办理续展手续的，注销其厂商识别代码和系统成员资格。

第二十九条 系统成员的名称、地址、法定代表人等信息发生变化时，应当自有关部门批准之日起 30 内，持有关文件和《系统成员证书》到所在地的编码分支机构办理变更手续。

第三十条 系统成员停止使用厂商识别代码的，应当在停止使用之日起3个月内到所在地的编码分支机构办理注销手续。

第三十一条 已被注销厂商识别代码的生产者、销售者和服务提供者，需要使用商品条码时，应当重新申请注册厂商识别代码。

第三十二条 任何单位和个人不得擅自使用已经注销的厂商识别代码和相应条码。

第三十三条 编码中心应当定期公告已被注销系统成员资格的企业名称及其厂商识别代码。

第六章 法律责任

第三十四条 系统成员转让厂商识别代码和相应条码的，责令其改正，没收违法所得，处以3 000元罚款。

第三十五条 未经核准注册使用厂商识别代码和相应商品条码的，在商品包装上使用其他条码冒充商品条码或伪造商品条码的，或者使用已经注销的厂商识别代码和相应商品条码的，责令其改正，处以30 000元以下罚款。

第三十六条 经销的商品印有未经核准注册、备案或者伪造的商品条码的，责令其改正，处以10 000元以下罚款。

第三十七条 销售者以商品条码的名义向供货商收取进店费等不正当费用的，供货商可依法要求退还。

第三十八条 本章所规定的行政处罚由县以上地方质量技术监督行政部门负责实施。

第三十九条 当事人对行政处罚不服的，可以依法申请行政复议或者提起行政诉讼。

第四十条 质量技术监督行政部门应当加强对条码工作机构的管理与监督。因条码工作机构及工作人员的失误，给系统成员造成重大损失的，依法给予行政处分。

第四十一条 从事商品条码管理工作的国家工作人员滥用职权、徇私舞弊的，由其主管部门给予行政处分；构成犯罪的，依法追究其刑事责任。

第七章 附 则

第四十二条 本办法下列用语的含义是：商品条码是由一组规则排列的条、

空及其对应代码组成，是表示商品特定信息的标识。零售商品代码与条码是指以满足零售扫描结算为主要目的，而为商品单元编制的代码和条码标识。非零售商品代码与条码是指以满足非零售结算为目的，而为商品单元所编制的代码和条码标识。在流通环节中，可以对该商品单元进行定价、订购或开据发票。物流单元代码与条码是指对物流中临时性商品包装单元所编制的代码和条码标识。位置代码与条码是指对厂商的物理位置、职能部门等所编制的代码与条码标识。厂商识别代码是指国际通用的商品标识系统中表示厂商的唯一代码，是商品条码的重要组成部分。商品代码是指包含厂商识别代码在内的对零售商品、非零售商品、物流单元、位置、资产及服务进行全球唯一标识的一组数字代码。店内条码是指商店为便于商品在店内管理而对商品自行编制的临时性代码及条码标识。

第四十三条 商品条码收费按照国家有关规定执行。

第四十四条 本办法由国家质检总局负责解释。

第四十五条 本办法自2005年10月1日起施行。1998年7月3日原国家质量技术监督局颁布的《商品条码管理办法》同时废止。

附录4　商品条码印刷资格认定工作实施办法

第一条　为了规范商品条码印刷资格认定工作，保证商品条码印刷质量，加快商品条码推广应用，促进商业自动化发展，根据国家有关规定，制定本办法。

第二条　商品条码印刷资格认定，是指中国物品编码中心及其分支机构根据印刷企业的申请，依照商品条码国家标准及有关规定，对印刷企业的商品条码印刷质量保证能力进行评审，并对评审合格的印刷企业通过颁发《商品条码印刷资格证书》（以下简称《资格证书》）确定其商品条码印刷资格的活动。

第三条　商品条码印刷资格认定的申请、评审、核准、发证、注销及复认适用本办法。

第四条　国家质量技术监督局所属中国物品编码中心（以下简称“编码中心”）统一负责全国商品条码印刷资格认定工作，负责核准印刷企业商品条码印刷资格并颁发《资格证书》。

第五条　编码中心分支机构负责受理当地印刷企业的商品条码印刷资格申请，负责组织评审和抽样检验。

第六条　依法取得营业执照的印刷企业，可以申请商品条码印刷资格认定。

第七条　申请商品条码印刷资格认定的印刷企业，应当到当地编码中心分支机构办理商品条码印刷资格认定申请手续，并提供以下材料：

（一）商品条码印刷资格申请书（表）；

（二）营业执照副本及其复印件；

（三）商品条码印刷质量保证手册。

第八条　编码中心分支机构自收到申请企业提交的申请材料之日起七日内完成书面审查。对书面审查合格的，编码中心分支机构应当在完成书面审查之日起一个月内，组织完成对申请企业的现场评审和抽样检验；对书面审查不合格的，编码中心分支机构应退回并说明理由。编码中心分支机构对现场评审和抽样检验合格的，应签署意见，并连同申请材料、评审资格及抽样检验报告等报编码中心核准；对现场评审或抽样检验不合格的，编码中心分支机构应退回并指出不合格项。

第九条　编码中心自收到编码中心分支机构报送的资料之日起十五日内完成核准。对通过核准的，颁发《资格证书》并予以通报；对未通过核准的，编码中心应退回并说明理由。

第十条 获得《资格证书》的印刷企业可以承揽商品条码印刷业务，接受系统成员或者商品条码合法使用者的委托，印刷商品条码。

第十一条 印刷企业承揽商品条码印刷业务时，应当查验印刷委托人的《中国商品条码系统成员证书》或者合法使用商品条码的证明文件，并登记证书号码或文件批号。印刷企业应当按照国家有关标准印刷商品条码，保证商品条码印刷质量。

第十二条 《资格证书》的有效期为三年。

第十三条 获得《资格证书》的印刷企业在《资格证书》有效期后需要继续保留商品条码印刷资格的，应当在《资格证书》有效期满前两个月申请复认；编码中心及其分支机构应当按照规定程序进行复审及复核。

第十四条 对已取得《资格证书》的企业，有下列情况之一者，应当及时改正；未改正的，由编码中心注销其商品条码印刷资格，收回《资格证书》并予以通报。

（一）承揽未取得《中国商品条码系统成员证书》或合法使用商品条码证明文件委托人的委托印刷商品条码；

（二）商品条码印刷质量监督检查不合格。

第十五条 本办法由国家质量技术监督局负责解释。

第十六条 本办法自发布之日起施行。

国家质量技术监督局

二〇〇〇年七月十九日

附录5　EAN条码尺寸对照表

放大系数	模块宽度	EAN条码符号的主要尺寸							
		EAN－13				EAN－8			
		条码长度[a]	条码符号长度[b]	条高[c]	条码符号高度[d]	条码长度[a]	条码符号长度[b]	条高[c]	条码符号高度[d]
0.8	0.264	25.08	29.83	18.28	20.74	17.69	21.38	14.58	17.05
0.85	0.281	26.65	31.70	19.42	22.04	18.79	22.72	15.50	18.11
0.9	0.297	28.22	33.56	20.57	23.34	19.90	24.06	16.41	19.18
1	0.330	31.35	37.29	22.85	25.93	22.11	26.73	18.23	21.31
1.1	0.363	34.49	41.01	25.14	28.52	24.32	29.40	20.05	23.44
1.2	0.396	37.62	44.75	27.42	31.12	26.53	32.08	21.88	25.57
1.3	0.429	40.76	48.48	29.71	33.71	28.74	34.75	23.70	27.70
1.4	0.462	43.89	52.21	31.99	36.30	30.95	37.42	25.52	29.83
1.5	0.495	47.03	55.94	34.28	38.9	33.17	40.10	27.35	31.97
1.6	0.528	50.16	59.66	36.56	41.49	35.38	42.77	29.17	34.10
1.7	0.561	53.30	63.39	38.85	44.08	37.59	45.44	30.99	36.23
1.8	0.594	56.43	67.12	41.13	46.67	39.80	48.11	32.81	38.36
1.9	0.627	59.57	70.85	43.42	49.27	32.01	50.79	34.64	40.49
2	0.660	62.70	74.58	45.7	51.86	44.22	53.46	36.46	42.62

a. 条码长度为从条码起始符左边缘到终止符右边缘的距离；

b. 条码符号长度为条码长度与左、右侧空白区的最小宽度之和；

c. 条高为条码的短条高度；

d. 条码符号高度为条的上端到供人认别字符下端的距离。

资料来源：中国物品编码中心。

附录6　EPC 相关术语表

	英文名称	中文名称	解　　释
A	Amplitude	振幅	无线电波的最大高度
A	Analog data	模拟数据	由连续改变的物理量所表示的信息，如电磁波（见下文）的长度或高度
A	Antenna	天线	发射或接收电磁波的装置
A	Anti - collision	防冲突	一项用来防止一个解读器场中的多个标签，或者重叠场中的多个解读器互相冲突的技术。典型的防冲突算法是通过保证标签或解读器不在同一时间传输信号来工作的
A	Automatic data capture (ADC)	自动数据获取（ADC）	采集数据并不依靠人的干预而直接输入到计算机系统中的方法（见自动识别和数据采集）
A	Automatic identification and data collection (AIDC)	自动识别和数据采集（AIDC）	一个很广泛的术语，包括不通过键盘而把数据直接录入到计算机系统的方法，具体包括条码扫描、射频识别、声音识别及其他技术
A	Agile reader	灵敏解读器	是可以解读不同类型 RFID 标签的解读器通称，例如由不同厂商制造的，或可以工作在不同频率下的解读器
B	Bar Code	条码	使机器自动识别带标签物体而采用的技术。因为对机器来说，条码更容易解读。条码使用的最大缺点是，它不能区分这一瓶罐头与另一瓶罐头，并且扫描头必须对着可视面来识读标签
B	Bit	位	数字信息的最小单位——一个单独的 1 或 0。一个 96 位的 EPC 由一串 96 个 1 和 0 的字符组成
C	Cache	缓存	用来存储并快速检索最近访问数据的存储器
C	Chip	芯片	见微芯片
C	Collision	冲突	无线电信号的互相干扰。标签或解读器的信号可能发生冲突
C	Coupling	耦合	电路之间能量的传递。电感耦合和电容耦合是解读器和标签之间能量传递（也包括数据）的两个方法

续表

	英文名称	中文名称	解　　释
D	Die	模块	一块微小的正方形的硅，集成电路蚀刻在上面——我们一般称之为硅芯片
D	Distributed architecture	分布式架构	指同时在分散遍布一个机构中的不同计算机上工作的软件，而不是在一台中心计算机上工作的软件
D	Domain Name Service	域名服务	在因特网上使用的一项服务，帮助网络将信息发送到正确的计算机
D	Dynamic data	动态数据	经常改变的数据，例如一个产品的温度
E	Electrically Erasable Programmable Read - Only Memory (EEPROM)	电可擦除可编程只读存储器(EEPROM)	即使断电后仍可以保持它的内容并可被重新编程的一种电子存储器
E	Electromagnetic compatibility (EMC)	电磁兼容性（EMC）	一个系统或产品能够正常工作在电磁环境中的能力，并且它本身不是电磁干扰的来源
E	Electromagnetic ID (EMID) tag	电磁识别（EMID）标签	一种可与外部解读器进行无线通信的电路模块的存储设备。RFID 标签是电磁识别标签的一种
E	Electromagnetic interference (EMI)	电磁干扰（EMI）	一个无线系统或产品对它邻近的系统或产品产生的影响
E	Electromagnetic spectrum	电磁波频谱	电磁波的整个频率范围
E	Electromagnetic waves	电磁波	以波的形式发射出能量。各种电磁波包括无线电波、伽马射线和 X 射线
E	Electronic article surveillance (EAS)	电子商品防窃系统(EAS)	有"on"或"off"两种状态的简易电子标签。当一件商品被合法地购走或借出，标签失电。当有人携带贴没有失电标签的商品通过一个门禁区域时，报警器发出声音
E	Electronic data interchange (EDI)	电子数据交换(EDI)	在商业网络上共享数据的一种广泛认可的方法
E	Electronic Product Code: (EPC)	产品电子代码(EPC)	Auto - ID 中心的编码方案，它将会识别一件商品的制造商，所属产品种类和它的唯一序列号

续表

	英文名称	中文名称	解　释
E	EPC Information Service：(EPCIS)	EPC 信息服务 (EPCIS)	EPC 信息服务使 EPC 网络相关数据以 PML 形式来请求服务。通过 EPC 信息服务可以访问的数据包括，从 Savant 接收的标签解读数据（例如帮助跟踪对象和追踪序列号间隔），实例层次数据（比如生产日期、有效日期等），以及对象分类层次数据（比如产品目录信息）。响应请求时，EPC 信息服务利用存在于一个企业中的多种数据源，把数据翻译成 PML 形式。当在供应链中分发 EPC 数据时，每一个行业会设立一个 EPC 访问注册中心，它将作为 EPC 信息服务接口说明的仓库
E	European Article Numbering (EAN)	欧洲商品编码 (EAN)	被欧洲、亚洲和南美洲广泛使用的条码标准。它由 EAN 国际组织管理
E	Extensible markup language (XML)	可扩展标识语言 (XML)	因特网上广泛采用的共享信息的方法，它与操作系统无关，任何计算机都可以使用
E	EAN Lnternational	EAN 国际组织	在世界上很多国家和地区管理条码的国际标准组织
F	Fluidic Self - Assembly	流控自装配	由 Alien 科技公司申请专利的一项制造方法，其工艺包括很小的微芯片在一种特殊的液体中的一个底座上流动，底座上有用来固定住芯片的孔
F	Frequency	频率	一个完整波形在一段特定的时段中重复的次数。1KHz 等于每秒钟 1 000 个完整的波形。1MHz 等于每秒种 100 万个波形
F	Frequency Shift Keying (FSK)	频移键控（FSK）	一种在不同频率间通过切换来传送数据的方法。通常，某一频率代表一个 1，另一频率代表 0
G	Global Trade Item Number (GTIN)	全球贸易产品码 (GTIN)	条码标准的一个扩展集，在国际通用。除了制造商和产品目录，GTIN 也包括运输、重量和其他信息。EPC 可以为 GTIN 提供连续性
H	Hardware	硬件	计算机或其他系统的物理的、可接触的、具体的部分。RFID 的硬件包括标签和解读器，以及需要用来校对、处理和传送所生成数据的计算机
H	High - frequency tags	高频标签	工作在 13. 56MHz 范围内的标签
H	Holonic Manufacturing System (HMS)	全能制造系统 (HMS)	基于自主的、功能完整的实体的相互合作来生产商品的一种方法，实体间有不同的并且经常冲突的实现目标。全能制造目前还处在研发的初期阶段，但是 RFID 技术可以极大地促进这项技术的发展

续表

	英文名称	中文名称	解　　释
I	Industrial, Scientific, and Medical (ISM) bands	工业、科学和医学（ISM）频带	电磁波频谱的一组未授权的频率。对于那些使用工作在ISM频带频率的通信设备，不必从政府购买许可证
I	Integrated circuit (IC)	集成电路（IC）	是芯片或微芯片的别称，各种IC组成了计算机的大脑
I	Internet Protocol (IP)	Internet 协议（IP）	广泛应用在以太网上的TCP/IP协议组的网络层。用于链接到某一个网络上的计算机之间的数据包的发送
I	Interrogator	询问器	一个RFID解读器
L	Line – of – sight technology	可视传输技术	要求商品可“看见”以被机器自动识别的技术。条码和光学字符识别（OCR）是两种常见的可视传输技术
L	Logic gate	逻辑门	微芯片电路上的小型开关，使芯片能够执行某些任务
L	Low – frequency tags	低频标签	以125KHz的频率与解读器通信的标签
M	Microchip	微芯片	一个微电子半导体设备，包含许多互相连接的晶体管和其他组件，也被称为芯片或“集成电路”
M	Micron	微米	一个长度单位，等于一米的百万分之一或一毫米的千分之一
M	Modulation	调制	通过改变一个波的频率、相位或振幅来传输数据
M	Multiple access schemes	多路通信方案	允许几台无线电发射器同时工作在同一个频谱中的方法
N	Nanoblock	纳块	Alien 科技公司发明的术语描述它的极小的微芯片，其宽度大约等于三根人的头发
N	Network	网络	在用户之间传输声音、视频和/或数据的任何系统
O	Object Name Service (ONS)	对象名解析服务（ONS）	Auto – ID 中心设计的一种系统，用来查询唯一产品电子代码并根据此码把计算机指向与商品有关的信息
P	Passive tag	被动标签	不使用电池的RFID标签。标签从解读器产生的电磁场中获取能量
P	Phase Shift Keying (PSK)	移相键控（PSK）	传输信息的一种方法，通过在波形的不同相位之间切换传输来表示数字数据
P	Physical Markup Language (PML)	物理标识语言（PML）	Auto – ID 中心设计的，以计算机可以理解的方式来描述商品的一种方法。PML基于广泛接受的可扩展标识语言，后者以所有计算机都可以使用的形式在因特网上共享数据

续表

	英文名称	中文名称	解 释
P	PML Server	PML 服务器	一台专用的计算机，将会响应对物理标识语言（PML）文件的要求，这些文件与私有的产品电子码有关。商品的制造商维护 PML 文件和服务器
R	Radio Frequency Identification（RFID）	射频识别（RFID）	使用无线电波识别唯一商品的方法。射频识别对于条码来说的巨大优点是激光必须看到条码才能识读，而无线电波不需要瞄准并可以穿过如纸板和塑料之类物质
R	Radio waves	无线电波	属于电磁波频谱中低频末端的电磁波
R	Read range	解读范围	解读器与标签可以通信的距离。范围受解读器能量、通信频率和天线的设计的影响
R	Read - only memory（ROM）	只读存储器（ROM）	在芯片上存储信息的一种形式，它所存储信息不能被覆盖。只读芯片比可读写芯片便宜
R	Read - write	读写	对信息读和写的能力。具有读写能力的 RFID 标签的芯片比同类的只读芯片贵
R	Reader	解读器	也被称为问询器。解读器与 RFID 标签通信并把信息以数字形式传送给计算机系统
R	Reader collision	解读器冲突	指发生在重叠场中的解读器发出的信号互相冲突时的问题
R	Real - time In - memory Event Database（RIED）	实时内存事件数据库（RIED）	存储频繁使用的数据的一种方法，这样可以迅速地访问这些数据
R	RFID transponder	RFID 无线电收发器	无线电发射器 - 接收器，当接收到预定信号时被激活。RFID 标签通常被称为无线电收发器
S	Savant	一种分布式网络软件	负责管理和传送产品电子码相关数据的分布式网络软件
S	Semi - passive tags	半被动标签	这种 RFID 标签使用电池来驱动芯片电路，但要从解读器获取能量才能通信
S	Server	服务器	处理并执行对文件、网页和其他数字信息有请求的计算机
S	Smart cards	智能卡	一条使用宽泛的术语，用来表示一个植入微芯片的塑料卡（通常为信用卡大小）。一些智能卡包含有一个 RFID 芯片，可以借助解读器识别持有者而不需要任何身体接触

续表

	英文名称	中文名称	解　释
S	Software	软件	也被称为“计算机程序”或“程序”。软件本质上是告诉物理计算机（硬件）该做什么的指令。软件可以用不同的计算机语言编写并且一般分成两类：系统软件和应用软件（或应用程序）。系统软件是用来支持应用程序的产生或执行的任何软件，但并不特指任何专门的应用程序。系统软件的实例包括操作系统以及指挥交通或检查密码的网络软件。应用软件是运行在系统软件之上并且执行特定功能的程序，例如保存记录的程序
S	Static data	静态数据	不会变动的数据，比如像一件产品的原料成分这样的事实
S	Synthetic polymers	人造聚合物	由类似塑料的原料所构成的人造化合物。将来，这种特殊的人造聚合物可能因其价廉而取代现在使用的硅微芯片
T	Tag	标签	射频识别设备的通称。标签通常被称为智能标签
T	Tag collision	标签冲突	多个 RFID 标签同时向解读器发回数据时引起的冲突
T	Task management system	任务管理系统	通过组织和定制软件来自动完成批量任务的一种方法
T	Temporal data	暂态数据	贯穿一个对象的生存期中的离散和间歇改变的数据，例如对象的位置
T	The Internet Engineering Task Force (IETF)	Internet 工程工作小组（IETF）	一个开放性的国际团体，成员包括与因特网架构发展有关的网络设计者、操作者、投资商和研究者
T	Time Division Multiple Access (TDMA)	时分多址通信技术（TDMA）	一种解决两个解读器之间信号冲突问题的方法。使用此算法可确保解读器在不同的时间解读标签
T	Transmission Control Protocol (TCP)	传输控制协议（TCP）	为了连接不同类型的计算机而开发的一套正式的通信规则。TCP 是建立在因特网协议（IP）之上的面向连接的协议，并且我们几乎一直看到的是 TCP/IP 的结合。它增加了通信的可靠性以及流控制。TCP/IP 已经成为因特网上通信的事实标准
T	Transponder	无线电收发器	无线电发射器－接收器，当接收到预定信号时被激活。RFID 标签通常被称为无线电收发器

续表

	英文名称	中文名称	解　释
U	Ultra - high frequency (UHF)	超高频（UHF）	此术语通常是指300MHz到3GHz之间的波段。UHF提供高带宽和宽范围，但是UHF波穿透性能不好，并且在给定的范围内传输时比低频波需要更高的能量
U	Unified Modeling Language (UML)	统一建模语言（UML）	一种对大型、复杂的计算机系统进行建模的开放性标准方法
U	Uniform Code Council (UCC)	统一代码委员会（UCC）	在北美洲统一管理产品码、条码标准的非营利组织
U	Universal Product Code (UPC)	统一产品代码	北美洲使用的条码标准。由统一代码委员会管理
U	User Datagram Protocol (UDP)	用户数据包协议（UDP）	管理网络上数据传输的一组通信规则。UDP不需要连接也不保证数据的传送正确，所以应用程序使用此协议时必须注意错误的处理和重发
W	Wafer	晶片	半导体材料的一块小而薄的圆形切片，比如一块纯硅，在切片上的一个集成电路可以成形加工。硅晶片的直径通常是8～12英寸
X	XML Query Language (XQL)	XML查询语言（XQL）	基于XML对数据库进行查询的一种方法。对于使用Auto - ID中心的物理标识语言产生的文件可以用XQL查询
X	XML	可扩展标识语言	因特网上广泛采用的共享信息的方法，它与操作系统无关，任何计算机都可以使用
X	XML Query Language (XQL)	XML查询语言（XQL）	基于XML对数据库进行查询的一种方法。对于使用Auto - ID中心的物理标识语言产生的文件可以用XQL查询

资料来源：EPC Global网站（www.epcglobal.org.cn）。

附录 7　SQL 函数分类表——总类

函数类别	作　用
聚合函数	执行的操作是将多个值合并为一个值，例如 COUNT、SUM、MIN 和 MAX 等
配置函数	是一种标量函数，可返回有关配置设置的信息
转换函数	将值从一种数据类型转换为另一种
加密函数	支持加密、解密、数字签名和数字签名验证
游标函数	返回有关游标状态的信息
日期和时间函数	可以更改日期和时间的值
数学函数	执行三角、几何和其他数字运算
元数据函数	返回数据库和数据库对象的属性信息
排名函数	是一种非确定性函数，可以返回分区中每一行的排名值
行集函数	返回可在 Transact - SQL 语句中表引用所在位置使用的行集
安全函数	返回有关用户和角色的信息
字符串函数	可更改 char、varchar、nchar、nvarchar、binary 和 varbinary 的值
系统函数	对系统级的各种选项和对象进行操作或报告
系统统计函数	返回有关 SQL Server 性能的信息
文本和图像函数	可更改 text 和 image 的值

注：基于 T - SQL 语言。

资料来源：根据 SQL 相关教程及文档整理。

附录 8 SQL 函数分类表——数学函数

函数	说　明
ABS ()	返回一个数的绝对值
ACOS ()	计算一个角的反余弦值，以弧度表示
ASIN ()	计算一个角的反正弦值，以弧度表示
ATAN ()	计算一个角的反正切值，以弧度表示
ATN2 ()	计算两个值的反正切值，以弧度表示
CEILING ()	返回大于或等于一个数的最小整数
COS ()	计算一个角的正弦值，以弧度表示
COT ()	计算一个角的余切值，以弧度表示
DEGREES ()	将一个角从弧度转换为角度
EXP ()	指数运算
FLOOR ()	返回小于或等于一个数的最大整数
LOG ()	计算以 2 为底的自然对数
LOG10 ()	计算以 10 为底的自然对数
PI ()	返回以浮点数表示的圆周率
POWER ()	幂运算
RADIANS ()	将一个角从角度转换为弧度
RAND ()	返回以随机数算法算出的一个小数，可以接收一个可选的种子值
ROUND ()	对一个小数进行四舍五入运算，使其具备特定的精度
SIGN ()	根据参数是正还是负，返回 - 1 或者 1
SIN ()	计算一个角的正弦值，以弧度表示
SQRT ()	返回一个数的平方根
SQUARE ()	返回一个数的平方
TAN ()	计算一个角正切的值，以弧度表示

资料来源：根据 SQL 相关教程及文档整理。

附录9　SQL函数分类表——错误返回函数

错误返回函数	
函数	说　明
ERROR_ MESSAGE（ ）	返回错误的描述
ERROR_ NUMBER（ ）	返回错误号
ERROR_ SEVERITY（ ）	返回错误的严重级别。错误的严重级别是一个从0到25的整数
ERROR_ STATE（ ）	返回错误的状态号。错误状态是一个整数，可以唯一地表示系统错误的原因
ERROR_ LINE（ ）	返回例程中导致出错的行号
ERROR_ PROCEDURE（ ）	返回发生错误的存储过程名或触发器名
错误级别说明	
严重级别	说　明
0~10	信息性消息，不会引发系统错误
11~16	用户可以更正的错误，例如违反了外键或主键约束规则
17	非致命的、不重要的资源错误
18	非致命的内部错误
19	致命的、不重要的资源错误
20	当前进程中的致命错误
21	所有进程中的致命数据库错误
22	致命的表完整性错误
23	致命的数据库完整性错误
24	致命的硬件错误
25	致命的系统错误

资料来源：根据SQL相关教程及文档整理。

附录 10 SQL Server 常用术语词汇表

术 语	定 义
. NET Framework	支持生成、部署和运行下一代应用程序和 Web 服务的必备 Windows 组件。此组件为现有投资与下一代应用程序和服务间的集成提供了基于标准的高效率多语言环境，并能够快速灵活地解决 Internet 规模应用程序的部署和操作提出的挑战。. NET Framework 由三个主要部分组成：公共语言运行时、分层的统一类库集和称为 ASP. NET 的 ASP 组件化版本。另请参阅：ASP. NET、公共语言运行时、. NET Framework 类库
"（全部）" 级别 [（All）level]	维度的最高级别（可选）。"（全部）" 级别包含一个成员，该成员是它的下一级别的所有成员的汇总
ActiveX 数据对象（ActiveX Data Objects）	一种易于使用的 API，用于封装 OLE DB 以在诸如 Visual Basic、Visual Basic for Applications、Active Server Pages 和 Microsoft Internet Explorer Visual Basic Scripting 等语言中使用
ActiveX 数据对象（多维）（ADO MD）[ActiveX Data Objects（Multidimensional）（ADO MD）]	一组基于对象的高级数据访问接口，它不依赖于语言，并且针对多维数据应用进行了优化。Visual Basic 以及其他自动化语言将 ADO MD 用作多维数据存储的数据访问接口。ADO MD 是 ADO 2. 0 及其更高版本的一部分
ADF	请参阅另一术语：应用程序定义文件（application definition file）
API	请参阅另一术语：应用程序编程接口（application programming interface）
API 服务器游标（API server cursor）	用于为 API（如 ODBC、OLE DB、ADO 和 DB – Library）的游标函数提供支持的服务器游标。应用程序通常不直接请求服务器游标。相反，它们调用 API 的游标函数。该 API 的 SQL Server 接口将实现一个服务器游标（如果这是支持所请求的游标功能的最佳方法）
bcp 文件（bcp files）	存储由大容量复制实用工具或发布服务器及其订阅服务器间的同步创建的大容量复制数据的文件
CHECK 约束（CHECK constraints）	定义列中哪些数据值是可接受的。可以将 CHECK 约束应用于多列，也可以为一列应用多个 CHECK 约束。删除表时，将同时删除 CHECK 约束
CLI	请参阅另一术语：调用级接口（call – level interface）

续表

术 语	定 义
CLR	请参阅另一术语：公共语言运行时（common language runtime）
CLR 触发器（CLR trigger）	通过引用 SQL Server 程序集而创建的 DML 触发器或 DDL 触发器。CLR 触发器的实现在程序集［在 . NET Framework 公共语言运行时（CLR）中创建］中定义
CLR 存储过程（CLR stored procedure）	通过引用 SQL Server 程序集而创建的存储过程。CLR 存储过程的实现在程序集［在 . NET Framework 公共语言运行时（CLR）中创建］中定义
CLR 函数（CLR function）	通过引用 SQL Server 程序集而创建的函数。CLR 函数的实现在程序集［在 . NET Framework 公共语言运行时（CLR）中创建］中定义
CLR 用户定义类型（CLR user - defined type）	通过引用 SQL Server 程序集而创建的用户定义数据类型。CLR 用户定义类型的实现在程序集［在 . NET Framework 公共语言运行时（CLR）中创建］中定义
COM	请参阅另一术语：组件对象模型（Component Object Model）
CPU 忙（CPU busy）	一种 SQL Server 统计信息，报告中央处理器（CPU）在 SQL Server 工作上花费的时间（毫秒）
DataReader	由 ADO. NET 查询返回的一种数据流。DataReader 对象使客户端能够接收只读、只进的数据流
DBCS	请参阅另一术语：双字节字符集（double - byte character set）
dbo	请参阅另一术语：数据库所有者（database owner）
DCL	请参阅另一术语：数据控制语言（Data Control Language）
DDL	请参阅另一术语：数据定义语言（data definition language）
DDL 触发器（DDL trigger）	为响应数据定义语言（DDL）语句而激发的触发器
DEFAULT 约束（DEFAULT constraint）	为表列定义的属性，指定要用作该列的默认值的常量。如果任一后续的 INSERT 或 UPDATE 语句为该列指定了 NULL 值，或者没有为该列指定值，将把在 DEFAULT 约束中定义的常量值放置在该列中
DMF	请参阅另一术语：动态管理函数（dynamic management function）
DML	请参阅另一术语：数据操作语言（data manipulation language）
DML 触发器（DML trigger）	当修改指定表中的数据时执行的存储过程。通常创建触发器是为了强制不同表中逻辑相关数据之间的引用完整性或一致性
DMV	请参阅另一术语：动态管理视图（dynamic management view）
DRI	请参阅另一术语：声明性引用完整性（declarative referential integrity）

续表

术 语	定 义
DSN	请参阅另一术语：数据源名称（data source name）
ETL	提取、转换和加载。复制和清除来自异类源的数据的复杂过程。它是数据仓库和商业智能开发项目中的重要部分
FK	请参阅另一术语：外键（foreign key）
guest	所有 SQL Server 数据库中均提供的一种特殊用户账户，不能从任何数据库中删除该账户。如果使用未在数据库中分配用户账户的登录名进行连接，并且该连接引用该数据库中的对象，则它仅具有分配给该数据库中的 guest 账户的权限
HOLAP	请参阅另一术语：混合 OLAP（hybrid OLAP）
IAM	请参阅另一术语：索引分配映射（index allocation map）
Insert Into 查询（Insert Into query）	将一个表中的特定列和行复制到另一个表或同一个表的查询
Internet 协议安全(Internet Protocol security)	通过使用加密安全服务，计算机在 Internet 协议（IP）网络上提供专有安全的通信所遵循的规则
IPC	请参阅另一术语：进程间通信（interprocess communication）
IPsec	请参阅另一术语：Internet 协议安全（Internet Protocol security）
ISQL	请参阅另一术语：交互式结构化查询语言（interactive structured query language）
KPI	请参阅另一术语：关键性能指标（Key Performance Indicator）
LSN	请参阅另一术语：日志序列号（log sequence number）
master 数据库（master database）	记录 SQL Server 实例的所有系统级信息的系统数据库。这包括实例范围的元数据（例如登录账户）、端点、链接服务器和系统配置设置。此外，master 数据库还记录了所有其他数据库的存在、数据库文件的位置以及 SQL Server 的初始化信息
MDX	请参阅另一术语：多维表达式（Multidimensional Expressions）
model 数据库（model database）	随 SQL Server 一起安装的数据库，为新的用户数据库提供模板。SQL Server 通过复制 model 数据库的内容，然后将其扩展到所需大小，来创建新的数据库
MSMQ	请参阅另一术语：消息队列（Message Queuing）
MSX	请参阅另一术语：主服务器（master server）
niladic 函数（niladic functions）	没有任何输入参数的函数。大多数 niladic SQL Server 函数返回系统信息
NS $instance_ name（Notification Services）	运行 Notification Services 实例的 Windows 服务的名称。请注意，instance_ name 是一个占位符，代表实例的实际名称（如 NS $ThisInstance）

续表

术　语	定　义
NULL	没有显式赋值的项。NULL 不等于零或空。NULL 值不视为大于、小于或等于任何其他值，包括另一个 NULL 值
NUMA	请参阅另一术语：非一致性内存访问（non – uniform memory access）
ODBC	请参阅另一术语：开放式数据库连接（Open Database Connectivity）
ODBC 驱动程序（ODBC driver）	支持 ODBC 的应用程序（例如 Excel）可以用于访问 ODBC 数据源的动态链接库（DLL）。每个 ODBC 驱动程序都与某个数据库管理系统（DBMS）（例如，SQL Server 或 Access）特定相关
ODBC 数据源（ODBC data source）	可以使用 ODBC 驱动程序访问的一组数据的位置。另外也是包含 ODBC 应用程序连接到数据源所需所有连接信息的存储定义
OLAP	请参阅另一术语：联机分析处理（OLAP）[online analytical processing（OLAP）]
OLE DB	用于访问数据的基于 COM 的 API。OLE DB 支持访问以任意 OLE DB 访问接口可用的格式（数据库、电子表格、文本文件等）存储的数据
OLE DB for OLAP	以前相对于 OLE DB，OLAP 扩展是单独的规范。自 OLE DB 2.0 开始，OLAP 扩展并入 OLE DB 规范中
OLE DB 访问接口（OLE DB provider）	提供 OLE DB 接口的软件组件。每个 OLE DB 访问接口均提供某个特定类型的数据源（例如，SQL Server 数据库、Access 数据库或 Excel 电子表格）中的数据
OLE DB 使用者（OLE DB consumer）	调用和使用 OLE DB API 的任何软件
OLE 自动化对象（OLE Automation objects）	提供兼容自动化接口的组件对象模型（COM）对象
OLE 自动化服务器（OLE Automation server）	向其他应用程序（称为自动化客户端）提供可编程自动化对象的应用程序。提供的可编程对象可以使客户端通过直接访问这些对象并使用它们提供的服务来实现某些功能的自动化。例如，字处理器可以提供其拼写检查功能，以便其他程序可以使用该功能
OLE 自动化控制器（OLE Automation controller）	可以驱动自动化对象的编程环境（例如 Visual Basic）
OLTP	请参阅另一术语：联机事务处理（online transaction processing）
PK	请参阅另一术语：主键（primary key）

续表

术 语	定 义
RDL	请参阅另一术语：报表定义语言（Report Definition Language）
ReportViewer 控件 (ReportViewer controls)	可在 ASP. NET 和 Windows 窗体应用程序中提供嵌入报表处理能力的 Web 服务器控件和 Windows 窗体控件
RI	请参阅另一术语：引用完整性（referential integrity）
RID	请参阅另一术语：行标识符（row identifier）
ROLAP	请参阅另一术语：关系 OLAP（relational OLAP）
SELECT	1. 用于向应用程序或另一个 Transact - SQL 语句返回数据或用于填充游标的 Transact - SQL 语句。SELECT 语句将返回一个表格格式的结果集，该结果集通常包含从一个或多个表中提取的数据。该结果集只包含来自与 WHERE 或 HAVING 子句中指定的搜索条件相匹配的行中的数据 2. 在 Analysis Services 中，用于查询多维数据集并返回多维数据记录集的多维表达式（MDX）语句
Service Broker	提供在 SQL Server 数据库中存储消息队列的功能
SMDL	请参阅另一术语：语义模型定义语言（Semantic Model Definition Language）
SMTP	请参阅另一术语：简单邮件传输协议（Simple Mail Transfer Protocol）
SQL	请参阅另一术语：结构化查询语言（SQL）[Structured Query Language（SQL）]
SQL Mail	SQL Server 的一个组件，使 SQL Server 可以通过内置的 Windows NT 或 Windows 2000 邮件处理应用程序编程接口（MAPI）发送和接收邮件。邮件可以包含短文本字符串、查询输出或附件
SQL Server 身份验证 (SQL Server Authentication)	对连接到 SQL Server 实例的尝试进行验证的两种机制之一。用户在连接时必须指定 SQL Server 登录 ID 和密码。SQL Server 实例要在验证登录 ID 和密码组合有效后才允许连接成功
SQL Server 事件提供程序（Notification Services）[SQL Server event provider (Notification Services)]	从 SQL Server 中收集数据并使用标准的 Notification Services 事件集合存储过程将数据提交至事件表的基于存储过程的事件提供程序
SQL Server 事件转发服务器（SQL Server Event Forwarding Server）	SQL Server 的中心实例，用于管理其他实例转发给它的 SQL Server 代理事件。可集中管理 SQL Server 事件

续表

术 语	定 义
SQL 表达式（SQL expression）	计算结果为单个值的任何标识符、值和运算符的组合。例如，常量、文字值、函数、变量、子查询和列名称均为表达式
SQL 查询（SQL query）	一种 SQL 语句，例如 SELECT、INSERT、UPDATE、DELETE 或 CREATE TABLE
SQL 排序规则（SQL collation）	一组 SQL Server 排序规则，其特性与 SQL Server 早期版本中的常用代码页和排序顺序组合的特性一致。SQL 排序规则是兼容功能，允许站点选择与其早期系统的行为匹配的排序规则
SQL 数据库（SQL database）	基于结构化查询语言（SQL）的一种数据库
SQL 语句（SQL statement）	对数据执行操作的 SQL 或 Transact - SQL 命令，例如 SELECT 或 DELETE
SQL - 92	1992 年发布的 SQL 标准版本。国际标准为 ISO/IEC 9075：1992 Database Language SQL。美国国家标准学会（ANSI）也发布了相应的标准（Data Language SQL X3. 135 - 1192），因此在美国 SQL - 92 有时被称为 ANSI SQL
SSL	请参阅另一术语：安全套接字层（SSL）[Secure Sockets Layer（SSL）]
tempdb 数据库（tempdb database）	为临时表、临时存储过程和其他临时工作存储需要提供存储区的数据库
Transact - SQL	一种语言，包含用来管理 SQL Server 实例、创建和管理 SQL Server 实例中的所有对象，以及用来插入、检索、修改和删除 SQL Server 表中所有数据的命令。Transact - SQL 是对国际标准化组织（ISO）和美国国家标准学会（ANSI）发布的 SQL 标准中所定义语言的一种扩展
Transact - SQL 游标（Transact - SQL cursor）	使用 Transact - SQL DECLARE CURSOR 语法定义的服务器游标。Transact - SQL 游标用于 Transact - SQL 批处理、存储过程和触发器中
TSX	请参阅另一术语：目标服务器（target server）
Unicode	Unicode 将定义一组字母、数字和符号，SQL Server 将把它们识别为 nchar、nvarchar 和 ntext 数据类型。Unicode 与字符集相关，但独立于字符集。Unicode 具有 65 000 多个可选的值（而字符集只有 256 个），它占用的存储空间是字符集的两倍。Unicode 包含大多数语言的字符
Unicode 格式（Unicode format）	使用 Unicode 字符存储在大容量复制数据文件中的数据

续表

术 语	定 义
Unicode 排序规则 (Unicode collation)	Unicode 排序规则用作 Unicode 数据的排序顺序。它是一个规则集，用于确定 SQL Server 如何进行比较、排序及如何显示 Unicode 数据以响应数据库查询
UNIQUE 约束 (UNIQUE constraints)	基于非主键强制实体完整性的约束。UNIQUE 约束可确保不输入重复的值，并确保创建索引来增强性能
uniqueifier	SQL Server 数据库引擎自动添加到行以使每个索引键保持唯一的 4 字节列。此列和列值供内部使用，用户不能查看或访问它们
vacuumer (Notification Services)	从 Notification Services 表中删除过期数据的组件
Web 同步 (Web synchronization)	在合并复制中能够使用 HTTPS 协议复制数据的一种功能
Windows Management Instrumentation	提供有关托管环境中对象的信息的接口。SQL 的 Windows Management Instrumentation 扩展插件称为 WMI 查询语言（WQL）
Windows 排序规则 (Windows collation)	确定 SQL Server 对字符数据的排序方式的一组规则。排序规则将在安装过程中在 Windows“控制面板” 和 SQL Server 2000 中通过名称来指定
WMI	请参阅另一术语：Windows Management Instrumentation
WMI 查询语言 (WMI Query Language)	ANSI SQL 的一个子集，进行了适合 Windows Management Instrumentation（WMI）的语义更改
WQL	请参阅另一术语：WMI 查询语言（WMI Query Language）
Xcopy	允许将应用程序和数据库文件（.mdf）复制到其他计算机或相同计算机上的其他位置而不需要进行其他配置的部署功能（只有 SQL Server Express 支持）
XML 架构定义语言 (XSD) [XML Schema definition language(XSD)]	一种架构语言。XML 架构定义了符合万维网联盟（W3C）XML 架构第一部分“Structures Recommendation for the XML Schema Definition Language”（XML 架构定义语言的结构建议）的元素、属性和数据类型。W3C XML 架构第二部分“Datatypes Recommendation”（数据类型建议）为定义在 XML 架构中使用的数据类型提供了建议。使用 XML 架构定义语言可以定义 XML 消息的结构和数据类型
XSD	请参阅另一术语：XML 架构定义语言（XSD） [XML Schema definition language (XSD)]
XSL	请参阅另一术语：可扩展样式表语言（XSL）[Extensible Stylesheet Language (XSL)]

续表

术 语	定 义
XSLT	请参阅另一术语：可扩展样式表语言转换（XSLT）［Extensible Stylesheet Language Transformations（XSLT）］

资料来源：微软官网技术信息（technet. microsoft. com）。

附录 11 Adventure Works 数据表

Address 表	ProductModelProductDescriptionCulture 表
AddressType 表	ProductPhoto 表
AWBuildVersion 表	ProductProductPhoto 表
BillOfMaterials 表	ProductReview 表
Contact 表	ProductSubcategory 表
ContactCreditCard 表	ProductVendor 表
ContactType 表	PurchaseOrderDetail 表
CountryRegion 表	PurchaseOrderHeader 表
CountryRegionCurrency 表	SalesOrderDetail 表
CreditCard 表	SalesOrderHeader 表
Culture 表	SalesOrderHeaderSalesReason 表
Currency 表	SalesPerson 表
CurrencyRate 表	SalesPersonQuotaHistory 表
Customer 表	SalesReason 表
CustomerAddress 表	SalesTaxRate 表
DatabaseLog 表	SalesTerritory 表
Department 表	SalesTerritoryHistory 表
Document 表	ScrapReason 表
Employee 表	Shift 表
EmployeeDepartmentHistory 表	ShipMethod 表
EmployeePayHistory 表	ShoppingCartItem 表
ErrorLog 表	SpecialOffer 表
Illustration 表	SpecialOfferProduct 表
Individual 表	StateProvince 表
JobCandidate 表	Store 表
Location 表	StoreContact 表
Product 表	TransactionHistory 表
ProductCategory 表	TransactionHistoryArchive 表

续表

ProductCostHistory 表	UnitMeasure 表
ProductDescription 表	Vendor 表
ProductDocument 表	VendorAddress 表
ProductInventory 表	VendorContact 表
ProductListPriceHistory 表	WorkOrder 表
ProductModel 表	WorkOrderRouting 表
ProductModelIllustration 表	

资料来源：微软官网技术信息（technet. microsoft. com）。

附录 12　票据打印格式对照表

一般票据		
标题（单位名称 + 单据名称）	[Title]	全部
库房（仓库）编码	[SQL_ ZB. " CKBM"]	全部
库房（仓库）名称	[SQL_ ZB. " CKMC"]	全部
药品编码	[SQL_ MX. " YPBM"]	药店
药品名称	[SQL_ MX. " YPMC"]	药店
剂型名称	[SQL_ MX. " JXMC"]	药店
生产厂家	[SQL_ MX. " SCCJ"]	药店
生产批号	[SQL_ MX. " SCPH"]	药店
有效期至	[SQL_ MX. " YXQZ"]	药店
批准文号	[BM_ YP. " PZWH"]	药店
规格	[SQL_ MX. " YPGG"]	药店
商品编码	[SQL_ MX. " SPBM"]	超市、商贸等
商品名称	[SQL_ MX. " SPMC"]	超市、商贸等
型号规格	[SQL_ MX. " XHGG"]	超市、商贸等
附加特性	[SQL_ MX. " FJTX"]	超市、商贸等
品牌	[SQL_ MX. " PPMC"]	服装
特征	[SQL_ MX. " TZMC"]	服装
颜色	[SQL_ MX. " YSMC"]	服装
尺码（适用于一行一尺码情形）	[SQL_ MX. " CMMC"]	服装
尺码分布	[SQL_ MX. " CMFB"]	服装
单位（计量单位）	[SQL_ MX. " JLDW"]	全部
数量	[SQL_ MX. " SL"]	全部
原价	[SQL_ MX. " YJ"]	全部
定价	[SQL_ MX. " YJ"]	图书
单价	[SQL_ MX. " DJ"]	全部
零售价	[SQL_ MX. " DJ_ Base"]	全部（图书除外）
税额	[SQL_ MX. " SE"]	全部（图书除外）

续表

一般票据		
金额	[SQL_ MX. " JE"]	全部（图书除外）
价税合计	[SQL_ MX. " HJ"]	全部（图书除外）
总数量	[SQL_ ZB. " ZSL"]	全部
总合计	[SQL_ ZB. " ZHJ"]	全部
总调减	[SQL_ ZB. " THE"]	全部
应结算	[SQL_ ZB. " YJS"]	全部
现结算	[SQL_ ZB. " XJS"]	全部
未结算、欠款	[SQL_ ZB. " WJS"]	全部
总折扣	[SQL_ ZB. " ZZK"]	全部
优惠额	[SQL_ ZB. " YHE"]	全部
收款	[SQL_ ZB. " SK"]	全部
找零	[SQL_ ZB. " ZL"]	全部
本次积分	[SQL_ ZB. " BCJF"]	全部
总积分	[BM_ WLDW. " LJJF"]	全部
剩余积分	[BM_ WLDW. " SYJF"]	全部
总欠账	[QZ_ ALL]	全部
前单欠账	[QZ_ Prior]	全部
往来单位（供货商或客户）编码	[SQL_ ZB. " DWBM"]	全部
往来单位（供货商或客户）名称	[SQL_ ZB. " DWMC"]	全部
往来单位（供货商或客户）地址	[BM_ WLDW. " DZ"]	全部
往来单位（供货商或客户）电话	[BM_ WLDW. " DH"]	全部
单据号码	[SQL_ ZB. " ID"]	全部
日期	[SQL_ ZB. " RQ"]	全部
时间	[NOW]	全部
机器号（计算机名）	[JQH]	全部
操作员（开票员）编码	[Czybm]	全部
操作员（开票员）名称	[SQL_ ZB. " ZDR"]	全部
经办人（导购员、营业员）编码	[SQL_ ZB. " JBRBM"]	全部
经办人（导购员、营业员）名称	[SQL_ ZB. " JBRMC"]	全部

续表

一般票据		
往来单位类别	[DWLB]	全部
会员类型	[HYLX]	全部
当前库存数量	[KCSL]	全部
包装数量	[BZSL]	全部（仓库，物资、餐饮除外）
包装数量（带计量单位）	[BZSL_ DW]	
包装数量合计	[BZSLHJ]	
总行数	[RecordCount]	全部
本页小计	[CurrentXJ]	全部
大写金额（不带“合计”）	[DX]	全部
大写金额（自带“合计”）	[DXJE]	全部
结算方式——现金	[SQL_ ZB." J0"]	全部（普及版除外）
结算方式——存款	[SQL_ ZB." J1"]	全部（普及版除外）
结算方式——充值卡	[SQL_ ZB." J2"]	全部（普及版除外）
结算方式——积分兑现金	[SQL_ ZB." J3"]	全部（普及版除外）

资料来源：精诚超市管理软件操作手册。

附录13　小票打印格式对照表

小票		
单据号码	[id]	全部
日期	[rq]	全部
时间	[now]	全部
机器号（计算机名）	[jqh]	全部
操作员编码	[czybm]	全部
操作员名称	[czymc]	全部
经办人编码	[jbrbm]	全部
经办人名称	[jbrmc]	全部
客户编码	[dwbm]	全部
客户名称	[dwmc]	全部
仓库	[ckmc]	全部
药品编码	[ypbm]	药店
药品名称	[ypmc]	药店
药品规格	[ypgg]	药店
剂型名称	[jxmc]	药店
生产厂家	[sccj]	药店
生产批号	[scph]	药店
有效期至	[yxqz]	药店
保质期至	[bzqz]	食品饮料、化妆品、化工产品
商品编码	[spbm]	超市、商贸等
商品名称	[spmc]	超市、商贸等
型号规格	[xhgg]	超市、商贸等
附加特性	[fjtx]	超市、商贸等
商品（药品条码）	[txm]	餐饮除外
商品条码	[sptm]	餐饮
菜品条码	[cptm]	餐饮
品牌	[ppmc]	服装

续表

小票		
特征	[tzmc]	服装
颜色	[ysmc]	服装
尺码（适用于一行一尺码情形）	[cmmc]	服装
尺码分布	[cmfb]	服装
单位（计量单位）	[jldw]	全部
数量	[sl]	全部
原价	[yj]	全部（图书除外）
定价	[yj]	图书
零售价	[dj_ base]	全部（图书除外）
单价	[dj]	全部
税额	[se]	全部（图书、餐饮除外）
金额	[je]	全部
合计（价税合计）	[hj]	全部（图书、餐饮除外）
总合计	[zhj]	全部（图书、餐饮除外）
总调减	[tje]	全部（餐饮除外）
应结算	[yjs]	全部
现结算	[xjs]	全部
未结算	[wjs]	全部
总折扣	[zzk]	全部（餐饮除外）
消费额	[xfe]	餐饮
优惠额	[yhe]	全部（图书除外）
收款	[sk]	全部
找零	[zl]	全部
本次积分	[bcjf]	全部
累计积分	[ljjf]	全部
剩余积分	[syjf]	全部
总欠账	[QZ_ ALL]	全部
前单欠账	[QZ_ Prior]	全部
货位编号	[hwbh]	全部

续表

小票		
往来单位类别	[dwlb]	全部
会员类型	[hylx]	全部
当前库存数量	[kcsl]	全部

资料来源：精诚超市管理软件操作手册。

参考文献

[1] 晏维龙. 现代商业技术 [M]. 北京：中国人民大学出版社，2005.

[2] 李春葆，金晶，曾慧. SQL Server 2005 应用系统开发教程 [M]. 北京：科学出版社，2009.

[3] 文东，赵俊岚. 数据库系统开发——基于 SQL Server 2005 [M]. 北京：中国人民大学出版社，2009.

[4] 陈佳. 管理信息系统 [M]. 北京：中国人民大学出版社，2013.

[5] 刘伟. 管理信息系统 [M]. 北京：清华大学出版社，2013.

[6] 张文彤，钟云飞. IBM SPSS 数据分析与挖掘实战案例精粹 [M]. 北京：清华大学出版社，2013.

[7] 薛薇，陈欢歌. 基于 Clementine 的数据挖掘 [M]. 北京：中国人民大学出版社，2012.

纺织服装高等教育“十四五”部委级规划教材

纺织服装高等教育“十二五”部委级规划教材

普通高等教育服装营销专业系列教材

服装商品企划教程(第二版)

FUZHUANG SHANGPIN QIHUA JIAOCHENG

主　编 | 赵洪珊

副主编 | 戴淑娇

東華大學出版社

·上海·

图书在版编目(CIP)数据
服装商品企划教程/赵洪珊主编;戴淑娇副主编. 2 版. --上海:东华大学出版社,2024. 12. -- ISBN 978-7-5669-2449-0
Ⅰ. F407.866
中国国家版本馆 CIP 数据核字第 20245Q3Z77 号

责任编辑 张 煜
封面设计 王建仁

出　　版：东华大学出版社(上海市延安西路 1882 号，200051)
出版社网址：http://www.dhupress.edu.cn
天猫旗舰店：http://dhdx.tmall.com
营 销 中 心：021-62193056　62373056　62379558
印　　刷：苏州工业园区美柯乐制版印务有限责任公司
开　　本：787 mm × 1 092 mm　1/16
印　　张：19.25
字　　数：481 千字
版　　次：2025 年 6 月第 2 版
印　　次：2025 年 6 月第 1 次印刷
书　　号：ISBN 978 - 7 - 5669 - 2449 - 0
定　　价：57.00 元